von Theresia am 3.6.92

Wighard Strehlow

*Die Ernährungstherapie
der heiligen Hildegard*

Wighard Strehlow

Die Ernährungstherapie der heiligen Hildegard

Rezepte, Kuren und Diäten

Verlag Hermann Bauer
Freiburg im Breisgau

CIP-Titelaufnahme der Deutschen Bibliothek

Strehlow, Wighard:
Die Ernährungstherapie der heiligen Hildegard:
Rezepte, Kuren und Diäten / Wighard Strehlow. –
11.–20. Tsd. – Freiburg im Breisgau : Bauer, 1991
ISBN 3-7626-0383-9

Mit 29 farbigen Abbildungen

2. Auflage 1991 – 11.–20. Tsd.
ISBN 3-7626-0383-9
© 1990 bei Verlag Hermann Bauer KG, Freiburg im Breisgau.
Alle Rechte vorbehalten.
Satz: CSF ComputerSatz GmbH, Freiburg im Breisgau.
Druck und Bindung: May + Co, Darmstadt.
Printed in Germany.

Dem Entdecker der Hildegard-Heilkunde,
Herrn Dr. med. Gottfried Hertzka,
in großer Dankbarkeit gewidmet

Die beste Heilstätte der Welt,
nebst Licht, Luft, Wasser und Erde,
ist eine
mit Verständnis, Sorgfalt und Liebe
geführte Küche

Inhalt

Vorwort 11

Einführung 13

Diätetik – Die hohe Kunst der Lebensführung 17

Die Hildegard-Kur – Fünf Schritte in die richtige Richtung 25

Dinkel-Aufbaukuren 43

Hildegard-Aderlaß zur Blutreinigung 49

Aufschwung zu neuem Leben durch Streßbewältigung .. 60

Grundbaustoffe der Lebensmittel 67

Gewaltiger Fortschritt in die falsche Richtung oder
Die Wiederentdeckung der Ernährungstherapie 81

Die Hildegard-Küche –
Gesund, schmackhaft und bekömmlich 93

Rezepte 112
  Frühstück 112 · Suppen 115 · Nudeln, Knödel, Spätzle, Klöße 121 · Gemüse 127 · Obst, Mandeln, Nüsse, Beeren 167 · Brot und Gebäck 191 · Getränke 210 · Salate 217 · Saucen 225 · Fische 236 · Geflügel 248 · Leber 261 · Lamm oder Hammel 266 · Wild 276 · Rind und Kalb 283

Abc der Kräuter und Gewürze 285

Hildegards Kräutergarten 313

Hildegard-Diäten 320
  Alterskrankheiten 323 · Erhöhte Blutfettwerte 332 · Darmleiden 336 · Diabetes mellitus 338 · Fieberkrankheiten 341 · Gallenerkrankungen 344 · Hauterkrankun-

gen 350 · Herz-Kreislauferkrankungen 353 · Lebererkrankungen 356 · Lungenkrankheiten 359 · Magen-Darmleiden 363 · Nervenleiden 367 · Nierenerkrankungen 374 · Präkanzerose, Krebs- und Immunschwächekrankheiten 377 · Rheuma und Gicht 379 · Übergewicht 381 · Unfruchtbarkeit der Frau 386 · Unfruchtbarkeit des Mannes 388 · Wassersucht 389 · Säuglingsernährung 390

Die richtige Ernährung für Sportler 396

Ausblick 404

Literaturhinweise 415

Bezugsquellen 416

Praxen, Vereine, Zeitschriften 418

Register 419

Vorwort

Lebensmittel sind die »Mittel zum Leben«, die Mittel, mit denen wir unsere Gesundheit optimal erhalten oder sie wiederherstellen können, wenn sie durch Krankheit beeinträchtigt worden ist. Daher darf man ihre Auswahl nicht dem Zufall und schon gar nicht der Gewohnheit überlassen. Aber wo ist der Maßstab für die richtige Auswahl von Lebensmitteln? Eine Vollwertküche allein ist noch keine Garantie für eine gesunde Ernährung, besonders wenn Rohkost, Müsli oder andere Küchengifte (Erdbeeren, Pfirsiche, Pflaumen oder Lauch) empfohlen werden – Lebensmittel, die bei Hildegard als krankheitsauslösend vermieden werden sollen.

Hildegard von Bingen selbst hat zwar kein eigenes Kochbuch geschrieben, sie gibt jedoch in ihrer Naturheilkunde eine Fülle von Diäthinweisen und beschreibt Heilkräfte, die in Lebensmitteln verborgen liegen (Subtilitätsprinzip).

Aufgrund langjähriger Erfahrungen mit dem Hildegard-Fasten und der Hildegard-Aufbaudiät in der eigenen Praxis und aus über zweitausend Heilmittelbeschreibungen und Diätanweisungen entstand unter Einbeziehung des Heilens durch die fünf Sinne und der sechs goldenen Regeln für eine gesunde Lebensführung ein Hildegard-Kurprogramm, das Tausende von Patienten zur Behandlung und Verhütung ernährungsbedingter Zivilisationskrankheiten erfolgreich durchgeführt haben. Es umfaßt folgende Komponenten:

1. Hildegard-Fasten,
2. Hildegard-Psychotherapie,
3. Hildegard-Aufbaudiät,
4. Hildegard-Aderlaß,
5. Heilen durch die fünf Sinnesorgane,
6. spezielle Kuren und Diäten.

Dieses Buch enthält über dreihundert Rezepte für Speisen, die erfolgreich zur Heilung der wichtigsten allgemeinen Erkrankungen eingesetzt wurden. Darüber hinaus enthält das Buch Diäten, die die Grundlage der Behandlung von über zwanzig Krankheitsbildern wie etwa Diabetes, Hautkrankheiten, Allergien, Herz-Kreislauf-Erkrankungen, Magen-Darm-Leiden, Nervenleiden oder Präkanzerose bilden, sowie Diäten für Säuglinge, Senioren und Diäten zur

Steigerung von Energie und Leistung bei Sport und Spiel. Außerdem wird die richtige Anwendung von Kräutern und Gewürzen beschrieben, die bei Hildegard mindestens den gleichen Stellenwert einnehmen wie Vitamine, Eiweiße und Kohlehydrate.

Die Entdeckung der Hildegard-Heilkunde durch den Konstanzer Arzt Dr. med. Gottfried Hertzka gehört zu den schönsten Pionierleistungen der Naturheilkunde – eine Leistung, die sich allein schon wegen der großartigen Heilerfolge mit Dinkel als Universalheilmittel bei allen ernährungsbedingten Zivilisationskrankheiten gelohnt hat. Die Hildegard-Küche bietet eine abwechslungsreiche, vielseitige Lebensmittelpalette mit Dinkel, Obst und Gemüse im Mittelpunkt und Fleisch, Milch und Milchprodukten als Beilage oder für die gezielte Diät. Bei der Auswahl der Lebensmittel entscheiden nicht nur die analytischen Daten von Vitaminen und Spurenelementen und schon gar nicht die Kalorien, sondern vielmehr der Heilwert (die Subtilität), den die einzelnen Lebensmittel für den Menschen haben. Die Ernährungslehre der heiligen Hildegard bietet einen objektiven Maßstab für die Auswahl der richtigen Lebensmittel und für eine vernünftige, gesunde und maßvolle Ernährung. Hinter den Aussagen Hildegards über die heilende Wirkung der Lebensmittel verbergen sich deren pharmakologische Wirkungsprinzipien, die wir erst heute im Lichte der modernen Ernährungswissenschaft verstehen können.

Beginnen wir also das neue Jahrzehnt mit den uralten Weisheiten Hildegards von Bingen, die von der heutigen Wissenschaft glänzend bestätigt werden.

Für die wertvollen Anregungen und die Küchenpläne danke ich den Köchinnen Manuela und Melitta vom Katholischen Familienerholungsheim auf der Insel Reichenau; dem Meisterkoch Henry vom Hotel Linde in Bodman sowie den vielen Hildegard-Freunden und -Freundinnen. Ganz besonders danke ich meiner Frau sowie Frau Elfriede Haertwig, dem Meisterkoch Manfred Hölzl von den Konstanzer Konzilsgaststätten, dem Sponheimer Hof in Enkirch an der Mosel und der Stadtmühle Geisingen für die köstlichen Gerichte, die für dieses Buch fotografiert wurden. Frau Maria Klug sei ganz herzlich für die Erstellung des Manuskripts gedankt.

Konstanz am Bodensee,   Dr. Wighard Strehlow
im Advent 1989

Einführung

Die Auswahl der Lebensmittel ist von entscheidender Bedeutung für Gesundheit, Leistungsfähigkeit und Lebensqualität einzelner Menschen und ganzer Völker. Bereits im Alten Testament wird von einem dreijährigen diätetischen Versuch berichtet, wonach Daniel und seine Freunde nach einer Diät mit Getreide, Obst und Gemüse zehnmal klüger und kräftiger aufwuchsen als ihre gleichaltrigen Kameraden, die nach der königlichen Diät Nebukadnezars mit viel Fleisch und Wein ernährt wurden. Auch heute noch geschehen diätetische Wunder. Überglücklich berichtete mir eine Mutter, daß ihr hyperaktiver Sohn durch Dinkelkost und den beruhigenden Einfluß des Edelsteins Chalcedon fröhlich und ausgeglichen und ein guter Schüler wurde, nachdem er jahrelang mit allen möglichen und unmöglichen Diäten erfolglos behandelt worden war.

Jahrtausendelang wurden Erfolg und Schicksal ganzer Völker von ihren Ernährungsgewohnheiten beeinflußt. Alle großen Kulturvölker der Erde entwickelten sich auf der Basis des Getreideanbaus. Die Ernährung der frühen Griechen und Römer war sehr einfach, ja geradezu anspruchslos. Ihre Hauptnahrungsmittel waren Obst und Gemüse mit Getreidebrei aus vollem Korn. Getreidekörner und der daraus hergestellte Brei waren von jeher das Grundlebensmittel aller Kulturvölker der Erde. Brot kam später als Speise der Reichen ergänzend zu Brei oder Mus hinzu. »Die getreideessenden Völker«, schreibt Herodot, »sind in Künsten, Wissenschaften, Volkszahl, geistiger und körperlicher Bildung denen weit voraus, die von Krieg, Jagd, Viehzucht und Fischfang leben.« Es war also schon immer ein Unterschied, ob sich der Mensch hauptsächlich von pflanzlicher oder von tierischer Kost ernährte.

Durch zunehmenden Handel und gewonnene Kriege bildete sich eine neue Schicht wohlhabender Leute, die aus anderen Ländern Nahrungsmittel mitbrachten und neue Eßgewohnheiten einführten, die die einfache Lebensführung ablösten. In dieser Zeit der sogenannten Zivilisation verlieren die Städter sowohl das Gefühl der Verbundenheit mit den Bauern als auch das natürliche Maß einer einfachen Ernährung (aus *Die Ernährung der Griechen und Römer*, Prof. Dr. med. S. Bommer, Leiter des Instituts für Ernährungslehre der Universität Berlin, später Greifswald, Planegg, 1943). Das Gefühl für die goldene Mitte zwischen Zuviel und Zuwenig geht verloren. Mit zunehmendem Luxus ändern sich sowohl in Griechenland als auch in Rom die wirtschaftlichen und politischen Verhältnisse, was auch in einer verhängnisvollen Veränderung der Ernährungsgewohnheiten, im Hang zu Genußsucht und Schlemmerei zum Ausdruck kommt. Standen in den glänzenden griechischen und römischen Zeiten Geselligkeit und Kunst im Mittelpunkt, so sind es jetzt Speisen und Köche. »Der Neureiche«, schreibt Maurizio, »entschädigt daher den Mangel an gefestigter Einsicht durch Nahrungsfülle. Er will zunächst genug haben; er überfrißt sich. Der unsinnig maßlos besetzte Tisch ist seine erste Kulturerrungenschaft und damit sein geistiger Niedergang. Die ›Tafelschwelgerei‹ war einer der Begleitumstände, ja die Mitursache des tiefen allgemeinen Verfalls.«

Mit dem Verfall der Ernährungssitten änderten sich auch die Trinkgewohnheiten. Ursprünglich waren Wasser und Milch die Hauptgetränke. Weingenuß war Männern unter fünfunddreißig und Frauen ganz verboten. Zudem wurde der Wein immer mit Wasser verdünnt, üblicherweise im Verhältnis drei Teile Wasser auf einen Teil Wein. Eine Mischung zu gleichen Teilen galt als das stärkste Maß, das ein Trinker nicht überschreiten durfte. In den letzten Tagen Roms und Griechenlands wurde auf Trinkgelagen unverdünnter Wein mit Käse, Salzkräckern, Feigen, Oliven und anderen scharfgewürzten Speisen angeboten, die den Durst anregten und zu unmäßigem Betrinken reizten.

Kein Wunder, daß Ärzte ausgerechnet in dieser Zeit die Bedeutung der Ernährung für die Gesundheit erkannten. Heilten sie früher nur mit Heilmitteln oder durch chirurgische Eingriffe, so versuchten sie jetzt auch durch eine Umstellung der Lebensweise Heilung herbeizuführen. Die Frage nach der Gesunderhaltung durch die richtige Ernährung ist für die Ärzte bis zum Ausgang der Antike genauso wichtig wie die Heilung des Kranken. Die philosophischen Schulen des Diogenes, Pythagoras und Aristoteles empfehlen eine einfache gesunde Kost auf der Basis von Brei und Brot aus Getreide, Obst und Gemüse mit gesundheitsfördernden Kräften. Neben dem Fasten als Therapie bei Verwundeten und Kranken gab es Fastenvorschriften für religiöse Übungen, ekstatisches Fasten, um Träume und Visionen herbeizuführen. Bei akuten Krankheiten verordnete Hippokrates eine sehr magere Diät. Entzündliche Krankheiten wurden durch eine strenge Diät »ausgehungert«. Zeitweise Diät und einfache Ernährung wurden zum Therapieprinzip. Der in Rom lebende griechische Arzt Galenos schrieb in seinem Diätbuch *Über die Kraft der Nahrungsmittel:* »Wer gesund bleiben will, soll die Speise essen, von der das gewöhnliche Volk lebt.« Das waren leicht bekömmlicher Getreidebrei und Vollkornbrot. Jahrhunderte zuvor lehrte sein Landsmann Hippokrates auf der Insel Kos: »Die Krankheiten überfallen den Menschen nicht wie aus heiterem Himmel, sondern sind die Folgen fortgesetzter Sünden wider die Natur.«

Bis zum Untergang der Antike haben sich die Völker jahrhundertelang mit einer einfachen, gesunden und kraftvollen Ernährung zufriedengegeben, mit einer Ernährung, die auf uralten Erfahrungen beruhte. Dies war die Grundlage ihrer Gesundheit, Leistungsfähigkeit und ihres Wohlergehens. Die Abkehr von der ursprünglichen Getreideernährung mußte daher zu ernährungsbedingten Krankheiten führen. Bei einigen Völkern gab es beispielsweise bis in unser Jahrhundert hinein keine Zivilisationskrankheiten. Erst durch den Verzehr von Weizenauszugsmehl und Fabrikzucker breitete sich etwa die Zahnfäule auch in den entlegensten Alpentälern aus, obwohl die dort gelegenen Dörfer bis dahin kariesfrei geblieben waren.

Heute haben wir wieder ähnliche Verhältnisse wie im alten Rom. Vor allem amerikanische Ärzte warnen vor der Zivilisationskost. Zwei von drei Amerikanern sterben an den Folgen falscher Ernährung. Die großen Ernährungsgesellschaften sind sich weltweit einig, daß die wertlose Zivilisationskost mit zuviel tierischem Eiweiß, Fett, Zucker und Salz durch eine einfache vollwertige Kost aus Getreide, Obst und Gemüse ersetzt werden sollte.

So gesehen ist die achthundert Jahre alte Ernährungstherapie der heiligen Hildegard wieder hochaktuell geworden. Die Edelkastanie und der Dinkel, den man zum Kochen und Backen verwenden kann und der das kräftige Habermus und das wohlschmeckende Dinkelbrot liefert, stehen im Mittelpunkt der Hildegard-Küche. Dinkel und Edelkastanie können aufgrund des natürlichen Schutzes, den ihre harte Schale bietet, ohne umweltbelastende Chemie angebaut werden. Darüber hinaus schützen die Vorschriften Hildegards vor allen Modeströmungen und Diätfehlern einschließlich Küchengiften und Rohkost.

Im Vergleich zu anderen Vollwert- und Naturheildiäten wissen wir bei der Ernährungstherapie Hildegards um die Heilkraft von Obst und Gemüse, die richtige Anwendung von Heilkräutern und den heilenden Einfluß von Fleisch, Leber und Fisch. Das Ergebnis der Hildegard-Küche ist so einfach wie genial: Mit ein und derselben Dinkeldiät lassen sich die meisten ernährungsbedingten Krankheiten verhüten und heilen, soweit das noch möglich ist. Die Dinkelkost zeichnet sich durch ihren außerordentlichen Wohlgeschmack aus und wird nicht nur von den Patienten, sondern auch von deren Familienangehörigen gern als lebenslange Lieblingskost beibehalten.

Der Kosmos ist Ursprung und Werkstatt für die gesamte Schöpfung. Daher beschreibt auch Hildegard in ihrer dritten Meditation über die dritte Bitte des Vaterunsers »Unser täglich Brot gib uns heute« das Weltall mit den vier Elementen Feuer, Luft, Wasser und Erde als den elementaren Lebensraum des Menschen. Ohne Sonnenenergie und kosmisches Feuer gibt es keine Pflanzen und kein Leben auf der Erde. Die Pflanzen atmen bei der Photosynthese unter Zuhilfenahme der Sonnenenergie aus der Luft Kohlendioxid ein und geben Sauerstoff ab. Mit Hilfe der kosmischen Feuchtigkeit wachsen die Pflanzen, die eine Lebensgemeinschaft mit den Menschen bilden. Aus diesem Grund haben wir die Kosmosvision Hildegards als Titelbild dieses Buches gewählt. Solange die Menschen im Einklang mit sich und den Elementen leben, erhalten sie von der Schöpfung auch die Mittel für ihr Leben, die Lebensmittel, von denen in diesem Buch die Rede ist.

Diätetik
Die hohe Kunst der Lebensführung

Aus ganzheitlicher Sicht ist die Ernährungslehre Hildegards untrennbar mit ihrer Heilslehre verbunden, wobei weder Gesunde noch Kranke ohne die hohe Kunst der Lebensführung im Sinne einer Diätetik (griechisch *diaita* = Ordnung des menschlichen Lebens) auskommen. Goethe hat diese Lebensphilosophie als lebenslänglichen Prozeß beschrieben, weil man die Diät zur Lebensregel machen müsse und das ganze Jahr nicht aus den Augen verlieren dürfe (Wilhelm Meister).

Die sechs goldenen Lebensregeln nach Hildegard von Bingen

Zu einer gesunden, maßvollen Lebensführung gehören die sechs grundlegenden Lebensregeln (*sex reis non naturales* – sechs Lebensregeln, die dem Menschen nicht von Natur aus mitgegeben wurden), die der Mensch aus der Selbstverantwortung für sein seelisches und körperliches Heil heraus ständig regulieren, ordnen und mitgestalten soll:

1. Schöpfen Sie Lebensenergie aus den vier Weltelementen – Feuer, Luft, Wasser, Erde – durch positive Naturerlebnisse und natürliche Heilmittel.

2. Achten Sie beim Essen und Trinken auf die Subtilität der Lebensmittel, also auf die nützlichen Kräfte, die die Natur für den Menschen bereithält.

3. Bringen Sie Bewegung und Ruhe in ein gesundes Gleichgewicht.

4. Regulieren Sie Schlafen und Wachen zur Regeneration überstrapazierter Nerven.

5. Fördern Sie die Ausleitung von Verunreinigungen und Schadstoffen aus dem Bindegewebe.

6. Stabilisieren Sie seelische Abwehrkräfte: Erkennen Sie eigene Schattenseiten (Laster = Risikofaktoren); versuchen Sie, diese durch heilende Schutzfaktoren (Tugenden) auszugleichen.

Hildegard sieht die Ursachen der Krankheiten in einem Mangel an guten Eigenschaften (Tugenden) und beschreibt in ihrem »psychotherapeutischen« Buch *Der Mensch in der Verantwortung (Liber vitae meritorum)* für 27 von 35 seelischen Konflikten und Krisen das Fasten als Universalheilmittel zur Regeneration und Neuorientierung, Steigerung der Leistungsfähigkeit und Konfliktbewältigung.

Lebensenergie (viriditas) aus den vier Weltelementen

Die Ordnung der vier Weltelemente Feuer, Wasser, Luft und Erde sind bei Hildegard der Schlüssel für das Verständnis der gesamten Heilkunde. Hildegard sieht den Menschen in der Mitte des Kosmos in enger Wechselwirkung mit den vier Grundbausteinen, die seine vitalen Funktionen aufrechterhalten.

»Wie schon mehrfach geschildert wurde, liefern die Elemente, wie sie die gesamte Welt zusammenhalten, ebenso auch das Gefüge für den menschlichen Körper. Ihre Ausbreitung und Funktion haben sie im ganzen Menschen so aufgeteilt, daß er von ihnen immerfort in Gang gehalten werden kann, ebenso wie die Elemente durch die ganze übrige Welt ausgebreitet sind und wirken. Im Menschen sind Feuer, Luft, Wasser und Erde, und aus ihnen besteht er. Vom Feuer hat er die (Körper-)Wärme, von der Luft den Atem, vom Wasser das Blut und von der Erde den Körper (Muskeln und Knochensubstanz). Dem Feuer verdankt er das Sehen, der Luft das Gehör, dem Wasser die Bewegung und der Erde seinen Gang.«

Wie wir heute alle wissen, hat die Mißachtung der kosmischen Gesetze durch den Menschen, besonders die brutale Zerstörung der Schöpfung durch die Technik, nicht nur für den Kosmos, sondern auch für die Gesundheit katastrophale Folgen. Hildegard beschreibt insgesamt vierundzwanzig schwere innere Grunderkrankungen.

Die vier Weltelemente sind sowohl in den Heilmitteln als auch in unvergeßlichen Naturerlebnissen wirksam: Ein Frühlingsmorgen an einem See, ganz allein der Sonne entgegenschwimmen, sich dem frischen Wasser anvertrauen; überall herrscht noch tiefer Frieden; jeder Augenblick ist wie die Ewigkeit. Innen- und Außenwelt befinden sich im Gleichgewicht. Die vier Elemente beruhigen die Seele. Durch derartige Naturerlebnisse entsteht eine tiefe Stille. Die Nerven sind beruhigt, das Herz schlägt ruhig und stark, der Blutdruck ist normal. Mit einem Mal befinden sich Innen- und Außenwelt im Gleichgewicht.

Essen und Trinken

Das viele Essen und Trinken als Statussymbol unseres heutigen Lebens ist paradoxerweise zur größten Krankheitsursache geworden. Auch Hildegard nennt die Überernährung als Ursache der meisten Krankheiten, insbesondere Herz-Kreislauf-Erkrankungen, Krebskrankheit, Arteriosklerose, Leberzirrhose und Lungenerkrankungen, die alle heute an oberster Stelle der Todesursachen stehen. Im zeitweisen Nahrungsverzicht durch das Hildegard-Fasten und in der anschließenden Umstellung auf die Hildegard-Diät werden die Krankheiten so beeinflußt, daß sie gar nicht erst entstehen oder ihr gefährliches Endstadium erreichen. Daher sollte jeder mindestens einmal im Jahr fasten und anschließend auf die Hildegard-Diät umstellen, um seine Gesundheit zu erhalten und seine Leistungsfähigkeit bis ins hohe Alter zu bewahren.

Die Hildegard-Diät basiert auf den Begriffen der Viriditas (Grünkraft oder Lebensenergie) und der Subtilität (Heilwert der Lebensmittel) in der Natur: Getreide, Obst, Gemüse, Kräuter und Gewürze, Fleisch und Fisch. Die *Küchengeheimnisse der Hildegard-Medizin* haben das Wissen zusammengefaßt und bilden die Grundlage der Hildegard-Diät.

Wichtiger als alle Medikamente und Operationen sind die Lebensmittel als Mittel zum Leben, aus denen der ganze Organismus seine Energie-, Bau- und Heilstoffe bezieht. An allererster Stelle steht der Dinkel als wichtigstes Heilmittel der Hildegard-Medizin. Mit der Umstellung auf die Dinkelernährung können wir die Heilung fast aller Krankheiten günstig beeinflussen. Daher nennt Hildegard den Dinkel auch »das beste Getreide«.

Bewegung und Ruhe

Ein Spaziergang ist ein gutes Herz-Kreislauf-Training für den Menschen. Jeden Tag mindestens eine Stunde an frischer Luft zu wandern, bewirkt mehr als jedes Medikament:

- Streß wird abgebaut,
- die Seele beruhigt sich,
- der Bluthochdruck normalisiert sich,
- Herz- und Lungenleistung werden verbessert,
- der Stoffwechsel wird angeregt,
- die Leistungsfähigkeit erhöht.

Pilgerväter, Philosophen, Dichter und Komponisten waren begeisterte Spaziergänger und kamen dabei auf ihre besten Einfälle. Gehen, Laufen, Springen und Tanzen sind ideale Bewegungen, um alle unsere Sinne zu entfalten und Körper und Seele ins Gleichgewicht zu bringen.

Hildegard berichtet, daß der fünfte Sinn, der Hautsinn, in den Füßen liegt. Wer seine Füße nicht gebraucht, kann sich in seiner Vollkommenheit nicht voll entfalten. Wir wissen heute von der Fußsohlen-Reflexologie, wie sehr der ganze Körper durch die Fußgymnastik-Massage-Bewegung besser durchblutet und stimuliert wird.Auch der meditative Tanz sorgt in idealer Weise für Bewegung und Ruhe, Verweilen und zur Mitte gelangen.

Schlafen und Wachen

Ein natürlicher Schlaf ist das beste Mittel für gute Nerven und die Voraussetzung für eine gute Gesundheit. In der Nacht wird die Gesundheit wiederhergestellt:
»Wenn der Mensch schläft, erholt sich sein (Nerven-)Mark.«
Während einer Hildegard-Kur ist das natürliche Schlaf- und Traumtraining von allergrößter Bedeutung, da die Traumqualität für die Tiefe des Schlafes verantwortlich ist.

Wer gesund schlafen will, sollte sich auf den Schlaf vorbereiten und für gute Träume sorgen. Hildegard nennt fünf verschiedene Traumarten: Tagesrestträume, Weckträume, krankheitsanzeigende Träume, diabolische Träume, »prophetische«, positive Träume. Nur die letzteren sollen einen erholsamen Tiefschlaf garantieren.

Tagesreste werden mit Hilfe des »gelöschten Weines oder mit dem Herzwein« aufgelöst und beseitigt. Ein gutes Buch oder Gebet sorgt für eine positive Grundstimmung.

Über die Haut läßt sich das Nervensystem zum Schlafen vorbereiten. Solche Reize, die während einer Kur durchgeführt werden können, sind unter anderem:

- ein Spaziergang vor dem Schlafen,
- ein Lavendelbad,
- Wassertreten,

- Betonika-Schlafkissen,
- Jaspisstein, hautnah aufs Herz gelegt,
- und schließlich das Schlafen auf dem Dachsfell; es hilft sogar bei chronischer Schlaflosigkeit, besonders bei Rückenschmerzen.

Der unterbrochene Schlaf ist in Übereinstimmung mit der modernen Schlafforschung der erholsamste Schlaf, weil man dadurch öfter in die tiefen Schlafphasen gerät als beim ununterbrochenen Schlaf:

»Aber wenn der Mensch viel wacht und öfter wieder einschläft, werden sein Nervenmark und Glieder in angenehmer Weise gestärkt und neu belebt, wie ein Säugling, der oft saugt und wieder aufhört und zwischendurch seine Kräfte zu seiner Erholung sammelt.«

Ausscheidung und Absonderung

Hildegard sieht die größte gesundheitszerstörende Kraft in einem Überschuß an schlechten Säften (*mali, noxi* und *infirmi humores*), die durch übermäßiges Essen, Küchengifte, falsche Kost, Umweltgifte (kosmische Einflüsse) und einem Mangel an guten Eigenschaften im Körper entstehen. Kummer, Sorge, Hetze und Streß, Trauer und Ärger vermehren die Schwarzgalle, ein Blutgift, das entweder zum Zornesausbruch oder zu Unterdrückungsreaktionen führen kann.

Die Kunst der Hildegard-Heilkunde besteht nun darin, diese Körpergifte entweder gar nicht erst entstehen zu lassen oder kunstgerecht auszuleiten. Hierfür haben wir durch Hildegard eine großartige Fülle von Möglichkeiten.

Die großen Hildegard-Kuren zur Regulierung des Gesamtstoffwechsels

1. Der beste Schutz ist die Hildegard-Aufbau- und -Fastenkur, eines der tiefgreifendsten Mittel zur Beseitigung von Stoffwechselstörungen. Darüber hinaus können die verschiedenen Behandlungsmöglichkeiten während der Hildegard-Kur durchgeführt werden. Allgemein wirken alle Hildegard-Heilmittel besser nach dem Hildegard-Fasten und dem Hildegard-Aderlaß.
2. Herdbeseitigung bei Präkanzerose:
   Die Wasserlinsen-Kur, rechtzeitig durchgeführt, ist der beste

Schutz vor der Krebskrankheit, da sie die Herde frühzeitig beseitigt und die schlechten Säfte mindert.
3. Entschlackung – Ausleitung über die Niere:
Die Wermut-Frühjahrskur schützt vor Arteriosklerose, regt die Nierenfunktion an und entgiftet und reinigt den gesamten Organismus.
Nierenmassage am Ulmenholzfeuer.
4. Antimelancholika:
Gelöschter Wein und Chalzedonarmbänder oder -halsketten verhindern den Zornesausbruch, da sie beide die Schwarzgalle neutralisieren beziehungsweise deren Ausschüttung verhindern.
5. Ausleitung über die Schleimhäute:
Purgierpillen beseitigen nicht nur die schädlichen schlechten Säfte, sondern auch die Schlacken- und Giftstoffe. Sie reinigen die Nebenhöhlen gründlich bei chronischem Schnupfen, Neurosen, Psychosen und Kopfschmerzen.
6. Ausleitung über Magen und Darm:
Wir benutzen Ausleitungskekse (Abführkekse) anstatt des »widerlichen Glaubersalzes« zu Beginn des Hildegard-Fastens als ein herzschonendes Ausleitungsmittel bei Verdauungsstörungen zum Auskurieren des ganzen Magen-Darm-Traktes, zur Reinigung (Carminativum) von faulenden, schädlichen krebsauslösenden Fäulnisstoffen, die entstehen bei
* Krankheiten des Magens und Darms (Dyspepsie, Obstipation),
* Krankheiten der Leber und Gallenblase (Gallensteine, Gallenblasenentzündung),
* Krankheiten der Milz und Herzerkrankungen,
* Kopfschmerzen, Schlaganfallgefahr,
* Nierenerkrankungen,
* Hautkrankheiten (Ekzeme, Akne, Furunkulose),
* Stoffwechselstörungen (Fettsucht, Gicht, Diabetes),
* Entzündungen und Ablagerungen in den Augen,
* Ohrenerkrankungen.
7. Große Herzkur mit Herzpillen,
Herzsaft und Herzpulver verhindern Herzschmerzen und Herzschwäche und werden vor oder nach Herzinfarkt eingesetzt, um schlechte Säfte in Eingeweiden und Milz zu beseitigen. Petersilie-Honigwein und Galgant schützen den Körper vor Herzattacken oder Gallenblasenkoliken.
8. Aderlaß als Universalmittel zur Vorbeugung und Umstimmung von allen schweren, chronischen inneren Erkrankungen:

Von ganz wenigen Ausnahmen abgesehen (akute Infektionserkrankungen, Körperschwäche und Blutarmut) ist der kunstgerechte Aderlaß nach Hildegard die wichtigste allgemeine Behandlungsmethode, um die Selbstheilungskräfte des ganzen Menschen anzuregen. Es ist nach Hildegard geradezu ein Kunstfehler, eine Krankheit heilen zu wollen, ohne den Allgemeinzustand des Menschen zu verbessern. Der Aderlaß wirkt antiphlogistisch (entzündungswidrig), krampfstillend, blutreinigend, stoffwechselverbessernd. Er verbessert die Fließfähigkeit des Blutes und vermindert daher die Gefahr von Herzinfarkt und Schlaganfall. Darüber hinaus gibt die Hildegard-Aderlaß-Analyse eine Prognose über den Krankheitsverlauf.

9. Schröpfen – Ausleiten der Krankheit über die Haut:
Das blutige Schröpfen nach Hildegard wird als Hauptausleitungsverfahren angewandt und überall da ausgeführt, wo eine Anhäufung von Stoffwechsel- und Schlackenstoffen Entzündungen und Schmerzzustände verursachen. Hauptanwendungsgebiete sind
- Krankheiten im Kopfbereich, Kopfschmerzen und Migräne,
- Augen-, Ohren-, Halserkrankungen,
- Asthma bronchiale,
- Angina pectoris,
- Gallen-, Nierensteinkoliken.

Ganz besonders wirksam bei:
- Rheumatischen Schmerzen wie Lumbago, Ischias,
- Neuralgien, Bandscheiben- und Gelenksschmerzen,
- Gefäßerkrankungen, speziell bei Zirkulationsstörungen wie Krampfadern und Taubheitsgefühl in den Beinen.

10. Sauna, Bäder, Packungen:
Bei Hildegard beliebt sind die Reinigungsverfahren über die Haut. Ganz allgemein sollen magere Menschen mehr baden und Dicke mehr in die Sauna gehen zum Ausschwitzen von schlechten Säften.

Ganz besonders haben sich bewährt:
- Edelkastanien-Sauna bei Rheuma und Zorn sowie Schlafstörungen,
- Haferdampf-Sauna bei Nervenerkrankungen, Psychosen,
- Königskerzen-Sauna bei Dysmenorrhoe und nach Totaloperation (Störungen der monatlichen Blutung),
- Farn-Bäder bei Rheuma,
- Gersten-Bäder bei Muskelschwäche und Abmagerung,
- Nierenmassagen (Blutdruckregulation).

Die Heilkraft der christlichen Tugenden

In ihrem psychotherapeutischen Buch *Der Mensch in der Verantwortung* beschreibt Hildegard fünfunddreißig seelisch auslösende Krankheitsursachen (Laster, Konflikte, Schattenseiten) und fünfunddreißig positive, heilende Schutzmächte, die christlichen Tugenden. Krankheit wird von Hildegard als Mangel an guten Eigenschaften im Menschen erkannt, wobei für siebenundzwanzig Laster das Fasten als Universalheilmittel empfohlen wird.

Das Fasten entfaltet im Menschen gewaltige Erneuerungskräfte. Hildegard nennt diese Regenerationskraft compunctio cordis, Herzzerknirschung, Reue, die das verhärtete sklerotische Herz erweichen kann. Die Reue ist das stärkste Heilmittel, das den Menschen in seiner Natur veredeln kann:

»Alles, was aus Gott geboren ist, besiegt die Welt!...« (auch die Krankheiten)...»So wird der Mensch ein anderer in seiner Natur, weil das, was himmlisch ist, das, was irdisch ist, besiegt und überwindet.«

Die Hildegard-Kur
Fünf Schritte in die richtige Richtung

1. Hildegard-Fastentherapie in drei Schwierigkeitsgraden:
   - Strenges Hildegard-Fasten: acht bis zehn Tage lang nichts essen, nur trinken nach Hildegards Subtilitätsprinzip, also Fencheltee, Dinkelkaffee, Apfel- und Traubensaft, Dinkelgrießsuppen mit Gemüse,
   - Dinkel-Reduktionskost: in zweitägigem Wechsel normale Hildegard-Diät; an den Reduktionstagen Dinkelbrot und Fencheltee,
   - Leichteste Fastenform: Dinkel – Obst – Gemüse.
2. Hildegard-Psychotherapie:
   Heilung durch die christlichen Tugenden.
   Das Ziel der hildegardischen Psychotherapie ist ein Mensch, der im vollen Besitz seiner ganzen Persönlichkeit ist und bewußt seine Stärken und Schwächen erkennt.
3. Hildegard-Aufbaukur:
   Keiner sollte fasten, ohne die genauen Diätpläne für die Zukunft zu kennen: Ziel ist eine Diät mit weniger Fett, Fleisch, Milcheiweiß, Zucker, Salz und viel komplexen Kohlehydraten mit Dinkel, Obst und Gemüse.
4. Hildegard-Aderlaß:
   Der kunstgerechte hildegardische Aderlaß ist das tiefgreifendste Umstimmungsmittel zur Heilung von schweren chronischen Erkrankungen.
5. Hildegard-Streßbewältigung durch die Viriditas:
   Neuen Aufschwung erhalten Körper und Seele durch die Anregung aller fünf Sinnesorgane.

Im Sinne einer vorbeugenden Medizin können durch die Hildegard-Kur Krankheiten unter Berücksichtigung aller auslösenden Ursachen schon frühzeitig erkannt und abgewendet werden. Dazu schreibt der Leiter der Bundesvereinigung für Gesundheitserziehung, Dr. Wolf von Freitag-Lohringhofen:

»Wenn heute das punktuelle Vorgehen gegen einzelne Risikofaktoren (Rauchen, Bluthochdruck, Übergewicht, Bewegungsarmut, erhöhter Cholesterinspiegel) zugunsten eines ganzheitlichen Lebensstil-Konzeptes als überwunden angesehen werden darf, sind alle Versuche einer Gesamtschau von psycho-sozialen und somatischen Lebensbedingungen sehr modern: So auch die Konzeption von Hildegard von Bingen.«

Das Kurprogramm beruht auf Hildegards Gesamtwerk, insbesondere aber auf ihrer visionären Heilkunde (*Causae et Curae*, Ursachen und Behandlung der Krankheiten) und der Naturheilkunde *(Physica)*. Nach Hildegard ist Gesundheit ein lebenslänglicher Prozeß, ein Suchen nach der Mitte, nach sich selbst, eine Auseinandersetzung um die Harmonie mit sich und der Umwelt. Wichtig ist ein ständiges Bemühen um das rechte Maß in allen Dingen.

Hildegard warnt vor allem vor seelischem Fehlverhalten, das die Gesundheit zerstört, da Störungen von Lebensordnungen kosmische Katastrophen auslösen können, die in engem Zusammenhang mit Krankheiten stehen.

»Wenn die Menschen sich untereinander in Kriegen schrecken, sich in Haß und Neid und sonstige sündhafte Widersprüche verwickeln, verkehren sich auch die (vier) Elemente in eine andere, ihnen eigentlich entgegengesetzte Weise ... und bringen der Welt und den Menschen viele Gefahren ... und machen den Menschen hinfällig und krank.«

Das rechte Maß in allen Dingen

Alle Extreme, selbst religiöser Fanatismus und Übertreibungen gefährden die Gesundheit. Dazu gehört auch das unüberlegte, übertriebene Fasten:

»Wenn sich die Menschen in übertriebener Weise der Nahrung enthalten, so daß sie ihrem Körper nicht die richtige und angemessene Nahrung zuführen, werden die einen instabil und leichtlebig in ihrer Lebensweise, andere durch viele große Beschwerden bedrückt. Dann ereignen sich manchmal Katastrophen in ihrem Körper, weil die Elemente, die in ihnen sind, durcheinander geraten. Wenn nämlich Feuer und Wasser in solchen Menschen einander entgegenwirken, kann es oft passieren, daß sie in irgendeinem Gelenk oder einer anderen Körperstelle gegeneinander geraten und dort eine Beule *(pustula)* mit einem Geschwulst *(tumor)* entstehen lassen. Von diesen Beulen kennt man drei Arten: schwarze, geschwollene, beinahe nicht heilbare Tumore, graublaue Karbunkel und weiße Furunkel, die beide (mit Veilchensalbe) gut heilbar sind.« (CC 153, 23)

Im Gegensatz zu vielen anderen Fastenmethoden ist die ausgewogene Hildegard-Fastenkur mit einer Dinkel-Aufbaudiät kombiniert und bewirkt dadurch eine tiefgreifende körperliche Entgiftung und Reinigung, verbunden mit einer raschen Regeneration der körperlichen Abwehrkräfte. Durch die Umkehr aus alten Lebensgewohnheiten werden dem Menschen »jugendfrische Lebenskräfte« (*Viriditas* – Grünkraft), neuer Lebensgeist und Mut geschenkt.

In der Praxis haben sich zur Vorbeugung chronischer Krankheiten sechs therapeutische Maßnahmen bewährt, die als Hildgard-Kur durchgeführt werden können:

1. Fastentherapie,
2. Psychotherapie,
3. Aufbaudiät,
4. Aderlaß,
5. Heilen durch die fünf Sinnesorgane,
6. spezielle Kuren und Diäten.

Hildegard-Fastentherapie

Seit uralten Zeiten haben die Menschen gefastet, um sich geistig, seelisch und körperlich zu regenerieren. Neuerdings um so mehr, seit die moderne Medizin entdeckt hat, daß Fasten ein wahrer Jungbrunnen für körperliche Frische und Schönheit ist. Tatsächlich wird der ganze menschliche Körper vom Fasten ergriffen. Schädliche, krankmachende und giftige Stoffe werden dabei entfernt; im Blut werden Zucker-, Fett- und Harnsäurewerte gesenkt, so daß Stoffwechselerkrankungen ohne Medikamente ausheilen. Man hat daher das Fasten auch zu Recht »Operation ohne Messer« genannt.

Aber was nützt es, wenn man einige Schlacken und Gifte aus dem Körper entfernt, ohne die auslösenden Ursachen zu beseitigen? Läßt man diese außer acht, ist in kurzer Zeit alles wieder beim alten. Der Grund für enttäuschende Langzeitergebnisse nach dem Fasten liegt also darin, daß eine dafür notwendige radikale Bewußtseinswende nicht vollzogen wurde.

Die Kraft zu ihr gewinnt man aus dem Hildegard-Fasten. Hier wird das Übel tatsächlich an der Wurzel gepackt. In ihrem psychotherapeutischen Buch *Der Mensch in der Verantwortung* beschreibt Hildegard von Bingen fünfunddreißig krankmachende Konfliktmöglichkeiten (Laster, Belastungen) und fünfunddreißig Kräfte, die von den Tugenden ausgehen. Im Fasten sieht sie das Universalheilmittel, um die Belastungen auszuräumen.

Jede Hildegard-Kur beginnt mit einer Fastentherapie, wobei sich drei Fastenformen mit unterschiedlichem Schwierigkeitsgrad bewährt haben. Die Einteilung der Patienten in die Programme erfolgt nach den von Hildegard vorgeschlagenen Kriterien, wobei Patienten mit

> Weltliebe, Unglückseligkeit, Maßlosigkeit, Anarchie, Hochmut, Unbeständigkeit oder Weltschmerz

nicht an dem strengen Hildegard-Fasten teilnehmen dürfen. Außer den hier beschriebenen Kriterien sollten Gesunde und Kranke mit Nervenleiden, schwermütige, depressive Patienten, Patienten mit akuten Infektionserkrankungen, abgemagerte Krebspatienten, Tbc-Kranke und Patienten mit reduziertem Allgemeinzustand keine Fastentherapie machen.

Das Hildegard-Fasten ist die schwierigste Fastenform: Nicht essen, nur trinken für acht bis zehn Tage mit einem Fastengetränk, das nach dem Subtilitätsprinzip ausgesucht wird:

- Fencheltee, Dinkelkaffee, Kräutertee,
- Dinkelgrieß-Gemüsesuppe,
- Obstsäfte, Apfel- und Traubensaft.

Der Einstieg in das Hildegard-Fasten beginnt mit zwei Entlastungstagen, in denen man auf eiweißreiche Kost (Fleisch, Wurst usw.) sowie auf Genußmittel (Kaffee, Zigaretten, Alkohol) und unnötige Medikamente verzichtet. In diesen Tagen lebt man von Obst und Gemüse, am besten von Äpfeln.

Umschaltung auf Selbstversorgung
mit Ingwer-Ausleitungskeksen
Eine milde Form der Purgation

Mit den hildegardischen Ingwer-Ausleitungskeksen erreicht man bei allen hildegardischen Fastenformen ein mildes inneres Umschalten auf die körpereigene Selbstversorgung aus den Schlacken des Bindegewebes, wobei nur die schlechten Säfte den Körper verlassen und die guten erhalten bleiben. Durch diese milde Ausleitungsmethode vermeidet man die bei anderen Fastenmethoden, insbesondere bei den mit Glaubersalz durchgeführten, auftretenden unangenehmen Fastenzwischenfälle (Kreislaufzusammenbruch, Ekelgefühl, Ohnmacht, Herzrhythmusstörungen). Ingwer-Ausleitungskekse können sowohl vorbeugend von Gesunden als auch therapeutisch von Kranken genommen werden.

Bei Hildegard steht geschrieben:

»Menschen, die, wie gesagt ist, durch gichtische Lähmung zermürbt und durch die eben genannten Säfte geplagt werden, wenden mit Vorteil Pulver aus edlen, guten Pflanzen an, wie auch die guten und angenehmen Gerüche kostbarer Gewürze, da diese den schädlichen Rauch, der aus den oben erwähnten Säften hervorgeht und die üblen Säfte aufregt, durch ihr mildes Wirken niederdrücken, bändigen und abschwächen. Den unten angegebenen Keks sollen aber die Menschen gebrauchen, die weder völlig gesund noch auch völlig krank sind. Er bringt ihnen Gesundheit. Aber auch solche, die völlig gesund sind, können ihn nehmen, weil er ihnen die Gesundheit erhält, daß sie nicht krank werden, ebenso auch die, welche infolge Aufnahme von abwechslungsreicher und zuviel Nahrung fette, an Schleim reiche Säfte in sich haben, denn er beseitigt die erdigen Bestandteile, die Hefen und die fauligen Stoffe in ihren Säften. Auch diejenigen mögen ihn nehmen, die etwas gegessen haben, wonach sie Magenschmerzen bekommen, weil er den Schmerz besänftigt und vertreibt. Wer aber den Keks einnehmen will, soll ihn im Juni oder Juli vor Anfang August, nüchtern und ohne Zusatz von anderem Gewürz nehmen. Er entfernt die schädlichen Schleime aus dem Magen und reinigt ihn, damit er im August nicht krank wird. Hat ein Mensch irgend etwas gegessen, wonach er Magenbeschwerden fühlt, soll er den Keks im Oktober gebrauchen. Aber auch sonstige Heilkräuter kann jedermann in den genannten Monaten zweckmäßiger brauchen wie in den anderen Monaten.« (CC 135, 22)

Die Ingwer-Ausleitungskekse sind sehr schwirig herzustellen. Man ißt einen bis zwei Kekse morgens nüchtern noch im Bett, indem man sie langsam im Munde zergehen läßt.

»Bevor er den Ingwer-Keks nimmt, soll er sich, wenn er kalt ist, vorher am Feuer erwärmen und dann erst nehmen und nach der Einnahme eine Zeitlang wachend auf dem Bett ausruhen, und nach dem Aufstehen langsam hin und her gehen, jedoch so, daß die Kälte ihm nicht schadet.« (CC 191, 35)

Nach Einnahme des Ingwer-Kekses beginnt der Tag mit Morgengymnastik. Den Vormittag sollte man Gesprächen mit anderen Fastenden widmen. Nach der Fastenbrühe am Mittag folgt ein kurzer Mittagsschlaf und darauf Wanderungen und Spaziergänge. Nach Obst- und Gemüsesäften am Abend bleibt genügend Zeit zum Singen, Spielen, Erzählen und für Musikmeditationen.

Dinkel-Reduktionskost
bei Übergewicht, Fettsucht,
als Übergangsdiät und bei Bluthochdruck

Bei der Dinkel-Reduktionskost ißt man in zweitägigem Wechsel die normale Hildegard-Diät, an Reduktionstagen ausschließlich Dinkelbrot und Fencheltee, wobei auch Dinkelkopfsalat zum Mittagessen gereicht werden kann. Auf tierisches Eiweiß, Milcheiweiß und tierisches Fett (Butter) muß an den Reduktionstagen verzichtet werden. Von dieser Reduktionskost kann man sich lange Zeit, bis zu sechs Monate lang, ohne jegliches Gesundheitsrisiko ernähren. Besonders bei Übergewichtigen und Bluthochdruckpatienten sowie Stoffwechselkranken ist diese milde Methode sehr beliebt. Es entsteht weder ein Hungergefühl noch wird der Appetit stimuliert, da am Reduktionstag nach Bedarf Dinkelbrot und Fencheltee beziehungsweise Dinkelkaffee in beliebiger Menge zur Verfügung stehen. Aus der großen Erfahrung berühmter Fastenärzte weiß man, daß Menschen bis zu zehn Jahre lang unter extremen Bedingungen von Vollkornbrot und Wasser leben können. Da an den Reduktionstagen keine tierischen Eiweiße oder Fette angeboten werden, ist der Körper gezwungen, seine eigenen Eiweiß- und Fettspeicher abzubauen, wobei sowohl eine Gewichtsreduktion als auch eine Entschlackung und Umstimmung bei ernährungsbedingter Überernährung erfolgt.

Ernährungsplan bei Dinkel-Reduktionskost

1. Am ersten Tag normale Hildegard-Küche mit Dinkel, Obst und Gemüse, also abwechslungsreiche Mischkost, wobei auch Fleisch und Milcheiweiß als Beilagen gereicht werden können.
2. Reduktionstag
   Morgens: Habermus mit Apfelkompott, Zimt und Dinkelkaffee.
   Mittags: Dinkelkopfsalat, Dinkelreis, Dinkelgrießsuppe, Dinkelschrotbrei, Dinkelnudeln ohne Ei.
   Abends: Dinkelbrot und Fencheltee.

Ich möchte das Beispiel eines 36 Jahre alten männlichen Fasten-Patienten erwähnen, der sich nach einer Hildegard-Fastenkur entschloß, sein Körpergewicht von 143 Kilo bei einer Größe von 182 cm durch eine Dinkel-Reduktionskost weiter zu senken. Nach sechseinhalb Monaten hatte der Patient insgesamt 46 Kilo abgenommen und sah strahlend aus wie ein junger Mann. Zusätzlich brachte ihm diese Kur eine eiserne Disziplin. Ohne Eile und Streß konnte er jetzt seine Arbeit verrichten, obwohl er früher nie fertig wurde.

Die leichteste Fastenform – Dinkel, Obst und Gemüse

Das Dinkelfasten erfolgt nach einer vier- bis sechswöchigen konsequenten Basisdiät mit Dinkel, Obst und Gemüse und kann von jedermann durchgehalten werden. Ein Übermaß an tierischem Eiweiß und Milcheiweiß sowie zu fettreiche Speisen sind zu meiden. Die Patienten werden darauf hingewiesen, mindestens eine Stunde pro Tag in irgendeiner Form sich an der frischen Luft zu bewegen, wobei auch Tanztherapie, Gymnastik, Atmungs- und Haltungstherapie (ZILGREI) und andere bewährte Bewegungstherapien auf dem Tagesplan stehen. Konflikte, Folgen von Überbelastung, Frustration, Ärger, Angst, Ehrgeiz und andere Streßformen, die zu funktionellen und organischen Störungen führen können, müssen in dieser Zeit durch die hildegardische Psychotherapie überwunden werden.

Beim Dinkelfasten wird dreimal am Tag Dinkel in irgendeiner Form angeboten (siehe Rezeptteil), wobei auch Gemüse, Obst und Salate in der breitestmöglichen Palette, den Jahreszeiten angepaßt, auf dem Tisch erscheinen.

Ernährungsplan Dinkelfasten

Morgens: Habermus oder Co.: Schrotbrei, Körner, Porridge, Frühstücksbrötchen usw.,
Mittags: Dinkelreis, Dinkelnudeln, Dinkelspätzle, Dinkelgrieß, Dinkelknödel mit Gemüse und Edelkastanien, Dinkelkopfsalat, Obstsalat,
Abends: Dinkelschrotbrei, Grießsuppe oder Dinkelbrot mit Butter beziehungsweise Kräuterkäse.

Hildegard-Psychotherapie
Heilung durch die christlichen Tugenden

Voraussetzung für jede vollständige Heilung an Körper, Seele und Geist ist die Beseitigung seelischer Blockaden, die einer Heilung im Wege stehen könnten. Keiner kann gesund werden ohne eine Befreiung der Seele von Belastungen und Lasten (Lastern), Konflikten, Problemen, Sorgen, Kummer, Frustrationen und Streß. Vielfach werden diese Probleme heute mit Tranquilizern und Beruhigungspillen unterdrückt oder verdrängt, wodurch der Seele die wirklichen Heilkräfte vorenthalten werden.

Das Hildegard-Fasten bietet die beste Gelegenheit, fern von jeder Alltagsroutine, frei von der Sorge um das tägliche Essen, die eigenen Probleme zu erkennen und das Leben neu zu orientieren. Hildegard erkennt in ihrem psychotherapeutischen Buch *Liber Vitae meritorum* fünfunddreißig Schichten im Unterbewußtsein, die sich als Laster und Tugendpaare vorstellen. Jedes dieser fünfunddreißig Paare besteht aus einem seelischen, krankmachenden Risikofaktor (Laster, Belastung, Mangel oder Konfliktstoff) und einem heilenden seelischen Abwehrprinzip (Tugend). Diese Heilkräfte der Seele sind starke, kreative und regenerative Kräfte, die jeder Mensch, der darum bittet, von der Gnade *(gracia)* Gottes gratis, also geschenkt bekommen kann. Diese gewaltigen Heilkräfte sind seelische Abwehrkräfte, das stärkste Militär *(fortissima militia)* von kosmischem Ursprung. Hildegard sieht dieses göttliche Militär *(militia Dei)* als kosmische Energie, die in kreisenden, schwingenden Scheiben mit neun Chören der Engel, Erzengel, Kräfte, Mächte, Fürsten, Herrschaften, Throne, Cherubime und Seraphine antritt. In der Mitte dieses gewaltigen Energiezentrums ist eine starke, strahlende weiße Scheibe, Sitz und Ursprung der göttlichen Energie, die alles in Bewegung setzt und heilt, regeneriert und harmonisiert. Von diesem strahlenden Zentrum geht die Viriditas, die Grünkraft, die Lebenskraft aus, die allen Geschöpfen gemeinsam ist:

»Kein Baum grünt ohne Kraft zum Grünen, kein Stein entbehrt die grüne Feuchtigkeit, kein Geschöpf ist ohne diese Eigenschaften; die lebendige Ewigkeit selber ist nicht ohne diese Kraft zum Grünen.«

Beim Fasten geht es zunächst darum, seine eigenen Probleme und sein eigenes Persönlichkeitsprofil zu erkennen (Basisdiagnose), wobei jeder Fastende seine Konflikte in seinen Träumen selbst erkennen kann. Während des Fastens träumt der Mensch öfter und bewußter als im normalen Alltagsleben, weil seine Seele durch nichts Materielles belastet ist. Erfahrungsgemäß hat jeder Mensch mindestens fünf Träume pro Nacht, die aber leicht vergessen werden, wenn man sie nicht gleich aufschreibt. Mit Hilfe Ihrer Träume erkennen Sie die von Hildegard angegebenen Laster und Tugenden leicht für sich selbst und sind so in der Lage, Ihr eigenes Persönlichkeitsprofil zu bestimmen (bitte ankreuzen). Seien Sie ehrlich sich selbst gegenüber und versuchen Sie, weder ein Supermensch noch ein totaler Versager zu sein.

Mein eigenes Persönlichkeitsprofil

Negative Kräfte (Laster)   *Positive Kräfte (Tugenden)*

1. Amor saeculi — Amor caelestis
   (Weltliebe) (Liebe zum Himmlischen)
2. Petulantia (Ausgelassenheit) — Disciplina (Zucht)
3. Joculatrix (Vergnügungssucht) — Verecundia (Schamhaftigkeit)
4. Obduratio (Unbarmherzigkeit) — Misericordia (Barmherzigkeit)
5. Ignavia (Resignation) — Divina victoria (Gottes Sieg)
6. Ira (Zorn) — Patientia (Geduld)
7. Inepta laetitia — Gemitus ad Deum
   (Schadenfreude) (Sehnsucht nach Gott)

8. Ingluvies ventri (Schlemmerei) — Abstinentia (Enthaltsamkeit)
9. Acerbitas — Vera Largitas (Freigebigkeit,
   (Engherzigkeit) Hochherzigkeit)
10. Impietas (Gottlosigkeit) — Pietas (Frömmigkeit, Hingabe)
11. Fallacitas (Lüge) — Veritas (Wahrheit)
12. Contentio (Streitsucht) — Pax (Friede)
13. Infelicitas — Beatitudo
    (Schwermut) (Seligkeit, Heilszuversicht)
14. Immoderatio (Maßlosigkeit) — Discretio (Maß)
15. Perditio animarum (Atheismus) — Salvatio animarum (Seelenheil)

16. Superbia (Hochmut) — Humilitas (Demut)
17. Invidia (Neid) — Charitas (Nächstenliebe)
18. Inanis gloria (Ruhmsucht) — Timor Domini (Gottesfurcht)
19. Inobedientia (Ungehorsam) — Obedientia (Gehorsam)
20. Infidelitas (Unglaube) — Fides (Glaube)
21. Desperatio (Verzweiflung) — Spes (Hoffnung)
22. Luxuria (Wollust) — Castitas (Keuschheit)

23. Injustitia (Ungerechtigkeit) — Justitia (Gerechtigkeit)
24. Torpor (Stumpfsinn) — Fortitudo (Tapferkeit, Stärke)
25. Oblivio (Gottvergessenheit) — Sanctitas (Heiligkeit)
26. Inconstantia — Constantia
    (Unbeständigkeit) (Beständigkeit, Beharrlichkeit)
27. Cura terrenorum — Caeleste desiderium (Sehn-
    (Sorge für das Irdische) sucht nach Himmlischem)
28. Obstinatio — Compunctio cordis
    (Hartherzigkeit) (Zerknirschung)
29. Cupiditas — Contemptus mundi
    (Habsucht) (Weltverachtung)
30. Discordia (Zwietracht) — Concordia (Eintracht)

31. Scurrilitas (Neugier) Reverentia (Ehrfurcht)
32. Vagatio (Umherschweifen) Stabilitas (Beständigkeit)
33. Maleficium Cultus Dei
    (Teufelsdienste, Zauberei) (Gottes Dienst)
34. Avaritia (Geiz) Sufficientia (Genügsamkeit)
35. Tristitia saeculi Coeleste gaudium
    (Weltschmerz) (Himmlische Freude)

Ziel der hildegardischen Psychotherapie ist ein Mensch, der im vollen Besitz seiner Persönlichkeit ist und bewußt seine Stärken und Schwächen erkennt und akzeptiert. Das ehrliche Bekenntnis zu den Schwächen bietet eine einmalige Möglichkeit, nicht nur, sondern darüber hinaus auch die Einmaligkeit und Originalität seiner Mitmenschen erkennen und lieben zu lernen. Dazu bekennt sich auch C. G. Jung in seiner *Psychologie des Unbewußten:*

»Es ist nämlich unter allen Umständen ein Vorteil, im Vollbesitze seiner Persönlichkeit zu sein; denn sonst treten einem die verdrängten Inhalte nur an anderen Orten hindernd in den Weg, und zwar nicht etwa an unwesentlichen, sondern gerade an den empfindlichsten Stellen. Wenn die Menschen aber dazu erzogen werden, die Schattenseite ihrer Natur deutlich zu sehen, so ist zu hoffen, daß sie auf diesem Wege auch ihre Mitmenschen besser verstehen und lieben lernen. Eine Abnahme der Heuchelei und eine Zunahme der Selbsterkenntnis können nur gute Folgen haben für die Berücksichtigung des Nächsten; denn nur allzuleicht ist man geneigt, die Unbilligkeit und Vergewaltigung, die man der eigenen Natur antut, auch auf die Mitmenschen zu übertragen.«

Reue als Mittel zur Umkehr

Hildegard bietet drei Formen der Beichte an, in der man die eigenen Belastungen loswerden kann. Wenn man Glück hat, findet man einen hildegardischen Seelsorger, dem man Einblick in sein Seelenbild gewährt. Es kann aber auch ein Mitchrist sein, dem man seine Probleme anvertraut. Ist beides nicht möglich, so ist eine Beichte in Gegenwart der vier Elemente in Hildegards Buch *Scivias* angezeigt:

»Wer in der Stunde seines Todes ein Heilmittel für seine Sünden sucht, aber keinen Priester zur Bekennung seiner Sünden gefunden hat, wende sich an einen anderen Menschen, der bei dieser Gelegenheit zur Verfügung steht. Wenn er aber keinen Menschen finden kann, kann er mir aus vollem Herzen in Gegenwart der Elemente, mit denen er sie auch begangen hat, bekennen. Und ich sehe das Schuldbekenntnis seines Herzens und verwerfe seine Buße nicht.« (Sc. II., 6, 2420-2427)

Der kosmische Christ ist in der Lage, die Belastungen von einem Menschen zu nehmen, seien sie noch so groß oder noch so schwer, indem er sich mit jedem, der ihn bittet und fragt, mit jedem Suchenden in eine enge partnerschaftliche Liebesbeziehung einläßt, in der so starke Energien fließen, daß sogar eine Hure wieder zur inneren Reinheit finden oder ein Verbrecher zu einem Heiligen werden kann. Schließlich war doch der Schächer am Kreuz der erste, der mit Christus ins Paradies einziehen durfte:

»Am Abend bekommt man auch den schönsten Tag satt, und der Mensch hat dann gar keine Freude mehr am Tageslicht, sondern ist schlaftrunken. Das heißt, daß ein vom Fleisch getriebener Mensch, der ganz von der Sorge um sein leibliches Wohl eingenommen und ohne den geringsten Gedanken an ein Gotteswerk ist, umnachtet wird. Wenn er aber im Feuer des Heiligen Geistes durch die Seele göttliche Tugenden ausübt, erholt er sich durch Christi Liebe wieder von seinen fleischlichen Begierden.« (LDO Visio 4, 66)

Ohne Hildegard zu kennen, schreibt daher der große französische Arzt und Nobelpreisträger Alexis Carrel (1873 bis 1944) in seinem Buch *Reflexions sur la conduite de la vie* (Paris, 1950):

»Weit davon entfernt, eine Utopie zu sein, fügen uns die Tugenden in die Wirklichkeit ein. Sie leiten alle unsere körperlichen und geistigen Fähigkeiten gemäß der Ordnung, die ihnen durch ihre Struktur innewohnt... Sie (die Tugenden) haben zum Schutz des persönlichen und sozialen Lebens den gleichen Stellenwert wie der Instinkt bei den Tieren. Sie sind die einzig wahren Bestimmungen unseres Lebens. Es ist daher eine Torheit, nicht tugendhaft zu sein, sowie es auch eine Torheit ist, einen Verbrennungsmotor mit Wasser antreiben zu wollen... Seltsamerweise wird die Einübung der Tugenden nicht in den öffentlichen Schulen gelernt, obwohl es offensichtlich ist, daß sie für den persönlichen und sozialen Lebenserfolg notwendig sind!«

Der Körper – Spiegel der Seele

Im menschlichen Körper spiegeln sich die fünfunddreißig seelischen Kräftepaare wider, wobei Krankheiten zum größten Teil eine Antwort des Körpers auf den Mangel an guten Eigenschaften sind. Die Seele ist für den Körper wie der Saft für den Baum und hat eine Freude daran, daß der menschliche Körper sich zu seiner ganzen Kraft und Schönheit entfaltet:

»Die Seele durchfließt den Leib wie der Saft den Baum. Der Saft bewirkt, daß der Baum grünt, blüht und Früchte trägt. Und wie kommt die Frucht des Baumes zur Reife? Durch den angemessenen Wechsel der Witterung. Die Sonne spendet Wärme, der Regen Feuchtigkeit, und so reift sie sich unter dem Einfluß des Wetters aus. Was soll das? Der Sonne gleich erleuchtet die barmherzige Gnade Gottes den Menschen, dem Regen gleich betaut ihn der Hauch des Heiligen Geistes, und das rechte Maß zeitigt in ihm wie ein entsprechender Wechsel der Witterung die Vollkommenheit guter Früchte.
Die Seele ist also für den Körper, was der Saft für den Baum ist, und ihre Kräfte entfaltet sie wie der Baum seine Gestalt. Die Erkenntnis gleicht dem Grün der Zweige und Blätter, der Wille den Blüten, das Gemüt ist wie die zuerst hervorbrechende, die Vernunft wie die voll ausgereifte Frucht. Der Sinn endlich gleicht der Ausdehnung des Baumes in die Höhe und Breite.«
(Sc. I, 4)

Hildegard beschreibt selbst in ihrer Psychotherapie, daß die fünfunddreißig Laster und Tugenden des Menschen nach bestimmten »Himmelsrichtungen« und Körpersegmenten ausgerichtet sind. Diese fünfunddreißig Kräftepaare sind reflektorisch über Nervenbahnen und über die fünfunddreißig Wirbelkörper der Wirbelsäule mit den inneren Organen verbunden. Wir kennen heute die Körpersegmente als Reflexzonen oder Headsche Zonen. Auch die Haut und die inneren Organe sind über die sogenannten kutivisceralen Reflexe miteinander verbunden. Organschwächen können über Heilungsreize auf der Haut (Schröpfen, Moxibustion, Sauna, Bäder, Packungen) beseitigt werden.

Hildegard sieht den Menschen in seiner ganzen Schönheit harmonisch im Kosmos ausgerichtet:

»Ich sah einen Mann von solch hohem Wuchs, daß er von den höchsten Himmelswolken bis in die Abgründe der Erde reichte. Von den Schultern ragte er über den Wolken hinaus in den strahlenden (blauen) Äther ... So stand er da und schaute nach Osten und Süden.« (Vita Mer. I, 5)

In dieser »Gegend« erblickt Hildegard die Laster und Tugenden eins bis sieben, die in der Kopfregion lokalisiert sind. Die ersten fünf entsprechen den fünf Sinnesorganen Augen (1), Ohren (2), Nase (3), Mund/Geschmack (4), Haut/Bewegung (5).

1. Amor saeculi (Weltliebe) — Amor cealestis (Liebe zum Himmlischen)
2. Petulantia (Ausgelassenheit) — Disciplina (Zucht)
3. Joculatrix (Vergnügungssucht) — Verecundia (Schamhaftigkeit)
4. Obduratio (Unbarmherzigkeit) — Misericordia (Barmherzigkeit)
5. Ignavia (Resignation) — Divina victoria (Gottes Sieg)
6. Ira (Zorn) — Patientia (Geduld)
7. Inepta laetitia (Schadenfreude) — Gemitus ad Deum (Sehnsucht nach Gott)

Im zweiten Teil blickt der Mann nach Westen und Norden, wobei er von den Schultern abwärts bis in seine Hüften in die Erdatmosphäre eintauchte und dieser Teil von einer anderen weißen Wolke umgeben war. (Vita Mer. II, 1)

In dieser zweiten Region (von Schulter bis Hüfte) beschreibt Hildegard die Tugenden und Laster acht bis fünfzehn, die den Gesundheits- beziehungsweise Krankheitszustand der gesamten Eingeweide, Magen-Darm-Funktion samt zugehörigen Verdauungsorganen und Drüsen bedingen:

8. Ingluvies ventri (Schlemmerei) — Abstinentia (Enthaltsamkeit)
9. Acerbitas (Engherzigkeit) — Vera Largitas (Freigebigkeit, Hochherzigkeit)
10. Impietas (Gottlosigkeit) — Pietas (Frömmigkeit, Hingabe)
11. Fallacitas (Lüge) — Veritas (Wahrheit)
12. Contentio (Streitsucht) — Pax (Friede)
13. Infelicitas (Schwermut) — Beatitudo (Seligkeit, Heilszuversicht)
14. Immoderatio (Maßlosigkeit) — Discretio (Maß)
15. Perditio animarum (Atheismus) — Salvatio animarum (Seelenheil)

Im dritten Teil steht der Mann von den Hüften bis zu seinen Knien in der irdischen Luft und schaut nach Norden und Osten. In dieser Himmelsrichtung sieht Hildegard die Laster und Tugenden 16 bis 22, der die inneren Organe (Herz, Leber, Magen) und die Sexualorgane zugeordnet sind.

16. Superbia (Hochmut) — Humilitas (Demut)
17. Invidia (Neid) — Charitas (Nächstenliebe)

18. Inanis gloria (Ruhmsucht)	Timor Domini (Gottesfurcht)
19. Inobedientia (Ungehorsam)	Obedientia (Gehorsam)
20. Infidelitas (Unglaube)	Fides (Glaube)
21. Desperatio (Verzweiflung)	Spes (Hoffnung)
22. Luxuria (Wollust)	Castitas (Keuschheit)

Der vierte Teil beschäftigt sich mit der Erde, die im Mann von den Knien bis zu den Waden reicht. In dieser Körperregion sind die Lebenskräfte, Keimkräfte (Fruchtbarkeit) lokalisiert und bilden »quasi die Blüte und Schönheit der männlichen Tugendkräfte«. Die Erde ist ja auch die Materie, die ihrerseits der Grundstoff für die Menschwerdung des Gottessohnes ist. In dieser Körperregion erblickt Hildegard die Laster und Tugenden 23 bis 30. (Vita Mer. IV., 1)

23. Injustitia (Ungerechtigkeit)	Justitia (Gerechtigkeit)
24. Torpor (Stumpfsinn)	Fortitudo (Tapferkeit, Stärke)
25. Oblivio (Gottvergessenheit)	Sanctitas (Heiligkeit)
26. Inconstantia (Unbeständigkeit)	Constantia (Beständigkeit, Beharrlichkeit)
27. Cura terrenorum (Sorge für das Irdische)	Caeleste desiderium (Sehnsucht nach Himmlischem)
28. Obstinatio (Hartherzigkeit)	Compunctio cordis (Zerknirschung)
29. Cupiditas (Habsucht)	Contemptus mundi (Weltverachtung)
30. Discordia (Zwietracht)	Concordia (Eintracht)

Im fünften Kapitel blickt der Mann rundum ins All, wobei er mit den Füßen von den Waden abwärts »in den Wassern des Abgrunds« steht. In seinen Füßen liegt seine Stärke, »denn sie reinigen alles, heiligen alles, enthalten alles und tragen alles, um die Geschöpfe so zu befestigen«, wie die Seele den Leib erhält. In den Füßen sind die letzten fünf Laster und Tugenden zu Hause. (Vita Mer. V., 1)

31. Scurrilitas (Neugier)	Reverentia (Ehrfurcht)
32. Vagatio (Umherschweifen)	Stabilitas (Beständigkeit)
33. Maleficium (Teufelsdienste, Zauberei)	Cultus Dei (Gottes Dienst)
34. Avaritia (Geiz)	Sufficientia (Genügsamkeit)
35. Tristitia saeculi (Weltschmerz)	Coeleste gaudium (Himmlische Freude)

Bei Hildegard ist Krankheit keine Last oder kein Schrecken, sondern eine Chance, das ganze Leben zu ändern, sich von seinen Lasten (Lastern) zu befreien und ein neuer Mensch zu werden. Dabei empfiehlt sie bei siebenundzwanzig krankmachenden »Risikoeigenschaften« Fasten als Grundheilmittel, weil es den ganzen Menschen aktiviert, mobilisiert und regeneriert. Sie nennt allerdings auch die Grenzen dieses Heilmittels, wenn sie vor zu langem und unüberlegtem Fasten warnt. So werden beispielsweise hochmütige Menschen noch hochmütiger, wenn sie fasten.

Hildegard will durch das Fasten die Lasten von uns nehmen, damit wir frei werden. Dazu muß sich der Mensch allerdings wie der verlorene Sohn neu orientieren und Gott zuwenden.

»Ich will mich aufmachen und zu meinem Vater gehen.«

Fasten ist ähnlich wie Krankheit oder Tod, eine ganz besondere Grenzsituation, in der der Mensch die unmittelbare Nähe Gottes spüren kann.

Hildegard-Aufbaukur

Bereits George Bernhard Shaw hat wahrscheinlich schon aus eigener Erfahrung gewußt, daß jeder Narr fasten kann, daß es aber nur einem Weisen gelingt, wieder in die richtige Diät einzusteigen. Es ist nicht schwer, durch Fasten einige Kilo zu verlieren, aber es ist eine hohe Kunst, dieses Körpergewicht möglichst lebenslänglich zu halten.

Über neunzig Prozent aller Menschen, die mit herkömmlicher Diät fasten, haben bereits nach kürzester Zeit nicht nur ihr altes Körpergewicht, sondern auch ihre alten Eßgewohnheiten zurück. Darüber hinaus sind rascher Gewichtsverlust und ebenso rasche Gewichtszunahme nicht ganz ungefährlich, wenn durch falsche Diät mehr Fettpolster als Muskelfleisch angesetzt werden. Dieser Zustand ist schlimmer als der vor Beginn des Fastens, da man jetzt noch mehr zunimmt und eigentlich eine noch strengere Diät befolgt werden müßte. Es wäre daher für diese Übergewichtigen besser, gar nicht erst zu fasten, sondern eine Reduktionsdiät einzuhalten. Noch schlimmer sind viele, wenn auch noch so gut gemeinte Aufbaudiäten mit Rohkost, Säure- und Basen-Diäten, Trennkost-Diäten, Sprossen- und Keime-Diäten, Backpflaumen und Sauerkraut, die die Verdauung in Gang bringen sollen, weil der Faster durch solche Diätfehler in kürzester Zeit wieder vergiftet ist.

Keiner sollte daher ohne genaue Diätpläne für die Zukunft fasten. Die Hildegard-Aufbaudiät und die weiterführende Hildegard-Diät vermeidet diese Fehler, weil sie einfach und abwechslungsreich ist und daher gern von der ganzen Familie akzeptiert wird. Ihr ganz besonderer Vorteil liegt darin, daß sie alle Extreme vermeidet, weil sie als abwechslungsreiche Mischkost von keinem Lebensmittel zuviel oder zuwenig anbietet. Hildegard ist hier ganz realistisch und verlangt von keinem größere Opfer als er erbringen kann. Sie empfiehlt das rechte Maß in allen Dingen:

»Denn der Mensch kann nicht ständig in himmlischer Höhe leben. Der Teufel aber will solches Maßhalten nicht; er strebt ins Übermäßige, sei es das Höchste, sei es das Niedrigste.«
(LDO Visio 4, 27)

Überraschenderweise werden die Ernährungsrichtlinien Hildegards von der modernen medizinwissenschaftlichen Ernährungslehre bestätigt. Aufgeschreckt durch die Tatsache, daß über zwei Drittel der Menschen in der westlichen Welt an Übergewicht und Überfettung sterben, schlagen sowohl die Deutsche Gesellschaft für Ernährung als auch die amerikanischen Institutionen, Herzspezialisten und Chirurgen Alarm.

Glücklicherweise sind wir heute dank Hildegard in der Lage, ohne Lebensmittelchemiker, Kalorienzählerei und Vitamintabelle eine einfache, ausgeglichene Diät anzubieten, die nicht nur die heutigen ernährungswissenschaftlichen Erkenntnisse berücksichtigt, sondern darüber hinaus auch die noch wichtigere heilende Subtilitätskraft in den Lebensmitteln. Die Ratschläge Hildegards bewahren uns davor, von einem Extrem ins andere zu fallen und vor allem davor, Lebensmittel nur nach ihren chemisch-analytischen Inhaltsstoffen auszuwählen. Wer kann heute, selbst wenn er alle bis heute gültigen ernährungswissenschaftlichen Erkenntnisse hätte, wissen, in welchen Lebensmitteln die optimalen für alle gültigen Heilwerte zu finden sind, ohne nicht wieder gravierende, der Mode unterliegende Diätfehler zu machen?

Auf die Hildegard-Fastenkur folgt die Dinkel-Aufbaukur, die sich auch bei vielen anderen Erkrankungen als Diät bewährt hat:

1. Herz-Kreislauf-Erkrankungen mit Arteriosklerose, Herzinfarkt und Schlaganfall und die Risikofaktoren: Hypercholesterinämie, Hypertriglyceridämie, Bluthochdruck, Übergewicht,
2. Präkanzerose, Immunschwäche (AIDS), MS, Krebserkrankungen,
3. Diabetes mellitus,
4. Leberleiden, Leberzirrhose, Fettleber, Stauungsleber,
5. Rheuma, Gicht und Parkinson,
6. Hautleiden,
7. Magen-Darm-Leiden: chronische Verstopfung, Hämorrhoi-

den, Divertikulose, Gastritis, Magen-Darm-Geschwüre, Gallensteine, Zwerchfellbruch (Hiatushernie), Magen-Darm-Krebs,
8. Durchfall: Colon irritabile, Colitis ulcerosa, Morbus Crohn, Zöliakie,
9. Nervenleiden, Depressionen, Neurosen, Schizophrenie,
10. Lungenleiden, Bronchitis, Asthma, Lungenemphysem,
11. Gelenkerkrankungen, Arthrose, Arthritis.

Ein Übermaß an tierischem Eiweiß und Milcheiweiß sowie zu fettreiche Ernährung und Mangel an Bewegung, ständiger Streß, Überbelastung, Frustration, Ärger, Angst und übertriebener Ehrgeiz können zu schweren funktionellen und organischen Störungen an Herz und Kreislauf führen. Es gibt daher aus ernährungsbedingter Sicht genügend Gründe,

mindestens einmal täglich
einmal einen Tag wöchentlich
einmal eine Woche monatlich
einmal einen Monat jährlich

auf tierisches Eiweiß und Milcheiweiß zu verzichten.
Bei allen oben genannten Krankheiten ist daher eine konsequente Umstellung auf die Hildegard-Diät dringend erforderlich, wobei der folgende, variationsfähige und einfache Ernährungsplan zugrunde liegt:

Ernährungsplan nach Hildegard

Morgens

Habermus (2 Tassen Wasser, 1 Tasse Dinkelkorn 20 Minuten oder 1 Tasse Dinkelschrot 5 Minuten oder 1 Tasse Dinkelflocken 1 bis 3 Minuten kochen lassen). Mit 1 bis 3 Messerspitzen Galgant und/oder Zimt/Bertram würzen, einen geschnittenen oder gedünsteten Apfel und den Saft einer halben Zitrone hinzugeben, nach Geschmack mit 1 TL Honig süßen. Beim Servieren 1 EL Flohsamen auf das Habermus streuen.
Dinkelkaffee.

Mittags

Dinkelkopfsalat (1 Kopfsalat waschen und trocknen, 3 gehäufte EL gekochte, kalte Dinkelkörner daruntermischen. Alles kurz und klein schneiden und mit 2 EL Weinessig, 2 EL Sonnenblumenöl und etwas Zucker so anmachen, daß nichts durchschmeckt).

Dinkelreis, Dinkelnudeln, Dinkelgrießsuppe, Dinkelmehlsuppe, Dinkelknödel, Dinkelspätzle mit Gemüse, Obst und Edelkastanien.

Abends
Dinkelbrot, Dinkelmus, Käse (stets mit Mutterkümmel), Käsekrem, Frischkäse, Quark, Kräuterquark.
Aufschnitt: Puten- oder Hühnerbrust, Rinderwurst (kein Schweinefleisch und keine Schweinewurst).

Als Gemüse
Bohnen, Fenchel, Edelkastanien, Sellerie (gekocht), Brunnenkresse, junge Brennesseln, Kichererbsen, Kürbis, Zwiebeln, Rüben, Meerrettich, Rote Bete, Salat.

Gemüse ohne Hildegard-Kommentar
Artischocken, Eierfrucht, Tomaten, Zucchini, Spargel, Schwarzwurzel, Feldsalat, Kartoffeln, Mangold.

Gemüse mit Einschränkungen
Pilze, Erbsen, Linsen, Gurken, Kohl und Kraut, Nachtschattengewächse.

Als Fleisch
Im Sommer: Hammel oder Ziege.
Im Winter: Hirsch oder Reh.
Das ganze Jahr hindurch: Hühnchen, Fisch oder Rind oder Kalb (über Nacht in Wasser gelegt).

Küchengifte
Pfirsiche, Erdbeeren, Pflaumen, Lauch (Porree).

Keine Rohkost!

Aufgrund dieses Ernährungsplans wurde im Anschluß an die Fastenwoche eine schmackhafte ein- bis zweiwöchige Aufbaudiät erstellt, die sich im Hotel Linde am Bodensee viele Jahre lang allergrößter Beliebtheit erfreute. Mit diesem bewährten Diätplan lassen sich viele andere Hildegard-Menüs mit Dinkel, Obst und Gemüse, Fisch und Fleisch als Beilage zusammenstellen.

Dinkel-Aufbaukuren

1. Tag

Frühstück
Habermus in verschiedenen Geschmacksrichtungen
mit Dinkelkaffee

Mittagessen
Edelkastaniencremesuppe
Fenchelgemüse mit Dinkelnudeln
Dinkelkopfsalat
Vanilleapfel

Zubereitung: 4 große Äpfel schälen, Kernhäuser ausstechen und die Äpfel in ⅛ Liter Wasser mit 1 aufgeschlitzten Vanilleschote dünsten. Auf Dessertteller setzen, die Höhlung mit Himbeerkonfitüre füllen und die Äpfel mit heißer Vanillesauce übergießen. Die Vanillestange zerschneiden und als Stengel in die Äpfel stecken.

Abendessen
Dünne Dinkelpfannkuchen mit Zitrone und Zimt

Zutaten: 1 Tasse feines Dinkelmehl – 1½ TL Backpulver – ½ TL Salz – 1 EL Rohrzucker – 1 Ei, geschlagen – 1 Tasse Milch – 3 EL geschmolzene Butter oder Sonnenblumenöl – Zitrone und Zimt.

Zubereitung: Alles zusammenmischen und einen glatten Teig daraus machen, zum Schluß das Fett hinzugeben. In heißer Eisenbratpfanne *ohne* Fett backen. Man braucht nicht nachzufetten. Ergibt zirka 10 Pfannkuchen.

2. Tag

Frühstück
Habermus oder Co. mit Dinkelkaffee

Mittagessen
Klare Kalbfußsuppe mit Dinkelklößen
Grüne Bohnen mit gedünstetem Dinkel
Apfeltorte, warm (Tarte Tatin)

Abendessen
Fenchelauflauf

3. Tag

Frühstück
Habermus oder Co. mit Dinkelkaffee

Mittagessen
Klare Hühnerbrühe mit Hühnerleberspätzle
Dinkelschrotauflauf mit Gemüse
Selleriesalat
Birnenkompott mit Preiselbeeren

Abendessen
Apfelauflauf mit Dinkelflocken

4. Tag

Frühstück
Habermus oder Co. mit Dinkelkaffee

Mittagessen
Potage Clermont (Edelkastanien-Eintopf)
Dinkelauflauf mit Gemüse
Bohnensalat – Apfelkompott

Abendessen
Dinkelbrot mit Kräuterkäse
(Kräuterkäse: 2 EL Gervais, 2 EL Magerquark; Gewürze: Bertram,
Salz, Kräuter, alles gut vermischen)

5. Tag

Frühstück
Habermus oder Co. mit Dinkelkaffee

Mittagessen
Geröstete Dinkelgrießsuppe mit Kräutern
Fenchel mit Felchen
Feldsalat mit Roten Beten
Gebackene Kirschen in Bierteig

Abendessen
Dinkelschrotauflauf mit Äpfeln

6. Tag

Frühstück
Habermus oder Co. mit Dinkelkaffee

Mittagessen
Selleriecreme
Weiße Bohnen mit Fenchel
Dinkelkopfsalat
Gekochte, glasierte Kastanien

Abendessen
Dinkelpfannkuchen mit Kräutern

7. Tag

Frühstück
Habermus oder Co. mit Dinkelkaffee

Mittagessen
Zwiebelsuppe
Hechtklöße badische Art mit Dinkelnudeln
Kopfsalat mit Orange und Ananas
Dinkelschrotpudding mit Kastanien-Chaudeau

Abendessen
Camembert-Quark mit Mutterkümmel
auf Dinkelvollkornbrot

8. Tag

Frühstück
Habermus oder Co. mit Dinkelkaffee

Mittagessen
Spargelcremesuppe
Kichererbsen-Dinkel-Bällchen mit Mandelsauce
Fenchel-Orangen-Salat
Rote Grütze mit Vanillesauce

Abendessen
Dünne Dinkelpfannkuchen mit Zitrone und Zimt

9. Tag

Frühstück
Habermus oder Co. mit Dinkelkaffee

Mittagessen
Gemüsesuppe (Minestrone mit Dinkelkörnern)
Rote Bete mit Quendelsauce
Feldsalat mit Geflügelleber
Kürbispudding

Abendessen
Dinkelgrütze mit Apfel

10. Tag

Frühstück
Habermus oder Co. mit Dinkelkaffee

Mittagessen
Rehlebercremesuppe
Rote Bete mit Quendelsauce
Waldorfsalat
Apfel in Karamelsauce

Abendessen
Hähnchen-Kastanien-Salat

11. Tag

Frühstück
Habermus oder Co. mit Dinkelkaffee

Mittagessen
Klare Hühnerkraftbrühe
mit Geflügel-Leberklößen
Apfelauflauf mit Dinkelkörnern
Dinkel-Hüttenkäse-Salat
Melbabirnen

Abendessen
Dinkelfrikadellen mit Dinkelkopfsalat

12. Tag

Frühstück
Habermus oder Co. und Dinkelkaffee

Mittagessen
Dinkel-Bohnen-Suppe italienische Art
Dinkelknödel mit gedünstetem Sellerie
Rote Bete mit Apfel und Meerrettich
Quittenkompott

Abendessen
Fenchel überbacken

13. Tag

Frühstück
Habermus oder Co. mit Dinkelkaffee

Mittagessen
Kürbissuppe
Rotbarschfilets in Dinkelbier
mit Kastanien-Dinkelgrieß-Knödeln
Obstsalat

Abendessen
Apfelauflauf mit Dinkelzwieback

14. Tag

Frühstück
Habermus oder Co. mit Dinkelkaffee

Mittagessen
Hühnchen in Riesling mit Ysop (Coq au Vin)
Warmer Fenchel-Sellerie-Salat
Apfelstrudel

Abendessen
Dinkelbratlinge mit grünen Bohnen

Hildegard-Aderlaß zur Blutreinigung

Von ganz wenigen Ausnahmen abgesehen (akute Infektionskrankheiten, Körperschwäche, Blutarmut) ist der Aderlaß nach Hildegard das tiefgreifendste Umstimmungsmittel zur Heilung von schweren, chronischen Erkrankungen. Der Aderlaß, wie überhaupt die Blutentziehung, wird bei Hildegard als wichtigste allgemeine Behandlungsmethode angesehen, um die Selbstheilungskräfte im Menschen anzuregen, die von der Schwarzgalle und den krankheitsauslösenden Fäulnisstoffen im Körper blockiert werden. Erst wenn diese schädlichen, krankmachenden Säfte durch den Aderlaß ausgeschaltet wurden, können die körpereigenen Heilstoffe freigesetzt werden, besonders das körpereigene Kortison in den Nebennieren. Hildegard schreibt:

»Wenn bei einem Menschen die Gefäße mit Blut überfüllt sind, müssen sie durch einen Aderlaß von dem schädlichen Schleim und den durch die Verdauung gelieferten Fäulnisstoffen gereinigt werden.« (CC 119, 9)

Der Aderlaß reinigt den Körper und das Blut von seinen Giften, die besonders bei jahrelangen sogenannten chronischen Krankheiten die Heilung blockieren. Hildegard sieht die große gesundheitsstörende Kraft in einem Überhandnehmen von schlechten Säften *(mali, noxi* und *infirmi humores)*, die durch übermäßiges Essen, Diätfehler (Küchengifte und Rohkost), Umweltgifte (Luft-, Trinkwasser-, Lebensmittelverunreinigung), aber auch durch Streßfaktoren wie Sorge, Kummer, Angst, Hetze, Ärger, Enttäuschung entstehen. Dabei wird die Schwarzgalle vermehrt, ein Blutgift, das entweder zu Zornesausbrüchen oder zu stillem Kummer führen kann und chronische Krankheiten verursacht. Der Aderlaß reinigt nicht nur das Blut von diesen krankmachenden Schlacken- und Fäulnisstoffen, sondern beseitigt auch die schlechte Mischung der Säfte (Dyskrasie), die aus Stoffwechsel- und Hormonregulationsstörungen resultiert. Daher lassen sich für den Aderlaß folgende Indikationen angeben:

- Verbesserung und Entgiftung des Gesamtstoffwechsels bei Fettstoffwechselstörungen, Blutzucker (Diabetes) und hohen Harnsäurespiegeln (Gicht, Rheuma, Arthritis).

- Entzündungshemmend und schmerzbeseitigend bei akuten und chronischen Entzündungen wie Rheuma, Hautentzündungen, Gallenblasen-, Nieren-, Blasen-, Eierstock-, Brust- und Uterusentzündungen.
- Gegen Hormonregulationsstörungen bei keiner oder zu geringer Menstruation, Struma und Basedow im Klimakterium oder bei Sterilität.
- Krampflösende Wirkung bei Gefäßkrämpfen (Schaufenster-Krankheit), Krampfadern, Nervenkrämpfe und Asthma bronchiale.
- Beseitigung von Stauungszuständen durch Blutfülle der Lunge, Leber, Bluthochdruck, Gefahr von Herz- oder Hirnschlag. Stauungen des Pfortaderkreislaufs bei Krampfadern und Hämorrhoiden.
- Blutstillende Wirkung bei Blutungen durch Blutüberfülle: Nieren-, Lungen-, Haut-, Nasen-, Uterus-, Magen-Darm-, Blasen-, Hämorrhoidenblutungen sowie Blutungen im Auge. Nicht Blutstillung durch unterdrückende Mittel, sondern Beseitigung der Blutfülle durch den Aderlaß ist hier das einfachste und sicherste Mittel.
- Bei Nervenerkrankungen wie Neurose, Schlaganfallgefahr und seinen Vorboten (Schwindel, Kopfdruck, Ohrensausen), Kopfschmerz oder Migräne, Epilepsie, Schizophrenie, Depression, Melancholie, Angst, Unruhe und Reizbarkeit.
- Bei Schlaflosigkeit, Magen-Darm-Erkrankungen, Hauterkrankungen (Akne), Neurodermitis (Ekzem, Herpes, Psoriasis).
- Bei der Vichtkrankheit (Präkanzerose), nach allen Krebsoperationen, insbesondere Totaloperation zur Vermeidung von Komplikationen und Metastasen.
- Bei Ohrenkrankheiten, Mennièrescher Schwindel, Schwerhörigkeit und Entzündungen.
- Bei Herzerkrankungen wie Herzinsuffizienz, zur Verminderung der Herzinfarktgefahr durch Beseitigung der Risikofaktoren (Bluthochdruck, Fettstoffwechselstörungen, Diabetes).
- Als allgemeines Vorbeugungsmittel.
- *Gegenindikation:* Der Aderlaß sollte nicht bei starker Körperschwäche und zu starker Blutarmut, akuten Infektionskrankheiten und akuten Angina-pectoris-Anfällen durchgeführt werden.

Der Aderlaß-Schock öffnet die körpereigene (Hormon-)Apotheke

Durch den Nadelstich und den anschließenden Blutverlust gerät der Körper in eine ähnliche Schocksituation wie nach einem Unfall, wobei ein tiefer Reiz auf das Zwischenhirn (Hypothalamus) und ganz besonders auf die Hirnanhangdrüse (Hypophyse) ausgeübt wird. Über die Hypophyse steuert der Organismus lebenswichtige, vegetative Funktionen wie etwa den Wärmehaushalt, die Herzfrequenz, den Wasser-, Salz- und Energiehaushalt, die Atmung und den Blutdruck.

Die Hirnanhangdrüse öffnet ihr Hormonsystem und steuert damit die Tätigkeit der Schilddrüse, der Nebennierenrinde, der Keimdrüsen, wirkt bei der Frau auf den Graafschen Follikel, beim Mann auf die Samenkanäle, wobei Spermienbildung und Testosteronproduktion angeregt werden. Die Hormone der Hypophyse steuern den Menstruationszyklus, die Eireifung und die Tätigkeit der Brustdrüsen. Außer den Geschlechtshormonen werden von der Hypophyse auch noch stoffwechselsteuernde Hormone gebildet, die das Wachstum und den Fett- und Eiweißstoffwechsel beeinflussen. Daher kann Hildegard zu Recht schreiben, daß der richtig ausgeführte Aderlaß wie ein warmer Regen auf den Körper wirkt und ihn zur Fruchtbarkeit anregt:

»Wird bei einem Menschen das Gefäß angestochen, wird sein Blut wie durch einen plötzlichen Schock erschüttert, und was zuerst austritt, ist fauliges, zersetztes Blut, das gleichzeitig mit dem Blut ausfließt. Daher hat das Blut auch zunächst eine Mischfarbe, weil es aus Fäulnis und Blut besteht. Sobald die Fäulnis mit dem Blut ausgeflossen ist, kommt reines Blut, dann muß man sofort mit der Blutentziehung aufhören. Denn ein Aderlaß, der über das Maß hinaus vorgenommen wird, schwächt den Körper geradeso wie ein Regenguß, der ohne Maß auf die Erde fällt, diese schädigt.« (CC 119, 9)

Streßhormone bewirken eine vorübergehende Subpression des Immunsystems, wobei die Killer-T-Zellen neutralisiert werden. In der Streßphase (Adaptation) stellt sich der Körper erfolgreich oder nicht auf die Streßbelastung ein. Die Streßsituation hält solange an wie der Mensch in der Streßbereitschaft verbleibt. Unglücklicherweise verweilen heute viel zu viele Menschen viel zu lange in dieser Phase, die dann als Überstreß oder negativer Streß empfunden wird. Dieser Zustand kann zu einem nimmer endenden Dauerzustand führen, wenn die Bereitschaft zu lange anhält und die Abwehr dadurch zu stark geschwächt wird. In diesem Zustand kann sich die Thymusdrüse zur Hälfte verkleinern, und Millionen von Abwehrzellen (B- und T-Zellen) werden ausgeschaltet.

Sobald durch den Aderlaß etwa 100 bis 180 Milliliter »schlechtes« Blut entnommen wurden, ändert sich die Farbe von Schwarz in Rot, und der Aderlaß wird beendet. Mit dem Umschlagen der Farben ist die Streßreaktion beendet, und der Körper kommt in eine Erholungsphase, in der in erhöhtem Maß Kortison ausgeschüttet wird, das Reparaturhormon, das in den Nebennieren gebildet wird. Die Kortisonausschüttung bewirkt eine wohltuende Entspannung, wobei der Streß zurückgenommen wird und sich die Körperfunktionen wieder normalisieren. Die stimulierende Wirkung des sympathischen Nervensystems wird nun von der beruhigenden Wirkung des Parasympathikus abgelöst, wobei sich der Körper entspannt und in eine Erholungsphase gerät. Diese Erholungsphase kann auch von einem Glücksgefühl oder dem Gefühl eines Erfolges begleitet sein. Der moderne Mensch befindet sich aufgrund der Alltagshetze leider viel zu oft und viel zu lange in Streßsituationen, die viel zu viel Streßenergie verbrauchen. Die Folge davon sind zu lange Erholungszeiten und das Gefühl der Erschöpfung, der Müdigkeit und der Depressionen. Menschen, die zuviel Streß ausgesetzt sind, greifen manchmal zu Alkohol, um sich zu entspannen, und benutzen wiederum Drogen wie Bohnenkaffee oder andere Stimulantien, um die Streßzeiten zu verlängern, wodurch es zu noch tieferen Erschöpfungsphasen kommen muß.

Die wichtigste Maßnahme gegen Streß besteht darin, daß man die Streßzeiten möglichst kurz hält. Dies war und ist für Menschen, die ein spirituelles Leben führen, eine Selbstverständlichkeit. Hildegard lebte als Benediktinerin im natürlichen Wechsel von *ora et labora* – bete und arbeite – im Wechsel von Belastung und Entspannung, Anstrengung und Loslassen.

Dr. Hans Selye, der Vater der Streßforschung, hat die Streßreaktion in drei Phasen eingeteilt: 1. die Alarmphase; 2. die eigentliche Streßphase; 3. die Erholungsphase. Bei Dauerstreß oder bei übertriebenem Streß verlängert sich die Streßphase, und die Erholungsphase geht in eine Erschöpfungsphase über.

Sobald der Streß einsetzt, beobachtet man in der Alarmphase drei Hauptvorgänge, die von der Hirnanhangsdrüse gesteuert werden. Die Streßhormone Adrenalin und Noradrenalin werden an den Körper abgegeben und lösen über das autonome Nervensystem (Sympatikus) eine Reihe von Reaktionen aus, die den Körper in Alarmbereitschaft versetzen:

1. Das Herz beginnt schneller zu schlagen, der Blutdruck erhöht sich, die Lunge nimmt mehr Sauerstoff auf, die Haare sträuben sich auf der Haut, und in der Magengegend wird ein flaues Gefühl (Lampenfieber) empfunden.
2. Über den Sympatikus wird der Muskeltonus erhöht, das Blut fließt von der Peripherie zu Herz und Lunge, und der Verdauungsvorgang wird vorübergehend lahmgelegt.

Hans Seyles Streßphasen

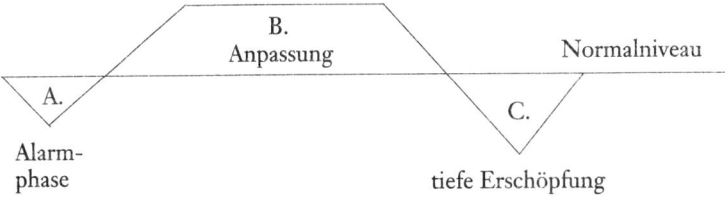

A: Alarmreaktion, Körper bereitet sich auf Streß vor.
B: Anpassung an den Streß, solange wie nötig, abhängig von der Fähigkeit, Streß zu bewältigen. Einige verharren im Dauerstreß, andere können abschalten.
C: Erholungsphase nach dem Streß, oder nachdem Körper keine Streßenergie mehr aufbringen kann, tiefe Erschöpfung.

3. Aus dem Zwischenhirn werden Beta-Endorphine (morphinähnliche Stoffe) freigesetzt, die den Körper während des ganzen Streßvorganges schmerzfrei halten. Das ist auch der Grund, warum man bei Unfällen oder Verletzungen zunächst keine Schmerzen empfindet.

Ein erwünschter Nebeneffekt der Kortison-Ausschüttung besteht in einer vorübergehenden Schwächung des Immunsystems. Kortison übt eine bekannte entzündungshemmende Wirkung aus, wobei es beim körpereigenen Kortison zu keinen Nebenwirkungen kommen kann. Dadurch beobachtet man bei Patienten, die eine Autoimmunkrankheit haben, das sofortige Einsetzen einer Heilungsphase. Hiervon profitieren Patienten mit Allergien, Heuschnupfen, Asthma, Neurodermitis, multiple Sklerose und besonders mit Polyarthritis, wo eine rasche Schmerzbeseitigung zu verzeichnen ist. Die Kortison-Ausschüttung kann auch klinisch beobachtet werden, wie etwa bei einer Patientin, bei der durch den Aderlaß eine Kortison-Behandlung überflüssig wurde. Die kurzzeitige Immunsubpression ist für den normalen Patienten kein Problem. Die langanhaltende Streßsituation jedoch führt zu einer langfristigen Schädigung des Immunsystems, wodurch der Körper für Infektionen, Virenerkrankungen und Immunkrankheiten empfänglich wird. Für diese Patienten ist ein jährlicher Aderlaß unumgänglich. Vor allen Dingen aber müssen sie lernen, Streß zu bewältigen, abzubauen und die Streßenergie in ein Maximum an Lebensenergie oder *Viriditas*, wie Hildegard sagt, umzuformen. Hildegard nennt zwei bewährte Mittel, um Streßphasen schnell zu beenden: Armbänder oder Ketten aus blauem Chalzedon und gelöschter Wein.

Aderlaß beim Mann ab dem dreißigsten Lebensjahr (mindestens einmal im Jahr)

Bei Hildegard stehen genaue Angaben über das geeignete Lebensalter, die Menge des Aderlaßblutes und den richtigen Zeitpunkt.

>»In besonderen Fällen kann bei den Männern schon im 12. Jahr der Aderlaß durchgeführt werden, ... jedoch nicht mehr als die beiden Schalen einer Nuß fassen (20 ml). Vom 12. bis zum 15. Lebensjahr soll der Aderlaß nur einmal jährlich durchgeführt werden ... Vom 15. Jahre ab nehme man soviel Blut wie ein durstiger Mann in einem Zuge trinken kann (100-150 ml) ...« (CC 120, 32)

>»Kein Mensch, sei es Mann oder Frau, soll einen Aderlaß machen, solange er in seiner Entwicklung an Größe und Körpergewicht zunimmt, weil er den Menschen körperlich schwächen würde ...
>Nach dem 20. Lebensjahr kann er wegen irgendeiner Krankheit zur Ader gelassen werden, aber nur wenig. Wenn er körperlich gesund ist, soll er (in diesem Alter) noch keinen Aderlaß machen, sondern Schröpfen oder Brennen lassen, weil seine Blutgefäße und das Blut noch nicht voll entwickelt sind. Hat er aber das reife Alter von 30 Jahren erreicht, kann er, ob krank oder gesund, nach Belieben Aderlaß durchführen, ... bis zum 50. Lebensjahr.« (CC 123, 34)

>»Nach dem 50. Lebensjahr, wenn Blut und Phlegma beim Manne abnehmen und der Körper auszutrocknen beginnt, soll nur einmal im Jahr zur Ader gelassen werden, und zwar nur zur Hälfte wie gewöhnlich bis zum 80. Lebensjahr.« (CC 121, 5)

Aderlaß bei der Frau
vom zwölften bis zum hundertsten Lebensjahr

Ganz besonders wichtig und nützlich ist der Aderlaß für die Frau, weil

»die Frau in ihrem Körper viel mehr schädliche Säfte und krankmachende Fäulnisstoffe besitzt als der Mann. Daher soll die Frau vom 12. Lebensjahr an nach den gleichen Regeln zur Ader lassen wie der Mann, aber bis zum 100. Lebensjahr, weil wegen der schädlichen Säfte und zersetzenden Stoffe für sie eine größere Notwendigkeit besteht als beim Mann, wofür schon die monatliche Regelblutung spricht. Würde die Frau nicht von den schädlichen Säften und verdorbenen Fäulnisstoffen gereinigt, würde sie am ganzen Körper anschwellen und sich aufblähen und nicht leben (und sterben) können.« (CC 121, 21)

Die richtige Vene entscheidet über die Indikation

Es wird sogar ganz genau beschrieben, an welchen Blutgefäßen der Aderlaß vorgenommen wird. Sollte etwa die Äbtissin im 12. Jahrhundert schon anatomische Studien durchgeführt haben? Nirgends sonst in der Medizingeschichte lesen wir:

»Man muß wissen, daß in der Kopfader (vena cephalica) mehr Säfte fließen als in der Mittelader (vena mediana) und der Leberader (vena hepatica). Daher ist es gesünder, wenn die Blutziehung öfter an der Kopfader vorgenommen wird. Denn wer viel Phlegma im Kopf und in der Brust hat (Auswurf) oder wem der Kopf brummt, so daß sein Gehör manchmal verlorengeht, soll den Aderlaß an der Kopfader vornehmen ...
Wer ein trauriges Herz und ein bedrücktes Gemüt hat und Lungen- und Seitenschmerzen, soll den Aderlaß an der Mittelader vornehmen ...
Leidet aber jemand an Leber oder Milz, oder hat jemand Atembeschwerden in Hals und Kehle (Basedow, Asthma) oder Sehkraftverlust der Augen, so muß der Aderlaß an der Lebervene durchgeführt werden ...« (CC 121, 35 ff.)

Jede Vene hat ihre ganz speziellen Organverbindungen und Indikationen. Bei Katarrhen von Kopf und Brust, Auswurf, Verschleimung, Kopfschwindel, Gehörschwäche, wird die Kopfvene *(vena cephalica)* geöffnet.
Die Mittelvene *(vena mediana)* wird bei Lungen- und Seiten-

schmerzen, Herzschmerzen und Depressionen geöffnet. Die Leberader *(vena hepatica)* ist bei Leber- und Milzleiden, Atemnot (Asthma), Schilddrüsenleiden (Kropf) und Sehschwäche angezeigt.

Der Aderlaß verbessert die Durchblutung

Kürzlich konnte Professor Edzart Ernst von der Medizinischen Hochschule Hannover in einer klinischen Studie zeigen, daß das Risiko, einen Herzinfarkt oder Schlaganfall zu erleiden, größer ist, je dicker, das heißt je zähflüssiger das Blut ist. Besonders bei der heute üblichen Überernährung mit Eiweiß (Eiweißmast) verdickt sich das Blut, weil dadurch die Zahl der roten Blutkörperchen zunimmt (Polyzythämie). Sobald das Blut zähflüssig wird, staut es sich in den Kapillaren, wodurch nicht nur die Durchblutung der Organe behindert wird, sondern auch die Versorgung mit Sauerstoff. Der Abtransport von Stoffwechsel-Schlacken aus den Zellen ist mit dieser Blutqualität ebenso nicht mehr optimal. Infolge der Polyzythämie rötet sich das Gesicht, wobei die Lippen auffallend blau bleiben (Lippencyanose). Es treten Schwindel, Kopfweh, Ohrensausen, Müdigkeit und Atemnot ein mit unangenehmem Hautjucken, das auf den Anstieg von Harnsäure im Gewebe zurückzuführen ist. Dabei erhöht sich der Hämatokritwert (die Gesamtzahl der Blutkörperchen) über das normale Maß von 52 Prozent. Bei einem Hämatokritwert von über 60 Prozent besteht Lebensgefahr durch Thrombosebildung mit Herz- oder Lungenembolie (Thromboembolie). Die Blutkörperchen beengen sich gegenseitig und kleben aneinander (Thrombozytenaggregation), so daß das Blut nur noch langsam fließen kann. Der Aderlaß ist das einfachste und schnellste Mittel, um das Blut wieder zu verdünnen (Hämodilution) und fließfähig zu machen. Schon der Entzug von zirca 200 Milliliter Blut bei einem Hämatokritwert von 50 Prozent entfernt aus dem Körper 100 Gramm körpereigenes Eiweiß, eine Menge, die der Körper jetzt aus seinen Eiweißspeichern in den Gefäßen und aus dem Bindegewebe entzieht. Dieser antiarteriosklerotische Effekt durch den Aderlaß ist vergleichbar mit dem Eiweißabbau beim Hildegard-Fasten.

Der richtige Zeitpunkt des Aderlasses folgt kosmischen Gesetzen

Unsere körperlichen Funktionen sind kosmischen Gesetzen unterworfen. Besonders der Mond steuert und reguliert den Säftehaushalt in der Natur. Mit dem Mond laufen die Gezeiten Ebbe und

Flut; in der Biskaya steigen die Wassermassen bis zu 15 Meter. Bei zunehmendem Mond steigen die Säfte in Bäumen und Früchten, und bei abnehmendem Mond gehen sie wieder in die Wurzeln zurück. Saat und Ernte werden von diesem Rhythmus beeinflußt. Früher wurden die meisten Kinder bei Vollmond geboren. Bei Vollmond kommt es zu einem Anstieg der Kriminalität. Plötzlich fangen die sogenannten Quartalssäufer an zu trinken, Kleptomanen beginnen zu klauen, und die sogenannten Mondsüchtigen verlassen ihre Betten. Auch im Menschen steigen und fallen die Säfte mit dem Mond. Daher wird bei Hildegard der Aderlaß auch bei abnehmendem Mond, das heißt am letzten Vollmondtag ausgeführt:

»Er soll aber bei abnehmendem Monde zur Ader lassen, am ersten Tag, wenn der Mond anfängt abzunehmen, oder am zweiten, dritten, vierten, fünften oder sechsten Tage und dann nicht mehr, weil ein früherer oder späterer Aderlaß nicht so viel Nutzen bringen wird. Nicht aderlassen soll man bei zunehmendem Mond, weil solcher Aderlaß schädlich ist, da jetzt die mit dem Blut vermischte faulige Flüssigkeit sich nicht leicht von ihm scheiden kann. Bei wachsendem Mond fließen nämlich Blut und zersetzte Flüssigkeit gleichzeitig wie in gegenseitig richtiger Menge im Menschen und lassen sich nicht leicht voneinander trennen. Es ist so wie bei einem Strom, der, mit mäßiger Geschwindigkeit in seinem Bette fließend, diese seine Art beibehält. Nimmt aber der Mond ab, dann fängt das Blut mehr an, aufgeregt zu werden und sein Bett zu verlassen, läßt auch zuviel faulige Flüssigkeit ausfließen, wie es bei einer großen Überschwemmung der Fall ist, die das Verfaulte in ihr sichtbar macht und den Schaum aus sich auswirft.« (CC 120, 20)

»Nach dem Aderlaß muß sich der Mensch drei Tage lang vor den Strahlen des hellen Lichtes der Sonne wie auch vor dem Scheine des brennenden Feuers in acht nehmen, weil während dieser drei Tage das Blut im Menschen durch diese Helligkeit erschüttert wird und bebt und häufig dem Herzen Schaden bringt.« (CC 125, 10-15)

Der Aderlaß erfordert nicht nur vom Therapeuten, sondern auch vom Patienten ganz besondere Disziplin, das heißt der Patient soll sich nach dem Aderlaß Ruhe gönnen, nicht unter starkem Lichteinfluß leben (kein Fernsehen, kein Skifahren oder Arbeiten an Computerschirmen) und eine besondere Diät einhalten.

Vom Verhalten nach dem Aderlaß

»Das Tageslicht ist gemäßigt und schadet, wenn es ohne zuviel Sonnenstrahlung ist, dem zur Ader Gelassenen nicht. Zu jeder Zeit aber und namentlich beim Aderlaß siedet das Blut in der Umgebung der Augen des Menschen infolge der Sonnenhitze wie auch der Hitze des Feuers, die zarte Haut, das heißt, die Membran, welche die Augen zusammenhält, trocknet aus und führt so zu Schwachsichtigkeit. Nach einem Aderlaß soll man aber ungewohnte Speisen, gebratenes Fleisch wie auch solche, die einen besonderen Saft enthalten, rohes Obst und rohes Gemüse nicht essen, weil diese dann in den Gefäßen den Schleim mehr wie das Blut vermehren würden. Auch darf man keinen starken Wein trinken, weil dieser das Blut erregen und den Menschen leicht besinnungslos machen würde. Angemessene Speise und ein oder zwei Gerichte mag man zu sich nehmen, so daß man ordentlich satt wird, wie auch einen leichten, reinen Wein trinken. Dies soll man zwei Tage lang tun, weil das verdünnte Blut solange noch in Erregung sich befindet. Am dritten Tage aber hat das Blut seine Vollkraft wiedergewonnen und ergießt sich an seine Orte. Käse aber soll man nach einer Blutentziehung vermeiden, weil dieser dem Blute Schleim liefert und kein richtiges und reines Blut erzeugt, sondern dies mit einem krankhaften Fettgehalt durchsetzt. Wer aber viel Blut hat und völlig gefüllte Gefäße und sein Blut nicht durch Aderlaß oder Schröpfen reinigt, dessen Blut wird etwas wachsig und unkräftig werden, und so verfällt der Mensch in Krankheit.«

Nach dem Aderlaß sind zwei Tage lang verboten:
  pikante Speisen, Wurstwaren, alles Gebackene und Gebratene, Käse, Senf, Hering usw., (sehr) fette Speisen, Sahne, Quark, Creme, Schweinefleisch, Rohgemüse, Rohsäfte, Rohobst (auch Dörrobst), starker Wein, Spirituosen, Bohnenkaffee usw.
In kleinen Mengen sind erlaubt:
  leichter Weißwein (mit Wasser), gedünstete Äpfel mit Zwieback und Haferflocken.
Empfohlen sind:
  alle Dinkelprodukte, Dinkelkaffee, dünner Schwarztee, Haustee, Hühnersuppe, Grahambrot und altes Hefegebäck, Brötchen, Teigwaren, gekochtes Reh- und Hirschfleisch, Hecht, Barsch, im Sommer Hammel- und Ziegenfleisch. Fenchelgemüse, Rüben, Kürbis, grüne Bohnen, Sellerie (alles nur gekocht).
Eine Woche lang sind zu meiden:
  Käse, alle Kohl- und Krautarten, Gurken, Feigen, Heidelbeeren

(Schwarzbeeren), Leinsamen, Senfkörner, verschiedene Medikamente.
Für immer zu meiden sind die vier Küchengifte:
Lauch, Pflaumen, Pfirsiche und Erdbeeren.

Das Nüchternheitsgebot

Der Aderlaß soll im voll nüchternen Zustand durchgeführt werden. Beim Essen und Trinken vermischen sich die Säfte, so daß eine Trennung nicht mehr möglich ist. Daher mußte schon so mancher Patient, der gut gefrühstückt hatte, vom Aderlaß ausgeschlossen werden, weil es heißt:

»Will also ein Mensch eine Ader zur Verminderung des Blutes anschneiden, so soll er dies nüchtern tun, denn solange der Mensch nüchtern ist, sind die in ihm vorhandenen Säfte noch einigermaßen vom Blut getrennt, und das Blut fließt dann im Menschen in rechter Weise und nicht zu rasch wie ein Bach, der in seinem Bette, frei von jeder Bewegung durch Wind und Wetter, richtig und ordentlich dahinfließt. Hat aber ein Mensch Speise zu sich genommen, dann beginnt das Blut in ihm etwas stärker zu strömen; die Säfte vermischen sich so mehr mit ihm, und beide können dann nicht mehr leicht voneinander geschieden werden. Daher also soll der Aderlaß vorgenommen werden, wenn der Mensch nüchtern ist, damit die vom Blut getrennten Säfte um so leichter ausfließen können. Eine Ausnahme findet nur statt, wenn ein Mensch sehr hinfällig und schwach ist. Er kann vor dem Anschneiden der Ader etwas Nahrung zu sich nehmen, damit er nicht ohnmächtig wird.«

Ausnahmen bestätigen also die Regel. Geschwächte Patienten können vor dem Aderlaß Dinkelkaffee oder Fencheltee mit Dinkelzwieback zu sich nehmen.

Aufschwung zu neuem Leben durch Streßbewältigung

Streß ist als natürliche Antwort des Körpers auf die Herausforderung des Lebens ein ganz normaler, lebensnotwendiger Vorgang. Hans Selye nennt den Streß das »Gewürz fürs Leben«. Erst Überstreß oder Dauerstreß macht krank und bringt den Menschen aus dem Gleichgewicht. Wird der Streß nicht abgebaut, nicht unter Kontrolle gebracht oder bewältigt, dann kann er zu beschleunigtem Altern und den bekannten Erschöpfungszuständen führen:

- Gedächtnis- und Konzentrationsschwäche
- Unausgeglichenheit, Reizbarkeit, Hilflosigkeit
- Frustrationen, Sorgen, Ängste und Depressionen
- Schlaflosigkeit
- Muskelhartspann, Rückenschmerzen, Kreuzschmerzen
- Kopfschmerzen, Migräne
- Maßlosigkeit und Süchte: Freßsucht, Trinksucht, Schlafsucht, Lesesucht, Arbeitssucht
- Verdauungsstörungen, Bluthochdruck.

Um dem Streß gewachsen zu sein, muß man Körper, Seele und Geist als Ganzes betrachten und alles im Zusammenhang mit den kosmischen Ordnungen und Naturgesetzen beachten.

Alle fünf Sinne
halten Seele und Körper zusammen

Hildegard beschreibt in ihrer Meditation über die Welt der Engel, daß körperliches und seelisches Wohlbefinden auf das harmonische Zusammenspiel aller fünf Sinnesorgane angewiesen ist. Erst durch dieses konzertante Wechselspiel werden Körper und Seele zusammengehalten. Dadurch fließt Energie direkt aus der Quelle allen Lebens und wird resonanzartig durch die neun Chöre der Engel verstärkt. Diese himmlische Energie wird von den Sinnesorganen wahrgenommen und ist in der Lage, Körper und Seele in Einklang zu halten, zum Schwingen zu bringen, was in dem Wort *personare* (Person) zum Ausdruck kommt. Durch die Betätigung der Sinnesorgane entfaltet sich die Lebenskraft im Menschen oder sie verkümmert durch Untätigkeit oder Maßlosigkeit. Gesundheit, Leistungsfähigkeit und langes Leben sind zwar Gaben aus dieser Quelle, sie müssen aber durch eigenes Zutun erhalten werden. Edelsteine sind in der Lage, die Sinnesorgane zu schärfen, wie zum Beispiel der Sardonyx, der Lieblingsstein Königin Elizabeths II. von England:

»Wenn ein Mensch den Sardonyx auf der bloßen Haut bei sich trägt und ihn auch (noch) oft in seinen Mund nimmt, damit sein Atemhauch darüber hinstreicht, ihn herauszieht und dann wieder in sich hineingibt, dann werden davon Intellekt und Wissen und alle Sinnesempfindungen seines Körpers gekräftigt. Also werden von diesem Menschen großer Zorn und Dummheit und Undiszipliniertheit (Zuchtlosigkeit) hinweggenommen. Wegen solcher Reinheit haßt und flieht der Teufel (den Sardonyx).« (PL 1253 A)

Die richtige Lebensorientierung und das Training der Sinnesorgane sind in der Hildegard-Medizin von größter Bedeutung. Die Angriffe, der unsere Sinnesorgane durch die moderne Zivilisation ausgesetzt sind (Fernsehen, Diskomusik, Smog, Junkfood, Bewegungsarmut), schaden ihnen mehr als sie ihnen nützen.

Schöpfungs- und Erlösungstheologie kontra Sündenfall- und Verdammungstheologie

Im Vergleich zur herkömmlichen Sündenfall- und Verdammungstheologie verteidigt Hildegard leidenschaftlich die Schöpfungs- und Erlösungstheologie. Christus ist ganz Mensch geworden. Der Mensch ist ein Spiegelbild Gottes und steht im Mittelpunkt der Engelswelt, die ihn schützend umgibt. Für Hildegard bedeutet die Meditation mit Visionsbildern und Worten eine Möglichkeit, sich Gott zuzuwenden und in die eigene Mitte zu gelangen. Alle fünfunddreißig Hildegard-Meditationen aus ihrer *Scivias* orientieren sich an dieser Mitte (*meditare* = in die Mitte gehen). In der Engelsmeditation hat Hildegard die Mitte ausgespart und sie unserer Phantasie überlassen. Aus der Mitte wirkt Gott. Als Scheibe strahlt sie wie eine Sonne, das Symbol für Jesus Christus, und diese Strahlung erhellt das Leben durch die Kraft des Heiligen Geistes.

»So ist die Liebe mitteninne: Im Wesen des Menschen ist sie wie im Walten der Gottheit. Liebe ist immer in der Mitte, und sie breitet sich aus wie eine Flamme. Liebe ist die Mitte.

Wer die Liebe richtig erfaßt, der wird weder in der Hölle noch in der Tiefe noch in der Breite danebengreifen. Denn die Liebe ist inmitten. Liebe übersteigert und überstürzt nichts, sie versteigt und vertieft sich nicht, sie zerstreut und zerfließt nicht, weil sie der Kern von allem Sein bleibt.
Die Liebe ist in allen Dingen gleichsam die Seele und das Auge. In dieser Liebe schließt sich der Lauf der Welt. Liebe ist die volle Wirklichkeit des Guten. Die Mitte aller Welt ist das Herz.«

Alles wird aus der Mitte in Bewegung gesetzt, und alles ist auf die Mitte hin ausgerichtet, auch der innerste Ring der Seraphine und Cherubime, die Gott mit ganzer Sehnsucht lieben und die himmlischen Geheimnisse hüten. Die Mitte symbolisiert auch das zentrale erste Gebot: »Ich bin der Herr, dein Gott.« Und Hildegard sieht in diesem Gebot die entscheidende Frage für jeden Menschen, der sich in seiner Existenz bedroht fühlt.

»Es gibt einen Gott, der dich erschaffen, der dich aber auch erlöst hat.«
Die Menschen tragen in ihrem Inneren Kämpfe aus, wobei sie bekennen und verleugnen... Und es geht in diesem Kampf um die Frage: Gibt es einen Gott oder nicht? Sobald der Mensch diese Frage stellt, ertönt in ihm die Antwort des Heiligen Geistes: »Es gibt einen Gott, der dich erschaffen hat, aber auch erlöst!« (Scivias I, 6).

Um dieses strahlende Zentrum beschreibt Hildegard außerdem noch sieben weitere Engelschöre, die die Aufgabe haben, den Menschen in ihren Nöten zu helfen. Von ihnen gehen starke Heilkräfte aus, die sie das göttliche Militär (Schutzmächte, *Militia Dei*) oder kreative Schöpfungskräfte *(Operarii Dei)* nennt. Im äußersten Strahlenkranz werden Engel und Erzengel sichtbar, die Körper und Seele darstellen. Darunter liegen fünf weitere Kraftzentren, die den fünf Sinnesorganen entsprechen und Körper und Seele zusammenhalten (siehe Abbildung Seite 411).

Heilkraft des Augenblicks

Der Anblick einer Blume, eines Baumes, eines Tieres oder eines Edelsteins hat einen unmittelbaren Einfluß auf die Stimmung und die Gefühle des Menschen. Eine schöne Landschaft, die majestätische Bergwelt oder die unendliche Weite des Meeres vermitteln in ihm tiefen Frieden und innerliche Ruhe. Die leibliche Schönheit des Menschen hat Goethe in allergrößte Bewunderung versetzt:

»Ist's möglich, ist das Weib so schön?
Muß ich an diesem hingestreckten Leibe
den Inbegriff von allen Himmeln sehen?«

Selbst alle Kunstwerke, Skulpturen, Kathedralen und Kirchen, die der Einbildungskraft der Künstler entstammen, üben eine derartige Ausstrahlung und Faszination auf den Menschen aus, weil sie dem Guten und Schönen Dauer verleihen.

Lachen ist die beste Medizin

Mit Humor geht alles besser. Das wurde kürzlich sogar an zwei amerikanischen Universitäten wissenschaftlich bestätigt. Der heitere Mensch ist kreativer und sogar intelligenter als sein griesgrämiger Zeitgenosse. Studenten, die sich nach einem Komikfilm einer Streßsituation unterzogen, hatten erwiesenermaßen niedrigere Streßhormonserumspiegel als eine Vergleichsgruppe, die sich einen stinklangweiligen Erziehungsfilm ansehen mußte. Die Lachforscher bestätigen, daß der Humor auch physiologisch eine niederdrückende Stimmung oder Depression noch besser beseitigen kann als Antidepressiva. Lachen kann, ähnlich wie Sport, die Herz- und Lungenkapazität erhöhen, weil es die Aufnahme von Sauerstoff anregt und die Herzfrequenz steigert. Sobald Zwerchfell und Lachmuskel heitere Gedanken erzeugen, werden im Gehirn Endomorphine, das sind körpereigene Stoffe, ausgeschüttet, die Depressionen und sogar Schmerzen abbauen können. Der amerikanische Arzt Norman Cusine machte sich die Lachtherapie zunutze, indem er seine Rheumaschmerzen durch einen lustigen Film der Marx Brothers beseitigte: »Das Lachen half mir, eine sehr schmerzhafte Attacke meiner Arthritis zu überwinden.«

Die Seele des Menschen ist symphonisch

Die Engel musizierten bei der Geburt Christi; der Psalmist sang seine Lieder zum Klang seiner Harfe; die Völker in aller Welt loben Gott mit Musik. Musik ist ein verbindendes Element zwischen Gott und dem Menschen. »Nur der Teufel«, schreibt Hildegard, »kennt keine Musik.« Er muß sich mit der Sprache begnügen.

Die Seele des Menschen ist symphonisch. Sie sorgt für den Einklang von Seele und Körper. In Hildegards Singspiel *Ordo Virtutum*, das Spiel der Kräfte, treten die Tugendkräfte in menschlicher Gestalt auf, um einer verlorenen Seele aus höchsten Nöten zu helfen. Hildegard gibt dieser Musik den Titel *Harmonie der himmlischen Offenbarungen* und weist auf die heilende Wirkung der Musik hin, die als höchste Form des Lobgesanges den Menschen mit den himmlischen Engelschören vereinigt. Durch die Musik verschwinden Disharmonien, Deformationen werden wieder in Form gebracht. Frau Professor Pozzy Escott hat in ihrer Analyse entdeckt, daß Hildegards Musik harmonische Zahlengesetze zugrundeliegen, die dem heilenden Maß des Goldenen Schnitts entsprechen. Daraus folgt eine Geometrie, die der Musik, der Architektur, dem Tanz, der Bewegung zugrundeliegt und als Rhythmus des Lebens erkannt wird, der in der gesamten Schöpfung wiederzufinden ist. Durch diese inneren harmonischen Gesetze sind der Gesang, Blumen und Gräser, Bewegung und Tanz, Kunst und Architektur miteinander verbunden.

Heilende Düfte

Die dritte Reihe der Engelschöre bilden die Fürstentümer, die den Geruchssinn symbolisieren und in der Aromatherapie eine Rolle spielen. Die Nase überträgt Gerüche unmittelbar auf das lymbische System des zentralen Nervensystems und ist dort in der Lage, Bilder, Vorstellungen und Gefühle zu erzeugen. Hildegard hat mehrere Möglichkeiten erwähnt, wie man über den Duft der Kräuter heilen kann. Am einfachsten erzeugt man Duft, indem man einige Tropfen ätherisches Öl in einer Untertasse mit Wasser über ein Teelicht stellt und verdampfen läßt. So spielt beispielsweise Lavendelduft bei Infektionen und bei der Vichtkrankheit (Präkanzerose) eine Rolle:

> »Der Lavendel hat einen sehr starken Duft, und wenn ein Mensch, der viel Läuse (Viren, Bakterien) hat, oft am Lavendel riecht, dann sterben die Läuse in ihm. Und sein Duft macht die Augen klar, weil er die Kraft sehr starker und auch die Nützlichkeit sehr bitterer Kräuter in sich hat, und daher fesselt er viele üble Dinge, und deswegen werden die bösen Geister erschreckt.« (PL 1143 C)

Rosen-Salbei-Blätter wirken gegen Jähzorn:

> »Wer jähzornig ist, der nehme Rose und weniger Salbei und zerreibe es zu Pulver. Und wenn der Zorn aufsteigt, halte er (das Duftkissen) an seine Nase, denn der Salbei tröstet und die Rose erfreut.« (PL 1139 B/C)

Edelkastaniencremesuppe – Gekochte, glasierte Kastanien – Maronen in Weinsauce

Kürbissuppe

Dinkelnudeln mit Kichererbsen – Edelkastanien mit Rosenkohl

Zander Müllerin Art mit Dinkelbratlingen und Dinkelkopfsalat

Hechtklöße Badische Art mit Gemüsestreifen und Dinkelreis

Hechtkotelett mit Dinkelnudeln und Dinkelkopfsalat

Felchenfilet auf Fenchel mit Dinkelnudeln

Bodenseekretzer (Barsch) mit Mandelsplitter und Dinkelbratlingen

Lilienduft wirkt bei Herztraurigkeit und Konzentrationsschwäche, besonders bei Neurodermitikern mit Juckreiz:

»Wer Ausschläge hat, trinke oft Ziegenmilch, und die Ausschläge gehen vollständig von ihm weg. Auch der Duft des ersten Aufbrechens der Lilien erfreut das Herz des Menschen und bereitet ihm richtige Gedanken.« (PL 1140 B)

Bewegung hält Körper und Seele gesund

In ihrem Bemühen, Körper und Seele gesund zu erhalten, hat Hildegard zahlreiche physiotherapeutische Behandlungsmethoden beschrieben: Bäder, Sauna, Massagen (Nierenmassagen, Gelenkmassagen), Wandern, Laufen und Gehen. Obwohl Hildegard den Tanz nicht ausdrücklich erwähnt, entsprechen ihre Grundgedanken der rhythmischen und harmonisierenden Wirkung von Tanz und Bewegung. Nach Gregor von Nyssa ist Tanz die Rückkehr in die ursprüngliche Ordnung der Schöpfung, die in rhythmischer Bewegung ist. Praktisch kann jeder ungeachtet seines Alters und seiner körperlichen Ausgangssituation tanzen und sich bewegen. Selbst Rollstuhlfahrer haben die heilsame Wirkung des Bewegungstanzes empfunden. Ganz besonders beliebt sind meditative Tänze mit Schwester Maria Regina Zohner, wie wir sie nun schon seit fünf Jahren in unsere Fastenseminare integriert haben. Im meditativen Tanz werden Körper, Seele und Geist in ihrer Gesamteinheit angesprochen. Tanz drückt nach außen aus, was den Menschen innerlich bewegt. Alte Verkrustungen werden durchbrochen, Spannungen und Streß lösen sich, so daß neue Lebensfreude entsteht. »Im Tanz wird eindrücklich erfahrbar, von welcher Melodie unser Leben bewegt sein könnte, wenn wir es in seiner Dynamik wahrnehmen und in der Sprache des Leibes zum Ausdruck bringen.« (Lander/Zohner: *Meditatives Tanzen*, Kreuz Verlag, Stuttgart.) »Der Tanz ist das Medium, um die eigene Mitte zu erfahren.« (Soltmann: *Im Kreis um die kosmische Mitte – Meditatives Tanzen*, Verlag Hermann Bauer, Freiburg.)

Auch jede andere körperliche Betätigung ist in der Lage, den Menschen leistungsfähig und aktiv zu halten, Streßsituationen abzubauen und den Alterungsprozeß aufzuhalten. Das wichtigste Ergebnis von regelmäßigem Sport und regelmäßiger Bewegung ist die Verbesserung des Kreislaufs und die Steigerung der Lungenkapazität. Durch Sport und Bewegung kann man Herz, Lunge und Blutgefäße trainieren, große Mengen Sauerstoff aufnehmen und damit den ganzen Körper in seiner Funktion anregen. Die zusätzliche Sauerstoffzufuhr bringt Luft in den Organismus, weshalb diese Betätigung aerob (griechisch = Luft und Leben) genannt wird.

Ganz besonders beliebt sind sportliche Betätigungen wie Wandern, Bergsteigen, Laufen, schnelles Gehen, Gehen mit großen Schritten, flottes Gehen, Gymnastik, Radfahren, Schwimmen, Skilanglauf, Schlittschuhfahren und Rudern, um nur einige Ausdauersportarten zu nennen. Wichtig ist das regelmäßige Training im rechten Maße, am besten täglich mindestens 15 Minuten. Der Trainingseffekt läßt sich ganz leicht am Ruhepuls ablesen. Ein trainiertes Herz befördert pro Schlag mehr Blut in den Kreislauf als ein untrainiertes und muß daher weniger oft schlagen. Mit zunehmendem Training sinkt der Ruhepuls, in extremen Fällen etwa bei Bergsteigern und Skilangläufern bis auf 30 Herzschläge in der Minute. Das Herz eines unsportlichen Menschen sollte etwa bis zu 80mal in der Minute schlagen. Beträgt der Puls über 100 Schläge in der Minute, muß der Arzt aufgesucht werden. Der Ruhepuls läßt sich am besten morgens beim Aufwachen am Handgelenk messen.

Wie hoch ist Ihre Ruhepuls-Frequenz?

Der Ruhepuls eines trainierten Sportlers ist ausgezeichnet, wenn 30 bis 50 Herzschläge pro Minute gemessen werden. Auch ein Sportler mit 60 bis 70 Herzschlägen pro Minute ist gut trainiert. Ein Mensch mit 70 bis 80 Herzschlägen pro Minute ist nur mäßig trainiert, und einer mit 80 bis 100 Pulsschlägen ist nicht mehr in Form.

Ruhepuls
Herzschläge pro Minute

30 40 50	ausgezeichnet trainiert
60 70	gut trainiert
80	mäßig trainiert
90 100	nicht in Form
über 100	sofort zum Arzt

Grundbaustoffe der Lebensmittel

*Am meisten liebe der Mensch
das rechte Maß beim Essen und Trinken.*

Typische Zivilisationskost

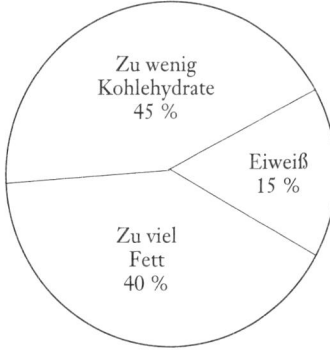

Cholesterin: 400 bis 500 mg
Salz: 2 1/2 Teelöffel

Neue Hildegard-Kost

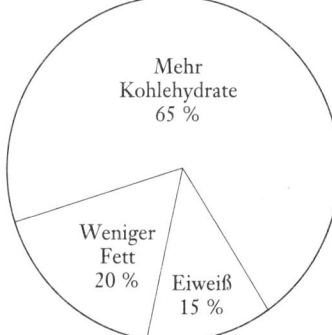

Cholesterin: 100 bis 200 mg
Salz: 1 Teelöffel

Kohlehydrate, Eiweiß und Fett (Prozent der Kalorien),
Cholesterin (Milligramm pro Tag) und Salz (Teelöffel pro Tag),
der Zivilisationskost im Vergleich zur empfohlenen Hildegard-Diät.

Neunzehn Wissenschaftler von der *National Academy of Science* haben in den letzten Jahren in der bisher größten wissenschaftlichen Studie »Diet and Health«, die jeweils über die Zusammenhänge von Diät und chronischen Krankheiten durchgeführt wurde, bestätigt, was Hildegard von Bingen bereits vor 800 Jahren in ihren sechs Lebensregeln zusammengefaßt hat: Diät und Gesundheit sind untrennbar miteinander verbunden.

Zu den gleichen Ergebnissen kam eine andere Expertengruppe von zehn Ärzten unter der Leitung des U.S. Surgeon General Dr. C. Everett Koop in seinem siebenhundert Seiten starken *Report on Nutrition and Health*, daß 65 Prozent aller Amerikaner an den größten Killer-Krankheiten sterben, die durch eine falsche Diät verursacht werden. Zwei von drei Amerikanern, die nicht rauchen und nur mäßig Alkohol trinken, können durch die richtige Diät fünf der größten Killerkrankheiten (Herzinfarkt, Krebs, Schlaganfall, Diabetes mellitus und Arteriosklerose) vermeiden.

Die zehn häufigsten Todesursachen in Amerika 1987
im Vergleich zur Bundesrepublik Deutschland 1985*

Rang	Todesursache	Zahl der Toten		Prozentualer Anteil an der Gesamttodesrate	
		USA	BRD	USA	BRD
1	Herzkrankheiten (a)	759 400	240 864	35,7	34,1
2	Krebskrankheiten (a)	476 700	162 525	22,4	23,1
3	Schlaganfall (a)	148 700	93 385	7,0	13,1
4	Unfälle, Verkehrsunfälle (b)	92 500	7 978	4,4	1,3
5	chronisch-obstruktive Lungenkrankheiten	78 000	26 267	3,7	3,8
6	Lungenentzündung und Erkältungen	68 600	–	3,2	–
7	Diabetes mellitus (a)	37 800	10 779	1,8	1,5
8	Selbstmord (b)	29 600	–	1,4	–
9	Chronische Leberkrankheiten und Zirrhose (b)	26 000	14 513	1,2	2,1
10	Arteriosklerose (a)	23 100	–	1,1	–

a) = Todesursachen, die von der Diät abhängen,
b) = Todesursachen, bei denen Alkohol eine Rolle spielt.

* Ernährungsbericht, Deutsche Gesellschaft für Ernährung e. V., 1988.

Beide Expertenstudien kommen zu dem Schluß, daß die richtige Ernährung eine Schlüsselrolle für die Erhaltung der Gesundheit spielt. Wer das Risiko ernährungsbedingter Zivilisationskrankheiten vermeiden will, sollte nach Meinung der Experten folgende Diätregeln beachten:

1. Eß weniger Fett, speziell gesättigte Fette und Cholesterin.
2. Reduziere in deinen Lebensmitteln die gesättigten Fette auf weniger als 20 Prozent der Gesamtkalorien und nicht mehr als 300 mg Cholesterin täglich. Die Fett- und Cholesterineinnahme kann verringert werden durch die Wahl von mehr Fisch, Geflügel ohne Haut, magerem Fleisch, fettarmen Milchprodukten,

von mehr Vollkorngetreide, Obst und Gemüse sowie die Einschränkung von Ölen, Fetten, Eigelb, gebratenen und frittierten fetthaltigen Lebensmitteln.
3. Eß mehr Lebensmittel, die reichhaltig komplexe Kohlehydrate und Pflanzenfasern enthalten, wie Brot, Vollkornprodukte und Gemüse. Eß jeden Tag ausreichend Gemüse und Früchte, speziell grüne und gelbe Gemüsearten und Zitrusfrüchte, die einen Schutz gegen Lungen-, Magen- und Dickdarmkrebs bieten können.
4. Eß weniger tierisches Eiweiß. Obwohl Eiweiß lebenswichtig ist, gibt es Zusammenhänge zwischen einer eiweißreichen Diät und gewissen Krebsarten und Herz-Kreislauf-Erkrankungen.
5. Der durchschnittliche gesunde Erwachsene sollte täglich genügend Eiweiß zu sich nehmen, aber nicht mehr als 1 Gramm pro Kilogramm Körpergewicht, also rund 75 Gramm für einen normalen Erwachsenen mit 75 Kilogramm Körpergewicht. Es wird generell empfohlen, weniger tierisches und Milcheiweiß zu sich zu nehmen und mehr pflanzliches Eiweiß zu essen.
6. Achte auf ein normales Körpergewicht, indem die Energieaufnahme durch die Lebensmittel der körperlichen Bewegung angepaßt wird. Steigere den Energieverbrauch durch tägliche regelmäßige Bewegung und Sport.
7. Begrenze den täglichen Salzverbrauch auf nicht mehr als ein bis drei Gramm und achte auf alle versteckten Salzmengen in Lebensmitteln (Käse, Konserven und Backwaren).
8. Reduziere das Risiko an chronischen Krankheiten durch die Einschränkung alkoholischer Getränke auf nicht mehr als zwei Getränke pro Tag, etwa ein Glas Bier und ein Glas Wein, wenn überhaupt. Trinke keinen Alkohol im Straßenverkehr oder während der Arbeit.

Darüber hinaus hat die Expertenkommission einige spezielle Ratschläge gegeben:

1. Fluoride: Das Trinkwasser sollte bis zu einer optimalen Konzentration Fluoride enthalten, um Karies zu verhüten. Andere Fluoridquellen sollten genutzt werden, falls kein fluoridiertes Wasser vorhanden ist.
(Anmerkung des Autors: Jeder Chemiker weiß, daß Fluor ein starkes Gift ist, das im Trinkwasser nichts zu suchen hat. Schon gar nicht sollten die Abfälle der Aluminiumindustrie »gesundheitsaufwertend« verwendet werden. Hauptursache der Karies ist ein Zuviel an Süßigkeiten. Allein durch eine Einschränkung des Zuckerverbrauches kann Karies verhindert werden.)

2. Zucker: Diejenigen, die besonders anfällig für Karies sind, besonders Kinder, sollten den Zuckerverbrauch in ihren Lebensmitteln drastisch einschränken.
3. Kalzium: Junge und ältere Frauen sollten mehr kalziumreiche Lebensmittel einschließlich fettarmer Milchprodukte verwenden.
4. Eisen: Kinder, Jugendliche und Frauen im gebärfähigen Alter sollten auf eisenreiche Kost achten, wie beispielsweise fettarmes rotes Fleisch, Fisch, bestimmte Bohnensorten und eisenreiche Vollkornprodukte.
5. Es wird nicht empfohlen, synthetisch hergestellte Vitamine in Form von Tabletten zu nehmen, da Vitamine ausreichend in Vollkornprodukten, Obst und Gemüse vorhanden sind.

Erst der halbe Weg zur Wahrheit

Man muß sich schon wundern, welchen Aufwand die Wissenschaft treibt, nur um die Diätregeln Hildegards zu beweisen. Wieviel mehr Jahre müssen noch vergehen, bis die Heilkräfte (Subtilitäten) in den Lebensmitteln entdeckt werden oder die von Hildegard beschriebenen Küchengifte, die zu chronischen Krankheiten führen können. Nach Schätzungen des *National Cancer Institutes* würde eine einzige Studie, die den Zusammenhang zwischen Brustkrebs und der Diät analysieren könnte, mindestens zehn Jahre dauern. Mit Hildegards Diätregeln kommen wir heute schon wesentlich schneller, preiswerter und frei von menschlichen Irrtümern und Manipulationen ans Ziel.

Sind Cholesterin und Fette die Ursache aller Übel?

Cholesterin und ungesättigte Fette sind für die richtige Funktion des menschlichen Organismus unbedingt erforderlich. Aus Cholesterin werden einige lebenserhaltende Hormone wie etwa die Sexualhormone, Testosteron und Östrogen sowie das »Reparaturhormon« Kortison gebildet. Cholesterin und Fette sind wichtige Bestandteile der Nervenzellen und des zentralen Nervensystems. Mehr als die Hälfte des körpereigenen Fetts wird als Isolierschicht benötigt, um die Körpertemperatur konstant zu halten. Die Öle regen den Gallenfluß und die Bauchspeicheldrüse an und sorgen für eine gute Verdauung. Im Darm dienen sie als Gleitmittel, um die Schleimhäute vor schädlichen Stoffen zu schützen. Ohne Fette können die Eingeweide und besonders die Nieren nicht mehr richtig geschützt werden. Es kommt zu Eingeweidesenkungen oder Wandernieren. Fette und Öle bilden die Hauptbestandteile der Zellmembranen und helfen bei der Nahrungsaufnahme aus dem Blut. Ohne Fett können die fettlöslichen Vitamine A, D und K nicht aufgenommen und transportiert werden; es kommt zu Mangelerkrankungen wie Rachitis und aufgesprungener Haut.

Der Körper bildet sein eigenes Cholesterin und Fett

Abgesehen von den sogenannten essentiellen polyungesättigten Fetten, die nicht vom Körper gebildet werden können, sondern durch die Nahrung aufgenommen werden müssen, ist der Körper in der Lage, die Fette aus Kohlehydraten selbst zu bilden. Die Leber stellt täglich 0,8 bis 1,5 Gramm Cholesterin selbst her, um die Sexualfunktion und die Reparaturleistung der Hormone aufrechtzuerhalten. Erst ein Überschuß an Cholesterin durch Nahrungsmittel, insbesondere durch die gesättigten Fettsäuren, führt zu einer Erhöhung des Blutcholesterinspiegels, der für die Verhärtung und Verengung der Arteriengefäße verantwortlich gemacht wird. Wir wissen heute, daß eine Überernährung mit tierischem Eiweiß dazu führen kann, daß Eiweißspeicher in den Gefäßen angelegt werden, die zu dem gefürchteten Herzinfarkt und Schlaganfall führen können.

Eine komplizierte Regulation – einfach erzählt

Überschüssiges Cholesterin wird von den Lipoproteinen (Fett- und Eiweißmolekülen) mit hoher Dichte HDL *(high density lipoproteins)* aus den Arterienwänden heraustransportiert, um von der Leber abgebaut zu werden. Dazu sind HDL-Spiegel von über 35 mg/dl erforderlich, die durch eine gesunde Ernährung mit Dinkel, Obst und Gemüse, durch Sport, Fasten und Rauchentzug erreicht werden können. Körperlich schwer arbeitende Menschen (Bauarbeiter oder Bauern) können höhere Fettmengen vertragen, da diese Energie durch die körperliche Bewegung wieder abgegeben wird. Menschen mit wenig Bewegung (sitzende Büromenschen am Schreibtisch oder Computer) sind durch cholesterin- und fettreiche Ernährung besonders gefährdet, da die hohen Cholesterinspiegel nicht mehr abgebaut werden. Bei ihnen transportieren die Lipoproteine mit niedriger Dichte LDL *(low density protein)* das Cholesterin in die Zellen hinein und lagern es in den Arterienwänden ab. LDL-Spiegel über 130 mg/dl sind ein hohes Risiko für Herzinfarkt und Schlaganfall.

Trotz cholesterinreicher Ernährung niedrige Cholesterinspiegel?

Überraschenderweise hatten irische Bauern in einer zehnjährigen Zwei-Länder-Studie trotz cholesterinreicher Nahrung mit fettem Fleisch, Butter, Eier, Sahne und Käse die gesünderen Herzen und im Vergleich zu ihren amerikanischen Brüdern mit einer fettarmen Diät einen normalen Cholesterinspiegel. Tägliche körperliche Arbeit und Bewegung hielten die irischen Bauern gesund. Körperbewegung baut das überschüssige Cholesterin wieder ab (Dr. F. R. J. Stare, Harvard University Boston, Dr. W. J. E. Jessop, Trinity College Dublin). Eine cholesterinreiche Diät hat nur geringen Einfluß auf den tatsächlichen Blutcholesterinspiegel. Dagegen erhöht sich der Cholesterinspiegel dramatisch bei einer Diät, die reich an gesättigten Fettsäuren ist, wie sie in der Butter, in der Margarine, filtrierten Pflanzenölen, in Palmen- und Kokosölen, Käse und fettem Fleisch vorhanden sind. Gesättigte Fettsäuren erhöhen nämlich den LDL-Blutspiegel, wobei das Cholesterin im Körper eingebaut wird und zum Herzinfarktrisiko führt. Aber nicht alle gesättigten Fette sind schlecht. Es konnte kürzlich gezeigt werden, daß die Stearinsäure, die man besonders auch im Dinkelfett findet, ganz speziell den Cholesterinspiegel wieder senken kann. Dennoch wäre es falsch, jetzt eine einseitige Ernährung mit stearinsäurehaltigen Lebensmitteln zu empfehlen.

Fette und Öle

Tierische Fette (Schmalz, Butter und Fleisch) enthalten viel gesättigte Fette, die bei Raumtemperatur fest sind. Pflanzliche Öle werden durch Hydrierung fest und werden als Margarine angeboten. Diese gesättigten Fette steigern aber den Cholesterinspiegel und haben in der Diät nichts zu suchen. Es gibt auch einige Pflanzen, die reich an gesättigten Fettsäuren sind, wie etwa Kokos- oder Palmöl, die aus Kostengründen gern von der Backwarenindustrie zur Herstellung von Keksen und Biskuits verwendet werden. Industriebackwaren werden daher nicht empfohlen. Einige Pflanzenöle enthalten je nach ihrer chemischen Zusammensetzung außer den gesättigten auch mono- und polyungesättigte Fettsäuren, die cholesterinsenkende Eigenschaften haben. Besonders monoungesättigte Fettsäuren können nicht nur den Cholesterinspiegel senken, sondern auch den HDL-Spiegel erhöhen. Hohe HDL-Spiegel können das Cholesterin aus dem Körper wieder abbauen. Hierzu gehören Rapsöl, Olivenöl, Erdnußöl und auch Sonnenblumenöl. Polyungesättigte, essentielle Fettsäuren sind bei Raumtemperatur flüssig. Diese Pflanzenöle senken allerdings nicht nur den Blutcholesterinspiegel, sondern auch den HDL-Spiegel.

Wer hilft uns bei der Auswahl von Pflanzenölen?

Die Auswahl der richtigen Pflanzenöle stellt eine große Herausforderung an die Hildegard-Küche dar, da Hildegard von den meisten Pflanzenölen abrät oder sie nur eingeschränkt empfiehlt. Einige Pflanzenöle werden von ihr gar nicht beschrieben, beispielsweise das Sonnenblumenöl. Auch die chemische Analyse hilft uns nicht wesentlich weiter, da die Empfehlung nur den derzeitig wissenschaftlichen Stand und nicht den Heilwert widerspiegelt. In der folgenden Tabelle ist der Prozentsatz an gesättigten, monoungesättigten und polyungesättigten Fetten der Pflanzenöle und tierischen Fette wiedergegeben.

Fettsäure ausgewählter Fette und Öle
(Angaben in Prozent)

Ölsorte	Gesättigt	Mono-ungesättigt	Poly-ungesättigt
Canola (Rapsöl)	7	55	33
Saflorӧl (Distelöl)	9	12	74
Maiskeimöl	13	24	59
Olivenöl	14	72	9
Sonnenblumenöl	12,5	24	63
Sesamöl	15	23	58
Erdnußöl	19	46	30
Traubenkernöl	10,5	19	70
Walnußöl	8	20	60
Palmöl	49	37	9
Tierisches Fett	50	42	4
Palmkernfett	81	11	2
Kokosfett	86	6	2
Butterfett	65	28,5	2,5

Ausgerechnet das von der Wissenschaft hochgepriesene Olivenöl, ein wesentlicher Bestandteil der italienischen Küche, kommt bei Hildegard gar nicht gut weg.

> »Das Olivenöl taugt nicht viel zum Essen, weil es Übelkeit hervorruft und andere Speisen ungenießbar macht.«
> (PL 3012 A)

Auch das von der Industrie hochgelobte 00-Rapsöl belastet nach Hildegard den Magen:

> »Der Raps ist mehr warm als kalt und liegt schwer im Magen, aber dennoch kann er leicht verdaut werden.« (PL 1164)

Zum Anmachen von Wurzelgemüsesalaten schmeckt vorzüglich Kürbiskernöl, zumal die Kürbisse von Hildegard noch besonders empfohlen werden:

> »Kürbisse sind zum Esen gut sowohl für Kranke als auch für Gesunde.« (PL 1164 B)

Das Palmkernöl mit einem hohen Anteil an gesättigten Fettsäuren wird ebenfalls von Hildegard nur mit Einschränkung für schwache Menschen empfohlen:

> »Wenn jemand die Palmbaumfrucht kocht und ißt, verschafft sie seinem Leib beinahe soviel Kraft wie das Brot. Jedoch macht sie ihn leicht schweratmig und beschwert ihn, wenn er zu viel davon ißt.« (PL 1230 C; PL 1247 A)

Besser ist dann schon das Walnußöl, aber nur für Leute, die kein Lungenleiden haben:

> »Das Walnußöl ist warm und macht den Fleischansatz fett und seinen Geist fröhlich. Aber vom Nußöl nimmt der Schleim etwas zu, so daß die Brust verschleimt. Dennoch können es Kranke und Gesunde ertragen. Den Schwachen macht es dämpfig auf der Brust.« (PL 1220 A/B)

Besser wäre dann schon das süße Mandelöl, das aber bei uns sehr schwer zu haben und sehr teuer ist.

> »Die ganze Kraft steckt in der Mandelfrucht. Wer ein leeres Gehirn hat und schlechte Gesichtsfarbe und daher Kopfweh, esse oft die Mandelkerne, und es füllt ihm das Gehirn und gibt ihm die richtige Farbe. Wer lungenkrank ist und einen Leberschaden hat, der esse die Kerne oft roh oder gekocht, und sie bringen der Lunge Kräfte, weil sie den Menschen in keiner Weise beschweren, sondern ihn stark machen.« (PL 1225 D)

Süßes Mandelöl wäre der beste Ersatz für Olivenöl, denn beide enthalten einen hohen Anteil an monoungesättigter Fettsäure. Wenn die Mandeln soviel Lebenskraft und Energie verleihen und besonders den Nerven der Lunge und der Leber Gesundheit zuführen, müßte das Mandelöl das beste Diätöl sein. Für Patienten mit Kuhmilchallergie kann man aus Mandeln und Wasser eine Mandelmilch herstellen, die dann als Milchersatz verwendet werden kann. Auch das Kürbiskernöl müßte gut sein, »weil Kürbisse für Kranke und Gesunde gut zu essen sind«. (PL 1164 B)

Über Distelöl und Sonnenblumenöl schreibt Hildegard nichts, obwohl sich beide Öle in der Krankendiät sehr bewährt haben. Ich persönlich bevorzuge das Sonnenblumenöl, weil es so gut vertragen wird und keine unangenehmen Nebenwirkungen zeigt. Grundsätzlich verwende man nur kaltgepreßte Pflanzenöle, die durch Auspressen der Pflanzensamen bei Raumtemperatur gewonnen werden. Eine Extraktion mit organischen Lösungsmitteln, wie sie bei der Herstellung des Distelöls verwendet wird, ist nicht zu empfehlen, da beim Eindampfen des Lösungsmittels organische Rückstände im Öl verbleiben, die ein gesundheitliches Risiko darstellen können.

Urbausteine des lebendigen Lebens

Zum Aufbau und zum Bestand des »lebensfrischen Fleisches« benötigt der Mensch – wie die Sprache die 24 Buchstaben des Alphabets – 24 Aminosäuren als Bausteine des körpereigenen Eiweißes. Für den Eiweißbedarf stehen sowohl tierische als auch pflanzliche Eiweißquellen zur Verfügung, wobei die Frage nach der wünschenswerten Eiweißmenge immer wieder die Gemüter bewegt hat, da sie von zentraler Bedeutung für die gesamte Ernährung ist. Sowohl eine Über- als auch eine Unterernährung mit Eiweiß kann zu folgenschweren Erkrankungen führen. Die Ernährungsexperten sind sich heute einig, daß 0,8 Gramm Eiweiß pro Kilogramm Körpergewicht vollkommen ausreichend für den durchschnittlichen Tagesbedarf des erwachsenen Menschen ist. Das bedeutet, daß eine Frau mit 55 Kilogramm Körpergewicht rund 44 Gramm Protein pro Tag zu sich nehmen müßte, eine Menge, die in zirka 200 Gramm magerem Rind-, Lamm-, Hühnchen- oder Putenfleisch enthalten wäre. Ein Mann mit 70 Kilogramm durchschnittlichem Körpergewicht benötigt pro Tag etwas mehr, 56 Gramm Eiweiß, die in 300 Gramm magerem Fleisch vorhanden sind. Besser ist es, seinen täglichen Proteinbedarf mit Dinkeleiweiß zu decken. Dafür wären ein Habermus (50 Gramm Dinkel mit 7,5

Gramm Protein), 100 Gramm Dinkelnudeln (mit 15 Gramm Protein) und 200 Gramm Dinkelbrot (mit 30 Gramm Protein), also insgesamt 53,5 Gramm Protein vollkommen ausreichend. Am besten ist aber eine ausgewogene Mischkost mit Dinkel, Obst und Gemüse, wobei das Fleisch nur eine Beilage oder der Höhepunkt eines Festtagsessens sein soll.

Die Warnung vor zu viel Eiweiß ist die große Überraschung aus den amerikanischen Ernährungsstudien, da man früher glaubte, je mehr Eiweiß, um so besser. Auch heute noch gibt es einige eiweißreiche Diätkuren (Adkinson-Diät). Bei einer Überernährung mit tierischem Eiweiß werden aber nicht nur große Mengen Cholesterin und gesättigte Fettsäuren aufgenommen, sondern darüber hinaus wird das überschüssige Eiweiß in den Gefäßwänden der Arterien (*intima*) (Basalmembranen der Arterien) als sogenannte Eiweißspeicher eingebaut. Als Folge werden die Blutkapillaren für den Gesamtstoffwechsel undurchlässig, so daß nur wenig Sauerstoff und Ernährungsstoffe das Gewebe versorgen können und auch die Entsorgung der Schlackenstoffe zum Erliegen kommt.

Besonders das tierische Eiweiß ist am Aufbau dieser Eiweißspeicher beteiligt, während pflanzliches Eiweiß meist verdaut wird, ohne am Aufbau des menschlichen Eiweißes beteiligt zu sein. Tierisches Eiweiß ist dem menschlichen Eiweiß nämlich besonders ähnlich und wird hauptsächlich zur körpereigenen Synthese verwendet. Pflanzliches Eiweiß wird vom Körper weniger genutzt, da meist nicht alle neun lebensnotwendigen Aminosäuren gleichzeitig in ausreichender Menge zur Verfügung stehen (l-Isoleucin-Lücke), so daß der Körper die fehlenden Aminosäuren aus seinem Eiweißspeicher holen muß, um die körpereigene Eiweißsynthese zu vervollständigen. Aus diesem Grund ist die Dinkel-Obst-und-Gemüse-Diät vorzüglich für Fastenkuren, Aufbaukuren und Reduktionskuren geeignet.

Tierisches Eiweiß wird heute auch für die Entstehung der Zivilisationskrankheiten Arteriosklerose, Dickdarm- und Brustkrebs verantwortlich gemacht. Bei einer vergleichenden Ernährungsstudie, die im Auftrag der Weltgesundheitsorganisation in den OECD-Ländern durchgeführt wurde, konnte in der Gruppe der 45- bis 75jährigen festgestellt werden, daß besonders das Milcheiweiß mit 93 Prozent an der Entstehung von arteriosklerotischen Gefäßveränderungen beteiligt ist, mehr noch als Fleisch mit 58 Prozent und Zucker mit 84 Prozent.

Anteil einzelner Lebensmittel an der Entstehung
von Gefäßveränderungen bei 45- bis 75jährigen
in den OECD-Ländern (Angaben in Prozent):

Fleisch	58
Eier	60
Tierisches Fett	76
Tierisches Eiweiß	81
Zucker	84
Milchfett (Butter, Sahne)	88
Milchprodukte (Käse)	88
Milchprotein ohne Käse	93

Infolge der Eiweiß-Überernährung verstopfen aber nicht nur die Kapillaren, sondern auch die Blutplättchen (Thrombozyten) kleben aneinander und verdicken das Blut. Je dicker das Blut, um so größer die Gefahr der Thrombose-Bildung, des Herzinfarktes oder des Schlaganfalls. Genaugenommen fließt das Blut nicht mehr so gut, und sobald das Blut zähflüssig wird, kommt es wiederum zu einer Unterversorgung des Gewebes mit Sauerstoff und Ernährungsstoffen und von einer Anhäufung von Stoffwechselschlacken. Das Blut wird deshalb dick, weil insbesondere die Zahl der roten Blutkörperchen steigt (der Hämatokritwert nimmt zu).

Hildegardischer Aderlaß schützt vor Herzinfarkt

In einer großen Studie mit über 800 Patienten konnte Professor Edzart Ernst zeigen, daß durch die Erhöhung des Hämatokritwertes ein größeres Herzinfarkt- und Schlaganfallrisiko entsteht, wobei das einfachste Mittel zum Schutz vor Herzinfarkt beispielsweise ein Aderlaß wäre. Bei diesem Aderlaß wird nicht nur das Blut verdünnt (Hämodilution), sondern auch auf einem Schlag etwa 100 Gramm Eiweiß entfernt, da 200 Milliliter Blut mit einem Hämatokritwert von 50 Prozent 100 Gramm körperliches Eiweiß enthalten. Durch diese einfache Methode hat man ungefähr die Wirkung, die ein zehntägiges Fasten hat, bei dem ja ebenfalls Eiweißspeicher abgebaut werden.

Eiweißquellen in Nahrungsmitteln

Lebensmittel pro 100 g	Protein g	Fett gesättigt	Cholesterin mg	Kohlenhydrate	Eisen	Wasser g	kcal.
Dinkel	14,26	2,94	0	74,51	4,17	12,0	382
Bohnen weiß, getr.	21,0	1,5		50,3	6,3		306
Mandeln	17,9	53,9		12,3	4,3		625
Fleisch							
Rind/mager	20,3	5,0	70,0	0	3,1	61,0	130
Leber	16,0		4,1	4,1	7,9	74,0	134
Schwein	11,2	22,7	78,0	0	1,8	42,0	164
Rehkeule	21,4	1,2		0	3,0		106
Lammkeule	20,0	50,0	79,0	0	1,4		175
Hühnchen o. Haut	20,0	4,0	64,0	0	1,1	66,0	131
-Leber	22,0	4,0			1,2		147
Putenbrust o. Haut	22,1	2,3		0	1,2	66,0	112
Fisch							
Wal	20,4					61,8	
Rotbarsch	18,9	3,0		0	0,3		105
Dorsch	17,9	0,1			0,6		74
Frischfisch	18,8		60,0	0	1,0	74,0	100
Ei							
Eigelb	16,1	31,5	219,0	0,2	6,2 (7,2)	50,0	360
Eiweiß	11,1	0,1		0,4	0,1	87,3	46
Milch							
Muttermilch	1,2	1,9		6,4	0,05	87,6	55
Kuhmilch Vollmilch	3,5	3,5		6,4	0,05	87,3	66
Bohnen	22,1				6,1	11,0	31

(Quelle: Tufts University, Diet and Nutritional Health, Nährwerttabelle Schormüller)

Dinkel ist die beste und preiswerteste Eiweißquelle

Ein Blick auf die chemische Zusammensetzung unserer Lebensmittel genügt, um zu sehen, daß der Dinkel nicht nur die preiswerteste, sondern auch die gesündeste Eiweißquelle von allen ist. Der Dinkel erfüllt selbst die Anforderungen der modernen Ernährungslehre, da er wenig Fett, dafür aber die essentiellen Fettsäuren enthält, reich ist an Vitaminen, Mineralien und Spurenelementen, kein Cholesterin enthält und ein Übermaß an wertvollen komplexen Kohlehydraten besitzt, aus denen der Körper die notwendigen Fette selber herstellen kann. Kein anderes Diätetikum übertrifft den Dinkel in dieser Vielfältigkeit. Fleisch und Milchprodukte enthalten je nach ihrer Herkunft 3,5 bis 20 Prozent Eiweiß, viel Wasser und sind mit Cholesterin und gesättigten Fettsäuren überladen. Man muß sich also wundern, daß ein Steak immer noch das Statussymbol einer gutbürgerlichen Küche sein soll. Bei Hildegard sind wir vor Über- und Untertreibungen sicher, da sie eine abwechslungsreiche Mischkost empfiehlt. Dinkel mit Obst und Gemüse und Fleisch als heilende Beilage ist die Grundlage dieser Mischkost. Die Kombination von Dinkel und Bohnen stellt eine wertvolle Eiweißquelle dar.

1,3 Kilogramm Dinkel, die man bereits für 3,50 DM aus biologischem Anbau kaufen kann, enthalten rund 200 Gramm pflanzliches Eiweiß. Die gleiche Menge ist in einem Kilogramm Bohnen enthalten, das 6 DM kostet. Für die gleiche Menge an tierischem Eiweiß, etwa in magerem Rindfleisch, muß man 30 bis 50 DM, für Lammfleisch bis zu 30 DM ausgeben.

Menge und Preis von Lebensmitteln, die 100 Gramm Eiweiß enthalten

Dinkel	0,7 kg	=	2,50 DM
Bohnen	0,5 kg	=	3,00 DM
Huhn	0,5 kg	=	3,50 DM
Mandeln	0,5 kg	=	5,50 DM
Fisch	0,5 kg	=	7,50 DM
Hammel	0,5 kg	=	15,00 DM
Rindsfilet	0,5 kg	=	25,00 DM
Milch	33 l	=	33,00 DM

Aminosäuren – Bausteine des Lebens

Die von der Nahrung aufgenommenen Eiweiße werden vom Organismus aufgenommen und in der Leber in ihre Urbausteine, die Aminosäuren, zerlegt, woraus der Körper sein körpereigenes Eiweiß aufbaut. Aus diesen Urbausteinen wird nach dem in jedem Menschen liegenden Bauplan Gottes, den die Wissenschaftler »genetischen Code« nennen, jeder individuelle Körper aufgebaut, der unverwechselbar und einzigartig ist, der aber auch seine Grenzen hat. So ist jeder einmalig, und doch ist alles mit dem Ursprung verbunden *(religio)*.

Aminosäuren, die sogenannten essentiellen oder lebensnotwendigen Aminosäuren, kann der Körper selbst nicht synthetisieren; sie müssen über die Nahrung aufgenommen werden. Sie sind im Dinkel reichlich vertreten, sogar mehr als in anderen Getreidearten (etwa im Weizen).

Gehalt an essentiellen Aminosäuren
im ganzen Korn
(Gramm je 100 Gramm Frischgewicht)

	Dinkel	Weizen
Cystin	0,35	0,26
Isoleucin	0,48	0,33
Leucin	0,94	0,66
Lysin	0,36	0,32
Methionin	0,20	0,14
Phenylalanin	0,67	0,47
Threonin	0,41	0,31
Tryptophan	0,18	0,14
Valin	0,60	0,45

Gewaltiger Fortschritt in die falsche Richtung

oder

Die Wiederentdeckung der Ernährungstherapie

> »*Eure Lebensmittel sollen eure Heilmittel sein.*«
> Hippokrates

Der gewaltige medizinische Fortschritt der letzten Jahrzehnte war von einer Überbetonung der medikamentösen Behandlung von Krankheiten gekennzeichnet. Die Verhütung dieser Krankheiten durch die richtige Ernährung wurde dabei jedoch sträflich vernachlässigt. Das Ergebnis dieser Entwicklung zeigt sich in dem schlechten Gesundheitszustand der Bevölkerung: 40 Prozent leiden an Übergewicht, und mehr als zwei Drittel der Bevölkerung haben schlechte Ernährungsgewohnheiten, die zu ernährungsbedingten Zivilisationskrankheiten führen. Diabetes, Gicht und Arteriosklerose vermiesen so manchen Lebensabend.

Dinkel, Obst und Gemüse als Quelle für komplexe Kohlehydrate und Ballaststoffe

In einer Dinkel-Obst-und-Gemüse-Diät sind wertvolle, komplexe Kohlehydrate und Pflanzenfasern vorhanden, die das Übergewicht abbauen helfen und vor ernährungsbedingten Zivilisationskrankheiten schützen. Alle großen Gesundheitsorganisationen, die *American Medical Association*, das *National Cancer Institute*, die *American Heart Association* und die *Deutsche Gesellschaft für Ernährung* sind sich heute darin einig, daß eine pflanzenfaserreiche Diät (30 bis 40 Gramm Pflanzenfasern pro Tag und 60 bis 65 Prozent komplexe Kohlehydrate von der Gesamtkalorienmenge) lebensnotwendige Schutzfaktoren enthält. Eine pflanzenfaserreiche Diät hilft, das Gewicht zu reduzieren, Herz-Kreislauf-Krankheiten zu verhindern und vor verschiedenen Krebsarten (Brust-, Darm-, Prostata-, auch Speicheldrüsen-, Gebärmutter- und Eierstockkrebs) zu schützen. 50 bis 80 Prozent aller Krebsarten sind von Faktoren verursacht, die in der eigenen Verantwortung liegen, im Lebensstil und in der Diät. Bildung, Religion, Kultur und sozialer Status haben einen außerordentlichen starken Einfluß auf einen untrennbaren Zusammenhang von Ernährungsgewohnheiten und Gesundheitszustand. Für diese wissenschaftlichen Erkenntnisse haben die

Amerikaner in den letzten fünf Jahren 1,2 Milliarden Dollar ausgegeben, eine Summe, die den Hildegard-Freunden erspart blieb. Diese Erkenntnisse wurden nämlich bereits vor 800 Jahren von Hildegard von Bingen aus der Weisheit Gottes geoffenbart.

Komplexe Kohlehydrate
einfach erklärt

Dinkel, Obst und Gemüse sind eine reiche Quelle für komplexe Kohlehydrate und Pflanzenfasern, während Fleisch, Geflügel und Milchprodukte weder Kohlehydrate noch Pflanzenfasern enthalten. Vollkorn und Vollkornprodukte, Brot und Nudeln liefern ebenso Kohlehydrate und Pflanzenfasern wie Obst und Gemüse, trockene Bohnen, Erbsen, Kichererbsen, Fenchel, Sellerie, Karotten und Rüben und ganz besonders die von Hildegard hochgeschätzten Edelkastanien. Darüber hinaus kommen komplexe Kohlehydrate und Pflanzenfasern nie allein vor, sondern immer zusammen mit wertvollen Vitaminen, Mineralien und Spurenelementen, die für den geregelten Ablauf des Lebens unentbehrlich sind.

Alle Kohlehydrate kommen einfach *(Monosaccharide)*, zweifach *(Disaccharide)* oder komplex *(Polysaccharide)* vor und bestehen aus einem, mehreren oder vielen Zuckermolekülen. Glucose, Fructose und Gallactose sind die am häufigsten vorkommenden Saccharide. Glucose (Traubenzucker, Blutzucker oder Dextrose) ist das wichtigste Monosaccharid des tierischen Organismus. Sie findet sich in freier Form in fast allen süßen Früchten, Trauben, Äpfeln, Kirschen, Himbeeren, in Honig, Honigtau und Nektar. Zu den einfachen Zuckern gehört auch die Fructose (Fruchtzucker), die ebenfalls in süßen Früchten und Honig gemeinsam mit Glucose vorkommt. Sie schmeckt zweimal süßer als Glucose und kann daher von Diabetikern zur Einsparung von Glucose verwendet werden. Gallactose ist zusammen mit Glucose ein Baustein des Disaccharids der Muttermilch, die fünf bis acht Prozent Milchzucker enthält, während die Kuhmilch nur zu vier bis sechs Prozent aus Lactose besteht. Gallactose hat eine ganz wichtige Bedeutung beim Aufbau des Zentralnervensystems, den sogenannten Cerebrosiden und Gangliosiden in den ersten Tagen nach der Geburt. Daher ist Muttermilch so bedeutsam für die Entwicklung des zentralen Nervensystems und kann nicht ohne weiteres durch Kuhmilch ersetzt werden.

Zu den einfachen Zuckern gehört auch das Sorbit (Zuckeralkohol) D-Sorbitol, das als Süßungsmittel für Diabetiker geeignet ist, weil es kein Insulin verbraucht. Es findet sich in den meisten Früchten, besonders reichlich in den Rosengewächsen (Vogelbeeren, Kirschen, Äpfeln, Birnen und Mispeln) und ist ein typischer Bestandteil von Obstsäften und Obstweinen. Das wichtigste Disaccharid ist der Rohr- oder Rübenzucker, der aus einem Glucose- und einem Fructosemolekül besteht. Süße Früchte, Bonbons, Honig, Sirups, Softdrinks und Fruchtgetränke enthalten große Mengen Saccharose. Der Malzzucker oder die Maltose besteht aus zwei Glucosemolekülen und spielt eine wichtige Rolle bei der Bier- und Branntweinherstellung, wo er in der süßen Maische reichlich als Darrmalz vorkommt.

Komplexe Kohlehydrate bestehen aus Hunderten, ja sogar Tausenden von Kohlehydraten, den sogenannten Polysacchariden und sind die wichtigsten Bestandteile der menschlichen Ernährung. Zu ihnen gehört die Stärke, das Reserve-Kohlehydrat der meisten Pflanzen, die vom Körper relativ leicht in lösliche Zucker umgewandelt werden kann, sowie die Gerüstsubstanzen der Pflanzen (Zellulose, Hemi-Zellulose, Pektine, die wasserunlöslich sind und daher vom Menschen nicht verwertet oder verdaut werden können). Sie sind aber wertvolle Pflanzenfaserstoffe, die in der Zellwand der Getreidekörner vom Obst und in den Gemüseschalen anzutreffen sind.

Sind einfache Kohlehydrate gute Energiequellen?

Zuckerhaltige Lebensmittel wie Kuchen, Kekse, Bonbons und Desserts enthalten viele Mono- und Disaccharide und werden vom Körper als Energiequelle für das Nervensystem gebraucht, obwohl sie wenig Vitamine und Mineralien enthalten. Stärkehaltige Lebensmittel wie Brot, Getreideprodukte, Bohnen, Nudeln enthalten meistens viele Vitamine und Mineralien. Im Vergleich zu ihrer geringen Kalorienmenge werden sie daher komplexe Kohlehydrate genannt und sind besonders wertvoll, da sie wenig Fett und kein Cholesterin enthalten. Dennoch geht es nicht ohne einfache Zukker. Zucker, auch Blutzucker genannt, wird vom menschlichen Körper als Energiequelle für das Gehirn und das Nervensystem benötigt. Glucose hält die Körpertemperatur aufrecht, liefert die Energie für die Muskelbewegung, die Verdauung, die Atmung, den Zellaufbau und die Zellreparatur und ist für die Aufrechterhaltung des Immunsystems notwendig. Ein großer Teil der Glucose in unserer Nahrung, ob sie nun aus dem Zucker oder aus der Stärke stammt, wird in der Leber und in den Muskeln als komplexes Kohlehydrat Glucogen (Leberstärke) gespeichert. Das Glucogen ist das

Reservekohlehydrat der Tiere und wird bei Bedarf als Energiequelle wieder in Glucose umgewandelt. Überschüssige Kohlehydrate werden vom Körper als Fette gespeichert. Da Mono- und Disaccharide rasch in das Blut gelangen, geben sie einen momentanen starken Energiestoß und verursachen eine entsprechend hohe Insulinausschüttung der Bauchspeicheldrüse. Da Insulin den Blutzuckerspiegel senkt, kann es besonders nach sportlicher Leistung, die ebenfalls Glucose verbraucht, rasch zu einem Blutzuckermangel kommen (Unterzuckerung) mit einem Gefühl von Müdigkeit und Schwäche. Obwohl Zucker von einigen modernen Naturheilern vermieden, ja sogar verteufelt wird, hat Hildegard nichts gegen einen gemäßigten Zuckerverbrauch einzuwenden, da er sowohl das Gehirn als auch die Lunge reinigen kann:

»Solange der Zucker noch roh ist und aus ihm noch kein Nahrungsmittel gemacht wurde, trockne man ihn im Sommer an der Sonne und im Winter über heißen Steinen, damit er dürr wird. Wer ihn danach ißt oder trinkt, den heizt er wieder auf. Wer im Gehirn oder an der Lunge leidet und so verschleimt ist, daß er sich nicht durch die Nase reinigen noch auch aushusten kann, dem reinigt er, gegessen oder getrunken, das Gehirn und verhilft seiner Brust zur reinigenden Lösung.« (PL 1198 A)

Zu Hildegards Zeiten gab es nur Zucker aus Zuckerrohr, nicht den heute üblichen Rübenzucker. Durch Pressen erhält man aus den gequetschten Rohren einen Dicksaft mit 14 Prozent Saccharose. Der kristallisierte braune Rohrzucker wird von der Mutterlauge (Melasse) durch Zentrifugieren abgetrennt. Dieser Vollrohrzucker (95 Prozent Saccharose) enthält zehnmal mehr Mineralien als der weiße, raffinierte Industriezucker. Wir empfehlen nur den von Hildegard beschriebenen braunen Vollrohrzucker. Raffinierter weißer Industriezucker sollte gemieden werden, da er bei seiner Passage durch den Organismus wertvolle Mineralien und Vitamine aus dem Körper verbraucht. Durch übermäßigen Zuckerverbrauch und mangelhafte Zahnpflege entstehen außerdem Zahnkaries und Parodentose. Daher ist auch der übermäßige Verbrauch hochkonzentrierter Süßwaren wie Schokolade, Bonbons, Marmelade, Konfitüren und Obstsäften einzuschränken.

Das gleiche gilt auch für Bienenhonig. Übergewichtige, besonders solche mit hohem Cholesterinspiegel, sollten Honig und ganz besonders Butter und Honig meiden, da beide den Cholesterinspiegel ansteigen lassen. Hildegard empfiehlt die Verwendung von abgeschäumtem Honig, der in der Apotheke als *Mel depuratum* gehandelt wird:

»Im Menschen, der fettleibig ist und zu starkem Fleischansatz neigt, erzeugt der Honig, oft gegessen, einen Faulstoff (Cholesterinspiegelerhöhung). Wer aber mager und dürr ist, wird nicht zu leiden haben, wenn der Honig erhitzt wird (Mel depuratum). Wird aber der Honig in der Wabe mit dem Wachs gekaut, rührt er das Schwarzgallige im Menschen auf und läßt diesen so leiden, daß in ihm Schwerfälligkeit (Beschwerden) und Melancholie anwachsen.« (PL 1197 D)

Machen komplexe Kohlehydrate dick?

Stärkehaltige Lebensmittel wie Dinkel, Obst und Gemüse sind deshalb bessere und billigere pflanzliche Eiweißquellen als tierisches Eiweiß mit viel Fett und Cholesterin, weil sie darüber hinaus noch viele Vitamine und Mineralien sowie die wertvollen Pflanzenfasern enthalten. Im Gegenteil zu ihrem Ruf sind komplexe Kohlehydrate (Nudeln, Brot, Bohnen) ideale Lebensmittel zur Gewichtsabnahme, wenn sie nicht mit Butter, saurer Sahne, Crème fraîche und anderen Fetten überladen werden. Stärkereiche Lebensmittel machen nicht dick, da sie, wie Eiweiß, nicht mehr als vier Kalorien pro Gramm aufweisen, während ein Gramm Fett bereits neun Kalorien enthält.

Eine Kalorie ist nicht eine Kalorie

Vergleicht man jeweils 100 Kalorien stärkehaltige Lebensmitteln und Fett, so werden von den Kohlenhydraten nur 75 Prozent vom Körper aufgenommen, weil 25 Prozent für den Stoffwechsel verbraucht werden. Von den 100 Kalorien Fett gehen 97 Prozent direkt und sofort ins menschliche Körperfett über, während nur drei Prozent für den Stoffwechsel verbraucht werden. Daher machen komplexe Kohlehydrate nicht so leicht dick. Von dieser Tatsache machen wir in unseren Dinkel-Reduktionsdiäten bei der sogenannten »holländischen Fastenkur« Gebrauch, wo an jedem zweiten Tag nur Dinkel, Obst und Gemüse über längeren Zeitraum das Übergewicht abbaut.

Die Angst vor dem Brot oder Macht Brot wirklich dick?

Vor einigen Jahren wurde an einer amerikanischen Universität bewiesen, daß man mit einer Brotdiät Gewicht verlieren kann. Mehrere Studenten mußten acht Wochen lang täglich zwölf Scheiben Brot zusätzlich zu ihrer normalen Kost essen. Nach der Kur verlor jeder Student durchschnittlich sieben Kilogramm Körpergewicht. Vergleicht man die Kalorienmenge der täglich verputzten Süß- und Knabberwaren mit der gleichen Kalorienmenge Dinkelbrot, so müßte man mehr als ein Dinkelbrot essen. Während Dinkelbrot darüber hinaus reichlich komplexe Kohlehydrate, Eiweiß, viele Vitamine, Mineralien und Spurenelemente enthält, enthalten die Süßwaren nur minderwertigen Fabrikzucker und dickmachendes Fett und keine Vitamine!

1 Tasse Vollmilch-Kakao	= 120 kcal. =	1 Scheibe Dinkelbrot
100 g Erdnüsse	= 622 kcal. =	ca. 5 Scheiben Dinkelbrot
100 g Cracker	= 194 kcal. =	ca. 4 Scheiben Dinkelbrot
100 g Kartoffelchips	= 572 kcal. =	4½ Scheiben Dinkelbrot
100 g Schokoladenriegel	= 462 kcal. =	3½ Scheiben Dinkelbrot
100 g Vanilleeis	= 208 kcal. =	1½ Scheiben Dinkelbrot
Süß- und Knabberwaren	= 2178 kcal. =	19½ Scheiben Dinkelbrot

Unlösliche und lösliche Pflanzenfasern – die Schutzstoffe vor der Über- und Unterernährung

Lösliche und unlösliche Pflanzenfasern, wie sie in Haferkleie (löslich) und Weizenkleie (unlöslich) entdeckt wurden, sind aufgrund ihrer unterschiedlichen Wirksamkeit im Magen-Darmtrakt für die Gesundheit von entscheidender Bedeutung. Wahrscheinlich enthält Dinkelkleie sowohl lösliche als auch unlösliche Faserstoffe, so daß sie sowohl die Eigenschaften der Haferkleie als auch die der Weizenkleie in sich vereinigt.

Letzte Studien zeigen sogar, daß der einseitige Verbrauch von Haferkleie die Entstehung von Darmkrebs stimulieren kann, da durch die lösliche Haferkleie ein Anstieg von Gallensäure im Darm zu verzeichnen ist.

Pflanzenfasern sind stärkehaltige Polysaccharide, also langkettige Kohlehydrate wie Zellulose, Hemi-Zellulose, Legnin, Pektine, Pentosen, die wegen ihrer Unlöslichkeiten beim Verdauungsvorgang vom Menschen nicht aufgenommen oder abgebaut werden können. Man nennt sie auch deswegen unlösliche Pflanzenfasern, weil sie sich nicht in Wasser lösen, sondern nur quellen und für eine rasche Darmpassage des Speisebreis sorgen.

Nach Dr. Denis P. Burkitt, dem Pionier auf dem Gebiet der unlöslichen Pflanzenfasern, schützen diese Ballaststoffe vor Verstopfung; sie spielen auch eine wichtige Rolle bei der Verhütung von Hämorrhoiden, Divertikulose, Magen-Darmkrebs, Krampfadern und Hiatus-Hernie. In einer sehr eindrucksvollen vergleichenden Studie über die Menge an ausgeschiedenem Stuhl konnte Dr. Burkitt beweisen, daß die Stuhlmenge bei Völkern der Dritten Welt, die eine an Kohlehydraten und Pflanzenfasern reiche Kost zu sich nehmen, drei- bis viermal größer ist als im Westen, wo die Nahrung nur wenig Kohlehydrate und Pflanzenfasern enthält.

Nach Dr. Burkitt schützen die unlöslichen Pflanzenfasern vor Darmkrebs, weil sie

- die Stuhlmenge erhöhen und dadurch im Darm die krebserregenden oder präkanzerösen Substanzen im Darm verdünnen und ausscheiden helfen,
- die Darmpassagezeit verkürzen und so auch die Kontaktzeit der krebserregenden Stoffe mit der Darmschleimhaut verringern,
- die Darmbakterien beeinflussen und dadurch den Darminhalt sauer stellen. Ein hoher basischer pH-Wert geht Hand in Hand mit dem Risiko von Darmkrebs.

Ganz besonders schützen die unlöslichen Pflanzenfasern vor Diabetes mellitus. Pflanzenfasern und komplexe Kohlehydrate werden wegen ihres langkettigen Kohlehydrat-Gerüstes nur langsam im Körper verwertet, so daß es nach den Mahlzeiten nicht mehr zu einem raschen Blutanstieg kommt, der zu einer Über- oder Unterzuckerung führen kann.

Gallensteine

Durch eine fettreiche und kohlehydratarme Diät kommt es oft zur Bildung von Gallensteinen, deren Hauptbestandteil das Cholesterin ist. Eine an komplexen Kohlehydraten reiche Diät reduziert nicht nur die Entstehung von Cholesterin, sondern ist durch ihren Gehalt an unlöslichen Fasern auch in der Lage, die Gallensäure, die aus Cholesterin entsteht, im Darm aufzusaugen und so für eine niedrige Cholesterin-Konzentration zu sorgen.

Übergewicht

Die meisten Stoffwechselkrankheiten beginnen mit Übergewicht. Eine an Pflanzenfasern reiche Diät muß länger gekaut werden, wodurch sich ein leichteres Sättigungsgefühl einstellt und sich mehr Speichel bildet, der die Verdauung fördert. Pflanzenfasern füllen den Magen ohne viel Energiezuwachs und führen dadurch zu einer schnelleren Sättigung, ohne dick zu machen.

Eine revolutionäre Ernährungstherapie mit löslichen Pflanzenfasern

Die Entdeckung der löslichen Pflanzenfasern und ihrer therapeutischen Möglichkeiten hat in letzter Zeit größere Erfolge erzielt als die Arzneimitteltherapie bei den gleichen Stoffwechselerkrankungen. Dem amerikanischen Arzt Dr. James W. Anderson, Endokrinologe und Professor für Medizin und Ernährungswissenschaften an der Universität von Kentucky, Lexington, ist es gelungen, mit einer Ernährungstherapie, die reich ist an komplexen Kohlehydraten und löslichen Pflanzenfasern, gleichzeitig das Übergewicht zu beseitigen, den hohen Cholesterinspiegel zu senken und Triglyceride und den Blutdruck zu normalisieren. Alle Getreidearten, Früchte, Obst und Gemüse, die lösliche Pflanzenfasern enthalten, können diese wertvolle therapeutische Wirkung ausüben. Lösliche Pflanzenfasern findet man besonders in Haferflocken, in noch reinerer Form in Haferkleie, Gerste, Kichererbsen, Zitrusfrüchten, Äpfeln, Birnen, Karotten, Mais und wahrscheinlich zusammen mit unlöslichen Pflanzenfasern besonders im Dinkel. Mehrfach konnte ich beobachten, daß durch eine konsequente Umstellung auf Dinkel, Obst und Gemüse der Cholesterin-, Triglycerid- und Blutzuckerspiegel normalisiert werden konnten. Auch der Blutdruck konnte durch Dinkelflocken-Frühstück bei mehreren Patienten normalisiert werden. Daher gehört in Zukunft einer Ernährungstherapie mit wertvollen löslichen Pflanzenfasern der Vorzug vor einer Drogentherapie, die immer mit schädlichen Nebenwirkungen verbunden ist.

Professor Anderson konnte an einer fettarmen Diät, die zu 55 bis 60 Prozent aus komplexen Kohlenhydraten besteht und mindestens 50 Gramm lösliche Pflanzenfasern enthält, zeigen, daß in kurzer Zeit (zwei Wochen) die Cholesterinspiegel um mehr als 24 Prozent, die Triglyceridspiegel um 15 Prozent und das Gewicht um zwei Prozent reduziert wurden. Bei Patienten sowohl mit juveniler als auch mit Altersdiabetes, die sich mit Insulin spritzen mußten, konnte die Insulinmenge nach zwei Wochen von 26 auf 11 Einheiten gesenkt werden. Selbst in Studien, die zehn Jahre dauerten, konnte das Übergewicht vermieden, der Blutzuckerspiegel normalisiert und der Fettspiegel reduziert werden. In einigen Fällen gelang es Professor Anderson auch, mit dieser Diät sowohl das Insulin als auch den Sulfonyl-Harnstoff (zum Beispiel Euglucon) abzusetzen.

Die nach Dr. Anderson entwickelte pflanzenfaserreiche Diät hat

1. einen insulinsparenden Effekt, weil der Blutzuckerspiegel nach dem Essen nicht mehr so hoch steigt wie nach normaler Diabetikerkost.
2. Lösliche Pflanzenfasern senken sowohl den Cholesterin- als auch den Triglyceridspiegel, da sie im Darm das Cholesterin aufsaugen und wegspülen.
3. Lösliche Pflanzenfasern werden vom Verdauungstrakt rasch aufgenommen und in kurze Fettsäuren zerlegt: Acetate, Propionate, Buttersäure, die von der Pfortader resorbiert werden und in der Leber die körpereigene Cholesterin-Synthese bremsen, wobei die LDL-Cholesterinwerte (die schlechten Cholesterinwerte) fallen und die HDL-Werte (die guten Cholesterinwerte) nicht beeinflußt werden.

Bereits 25 Gramm Haferkleie täglich (das entspricht 7,5 Gramm löslicher Pflanzenfaser) können den Cholesterinspiegel um durchschnittlich drei Prozent senken. Haferflocken enthalten 20 Prozent weniger Pflanzenfasern als Haferkleie, haben aber die gleiche cholesterinsenkende Wirkung, wenn man einen warmen Haferbrei zum Frühstück (Porridge) bereitet. Das kalte Haferflocken-Müsli (Rohkost) kann für cholesterinsenkende Zwecke nicht eingesetzt werden, da die unlöslichen Fasern aus dem Haferbrei vom Körper schlechter aufgenommen werden. Diese Beobachtung steht in Übereinstimmung mit Hildegards Empfehlung, zum Frühstück stets einen warmen Getreidebrei zu sich zu nehmen und kein kaltes Müsli.

Eine Kleietherapie mit Weizenkleie und Haferkleie oder nur mit Dinkelkleie sollte sehr langsam mit täglich nur einem Teelöffel Kleie (entsprechend fünf Gramm Fasern) beginnen. Langsam sollte die Menge auf zwei bis drei Eßlöffel (entsprechend 30 bis 40 Gramm Pflanzenfasern) gesteigert werden. Dabei ist auf reichliche Flüssigkeitszufuhr zu achten, wobei pro Eßlöffel Kleie mindestens 200 Milliliter Flüssigkeit zugefügt werden sollte.

Wie erhält man die notwendigen 30 bis 40 Gramm
Pflanzenfasern in seiner Diät?

2–3 EL Kleie			
(ca. 4 Scheiben Dinkelbrot)	=	30–40 g	Pflanzenfasern
200 g Dinkelvollkorn	=	15 g	Pflanzenfasern
1 Schüssel Habermus (50 g)	=	14 g	Pflanzenfasern
1 Banane	=	3 g	Pflanzenfasern
1 mittlerer Apfel	=	3–4 g	Pflanzenfasern
1 Tasse Bohnensuppe			
Erbsen oder Kichererbsen	=	5 g	Pflanzenfasern
3 Schalen Salat	=	5 g	Pflanzenfasern

Die Therapie mit Haferkleie in Tabletten-, Kapsel- oder Pulverform sollte mit größter Vorsicht vorgenommen werden, da sie die Absorption von Mineralien wie Kalzium, Eisen oder Zink blockieren kann und, falls die Flüssigkeitsmenge nicht erhöht wird, zu Verstopfungen, Krämpfen und Gasbildungen führt. Eine übertriebene Diät mit Haferkleie kann die Bildung von Darmkrebs fördern, da die löslichen Pflanzenfasern die Gallensäuresekretion um 50 bis 60 Prozent steigern können und dadurch die Bildung von Darmkrebs fördert.

Eine Diät mit Dinkel, Obst und Gemüse enthält immer unlösliche und lösliche Pflanzenfasern im ausgewogenen Verhältnis und hat daher niemals diese gesundheitlichen Risiken, die wir von einer ausschließlichen Haferkleie-Diät zu befürchten ist. Auch hier haben wir einen optimalen Schutz durch die vielseitigen und ausgewogenen Diätempfehlungen Hildegards.

Ein Ei – zwei Teile
Eigelb – Eiweiß

Ernährungsfachleute warnen heute vor übermäßigem Eierverzehr, nicht nur, aber vor allem wegen des hohen Cholesteringehalts im Eigelb. Ein hoher Blutcholesterinspiegel wird für die Entstehung von Herz-Kreislaufkrankheiten verantwortlich gemacht. Wie die Eiernudelskandale der letzten Zeit gezeigt haben, ist das Eiklar bei angebrüteten Eiern häufig mit Salmonellen verseucht. Rohe Eier werden besonders schlecht verdaut und können zu Koliken führen, da das Eiklar erhebliche Mengen an Antitrypsin enthält, ein Ferment, das das Enzym Trypsin im Darm blockiert und die Eiweißverdauung behindert. Im Hühnereiweiß ist außerdem Avidin, ein Antivitamin, das im Magen und Darm das Vitamin Biotin blokkiert, wodurch schwere Hautstoffwechselstörungen auftreten können.

Auch Hildegard warnt vor zu hohem Eierverbrauch, »weil sie die Eingeweide des Menschen schädigen, Schleim und Fäulnis in Magen und Darm hervorrufen«. Die ernährungsphysiologischen Erkenntnisse unserer Zeit werden also bereits von Hildegard erwähnt, obwohl sie die Eierspeisen nicht total aus ihrer Ernährungslehre ausschließt, sondern nur auf besondere Zubereitungen hinweist:

»Hühnereier können gegessen werden, aber doch nur mit Maß, weil sie schwachen Eingeweiden des Menschen so schädlich sind wie rohes und nicht gekochtes und nicht verarbeitetes Mehl, da sie sich den Eingeweiden ankleben wie zäher Schleim und auch Schleim und Fäulnis im Magen und Darm hervorrufen. Ein Mensch, der gesunde Eingeweide hat, kann jedoch mit den Eiern fertig werden, wenn er sie ißt; doch soll er sie nur mäßig essen, weil auch er von ihnen leicht krank werden kann (das heißt Anlage zur Erkrankung bekommt). Auch für einen gesunden Menschen sind weiche Eier eher gesund als harte, die im Magen Beschwerden machen. Einem Kranken aber taugen weder weiche noch harte Eier zum Essen.
Wenn ein Kranker unbedingt Eier essen will, dann gieße er in das (Koch-)Wasser etwas Wein und lasse es im Topf kochend aufwallen, und dann schlage er die Eier in dieses Wasser unter Wegwerfen der Schalen. Und wenn sie gekocht sind, dann esse er die gekochten; die schaden ihm nicht, weil dann Gift und Eiter, welcher in den Eiern ist, durch das Feuer ausgekocht wurden.
Das Ei samt der Schale am Feuer zu rösten ist (noch) besser und nützlicher für den Esser, als das Ei ohne Schale in Wasser zu kochen. Denn das Feuer zieht die Fäulnis, die in den Eiern steckt, durch die Schale aus, das Wasser aber nimmt diese nicht weg, solange die Schale darüber ist.
Der Dotter des Eies ist gesünder zu essen als das Weiße. Und der Eidotter, mäßig hart gekocht, ist gesünder zur Speise als der weiche.
Wenn ein Mensch das Ei roh ißt, dann schadet er sich sehr, weil es in ihm Fäulnis hervorruft.« (PL 1200 D)

Eier werden daher auch in der Hildegard-Küche verwendet und nach den Beschreibungen Hildegards zubereitet. Sie sind nicht nur wegen ihrer vielseitigen Zubereitungsmöglichkeiten sehr beliebt, sondern auch wegen ihres Wohlgeschmacks und weil sie hochwertige und doch preisgünstige Lebensmittel sind. Dennoch werden heute viel zu viele Eier gegessen. Der hohe Cholesterinverbrauch bei Männern von 600 mg pro Tag (in Deutschland) wird zu 35 Prozent durch Eigelb verursacht. Wurst und Fleisch sind zu 37 Prozent, Butter, Milch und Käse zu 20 Prozent am Gesamtcholesterinverbrauch beteiligt.

Ein Eigelb mittlerer Größe enthält einen Teelöffel (ungefähr 6 g) Fett, dieselbe Menge wie in einer Tasse Milch und zirka 200 mg Cholesterin. Überraschenderweise gibt es auf dem Markt heute cholesterinarme Hühnereier mit einem Cholesteringehalt von 233 mg (durchschnittlich 206–288 mg), obwohl normale Eier einen geringeren Cholesterinspiegel (rund 200 mg Cholesterin) enthalten. Der Vorteil cholesterinarmer Eier beruht auf einem Rechenfehler, weil man früher davon ausging, daß ein normales Ei mindestens 270 mg Cholesterin im Eigelb enthält (*Nutrition Today*, Januar 1989, Seite 6).

Aus einer vergleichenden Übersicht geht hervor, daß das Eiklar kein Cholesterin enthält und daher von Personen mit hohem Cholesterinspiegel anstelle von Eigelb zur Auflockerung von Eierspeisen, Kuchen und Gebäck verwendet werden kann. Am besten aber ist es, den Eierverbrauch auf die Hälfte zu senken. Für Leber- und Gallekranke sind rohe oder hartgekochte Eier verboten, da sie den Gallefluß provozieren und zu Koliken führen können. Erlaubt sind dagegen weichgekochte Eier, gelegentlich auch ein leicht gebackenes Rührei ohne Fett.

Die Hildegard-Küche
Gesund, schmackhaft und bekömmlich

In der Hildegard-Küche ist man vor Über- und Untertreibungen sicher, da Lebensmittel aus allen vier Bereichen verwendet werden:

1. Dinkel, Dinkelprodukte, Getreide und andere Zeralien (komplexe Kohlehydrate, Pflanzenfasern, Ballaststoffe, Eiweiße, Vitamine und Mineralien):
   Wir empfehlen fast all unseren Patienten, dreimal täglich Dinkel in irgendeiner Form zu sich zu nehmen: Dinkelhabermus, Dinkelreis, Dinkelnudeln, Dinkelgrießsuppe, Dinkelmehlsuppe, Dinkelknödel, Dinkelspätzle, Dinkelkopfsalat, Dinkelbrot, Dinkelschrotbrei.
2. Obst und Gemüse (komplexe Kohlehydrate, einfache Kohlehydrate, Pflanzenfasern, Ballaststoffe, Vitamine, Mineralien, teilweise pflanzliches Eiweiß):
   Alle von Hildegard als gut beschriebenen Früchte und Gemüse sollen jedoch niemals roh, sondern immer gekocht, gedünstet oder gebacken verzehrt werden.
3. Milch und Milchprodukte (Protein, Fett, Kalzium):
   Milch, Buttermilch, Joghurt, Käse.
4. Fleisch und Fleischprodukte (tierisches Eiweiß, Fett):
   Geflügel, Fisch, mageres Rindfleisch, Hammelfleisch, Ziege, Wild.

Der erste große Schritt zu einer richtigen Ernährung ist daher eine große Auswahl aus den vier Lebensmittelgruppen und möglichst große Variationsmöglichkeiten innerhalb der einzelnen Bereiche.

Aufgrund einer abwechslungsreichen, ausgewogenen Kost aus allen vier Lebensmittelbereichen bietet die Hildegard-Küche die einfachste Möglichkeit, optimale Gesundheit, Leistungsfähigkeit und Vitalität zu erreichen. Basis der Hildegard-Küche ist der Dinkel und die Erkenntnis über die Heilkraft von Obst und Gemüse sowie der maßvolle Umgang mit Fleisch, Wild und Fisch, Milch und Milchprodukten, Eiern, Getränken, Bier, Wein, Kräutern und Gewürzen. Hildegard beschrieb die Lebensmittel nicht nach Kalorien und Vitaminen, sondern nach ihren Heilwerten (Prinzip der Subtilität), so daß kein Unterschied zwischen einem Lebensmittel und einem Heilmittel zu sehen ist. Alle hundertprozentig gesunden Lebensmittel für Kranke und Gesunde sind gleichzeitig Heilmittel für den Körper, wobei der Körper immer als Ganzes gesehen werden muß. Wenn beispielsweise die Leber leidet, muß nicht nur die Leber kuriert werden, sondern der ganze Körper. Kochkunst und Heilkunst sind bei Hildegard ein und dasselbe, oder wie Hippokrates sagt: »Eure Lebensmittel sollen eure Heilmittel sein.«

Das richtige Maß

Die *Deutsche Gesellschaft für Ernährung* (DGE) veröffentlichte 1988 in ihrem Bericht alarmierende Zahlen über die Ernährungsgewohnheiten der Deutschen. Trotz ernährungsbewußter Aufklärung essen die meisten Deutschen (und da gibt es kaum Unterschiede zu den Schweizern, Österreichern und Amerikanern) zu fett, zu süß, zu viel Fleisch, zu viel Eier, zu viel Schlachtfett, Käse, Zucker, und trinken zu viel Bier und Alkohol. Die Gesellschaft plädiert für eine fettarme, kohlehydratreiche, mäßig proteinhaltige Kost mit wenig Salz und Alkohol. Der Fettanteil soll von 40 auf 20 bis 25 Prozent gesenkt werden, die Kohlehydrate sollen von heute 45 auf mindestens 60 bis 65 Prozent erhöht werden, und der Proteinanteil soll nicht mehr als 10 bis 15 Prozent der Gesamtenergiemenge pro Tag betragen. Für einen körperlich mäßig aktiven Erwachsenen empfiehlt die DGE nicht mehr als 2000 Kalorien, entsprechend 60 Gramm Fett, 315 Gramm Kohlehydrate und nicht mehr als 75 Gramm Protein pro Tag, wodurch das Risiko an lebensbedrohlichen Stoffwechsel- und Zivilisationskrankheiten gesenkt und das Wohlbefinden erhöht wird. Für eine ausreichende Eisenversorgung wird eine tägliche Zufuhr von 12 Milligramm Eisen für Männer und 18 Milligramm für Frauen vom elften bis zum fünfzigsten Lebensjahr empfohlen.

Durch die Vielseitigkeit der Hildegard-Küche werden all diese Richtlinien ohnehin ohne große Kalkulationen und Gewichtstabellen erfüllt, ja sogar übertroffen, weil kein einziges Ernährungsprogramm, außer vielleicht die chinesische Küche, Lebensmittel gezielt als Heilmittel einsetzen kann. Auch von der Angst vor Mangelerscheinungen sind wir in der Hildegard-Küche befreit, da eine Vielfalt von Kombinationsmöglichkeiten eine ausreichende Versorgung von Eiweißen, Kohlehydraten, Fetten, Mineralien, Vitaminen garantiert. Besonders beliebt ist die Kombination von Dinkel mit Bohnen und anderen Hülsenfrüchten, weil sie sämtliche essentielle Aminosäuren enthält, genauso vollständig wie die vollwertige und komplette Ernährung mit tierischem Eiweiß.

Küchengifte schwächen die Abwehr und erzeugen zusätzlichen Streß

Hildegard beschreibt eine Fülle von ernährungsbedingten Krankheiten, die nicht notwendigerweise zum Tode führen müssen, wie Migräne, Asthma, Kopfschmerzen, Bronchitis, Nervenkrankheiten und Erschöpfungen. Wahrscheinlich gibt es überhaupt keine Krankheiten, die nicht durch eine falsche Ernährung ausgelöst werden. Um hier ans Ziel zu gelangen, müssen allerdings einige »heilige Kühe« nicht nur der sogenannten gutbürgerlichen Küche, sondern auch der heutigen Naturheilkunde geschlachtet werden. Hildegard sieht in den bisher unbekannten »Küchengiften« Erdbeeren, Pfirsiche, Pflaumen und Porree oder Lauch krankheitsauslösende Ursachenstoffe.

Erdbeeren »verschleimen den Menschen« und führen im Frühjahr zu Allergien, Ekzemen, Mittelohr- und Blinddarmentzündungen. Pfirsiche fördern die Verschleimung und zerstören die guten Säfte, wodurch Stoffwechselstörungen ausgelöst werden können.

Pflaumen fördern die Melanche (die Schwarzgalle) und vermehren die Säuren (Harnsäure), so daß es zu Stimmungsschwankungen, Depressionen und Rheuma kommen kann.

Lauch schließlich zerstört das Abwehrsystem des Menschen, weil er das Blut und die menschlichen Säfte ins Gegenteil verdreht *(pravi humores)*, so daß sich das gute Blut nicht mehr richtig bilden und die Krankheitssäfte nicht mehr richtig ausgeschieden werden können. Darüber hinaus produzieren eine Reihe von koffeinhaltigen Getränken (Bohnenkaffee, schwarzer Tee, Schokolade) und cocahaltigen Getränken zusätzlichen Dauerstreß, wodurch die Erschöpfung vorprogrammiert wird. Chronischer Mißbrauch von Koffein kann zu echten psychischen Erkrankungen (Koffeinismus) führen mit Stimmungsschwankungen, Depressionen und Schlafstörungen. Typische Nebenwirkungen sind Kopfschmerzen, Magen- und Herzreizung und Durchfall.

Koffeinhaltige Getränke

Kaffee	1 Tasse	–	85–150 mg Koffein
Schwarztee	1 Tasse	–	60– 75 mg Koffein
Cola	Büchse	–	35 mg Koffein
Heiße Schokolade	200 ml	–	15 mg Koffein
Schokolade	½ Tafel	–	ca. 45 mg Koffein
Milchschokolade	½ Tafel	–	15 mg Koffein

E. Teuscher, V. Lindequist: *Biogene Gifte*, Gustav Fischer Verlag, 1987.

Man braucht sich nicht zu wundern, daß man nach zwei Tassen Bohnenkaffee am Morgen plötzlich in eine Flaute gerät. Dinkelkaffee hat hingegen eine großartige Wirkung auf die Verdauung und erhöht die Vitalität. Kleine Änderungen in den Zwischenmahlzeiten können ebenfalls große Auswirkungen auf die Gesundheit haben.

Jederzeit kann man zu sich nehmen:	selten oder nie:
Äpfel, Apfelkompott, frische Früchte, Desserts, Vollkornprodukte, Joghurt, Fruchtsäfte, Nervenkekse, Quendelkekse, Quittenbrot	Gebäck, Kuchen und Torten, gesalzene Erdnüsse, Kartoffelchips, Bonbons, Schokolade, Coca-Getränke.

Rohkost führt zu schlechter Durchblutung

Ganz besonders warnt Hildegard vor Rohkost und fetten Speisen:

»Es gibt auch Menschen, deren Herz, Leber, Lunge und sonstige Energielieferanten mit ihrer Wärme dem Magen nicht genügend bei der Endverdauung helfen, wenn diese Leute rohe und ungekochte oder fette Speisen zu sich nehmen, zumal wenn diese zu fett, schwer oder zu hart sind.« (CC 90, 11 ff.)

Nach Hildegard ist das Kochen aller Speisen, wozu auch die liebevolle Zubereitung von Salaten durch Beizen mit Essig, Salz und Öl gehört, eine notwendige Voraussetzung für eine gute Verdauung. Man wird zwar nicht gleich tot umfallen, wenn man Rohkost ißt, aber man tut gut daran, Rohkost und Küchengifte zu meiden.

Was ist Dinkel?

Dinkel oder Spelt (*Triticum spelta*) ist kein Weizen (*Triticum sativum*), sondern ein Urkorn, das zu den ältesten Getreidearten der Menschheit gehört. Aus dem Institut für Ur- und Frühgeschichte der Universität Köln wird berichtet, daß der Dinkelanbau im Rheinland bereits bei den Bandkeramikern in der Spätsteinzeit 2500 v. Chr. in Hochblüte stand. Der Dinkel wird bereits im Alten

Testament als Hauptbrotgetreide gelobt (2. Mose 9,31–32 und Hezechiel 4,9). Dinkel war die Hauptgetreidefrucht der Alemannen und Schwaben. Sein Anbau erstreckte sich von Süddeutschland bis in den Schweizer Thurgau und in das österreichische Vorarlberg. Überall, wohin die Schwaben ausgewandert sind, wurde Dinkel angepflanzt. So kommt es, daß heute große Mengen Dinkel in Kanada und in Nordamerika und sogar in Südamerika angebaut werden. Noch vor hundert Jahren war der Dinkel mit 200 000 Hektar gegenüber 12 000 Hektar Weichweizen das Hauptnahrungsmittel. Wegen des geringeren Ernteertrags gegenüber Weizen und den schwierigen Entspelzungsverfahren ist der Dinkelanbau fast eingestellt worden. Erst durch die Wiederentdeckung der Hildegard-Heilkunde und die unermüdliche Pionierarbeit von Herrn Dr. Hertzka hat der Dinkelanbau wieder zugenommen. Inzwischen werden in Baden-Württemberg bereits wieder 1000 Hektar Ackerfläche mit Dinkel bebaut. Die Anbaufläche soll in den nächsten fünf Jahren auf 20 000 bis 30 000 Hektar gesteigert werden. Im Vergleich zum Weizen ist Dinkel züchterisch wenig bearbeitet worden, wodurch er seine urtümliche Kraft der Stammformen bis in unsere heutige Zeit erhalten hat. Wir wissen heute, daß die immunstimulierende und gesundheitserhaltende Wirkung des Dinkels auf seine Inhaltsstoffe, besonders die cyanogenen Glykoside (Nitriloside) und Thiocyanat zurückzuführen ist. Diese Stoffe wurden von dem Biochemiker Dr. Ernst T. Krebs als antineoplastisches Vitamin B17 (krebshemmendes Vitamin) bezeichnet. Von Professor W. Weuffen von der Universität Greifswald liegen über einhundert wissenschaftliche Studien über die immunstimulierenden und vitalisierenden Eigenschaften des Thiocyanats vor.

Dinkel ohne Chemie

Auch hinsichtlich seiner Anbaueigenschaften unterscheidet sich der Dinkel wesentlich vom Weizen durch seine Anspruchslosigkeit, Robustheit, Winterhärte und geringe Krankheitsanfälligkeit. Dinkel wächst selbst auf flachgründigen Gesteinsböden in hohen Lagen über eintausend Metern. Weil die Feuchtigkeit beim Dinkel im Gegensatz zum Weizen sehr schwer zu den Körnern gelangt, erträgt der Dinkel sowohl ein Zuviel als auch ein Zuwenig an Niederschlägen. Die Auswuchsfestigkeit des Dinkels ermöglicht den Anbau in Grenzlagen des Ackerbaus und bietet die Gewähr für eine gleichbleibende Qualität und Verarbeitungseignung.

Daher heißt es in einem alten Lehrbuch für Landwirtschaft (*Die Praxis des Landmanns*, Bd. I, 1925):

»In rauhen Gebirgslagen, in denen auch die abgehärteten Neuzüchtungen des Weizens noch nicht gedeihen, wird man zunächst bei dem altgewohnten Spelz bleiben, der ebenso wie der nackte Weizen als Winter- und Sommersorte angebaut wird. Der Spelz gedeiht nicht nur in rauherem Klima; er verlangt auch nicht einen so tiefgründigen, lockeren und dauernd durchgefeuchteten Boden. Er übersteht trockene Zeiten auf flachgrundigem Gebirgsboden und macht keine besonderen Ansprüche an die Vorfrucht, gedeiht auch nach sich selbst, wie der Roggen, gut.«

Dinkel ist bis heute das reinste Lebensmittel, weil er ohne Chemie wächst. Aufgrund seiner Robustheit hat er starke ökologische Vorteile. Dinkel benötigt weder chemische Stickstoffdüngung noch Pestizide oder Fungizide, so daß sowohl der Boden als auch das Grundwasser beim Dinkelanbau verschont bleiben. Die Spelzhülle schützt den Dinkel vor radioaktivem Fall-out und Luftverseuchung. Durch Radioaktivitätsmessungen in Konstanz konnte gezeigt werden, daß der Dinkel nach der Tschernobyl-Katastrophe im April 1986 nur mit radioaktiven Spaltprodukten von fünf beziehungsweise sieben Becquerel (Bq) pro Kilogramm 137 CS belastet war bei einer zulässigen Belastung von 600 Becquerel pro Kilogramm Nahrungsmittel.

Hände weg vom Dinkel

Neuerdings gibt es leider sowohl in der Schweiz als auch in Deutschland Bestrebungen, den Ertrag des Dinkels durch züchterische Maßnahmen, Düngung und Pestizide zu steigern. Dadurch

werden Dinkel, Boden und Grundwasser mit zum Teil allergie- und krebserregenden Chemikalien verseucht. Mit Recht hat daher Dr. Gottfried Hertzka auf dem ersten Dinkel-Symposium am 29. Juli 1988 an der Universität Hohenheim gewarnt: »Hände weg vom Dinkel!«

Der *Förderkreis Hildegard von Bingen* hat für den biologisch angebauten Dinkel eine Schutzmarke *Dinkel nach Dr. Hertzka* herausgebracht, die alle Hersteller für ihre Dinkelprodukte erhalten können, wenn sie sich freiwillig einer staatlichen Qualitätskontrolle unterziehen und sich nachweislich keine Schadstoffe in ihrem Dinkel befinden. Wir können unseren Patienten keinen Dinkel mit zum Teil krebserregenden Schadstoffen zumuten und wollen uns auch in Zukunft nicht von der Agrochemie den Appetit verderben lassen.

Dinkel – das beste Getreide

Allein mit der Dinkel-Diät sind wir in der Lage, die meisten chronischen Zivilisationskrankheiten, die mit Fehlernährung im Zusammenhang stehen, zu vermeiden. Im Dinkelkorn ist die ganze Weisheit von Hildegards Ernährungslehre verborgen, die sich durch ihre Einfachheit und Vielseitigkeit auszeichnet. Dinkel enthält alle basischen Mittel zum Leben, die der menschliche Körper zur Gesunderhaltung benötigt: biologisch hochwertige Eiweiße, komplexe Kohlehydrate, lebensnotwendige Mineralien, gesunderhaltende Vitamine und Spurenelemente. Im Dinkel befinden sich darüber hinaus vitale Inhaltsstoffe (cyanogene Glykoside = Nitriloside) und Thiocyanat, die das Immunsystem stimulieren und die Gesundheit erhalten. Außerdem enthält der Dinkel Viridine (Grünstoffe), die bisher noch nicht isoliert wurden, sowie Assimilationsfaktoren, die für seine gute Wasserlöslichkeit verantwortlich sind.

Dadurch erhält der Dinkel wertvolle, magen-darmfreundliche Eigenschaften, so daß er ohne große eigene Verdauungsarbeit im Blutserum resorbiert und transportiert werden kann. Das Geheimnis des Dinkelwunders können wir heute mit dem Begriff der Bioverfügbarkeit beschreiben. Aufgrund dieser hervorragenden Wasserlöslichkeit werden die vitalen Inhaltsstoffe des Dinkels wie flüssige Nahrung vom Körper rasch aufgenommen und dem gesamten Organismus zur Verfügung gestellt. Dadurch werden alle Körperzellen, Nerven-, Knochen-, Muskel- und Organzellen optimal ernährt, gestärkt und zu Höchstleistungen befähigt. Der ganze Organismus wird durch den Dinkel derart mit Vitaminen und Vitalstoffen überflutet, daß sich dadurch die Gefäße erweitern und eine gute Verdauung einsetzt.

Dinkel – eine gute Eiweißquelle

Der Gesamtproteingehalt des Dinkels variiert zwischen 10 und 14,28 Prozent in Abhängigkeit vom Klima und den Bodenbedingungen. Der Proteingehalt ist höher als der vom Weichweizen (10,5 Prozent) und Sommerweizen (9 Prozent), aber ähnlich dem Manitoba-Weizen (13,8 Prozent). Im Vergleich zu anderen Getreidearten enthält der Dinkel ganz allgemein mehr Vitamine und Mineralien.

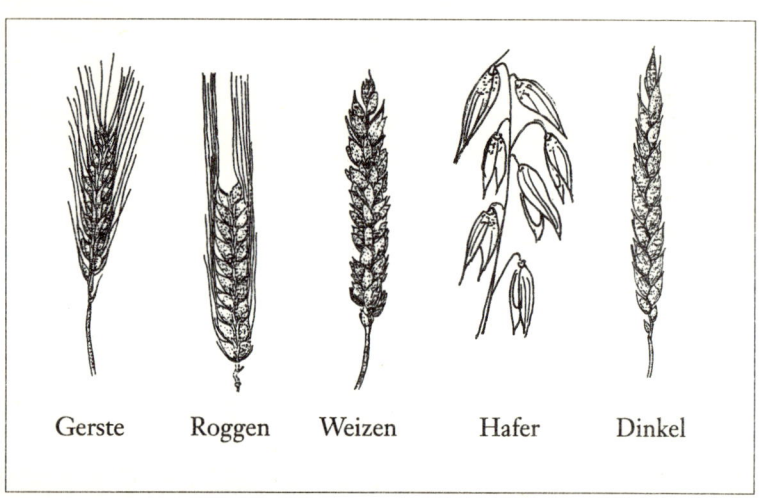

Durchschnittliche mg pro 100 g

	Gerste	Roggen	Weizen	Hafer	Dinkel
Vitamin B1	0,43	0,35	0,48	0,52	0,649
Vitamin B2	0,18	0,17	0,14	0,17	0,227
Kalium	–	–	481,00	335,00	385,000
Kalzium	38,00	115,00	43,70	79,60	38,000
Eisen	2,80	5,10	3,30	5,80	4,170
Magnesium	1,70	2,40	2,40	3,70	2,900
Kupfer	0,30	0,50	0,44	0,47	0,620
Zink	2,70	1,30	3,36	4,00	3,400

(Quelle: Produktanalyse Souci, Milupa und SCI-TEK Laboratorien C 1400-0407)

Wir wurden auf Dinkel aufmerksam, weil nur ganz wenige Mittel bei Hildegard von Bingen diätetisch ähnlich hochgeschätzt werden:

»Dinkel ist das beste Getreidekorn, es wirkt wärmend und fettend, ist hochwertig und gelinder als alle anderen Getreidekörner. Wer Dinkel ißt, bildet gutes Fleisch. Dinkel führt zu einem rechten Blut, gibt ein aufgelockertes Gemüt und die Gabe des Frohsinns. Wie immer zubereitet Sie Dinkel essen – so oder so – als Brot oder als eine andere Speise gekocht, Dinkel ist mit einem Wort gut und leicht verdaulich.« (PL 1131 C/D)

Dinkel als universale Basis-Diät hat sich bei folgenden Krankheiten als Heilmittel bewährt:

Magen-Darmleiden (Colitis ulcerosa, Morbus Crohn, Durchfall, Obstipation, Hämorrhoiden, Divertikulose, Darmkrämpfe, Zöliakie),
Neurodermitis und anderen Allergien,
Stoffwechselkrankheiten,
chronisch entzündlichen Infektionen,
rheumatischen Erkrankungen,
Geschwulsterkrankungen,
Nervenleiden,
Arzneimittelschäden,
Nahrungsmittelallergien
und bei Fasten- und Aufbaukuren.

Jedes Wort, das Hildegard über den Dinkel sagt, spiegelt ein pharmakologisches Prinzip wider, das wir erst heute durch die wissenschaftlichen Erkenntnisse der modernen Medizin erklären können. Unsere eigene klinische Erfahrung mit Tausenden von Patienten über einen Zeitraum von dreißig Jahren zeigt eine achtzigprozentige Heilungsrate bei allen ernährungsbedingten Krankheiten durch die Dinkel-Diät.

Erfahrungsmaterial

Lebensgemeinschaft Getreide und Mensch

»Dinkel ist das beste Getreidekorn«

Der Ernährungsforscher Professor Werner Kollath hat bereits 1964 in seinem Buch *Getreide und Mensch – eine Lebensgemeinschaft* darauf hingewiesen, daß enge Zusammenhänge zwischen Ernährungsgewohnheiten und Zivilisationskrankheiten bestehen, an denen über 80 Prozent der Bevölkerung sterben. Als Folge chronischer Fehlernährung ist der Organismus gezwungen, die in der Nahrung fehlenden Wirkstoffe den weniger wichtigen Organen wie Zähnen, Skelett, Bindegewebe zu entnehmen, damit die lebenswichtigen Funktionen erhalten bleiben.

Die Folgen:

1. Störung des Allgemeinbefindens wie Müdigkeit und Leistungsabfall
2. Herz-Kreislauf-Schwäche mit Ödemneigung
3. Gestörter Kalkstoffwechsel mit krankhafter Veränderung an Zähnen, Kiefer-, Skelett- und Gelenkdegeneration
4. Sklerotische Kalkablagerungen mit Angina-pectoris-Beschwerden und Gedächtnisverlust
5. Allergien (Nahrungsmittel-Allergien, auch Weizen- und Soja-Allergien)
6. Infektionsanfälligkeit
7. Lebererkrankungen (Hepatosen)
8. Nierenfunktionsstörungen
9. Katarakt (grauer Star)
10. Dyspepsie
11. Dysbakterie

Es hat sich gezeigt, daß nur die Dinkel-Ernährung als Basisdiät in der Lage ist, die ernährungsbedingten Gesundheitsschäden wieder voll auszugleichen. Das Dinkelkorn enthält nicht nur alle für den gesunden Organismus lebensnotwendigen Grundbasisstoffe Eiweiß, Fette, Kohlehydrate, Vitamine, Spurenelemente und Mineralien (siehe Analyse), sondern auch noch nicht isolierte vitale Wuchs- und Zellernährungsstoffe (Viridine) sowie einen noch nicht identifizierten Assimilationsfaktor.

Die Wirkung der Dinkelkost erstreckt sich auf den ganzen Organismus mit einer von allen Patienten beobachteten guten Verdauung. Durch die Dinkelkost steigern sich das Allgemeinbefinden und die Leistungs- und Konzentrationsfähigkeit. Lockere Zähne festigen sich, arthrotische Gelenkschmerzen verschwinden. Aufgrund seiner Ähnlichkeit mit menschlichem Plasma gelangt der Dinkelstoff rasch ins Blut und stimuliert dadurch nicht nur den Prozeß der Zellerneuerung (Aufbauprozeß), sondern sorgt gleichzeitig für eine Beseitigung der Stoffwechselschlacken (Nierengängigkeit).

Gute Bioverfügbarkeit

»Dinkel wirkt wärmend«

Ähnlich wie nach einer Kalzium-Injektion wird der gesamte Körper nach dem Genuß einer Dinkelmahlzeit von einem Wärmegefühl überströmt. Diese Welle geht von Magen und Darm aus, offenbar weil Dinkel von Magen und Darm so gut aufgenommen wird. Eine Schockwirkung auf den Magen würde das Gegenteil auslösen. Da der Dinkel infolge seiner so guten Bioverfügbarkeit (gute Wasser- und Plasmalöslichkeit) so rasch ins Blut und zu den dafür zuständigen Nervenzentren gelangt, erweitern sich die Blutgefäße örtlich oder im ganzen Hautgebiet. Dadurch wird die Durchblutung gesteigert, und es resultiert das Wärmegefühl, eine wesentliche Voraussetzung für die Heilung von Haut- und Schleimhauterkrankungen.

Verbesserung des Nervenstoffwechsels

»Fettend«

Die Patienten erfahren durch Dinkelkost eine deutliche Zunahme ihrer Leistungsfähigkeit und Konzentrationskraft (besonders bei Schulkindern und Studenten). Der Dinkel aktiviert infolge seines hohen Anteiles an ungesättigten Fettsäuren insbesondere die für die Nervenzellen notwendigen Lipoide. Die gebildeten Fette überwinden offenbar durch ihre Feinstofflichkeit die Bluthirnschranke, was dem Nerven- und Hormonsystem zugute kommt.

Nahrungsmittel – Lebensmittel

»Hochwertig«

Durch die industriellen Verarbeitungsprozesse *(food processing)* gehen wichtige Nahrungsbestandteile (nahrungseigene Fermente, Wuchs- und Ballaststoffe sowie Vitamine) zum Zwecke der Haltbarkeit verloren. diese »tote« Nahrung (Professor Kollath) ist zwar in der Lage, vor Hunger zu schützen und das Leben aufrechtzuerhalten, verursacht aber ernährungsbedingte Mangel- und Zivilisationserkrankungen (Mesotrophie). Im Gegensatz dazu steht die Dinkelkost als vollwertig-hochwertiges Lebensmittel. Die meisten Patienten berichten, daß sie sich durch Dinkel viel wohler fühlen, daß sie leistungsfähiger und kräftiger geworden sind. Dinkelnahrung zeichnet sich durch ihren Gehalt an biologisch hochwertigen Eiweißbestandteilen aus (essentielle Aminosäuren).

Gute Verdauung

»Gelinder als alle anderen Körner«

Nach dem Genuß von Dinkel-Habermus fühlen sich die Patienten über längere Zeit gesättigt, ohne müde zu sein, während nach einem gewöhnlichen Frühstück nach zwei bis drei Stunden Hungergefühl und Ermüdung einsetzen (Morgenflaute). Das Sättigungsgefühl verhindert den Stop-and-go-Mechanismus der Verdauung. Dadurch wird der Verdauungsapparat entlastet und eine gute Verdauung erreicht. Die zarten Ballaststoffe des Dinkelkorns (verstärkt durch Dinkel-Kopfsalat zum Mittagessen) regeln den Stuhlgang und reinigen den gesamten Körper. Gegenüber anderen Getreidearten wird der Dinkel ausnahmslos gut vertragen. Ursache ist die auffallend zarte Faserstruktur des Dinkels, welche schon den Halm auszeichnet. Viele Patienten berichten, daß sie allein mit Dinkel ihre Verdauung wieder vollkommen in Ordnung gebracht haben.

Regeneration durch Dinkel

»Gutes Muskelfleisch«

Dinkel ist reich an essentiellen Amino- und Fettsäuren, Mineralien und Spurenelementen. Diese Stoffe sind lebenswichtig für den Aufbau des menschlichen Organismus, namentlich für das Binde- und Stützgewebe, den Knochenaufbau und das Muskelgewebe. Von den Zellregenerationsstoffen des gesamten Dinkelkorns geht eine tiefgreifende Wirkung aus, die bei regelmäßiger Gabe dem jugendlichen Organismus zu gesundem Wachstum führt. Beim Erwachsenen sorgt die Dinkelkost für ständigen Ersatz verbrauchter und alternder Zellen, und im Alter wird die nachlassende Zellregenerationsfähigkeit ausgeglichen und durch Wuchsstoffe gefördert.

Blutbildung und Stimmung

»Gutes Blut und aufgelockertes Gemüt«

Die Dinkelkost trägt zur Verbesserung der Blutbildung und zur Normalisierung des Blutzuckers und Cholesterinstoffwechsels bei. Das kalkliebende Dinkelgetreide begünstigt die Ernährung des schlecht durchbluteten Knochenmarks. Zum anderen konnte schon Professor Kollath zeigen, daß durch ein Vollkorn-Frühstück (genauso bei Dinkel-Habermus) der Blutzuckerspiegel gleichmäßig und langanhaltend ansteigt (im Vergleich zu einem normalen

Brötchen-Frühstück mit hohem Anstieg und Abfall). Daher tritt nach Dinkel ein Sättigungsgefühl ein, das lange anhält und die Insulin-Produktion der Bauchspeicheldrüse nicht überlastet.

Diabetiker können durch Dinkelkörner deutlich Insulin einsparen. Statt eine Insulinausschüttung auszulösen, sorgen die Dinkelkörner über längere Zeit hinweg für eine anhaltende Glucosezufuhr im Körper. Besonders wenn zusätzlich Bertram als Gewürz zugesetzt wird. Verantwortlich sind die Dinkelfaserstoffe, die für einen verlangsamten Einstrom von Glucose in den Körper sorgen (Resorptionsgeschwindigkeit von Glucose behindern). Dinkelkörnerkost wird daher erfolgreich zur unterstützenden Behandlung der Zuckerkrankheit eingesetzt.

Ebenso konnte beobachtet werden, daß durch Dinkelkost eine Senkung der Cholesterinwerte im Blut erreicht wird. Die Dinkelfaser übertrifft hierin die Faser aller anderen Getreidearten. Gleichzeitig wird durch Dinkelkörnerkost Gallensteinbildung verhindert, weil eine Übersättigung der Gallenflüssigkeit mit Cholesterin verhindert wird. So dürfte Hildegards Satz von der guten Blutbildung und dem »aufgelockerten« Gemüt begründet sein.

Die wasserlöslichen pflanzlichen Polysaccharide haben eine immunstimulierende und immunmodulierende Wirksamkeit. Klinische Bedeutung hat die unspezifische Stimulation der körpereigenen Immunabwehr (gezielte Aktivierung von T-Lymphozyten, killer cells und Makrophagen). »Immunostimulatory Drugs of Fungi and High Plants« H. Wagner, A. Proksch, *Economic and Medicinal Plant Research*, Vol 1, 1985, 113, Academic Press, London; H. Wagner et al., *Zeitschrift für Phytotherapie* 8, 125 (1987).

Man weiß, daß die Reis-Polysaccharide Antitumorwirkung besitzen (Nakahara et al., 1967). Ähnliches ist vom Dinkel anzunehmen. Auffallend ist die geringere Erkältungsanfälligkeit von Dinkelessern und besonders der Rückgang chronisch entzündlicher Infektionsherde (immer rezidivierende Anginen).

Das stimmungsaufhellende Prinzip des Dinkels

»Die Gabe des Frohsinns«

Mehrere im Dinkel vorhandenen Inhaltsstoffe sind für die von uns beobachteten Phänomene verantwortlich. So hat der Dinkel im Vergleich zum Weizen einen höheren Gehalt an Phenylalanin und Tryptophan. Diese beiden essentiellen Aminosäuren sind wichtige Ausgangsstoffe für die sogenannten Neurotransmitter, also die Botenstoffe, die für die Fortleitung von Nervenimpulsen im Organismus verantwortlich sind. Aus Phenylalanin entstehen zum Beispiel

Dopamin und die beiden Nebennierenmarkhormone Noradrenalin und Adrenalin. Ein Mangel an Dopamin kann zu der gefürchteten Parkinsonschen Krankheit führen, während Noradrenalin und Adrenalin für die gute Stimmung verantwortlich sind. Hier kann ein Mangel zu schweren Depressionen führen. Adrenalin und Noradrenalin sind außerdem für andere vitale Funktionen, zum Beispiel für die Blutdruckregulation des Körpers, verantwortlich. Tryptophan regt seinerseits wiederum die Produktion des Stimmungshormons Serotonin an, das auf die Gemütslage ausgleichend einwirkt. Seelische Ausgeglichenheit ist jedoch der beste Schutz gegen Krankheiten. Dinkel steht deshalb auf der Skala der Nahrungsmittel, welche die natürlichen Abwehrkräfte steigern, an erster Stelle.

Die stimmungsaufhellende Wirkung des Dinkels wird immer wieder von allen Patienten gelobt, die zu Stimmungsschwankungen neigen. Dazu schreibt Pater Frumentius Renner aus St. Ottilien:

>»Was mich aber am meisten in Erstaunen setzt, ist dies, daß die Dinkelkur bei Leuten, die zu Depressionen neigen, diese Menschen geradezu zum Frohsinn umwandelt. Zwei Fälle aus meinem Bekanntenkreis bestätigen dies, und sie bestätigen damit auch das Wort der heiligen Hildegard, daß der Dinkel dem Menschen ein frohes Gemüt verleiht. Gerade dieses Wort hatte ich zunächst für eine schöne rhetorische Floskel gehalten. Und es ist doch so viel daran! Man könnte demnach in unseren Apotheken eine Menge von Medikamenten, die nicht einmal harmlos sind, einsparen und den betreffenden Menschen wäre eine nicht zu unterschätzende Wohltat getan, wenn sie mit solch einfachem Mittel aus depressiven Zuständen befreit werden könnten.«
> (Persönliche Mitteilung vom Mai 1984)

Bekömmlichkeit und Vielseitigkeit

*»Wie immer zubereitet so oder so
als Brot oder andere Speise...«*

Dinkel ist im Unterschied zu allen anderen Getreidearten das einzige wohlschmeckende Koch- und Backgetreide. Dadurch werden die Patienten dieser Kost nie überdrüssig. Im Gegensatz zu sonstigen Diäten wird der Dinkel gern auch von anderen Familienangehörigen gegessen, so daß sich der Patient nicht als ein Außenseiter fühlt. – Ein therapeutisch wertvoller Effekt.

Andere Getreidearten eignen sich nicht zur Heilung von schweren Magen- und Darmkrankheiten (Colitis oder Morbus Crohn). Nur Dinkel mit seinem hohen Anteil leicht wasserlöslicher Faserstoffe (auch im Brot!) ist nach unseren Erfahrungen für die Behandlung derartiger Krankheiten geeignet.

Dinkelkost ist bekömmlich

»Dinkel ist (mit einem Wort) gut«

Brei und Teigwaren aus (hochgezüchteten) Weizensorten haben oft pappigen Charakter, mit Wasser gekochter Dinkelbrei dagegen nicht. Er verschafft das Gefühl einer natürlichen Sättigung ohne Belastung (Völlegefühl). Wir haben gefunden, daß andere Getreide sich weniger für Kranke und schon gar nicht für Frischoperierte eignen (Haferschleim). Der fast wasserlösliche Dinkelgrieß wird von der Magen- und Darmschleimhaut leicht aufgenommen und resorbiert.

Dinkelkost wird besonders von Schwerkranken und Babys auffallend gut vertragen. Bei todkranken Patienten gilt sogar:

»Und wenn gar jemand von Krankheit so geschwächt ist, daß er vor Schwäche nicht einmal mehr beißen kann, dann nimm die ganzen Dinkelkörner und koche sie in Wasser, füge Butter oder Eidotter (und etwas Salz) hinzu. Das gib dem Kranken zu essen und es heilt ihn von innen heraus wie eine gute und heilsame Salbe.«

Dies wurde mehrfach bestätigt, beispielsweise im Elisabethen-Krankenhaus in Karlsruhe (Sr. Paula) und im Schwabinger Krankenhaus in München.

Biologie

Dinkel oder Spelz *(Triticum spelta L.)* ist ein altes, züchterisch wenig bearbeitetes Spelzgetreide, bei dem im Gegensatz zum Weizen das reife Korn fest vom Deckspelz und Vorspelz eingeschlossen ist. Wegen des festen Spelzenverschlusses müssen die Dinkelkörner durch einen besonderen Arbeitsgang (Gerben) von ihren Spelzen befreit werden. Die nackten Dinkelkörner werden als Kernen bezeichnet. Im Gegensatz zu den modernen Saatweizen *(Triticum aestivum L.)* ist eine wilde Form des Dinkels unbekannt. Deshalb darf die heutige Erscheinungsform als nicht wesentlich verfehlte Urform angesehen werden. Über Jahrhunderte bewies somit der

Dinkel seine Vitalität, denn aufgrund seiner Robustheit und Anspruchslosigkeit konnte er bis heute überleben.

Obwohl der Dinkel genetisch mit dem Weizen verwandt ist (beide haben einen hexaploiden Chromosomensatz), unterscheiden sie sich in wesentlichen Merkmalen. Beide Getreidearten entstammen dem diploiden Einkorn *(Triticum monococcum)* und dem tetraploiden Emmer *(Triticum diococcum)*, die ursprünglich aus der Wildform *Triticum boeoticum* hervorgegangen sind.

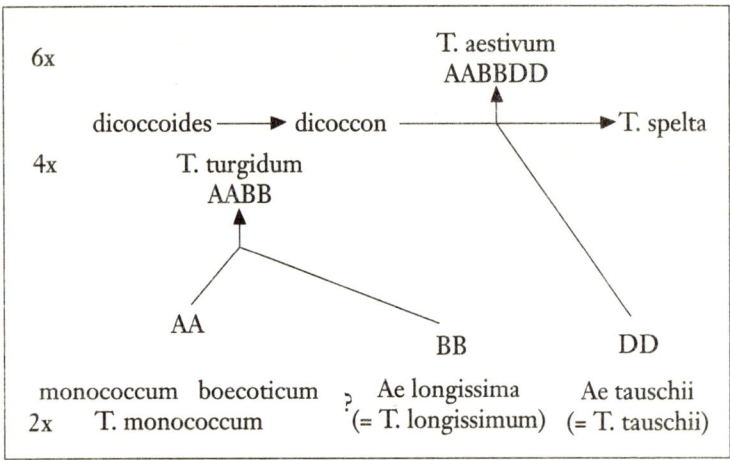

Kein anderes Getreide ist so wertvoll wie Dinkel

Dinkel ist im Vergleich zu allen anderen Getreidearten vielseitig. Man kann ihn gleichzeitig zum Backen und zum Kochen verwenden. Während wir den Dinkel als hundertprozentig gut für Gesunde und Kranke bewerten, ist *Hafer* fast so gut wie Dinkel, aber nur für Gesunde.

Bei Hildegard steht geschrieben:

»Die Getreidegattung *Hafer* erwärmt insbesondere die Geschmacksnerven und den Geruchssinn. Gesunden Menschen wird Haferspeise zur Freude und Gesundheit. Sie fördert ein fröhliches Gemüt und eine reine und helle Aufgeschlossenheit in diesen Menschen. Deren Haut wird schön und das Fleisch kernig gesund.

Menschen, die nur ein wenig und nur manchmal zuwenig Wärme haben, leiden von der Haferkost nicht, wenn sie diese als Brot oder als ›mehlige‹ Flocken essen. Wenn man aber recht krank und ausgekühlt (blutarm) ist, taugt Hafer nicht zur Nahrung, weil er (zu seiner Verdauung) eine gute Durchblutung (Wärme) voraussetzt. Würde so jemand sein Brot oder Flocken von Hafer essen, so würde sich das in seinem Magen verklumpen und zu Verschleimungen führen und keine Kräfte geben, weil er zu sehr ausgekühlt ist.« (PL 1130 C)

Hafer fördert Gesundheit und Lebensfreude, guten Geschmack, eine gute Hautfarbe (Durchblutung) und das Wachstum von kernigem Muskelfleisch. Nur eben für Kranke ist er nicht hundertprozentig gut verträglich, auch nicht als Haferschleim, weil er verklumpt und zu Verstopfungen führt. Ganz besonders in der üblichen Krankenhauskost hat Haferschleim für frisch Operierte nichts zu suchen, da diese anschließend durch Abführmittel wieder zu normaler Verdauung angetrieben werden müssen.

Weizen ist nur gut zum Backen, und das auch dann nur als Vollkornmehl, sogenanntes Grahammehl, eine Forderung, die achthundert Jahre nach Hildegard von der Reformbewegung aufgegriffen wurde.

»Die Fruchtgattung *Weizen* erhitzt (erwärmt) den Menschen und ist so vollkommen, daß sie keine Ergänzungsstoffe braucht. Wenn man nämlich das richtige Weizenmehl herstellt, dann wird das Brot aus diesem Vollmehl für Gesunde und Kranke nur gut und führt im Menschen zum rechten Fleisch und rechten Blut.
Wenn dagegen ein Müller den Markdunst, das heißt, den Grieß der Weizenkörner heraussiebt und man aus diesem (feinsten) Mehl Brot bäckt, dann wird dieses Gebäck auf den Menschen krankmachender und schwächender wirken, als wenn man das Brot aus richtigem Vollmehl gebacken hätte. Dieser Dunst hat nämlich seinen Weizenwert teilweise verloren und bewirkt im Menschen weit mehr Verschleimung als das rechte Weizenmehl. Wer gar die ganzen und nicht durch die Mühle zerriebenen Weizenkörner kocht und sie wie eine andere Speise essen will, der wird dadurch weder richtiges Blut noch richtiges Fleisch sich verschaffen, sondern höchstens eine starke Verschleimung, weil eine solche Weizenspeise kaum verdaut werden kann. Der Kranke hat davon nicht den geringsten Fortschritt zu erwarten, wenn schon der Gesunde zur Not so ein Essen bewältigen kann.«
(PL 1129 A)

Im Vergleich zur Vielseitigkeit des Dinkels muß man dem Weizen besonders im Hinblick auf seine eingeschränkte Kochfähigkeit eine geringere Güte bescheinigen. Selbst Weizengrießspeisen sind nur zur Not für Gesunde und gar nicht für Kranke geeignet.

Roggen ist das ideale Diätgetreide für Dicke und Schwerstarbeiter.

Bei Hildegard steht geschrieben:

»Die Getreidegattung *Roggen* erhitzt den Menschen auch, doch ist sie kühler als beim Weizengetreide. Dafür aber hat sie viele andere Werte. Gesunde Menschen essen mit Nutzen Roggenbrot, und es macht sie zu starken Menschen. Es sollte auch das tägliche Brot jener sein, die zu stärkerem Fettansatz neigen, weil es sie zwar kräftig macht, aber ihre (Fett-)Gewebe vermindert. Menschen mit ausgekühltem Magen (Magenkatarrh, mangelnde Magensäure) und den sich daraus ergebenden Schwächen muß man vom Roggenbrot abraten. Denn ihre Magenschwäche gibt ihnen nicht die Kraft, Roggenbrot einer Vollverdauung zu unterwerfen. Es würde in ihnen zu stürmischen Verdauungserscheinungen (Krämpfen?) führen, weil ihre Verdauung damit fast nicht fertig werden kann.« (PL 1130 A)

Im Vergleich zum Dinkel ist der Roggen nur noch eingeschränkt als Heilmittel zu gebrauchen. Kräftige Schwerarbeiter und Übergewichtige können Roggenbrot essen. Kranke Menschen und Magere sollten kein Roggenbrot zu sich nehmen, weil Roggen nicht nur Verdauungs-, sondern auch Durchblutungsstörungen hervorrufen kann.

Gerste ist nur in flüssiger Form, als Bier, gut.

Bei Hildegard steht geschrieben:

»Die Getreideart *Gerste* enthält eine kältende Wirkung, die frostiger und schwächender ausfällt als bei all den vorgenannten Getreidefrüchten.
Gerste als Brot oder auch als Mehl (Speise) gegessen, verletzt gesunde und ausgekühlte (blutarme, kreislaufschwache) Menschen, denn in der Gerste sind nicht die Werte enthalten, die sich in den übrigen Fruchtkörnern finden.« (PL 1131 B)

Gerste als Getreidebrei oder Brot hat also keinen Heilwert und ist höchstens als Krankensuppe für Alte und Sterbende geeignet, denen die Kraft zum Beißen fehlt:

». . . und wer sogar so krank ist, daß er kein Brot essen kann, der nehme Gerste und Hafer in gleichem Gewicht und füge etwas Fenchel bei und koche (das) gleichzeitig in Wasser und, nachdem es gekocht ist, seihe er jenen Saft durch ein Tuch und trinke ihn wie eine Brühe anstelle des Brotessens, und er tue dies bis er gesundet.«

Andere Zerealien wie Mais, Reis und Amarand wurden bei Hildegard nicht beschrieben, obwohl andere Völker darauf ihre Küchenkunst aufgebaut haben. Was die Japaner in der Makrobiotik mit dem Reiskorn erreichen oder die Indianer in der Maisküche leistet der Dinkel in der Hildegard-Küche allemal.

Rezepte

Frühstück

Basis-Diät
Fördert die Durchblutung:

Habermus
(für 2 Personen)

1 Tasse Dinkelschrot (-grütze, -flocken)	1 Msp. Galgant, Bertram, Zimt
2–3 Tassen Wasser	1 TL Honig
1 geschnittenen Apfel	1 TL süße gehackte Mandeln
Saft einer halben Zitrone	1 TL Flohsamen

Dinkelschrot in Wasser einrühren; unter ständigem Rühren zum Kochen bringen. Honig und Würze dazugeben und weiter köcheln (ausquellen). Kochzeit: 5 bis 10 Minuten; Äpfel in den letzten 4 Minuten dazutun. Mandeln und Flohsamen auf das fertiggekochte Mus streuen. Würzen nach eigenem Geschmack. Saft einer halben Zitrone darüber ausdrücken.

French Toast

½ Tasse Milch; 1 Ei   Weißes Dinkelbrot

Ei in der Mich verrühren und durchschlagen. Dinkelbrot in die Mischung legen, wenden und in eingeölter Pfanne braten. Mit Zucker und Zimt, Quittenmus, Zitrone oder Ahornsirup servieren (wie Pfannekuchen).

Bei Bluthochdruck:

Dinkelflocken-Frühstück
(für 2 Personen)

Eine Tasse Dinkelflocken mit zwei Tassen heißer Milch aufgießen. Nach Belieben mit Galgant, Zimt und Honig abschmecken. Wird dazu Brot gegessen, sollte es das salzarme Diät-Dinkelbrot, gewürzt mit Galgant, Quendel und Bertram, sein.

Für Gesunde:
Porridge

4 EL Haferflocken   Zucker
Rahm

Die Haferflocken in etwas Wasser mit einer Prise Salz aufkochen. Nach Belieben durch Zusatz von Wasser verdünnen. Den kurz durchgequollenen Haferbrei auf einen vorgewärmten Teller geben. Rahm darübergeben und mit Zucker bestreuen.
Anstelle von Äpfeln kann man auch anderes Obst verwenden: Quitten, Himbeeren, Brombeeren, Johannisbeeren oder deren Marmelade (aber dann ohne Honig).

Bei Diabetes:
Habermus
(für 2 Personen)

1 Tasse gekochte Dinkelkörner (-grütze, -flocken)	½ TL Fruchtzucker (statt Honig)
2–3 Tassen Wasser	1 TL süße gehackte Mandeln
1 Msp. Galgant, Bertram	1 TL Flohsamen
1 TL Zimt	

Zubereitung wie oben unter Habermus. Anstelle von Äpfeln kann man auch anderes Obst verwenden: Quitten, Himbeeren, Brombeeren, Johannisbeeren oder deren Marmelade (aber dann ohne Honig).

Regelt die Verdauung und den Stuhlgang:
Dinkelkaffee

Dinkelkaffee ist ein Ganzkornkaffee. Die Körner dürfen nicht gemahlen werden. Kein Frühstück ohne Dinkelkaffee.

Die Dinkelkaffee-Kur
1. Tag: 2 Eßlöffel Dinkelkaffeekörner in ¼ l Wasser gut 5 Minuten kochen lassen und abgießen. Die Körner aufheben. Diese erste Dinkelkaffeeabkochung ist mehr grün als braun und muß sich in den folgenden Tagen im Geschmack noch ver-

bessern. Sie kann mit Milch oder Sahne getrunken und mit Zucker gesüßt werden.

2. Tag: Zu den Körnern vom ersten Tag 1 Eßlöffel frische Körner geben, wieder mit gut ¼ l Wasser etwa 3 Minuten lang kochen, abgießen und Körner erneut aufheben.

3. Tag: Zu den Körnern vom ersten und zweiten Tag einen Eßlöffel frische Dinkelkörner geben, den Wasseranteil wieder etwas erhöhen, etwa 3 Minuten kochen und abseien. Die Körner aufheben. Jetzt schmeckt die Abkochung schon wie guter Malzkaffee.

Am 4., 5. und 6. Tag: Je einen weiteren Eßlöffel frische Körner zu den aufgehobenen zufügen und den Wasseranteil stets etwas erhöhen.

Bei Bedarf die Sechs-Tage-Kur wiederholen. Eine Gewöhnung tritt nicht ein.

In den Kaffee kann gern Dinkelbrot eingebrockt werden (Mokken). Die Brotstücke sollten sich aber mit der Flüssigkeit gut vollsaugen.». . . weil solcherart Brot um so glatter und leichter verdaut werden kann . . .«, lehrt uns Hildegard.

Senkt den Cholesterin-
und Blutzuckerserumspiegel:

Dinkelkleie-Brötchen
12 Kleiebrötchen – schnell und leicht

Arbeitszeit: 10 Minuten; Backzeit: 20 Minuten

150 g Dinkelkleie	½ TL Salz
50 g brauner Rohrzucker	3 Eier (oder Eiweiß)
(oder Substitut bei	1 EL kaltgepreßtes Sonnen-
Diabetikern)	blumenöl
15 g = 1 EL (Weinstein-)	nach Geschmack: Rosinen,
Backpulver	Sultaninen,
300 ml fettarme Milch	gehackte Mandeln
(1,5 % Fett)	

Ofen auf 225 Grad vorheizen; trockene Backzutaten verrühren; Milch, Ei, Öl hineinrühren; Teig in Dr. Oetker-Backform oder Muffin-Bleche füllen; bei 225 Grad 20 Minuten lang backen. Hinweis: Bei hohem Blutzuckerspiegel den Rohrzucker weglassen, bei hohem Cholesterinspiegel kein Eigelb verwenden.

Suppen

Basis-Diät

Dinkel-Fastenbrühe
(für 2 Personen)

1 l Wasser	gehackte Kräuter: Petersilie,
2 EL Dinkelgrieß	Beifuß, Gundelrebe,
300 g Gemüse	Liebstöckel
Fenchelknolle, grüne	Gewürze: Bertram,
Bohnen, Karotten, Sellerie,	Quendel, Galgant, Muskat
Petersilienwurzel	1 Prise Salz

Das Gemüse feinschneiden, bei offenem Topf in wenig Wasser dünsten und pürieren. Dinkelgrieß fünf Minuten in 1 l Wasser aufkochen. Püriertes Gemüse dazugeben, kurz aufkochen, würzen, mit Salz abschmecken.

Klare Hühnerbrühe
mit Suppeneinlage/Gemüsestreifen

1 Suppenhuhn	Gewürze: Bertram, Muskat,
1½-2 l Wasser	Galgant
Salz	Suppeneinlage: Dinkelkörner, Dinkelgrieß, Leberspätzle, Gemüsestreifen, Dinkelnudeln, Dinkelflädle, Dinkelklöße
1 Petersilienwurzel	
gehackte Petersilie oder Kräuter	
1 kleine Zwiebel	
1 Karotte	

Die Innereien des Geflügels mit kaltem Salzwasser aufsetzen. Aufkochen lassen, später das Gemüse und die Gewürze dazugeben, die gehackte Petersilie jedoch erst ganz am Schluß. Wenn alles weichgekocht ist, absieben. Das Fleisch als Frikassee verwenden oder etwas davon in die Suppe schneiden. Als Bouillon mit diversen Suppeneinlagen in Tassen servieren. Das Fett vorher abschöpfen.

Gemüsebrühe

40 g Butter	(z. B. Bohnen etc.)
1 kleine Zwiebel	20 g Petersilienwurzeln
1 Knoblauchzehe	100 g gelbe Rüben
50 g Sellerie	1½ l Wasser, Salz
150 g Gemüse der Jahreszeit	gehackte Kräuter

Das Gemüse ganz fein schneiden und bei offenem Topf in der Butter dünsten. Mit dem kalten Wasser ablöschen und kochen lassen, bis alles weich ist. Kräuter und Gewürze ¼ bis ½ Stunde vor Schluß dazutun. Kann als klare Brühe mit Suppeneinlage (siehe oben) serviert (wozu sich auch gekochte Dinkelkörner sehr gut eignen) oder mit einer Dinkelschrotmehlschwitze gebunden werden. Diese Gemüsebrühe kann als Ersatz für Fleischbrühen dienen oder zur Ergänzung von Suppen und Saucen. Sie schmeckt nicht nur gut, sondern ist auch gesünder als Fleischbrühe.

Selleriecremesuppe

250 g Sellerie (geputzt)
1 l Wasser
1 EL Butter
40 g Dinkelmehl
1 l Gemüsebrühe

1 EL Sahne
Salz
1 Prise Zucker
Gewürze

Den geschälten Sellerie in Scheiben schneiden und gleich danach mit dem Wasser zum Kochen bringen (um das Braunwerden zu verhindern). Nach dem Aufwallen auf kleiner Stufe weiterköcheln lassen. Den weichgekochten Sellerie pürieren. Aus Butter, Dinkelmehl und etwas Selleriebrühe eine Suppenschwitze bereiten. Restliche Brühe dazugeben und nochmals aufkochen lassen. Sahne und Gewürze hinzufügen.

Bei fieberhafter Erkältung:

Zwiebelsuppe
mit Dinkelschrot

500 g Zwiebeln
30 g Butter
1 l Fleischbrühe
Salz
40 g Dinkelschrot
2 TL Majoran
2 EL gehackte Petersilie
Galgant

1 Prise Zucker
3 EL herber Weißwein
3 EL saure Sahne
3–4 Dinkelbrot-
Toastscheiben in Würfel
30–50 g Reibkäse
(nicht bei Fieber)
Mutterkümmel

Die geschälten Zwiebeln in Scheiben schneiden und in Butter anbräunen. Dinkelschrot darüberstreuen und mitrösten. Die Fleischbrühe hinzufügen, würzen und eine ¼ Stunde kochen lassen. Durch ein Sieb gießen und in eine feuerfeste Schüssel geben (Steinguttopf). Saure Sahne, Wein und Kräuter unterrühren. Die zurückgebliebenen Zwiebelreste auf die gerösteten Brotwürfel verteilen, über die klare Zwiebelbrühe in der Schüssel legen und mit Käse und Mutterkümmel überstreuen. Im vorgeheizten Grill drei Minuten überbacken. Petersilie darüberstreuen.

Basis-Diät

Geröstete Dinkelgrießsuppe
mit Kräutern

1 EL Butter	Salz
60 g Dinkelgrieß	Suppengrün
1 l Hühnerbrühe oder	1 geschnittene Zwiebel
Wasser	1 EL gehackte Kräuter

Den Grieß und die Zwiebel in der Butter goldgelb anrösten. Mit der Brühe (oder Wasser) ablöschen und die Gewürze hinzufügen. Nach dem Aufkochen die Flamme abdrehen und die Suppe ausquellen lassen. Die Kräuter am Schluß unterheben.

Bei Verdauungsstörungen,
zur Förderung des Stoffwechsels:

Brunnenkressecremesuppe

1 EL Butter	oder Hühnerbrühe
2 EL Sahne	50 g Brunnenkresse
30 g Dinkelmehl	1 Bund Suppengrün
1 l Wasser	½ TL Salz

Die geputzen Brunnenkresseblätter in der heißen Hühnerbrühe zwei Minuten aufkochen und absieben. Die Butter mit dem Dinkelmehl zu goldgelber Schwitze erhitzen. Das geputzte und kleingeschnittene Suppengrün und die Sahne hinzufügen und langsam mit der obigen Hühnerbrühe auffüllen. Erhitzen und kurz aufkochen lassen (5 Minuten). Abgesiebte, kleingehackte Brunnenkresse hinzugeben und 20 Minuten zugedeckt köcheln lassen.

Brunnenkressesuppe

1 EL Butter	Brunnenkresseblätter
1 mittelgroße Zwiebel, gehackt	1 Tasse Sahne
	1 EL Zitronensaft
4 gehäufte EL Mehl	Salz
1 l Gemüsebrühe	Pfeffer, nach Geschmack
4 Tassen frische	2 Eier

In einem drei Liter fassenden Topf die Butter aufschäumen lassen und die Zwiebeln andünsten, das Mehl dazugeben und unter ständigem Rühren hell anschwitzen. Mit der warmen Gemüsebrühe ablöschen und unter ständigem Rühren zum Kochen bringen. Die gewaschenen Kresseblätter zufügen und 10 Minuten leicht köcheln lassen. In zwei bis drei Durchgängen im Mixer pürieren und durch ein feines Sieb in einen Topf streichen. Sahne und Eier verquirlen und zwei Tassen der Kressebrühe mit dem Schneebesen schnell einrühren. Diese Legierung jetzt in die nicht mehr kochende Suppe gießen. Mit Zitronensaft, Salz und Pfeffer abschmecken und noch einmal kurz vor den Siedepunkt bringen.

Minestrone mit Dinkelkörnern

50 g weichgekochte Dinkelkörner	1 große Zwiebel
	1 Knoblauchzehe
2 l Wasser (Hühnerbrühe)	1 TL Salz
1 Fenchelknolle	2 EL gehackte Petersilie
3–4 Karotten	Salbei
200 g grüne Bohnen	Basilikum
1 kleiner Sellerie	geriebener Parmesankäse

Zwiebel und Knoblauch in Öl andünsten, das geputzte, geschnittene Gemüse mit Kräutern dazugeben, Wasser (Brühe) zugießen und zirka 20 Minuten leicht kochen lassen. Kurz vor dem Servieren die Dinkelkörner unterrühren. Am Tisch mit Parmesankäse überstreuen.

Fördert die Durchblutung der
Haut bei Hautausschlägen:

Dinkelmehlsuppe mit Quendel

1 EL Butter	50 g Quendel, kleingehackt oder 1 TL Quendelpulver
1 Zwiebel	
50 g Dinkelmehl	1 Msp. Salz und eventuell Bertram als Gewürz
1 l Wasser oder Hühnerbrühe	

Die kleingehackte Zwiebel in Butter hellgelb andünsten. Das Dinkelmehl einstreuen und unter ständigem Rühren zu goldgelber Mehlschwitze verarbeiten. Mit der Hühnerbrühe ablöschen, zirka 10 Minuten bei schwacher Hitze kochen lassen, Quendel und Gewürze dazugeben und nochmals kurz aufkochen.

Fördert die Verdauung:

Dinkelmehlsuppe mit Fenchel

1 Zwiebel, kleingehackt	Gewürze: Bertram, Galgant
1 EL Butter	Salz
40 g Dinkelmehl	Quendel
1 l Wasser oder	gemahlener Fenchel
Hühnerbrühe	1 EL Zitronensaft
¾ kg Fenchelknollen	

Fenchel putzen, alles Holzige entfernen, in feine Scheiben schneiden, Herzkraut aufheben. In ¼ Liter Salzwasser garen. Die kleingehackte Zwiebel und den Fenchel mit der Butter andünsten. Das Dinkelmehl einstreuen und goldgelb anrösten. Mit der Hühnerbrühe ablöschen, würzen, gut umrühren und bei schwacher Hitze zirka 5 Minuten aufkochen. Vor dem Servieren mit dem feingehackten Herzkraut garnieren.

Veränderung: Kleine Fenchelknollen ganz, größere halbiert in ¼ Liter Weißwein garen, herausnehmen, abtropfen lassen und wie oben in zerlassener Butter andünsten. Den Wein zur Brühe gießen und köcheln lassen, bis alles weich ist.

Veränderung: Alles zu Fenchelcremesuppe pürieren.

Kürbissuppe

½ kg Kürbisse	etwas gehackten Dill
Salz	Gewürze: Bertram, Muskat
¾ l Brühe	eventuell Beifuß, gehackt
1 Becher saure Sahne	

Den Kürbis schälen und vom Kerngehäuse säubern. Danach in schmale Würfel schneiden. In der Brühe kurz weich kochen, danach pürieren, saure Sahne und Gewürze dazugeben. Nochmals kurz aufkochen. Mit den gehackten Kräutern garnieren.

Veränderung: mit Kastanienpüree verfeinern.

Ochsenschwanzsuppe mit Dinkel

20 g Butter	Salz
600 g Ochsenschwanz	Gewürze: Galgant, Bertram
30 g Schinkenreste	40 g Butter
1 TL Dinkelmehl	50 g Dinkelmehl
1 kleine Zwiebel	1½ l Brühe
gehackte Petersilie	Rotwein
1½ l Wasser	1 Prise Zucker

Den gewaschenen Ochsenschwanz in Stücke schneiden, mit den Schinkenwürfeln in Butter anrösten und mit etwas Mehl bestäuben. Gehackte Zwiebel, Petersilie, Wasser, Salz und Gewürze hinzufügen. Lange kochen lassen, bis das Fleisch ganz weich ist. Dann das Fleisch herausnehmen und in Streifen schneiden. Aus dem restlichen Mehl und Fett eine Mehlschwitze bereiten, die Brühe dazutun und nochmals aufkochen. Wein und Zucker in die Suppe geben, mit Salz abschmecken und das Fleisch als Einlage hineinlegen.

Spargelcremesuppe oder Schwarzwurzelsuppe

250 g Spargel
(oder Schwarzwurzeln)
½ l Wasser
30 g Butter
40 g Dinkelmehl
1 l Gemüse-
oder Hühnerbrühe
1 Eigelb

2 EL Sahne
2 EL herber Weißwein
Gewürze: 1 Msp. Zucker,
Salz, Muskat
oder Zitronensaft
Kräuter: 1 EL feingehackte
Petersilie und Thymian

Spargel unter fließendem Wasser säubern, von den Spitzen ausgehend schälen, in 2 bis 3 cm lange Stücke schneiden und in siedendem Salzwasser 10 Minuten garen. Aus Butter und Mehl eine goldgelbe Schwitze bereiten, mit Gemüsebrühe löschen. Eigelb mit Sahne und Wein verquirlen und der Suppe beifügen. Mit Zitronensaft und Gewürzen abschmecken. Zuletzt die Spargelstücke mit den Kräutern in die Suppe geben.

Bei Abwehrschwäche, Anämie:

Rehlebercremesuppe

400 g Leber (Hühner-,
Rinder-, Hirsch-, Rehleber)
1 Möhre
1 Petersilienwurzel
5 EL Butter

1½ l Brühe
2 EL Dinkelmehl
¼ l Sahne
1 Ei
Salz

Leber häuten, waschen, in kleine Würfel schneiden, mit feingeschnittenem Gemüse in 2 EL Butter 15 bis 20 Minuten zugedeckt auf kleiner Flamme dünsten, wobei ⅛ l Brühe zugegossen wird. Die Masse pürieren. Inzwischen 2 EL Mehl in 2 EL Butter goldgelb anschwitzen, 1 l Brühe darübergießen und 2 bis 3 Minuten kochen lassen. Durchsieben, die Leber-Gemüse-Masse daruntermischen und zum Kochen bringen, wobei etwas Brühe hinzugefügt wird, falls die Suppe zu dick ist. Mit in Sahne vermischtem Eigelb sowie etwas Butter anrichten. Mit Salz abschmecken. Dazu schmeckt vorzüglich Dinkeltoastbrot.

Bei Blutarmut:
Hühnercremesuppe
Wie Rehlebercremesuppe, aber mit Hühnerfleisch.

Dinkelmehl-Durchfallsuppe
(Grundrezept)

30 g Butter	1 l Flüssigkeit
40 g Mehl	Salz und Gewürze (Bertram)

Mehl in die heiße Butter zu einer hellgelben Schwitze rühren, mit wenig Flüssigkeit ablöschen, glatt rühren und später weitere Flüssigkeit hinzufügen. Aufkochen und etwas quellen lassen. Mit Salz und Gewürzen abschmecken.
(Beilagen und Kräuterzusatz nach Belieben.)

Nudeln, Knödel, Spätzle, Klöße

Basis-Diät

Selbstgemachte Nudeln

500 g Dinkelmehl	1 TL Salz
3 Eier	jeweils 1 TL Bertram,
2 EL Sonnenblumenöl	Galgant
5 EL Wasser	

Das Mehl auf ein Brett sieben, in die Mitte eine Mulde drücken und die mit den Zutaten verquirlten Eier hineingeben. Mit den bemehlten Händen alles schnell durchkneten. Teig solange bearbeiten, bis er sehr elastisch ist und sich beim Durchschneiden an der Schnittfläche kleine Luftbläschen zeigen. Der Teig wird nun in ein bemehltes Tuch eingeschlagen und 15 bis 20 Minuten ruhen gelassen. Dann wird er auf einer bemehlten Arbeitsfläche von der Mitte ausgehend ziemlich dünn und gleichmäßig ausgerollt, mit Dinkelgrieß bemehlt und zusammengerollt. Mit einem sehr scharfen Messer 1 cm breite Streifen aus dem Teig schneiden. Nudeln auf einem bemehlten Tuch ausbreiten und trocknen lassen.

Dinkel-Lasagne – Vegetarisch

(Zutaten für 6 Personen)

Für die Lasagne-Nudeln:
300 g Dinkel-Vollkornmehl
2 Eier, 2 EL Sonnenblumenöl
1 TL Salz, 2 TL Quendel
Füllung:
4 Knoblauchzehen gewürfelt
2 Zwiebeln gewürfelt
2 Möhren in Scheiben
2 Stangen Sellerie geschnitten
300 g grober Dinkelschrot oder

Dinkelkernotto
2 Fleischtomaten
ca. 500 ml Wasser oder Brühe
jeweils 3 Msp. Bertram,
Galgant, Oregano, Basilikum
je 1 Msp. Salz und Pfeffer
Für den Belag:
4 EL geriebener Parmesankäse
200 g Mozzarellakäse

Lasagne-Nudeln-Variation: Den Teig mit scharfem Messer in Teigstreifen von etwa 7 cm Breite und 15 cm Länge schneiden. Lasagne auf einem bemehlten Tuch ausbreiten und trocknen lassen. Die Lasagne-Nudeln in 4 Liter Wasser mit 2 TL Salz und 1 EL Sonnenblumenöl etwa 5 Minuten aufkochen, abtropfen lassen.

Lasagne-Soße: Die gewürfelten Zwiebeln in Sonnenblumenöl leicht bräunen, das feingehackte Gemüse und den groben Dinkelschrot hinzugeben, mit Wasser übergießen und unter ständigem Rühren zehn Minuten quellen lassen. Tomaten in Würfel schneiden und unter den Brei ziehen. Alles mit frischen Kräutern und Gewürzen abschmecken und nochmals drei Minuten verkochen. Frische kleingehackte Knoblauchzehen darüberstreuen. Backofen auf 200 Grad C. vorheizen. Auflaufform mit 1 EL Butter ausfetten, den Boden mit Lasagne-Nudeln auslegen. Gemüseschrotbrei, Käse und Lasagne-Nudeln im Wechsel schichtweise einfüllen, bis die Form etwa 10 cm hoch ist. Die letzte Schicht sollen die Lasagne-Nudeln sein. Oberfläche mit dem restlichen Käse bestreuen. Die Lasagne 20–30 Minuten überbacken, bis der Käse bräunlich wird. Portionsweise schneiden und mit Dinkel-Kopfsalat servieren.

Nudeln »bißfest«

4 l Wasser
500 g Nudeln

2 TL Salz
1 EL Sonnenblumenöl

Nudeln in sprudelndes Salzwasser geben, umrühren, 10–20 Minuten kochen lassen. Mit Holzlöffel umrühren und probieren, ob die Nudeln bißfest »al dente« gegart sind. Nudeln dürfen nie verkocht sein. Sie dürfen auch nicht mehr nach Mehl schmecken. Selbstgemachte Nudeln brauchen nur die halbe Garzeit. Nudeln durch Sieb abgießen. Für Salat und Auflauf abkühlen, sonst abtropfen lassen und mit Sauce mischen oder gleich mit Butter servieren.

Dinkelgrieß-Klöße

¾ l Milch
40 g Butter
Salz
1 Prise Pfeffer
Muskat

375 g Dinkelgrieß
3 Eier
1–2 EL Kräuter
(Petersilie, Schnittlauch)

Milch, Butter und Gewürze zum Kochen bringen, dann den Grieß einstreuen. Die Masse bei ausgeschalteter Kochplatte so lange rühren, bis sich der Teig kloßartig zusammenballt. In die heiße Masse die Eier einzeln unterrühren, ebenso die gehackten Kräuter (und 1 bis 2 EL Reibkäse nach Belieben). Die Masse gut durcharbeiten. Nun mit feuchten Händen Klöße formen und in kochendes Salzwasser oder Suppe legen und vom Aufkochen an 10 bis 12 Minuten auf kleiner Stufe köcheln; dann 5 Minuten ziehen lassen.

Veränderung: Süße Grießklöße: Anstelle von Pfeffer, Muskat, Kräutern und Käse: 30 g Zucker und ½ Zitronengelb zusetzen. Die gegarten Klöße mit in Butter gerösteten Semmelbröseln bestreuen und frisches oder eingelegtes Obst dazu reichen.

Kastanien-Dinkelgrieß-Knödel

350 g Kastanienmehl
300 g Dinkelgrieß
(Dinkelmehl)
3 EL gehackte Mandeln
3 EL gehackte Sonnenblumenkerne

80 g geriebener Parmesan
(bei Durchfallerkrankungen weglassen)
2 Knoblauchzehen
1 Bund Petersilie
6 EL Wasser
1 TL Muskat, 1 TL Salz

Die beiden Mehlsorten mischen. In die Mitte eine Mulde drücken, Zutaten verquirlt hineingeben und gründlich durchkneten, bis ein glatter lockerer Teig entsteht. Den Teig in apfelgroße Klöße rollen und daraus fingerdicke Rollen formen, die in 2 cm lange Stücke geschnitten werden. Zu Klößchen formen. In siedendem Salzwasser 10 Minuten garen lassen. Gut abgetropft mit Gemüse und Salat servieren.

Dinkelspätzle

500 g Dinkelmehl
1 TL Salz, 3 Eier
½ l lauwarmes Wasser

2 l kochendes Salzwasser
2 EL kaltgeschlagenes Sonnenblumenöl

Dinkelmehl mit Salz, Eiern und Wasser verrühren und glattschlagen. Teig etwas ruhen lassen, dann kräftig durchschlagen, bis Blasen entstehen. Mit dem Spätzleschaber sofort in 2 Liter kochendes Salzwasser schaben; ab und zu umrühren, damit die Spätzle nicht zusammenkleben. Einmal aufkochen. Wenn die Spätzle oben schwimmen, mit dem Schaumlöffel herausnehmen oder in ein Sieb gießen. Kurz mit kaltem Wasser abschrecken, warmstellen. Mit gedünstetem Gemüse, Salat und Fisch servieren.

Bei Blutarmut:

Leberspätzle

125 g Leber (Hühner-, Lamm-, Kalbs-, Reh-, Hirsch-, Rinder-)
2 kleine Zwiebeln
gewiegte Petersilie
10 g Fett zum Andünsten
20 g Butter

4 EL Semmelbrösel
1 Ei
Salz
1¼ bis 1½ l Brühe mit je
1 Msp. Ysop-, Bertram-, Quendel-, Galgant- und Beifußpulver

Leber waschen, häuten, durch die Fleischmaschine geben. Die feingewiegten Zwiebeln kurz in Fett andünsten, zur Leber geben. Die Butter schaumig rühren, Semmelbrösel, Ei, Leber und Salz zugeben, Teig durch den Spätzlehobel in die kochende Brühe. 5 bis 10 Minuten kochen.

Leberknödel

125 g Leber (Hühner-, Lamm-, Kalbs-, Reh-, Hirsch-, Rinder-)
2 Dinkelschrotbrotscheiben, altbacken (oder alte Dinkelbrötchen)
½ Tasse Milch
1 EL Butter

2 feingehackte (rote) Zwiebeln
2 Eier
½ TL Salz
½ TL schwarzer Pfeffer
1 EL feingehackte Petersilie
1 TL Bertram
½ Tasse Dinkelbrösel

Dinkelbrot oder -brötchen 5 Minuten in Milch einweichen und dann ausdrücken. Zusammen mit der Hühner-, Kalbs- oder Rindsleber durch die Fleischmaschine drehen oder die Leber schaben und mit einem scharfen Messer sorgfältig in das Brot hacken. Die Zwiebeln werden etwa 8 Minuten leicht in der Butter angebräunt und dann in die Lebermasse gemengt. Außerdem rührt man Eiweiß, Salz, Pfeffer und die Petersilie hinein sowie zum Schluß ausreichend Semmelbrösel, um die Masse zu festigen. Mit bemehlten Händen formt man dann Bällchen, die einen Durchmesser von 2 bis 3 Zentimeter haben. Man gibt sie in die kochende Suppe (Hühner- oder Rindsuppe), kocht sie ohne Deckel so lange, bis sie an die Oberfläche steigen, und läßt sie dann noch 2 bis 3 Minuten lang auf schwacher Hitze ziehen.

Dinkelknödel

2–3 Scheiben Dinkel-
schrotbrot
250 g Dinkelschrot
100 g Dinkelgrieß
¼ l Milch
1¾ l Brühe
2 Eier
3 EL Parmesan
1 Zwiebel

50 g Butter
1 Bund Petersilie
½ TL Muskatnuß
1 TL Bertram
3 TL Majoran
2 EL Schnittlauch
1 TL Salz
3 EL Sonnenblumenöl

Jeweils ¼ l Milch und Brühe mit Dinkelschrot und Dinkelgrieß vermischen und unter ständigem Rühren bei milder Hitze aufkochen. Herd abschalten und 30 Minuten quellen lassen. Zwiebel in Öl anbraten, mit kleingewürfeltem Dinkelbrot rösten, mit Eiern, Gewürzen, Kräutern, Parmesan unter die Dinkelmasse rühren. Zu Teig verkneten und 30 Minuten ruhen lassen. Mit nassen Händen Knödel formen und in ½ l siedender Brühe etwa 15 Minuten aufkochen. Wenn sie an die Oberfläche steigen noch 10 Minuten garen lassen. Durch ein Sieb abgießen, mit Käse bestreuen und heiß zu Gemüse servieren.

Wiener Quarkknödel (Topfenknödel)

250 g Magerquark
1 Ei
4 EL Dinkelschrotmehl
100 g Butter

1 TL Zucker
1 Prise Salz
½ Tasse Dinkelbrösel

Quark, zerlassene Butter, Zucker und Salz sorgfältig zu einem Teig verkneten. Löffelweise Mehl zugeben und weiterkneten, bis der Teig elastisch ist. Mit einem Eßlöffel Knödeldreiecke herausstechen. 2 l Wasser mit 1 TL Salz aufkochen und Knödel 15 Minuten köcheln lassen. Gelegentlich mit dem Schaumlöffel umdrehen, durch ein Sieb abgießen und abtropfen lassen. Mit Dinkelbrösel übersprenkeln und in einer gußeisernen Pfanne in Butter schnell von allen Seiten überbräunen. Die Knödel werden heiß serviert und je nach Belieben mit Kompott, Marmelade, Zimt, Nelken, Galgant, Muskat, einem Spritzer Wein übergossen.

Für Diabetiker:
Apfelklöße

30 g Butter	400 g Mehl
25 g Zucker	500 g Äpfel
3 Eier	30 g Butter
Salz	Zucker und Zimt
1 Prise Zimt	nach Belieben
⅛ l Milch	

Die Butter schaumig rühren, alle weiteren Zutaten nach und nach beifügen. Die geschälten Äpfel reiben und dem Teig beimengen. Mit einem Eßlöffel Klöße abstechen und in kochendes Salzwasser legen. 10 Minuten bei schwacher Hitze weiterköcheln und dann bei abgedrehter Flamme ziehen lassen. Nach dem Herausnehmen mit Butter, Zucker und Zimt bedeckt oder mit Vanillesauce servieren.

Hefeklöße
(Dampfnudeln; für 3 bis 4 Personen)

500 g Mehl	Salz
30 g Hefe	1 Ei
¼ l Milch	50 g Fett
1 EL Zucker	Butter, Semmelbrösel

Aus diesen Zutaten einen Hefeteig bereiten und daraus Klöße formen. In eine möglichst höhere Deckelpfanne mit Einsatzrost gut ¼ l Wasser gießen. Das Wasser soll jedoch nicht bis zum Rost reichen. Den Rost mit einem Mulltuch oder mehrfach durchstochenem Pergamentpapier bedecken. Eine Reihe Klöße darauflegen, den Deckel aufsetzen und auf großer Stufe das Wasser zum Dampfen bringen. Danach auf niedriger Stufe 10 Minuten garen lassen und weitere 5 Minuten bei abgedrehter Flamme. Die Klöße nach dem Herausnehmen mit zwei Gabeln auseinanderreißen, damit der Dampf entweichen kann. Semmelbrösel, in Butter gebräunt, darübergeben. Mit Frucht-, Vanille-, Weinschaumsauce oder Kompott servieren.

Veränderung: Statt der süßen Beilagen kann man auch Gemüse zu den Klößen reichen. Hierfür den Zucker im Teig weglassen, die

Klöße in einem breiten Topf über Gemüse garen lassen und zusammen damit servieren.

Gemüse

Basis-Diät

Dinkelkörner gekocht (Grundrezept)

1 Tasse Dinkelkörner
(Tasse randvoll = ¼ l)
1 Prise Salz
½ l Wasser
(oder Gemüse-,
Hühnerbrühe)

Dinkelkörner in kochendes Salzwasser geben. Kurz aufkochen, bei kleiner Hitze 20 bis 30 Minuten langsam garkochen lassen. Heiß und eventuell mit etwas Butter servieren. Zur Geschmacksverstärkung eventuell Zwiebeln und Knoblauchzehen im Wasser mitkochen.

Dinkelkörner gedünstet

1 Tasse Dinkelkörner (¼ l)
3 EL Butter
2 Zwiebeln, gewürfelt
½ l Gemüse- oder
Hühnerbrühe
2 Gewürznelken, gemahlen
1 TL Bertram
1 Prise Salz

Zwiebeln schälen und in Würfel schneiden. Butter erhitzen und Zwiebeln andünsten. Dinkelkörner zugeben und 5 bis 10 Minuten rösten lassen. Mit Brühe unter Rühren ablöschen, aufkochen und 20 bis 30 Minuten weichdünsten. Mit Nelken, Bertram und Salz abschmecken. Dinkelkörner als Beilage zu Geflügel, Lamm, Ziege, Rind oder Wild servieren.

Dinkelfrikadellen
(Bratlinge)

1 Tasse Dinkelschrot, grob (¼ l)
3 EL Butter
2 Zwiebeln
2 Eier
½ l Gemüse-
oder Hühnerbrühe
Gewürze: Bertram, Muskat,
Galgant, 1 Prise Salz
Kräuter: Majoran, Petersilie,
Dill, Knoblauch

Zwiebeln schälen und in Würfel schneiden. In Butter erhitzen und andünsten. Dinkelschrot zugeben und 5 Minuten unter Rühren mitrösten. Mit Brühe unter Rühren ablöschen. 15 Minuten köcheln und bei geschlossenem Topf 15 Minuten ausquellen lassen. Eier, Gewürze, Kräuter unter die Dinkelmasse heben, zu kleinen Bratlingen formen und mit wenig Öl von jeder Seite 10 bis 15 Minuten goldbraun backen. Sollte die Masse nicht genügend binden, mit Dinkelkleie anreichern.

Dinkelpfannkuchen mit Kräutern

1 Tasse Dinkelmehl (¼ l)
4 EL Dinkelschrot, grob
1 EL Edelkastanienmehl
750 ml Brühe/Wasser
3 Eier

3 EL zerlassene Butter
Gewürze: Bertram, Galgant, Muskat, Nelke, Salz
Kräuter: Poleiminze, Petersilie, Basilikum

Aus den Zutaten unter kräftigem Rühren (Mixer) einen Pfannkuchenteig bereiten, eine Stunde stehen lassen, in leicht geölter Pfanne dünne Pfannkuchen auf beiden Seiten hellbraun backen.

Dinkelauflauf mit Gemüse

1 Tasse Dinkelschrot (¼ l)
2 EL Dinkelkörner, kalt, gekocht
½ l Gemüsebrühe, Wasser oder Milch
3 EL Butter
1 Zwiebel
300 g Gemüsewürfel
(Möhren, Fenchel, Sellerie)

1 Ei
1 EL saure Sahne
Gewürze: Bertram, Galgant, Muskat, Nelke, Salz
Kräuter: Poleiminze, Petersilie, Basilikum
Paniermehl
50 g geriebener Käse

Zwiebel schälen, würfeln, in heißer Butter mit Dinkel und Gemüse andünsten, mit Flüssigkeit unter Rühren ablöschen. In der Gemüsebrühe 15 Minuten köcheln und ausquellen lassen. Würze und Kräuter dazugeben und die ganze Masse in eine gefettete Auflaufform geben. Ei-Sahne-Mischung verquirlen und den Auflauf damit übergießen, mit Paniermehl und Käse überstreuen. Bei 225 bis 250 Grad 20 bis 25 Minuten goldbraun backen.

Dinkelauflauf mit Äpfeln

2 Tassen Dinkelschrot (½ l)
3 EL Dinkelkörner, kalt,

gekocht
3 EL Butter

2 Eier, getrennt	500 g Äpfel, gewaschen,
1 l Milch	geschält, zerkleinert
50 g Mandeln, gehackt	Gewürze: Zimt, Muskat,
50 g Sultaninen	Nelken
Zitronensaft mit Zitronen-	2 EL Honig oder
schale	Rohrzucker

Dinkel in kochende Milch einrühren, aufkochen und 20 bis 30 Minuten bei ausgeschalteter Kochstelle ausquellen lassen. Zitronenschale, Zitronensaft, Eigelb, Sultaninen, Mandeln mit Äpfeln verrühren und unter die Dinkelmasse heben; gut durchkneten. In gefettete Auflaufform geben, mit steifem Eischnee unterschichten und bei 225 bis 250 Grad 20 bis 25 Minuten überbacken.

Pikante Dinkelgrütze

250 g Dinkelgrütze oder	Muskat, Nelken, Salz
Dinkelkernotto	Variationen: 200 g gebräunte
1 Zwiebel	Zwiebelwürfel
3 EL Butter	100 g gehackte Kräuter
¾ l Gemüse- oder	100 g geröstete Mandel-
Hühnerbrühe	blätter
Gewürze: Bertram, Galgant,	200 g Erbsen oder Mais

Zwiebeln schälen, in Würfel schneiden, in heißer Butter andünsten. Grütze zugeben, unter Rühren andünsten, mit Brühe ablöschen, würzen, 10 Minuten köcheln und 15 Minuten bei ausgeschalteter Kochstelle quellen lassen. Man kann die Dinkelgrütze mit den Variationen verfeinern.

Süße Dinkelgrütze
mit Apfel-, Quitten- oder Kirschkompott

250 g Dinkelgrütze (-grieß)	Zimt, Muskat, Nelken
1 l Milch	1 Prise Salz
2 EL Butter	500 g Apfel- oder Quitten-
2 EL Rohrzucker oder Sirup	kompott

Milch mit Salz aufkochen, Grütze zugeben, 10 Minuten köcheln und 15 Minuten ausquellen lassen. Mit erhitzter Butter übergießen und mit Zucker und Zimt bestreuen. Zu Quitten- oder Apfelkompott servieren (Alternative: Kirschkompott).

Bei Husten, Schnupfen, Heiserkeit:

Dinkelpfannkuchen mit Grippepulver

4 EL Dinkelschrot, in ¼ l Wasser eingeweicht	30 g Butter (zerlassen) ½ TL Salz
1 EL Dinkelmehl	2 TL Grippepulver
1 Ei	(oder Königskerzenblüten)

Alle Zutaten zu Brei vermischen, langsam in leicht gefetteter Pfanne auf beiden Seiten goldbraun backen. Dazu frischen Dinkelkopfsalat servieren.

Dinkelpfannkuchen mit Quarkfüllung

Pfannkuchen
2 Eier
125 ml Milch
125 ml Wasser
1 EL Öl
1 Prise Salz
1 Tasse Dinkelmehl
Die Füllung
250 g Quark
100 g Ricotta oder Hüttenkäse
50 g Rosinen
1 Eigelb
1 TL Zucker
½ geriebene Zitronenschale
1–2 EL Dinkelmehl
Öl oder Butter zum Backen
1 Becher saure Sahne

Eier schlagen und mit Milch, Wasser, Öl und Salz verrühren. Allmählich das Mehl hinzufügen und gut verrühren, bis man eine glatte Masse erhält. Etwa eine Stunde lang stehenlassen.

Eine Pfanne mit ein wenig Öl einfetten, auf kleiner Flamme erhitzen und eine dünne Schicht Teigmasse hineingeben, die den Pfannenboden bedeckt. Einige Minuten lang backen, bis der Pfannkuchen Blasen wirft, dann herausnehmen und auf eine Arbeitsplatte legen. Auf diese Weise den ganzen Teig zu Pfannkuchen backen. Alle Zutaten der Füllung miteinander vermischen. Von der Füllung ein wenig auf jeden Pfannkuchen geben und die Ränder dabei freilassen. Dann zuerst den rechten Rand über die Füllung klappen und danach den linken Rand. Von unten nach oben zusammenrollen, bis man eine Rolle erhält.

Die gefüllten Pfannkuchen in Öl oder Butter backen oder im vorgeheizten Backofen bei mittlerer Hitze backen, bis sie goldgelb sind.

Heiß servieren – mit der sauren Sahne als Beilage.

Dünne Pfannkuchen mit Pfiff

1 Tasse Dinkelmehl	1 Tasse Milch oder
1½ TL Backpulver	Milch-Wasser-Gemisch
½ TL Salz	3 EL geschmolzene Butter
1–2 TL (Rohr-)Zucker	(oder Sonnenblumenöl)
1 geschlagenes Ei	

Alle trockenen Zutaten vermischen. Milch mit Ei verrühren und dem Mehlgemisch hinzufügen. Zuletzt das Fett hineinrühren. Besser wird der Teig, wenn man ihn vor dem Backen mindestens 1 Stunde stehen läßt. Eine Pfanne mit ein wenig Öl einfetten (nur beim ersten Pfannkuchen), erhitzen und eine dünne Schicht Teigmasse hineingeben, die den Pfannenboden bedeckt. Dann den Pfannkuchen ausbacken, bis er Blasen wirft, anschließend wenden. Die fertigen Pfannkuchen in der erhitzten Backofenröhre aufbewahren, damit sie schön warm bleiben.

Alle Zutaten der Füllung miteinander vermischen. Von der Füllung ein wenig auf jeden Pfannkuchen geben und die Ränder dabei freilassen. Dann zuerst den rechten Rand über die Füllung klappen und danach den linken Rand. Von unten nach oben zusammenrollen, bis man eine Rolle erhält.

Die gefüllten Pfannkuchen mit saurer Sahne übergießen und im vorgeheizten Backofen bei mittlerer Hitze backen, bis sie goldgelb sind. Heiß servieren!

Quarkfüllung
250 g Quark, 100 g Ricotta oder Hüttenkäse, 50 g Rosinen, 1 Eigelb, 1 TL Zucker, ½ geriebene Zitronenschale, 1–2 EL Dinkelmehl, Öl oder Butter zum Backen, 1 Becher saure Sahne

Hackfleischfüllung
250 g Hackfleisch mit geschnittenen Zwiebeln anbraten und mit etwas Wasser oder Wein verquirlen.

Gemüsefüllung
Spinat, Spargel oder Erbsen; mit wenig Butter, Dinkelmehl und Milch eine weiße Sauce kochen.

Äpfel in Pfannkuchenteig
Säuerliche Äpfel entkernen, in Ringe schneiden, in Pfannkuchenteig eintauchen und goldbraun backen. Mit Zucker, Zimt und Zitrone servieren.

Pilzfüllung
Gehackte Zwiebeln in Butter braten, bis sie glasig sind, Champignons dazugeben und mitbraten. Mit Salz und Gewürze abschmecken. Eventuell mit Dinkelmehl und Wasser zu einer Sauce binden.

Vegetarische Leberwurst
(Brotaufstrich)

3 Zwiebeln; 100 g Butter	2 TL Thymian; 1 Msp. Zimt
1 Würfel frische Hefe	1 Msp. Gewürznelken
¼ l Flüssigkeit	(gemahlen)
(Gemüsebrühe)	1 Msp. Muskatnuß
100 g Dinkelvollkornmehl	3 kl. Prisen schwarzer Pfeffer
2 TL Weinessig	je 1 TL Galgantpulver,
1 EL Majoran	Bertram, Quendel

Die Zwiebeln schälen und würfeln und in 50 g Butter hellgelb andünsten. Hefewürfel darüberbröckeln und unterrühren, bis er sich aufgelöst hat. Mit Brühe und Mehl aufkochen, restliche Butter untermischen und beiseite stellen. Nach dem Abkühlen mit Essig, Kräutern und Gewürzen abschmecken und gut vermischen. Im Kühlschrank aufbewahren.

Die Heilkraft der Edelkastanien

Die Edelkastanie ist das unter den Bäumen, was der Fenchel unter den Stauden und der Dinkel beim Getreide sind: hundertprozentig gesund von der Wurzel bis in die Spitzen. Früchte, Schalen, Blätter und Rinde der Edelkastanien enthalten wertvolle Gerbstoffe (Tannine) und Bioflavonoide. Die Früchte enthalten neben Stärke (45 bis 58 %) und Eiweiß (4 bis 7 %) hochwertige Kohlehydrate (22 bis 34 %), die für alle Zellen, besonders aber für die Nerven Energielieferanten sind. Darüber hinaus enthalten die Früchte spezifische Wirkstoffe (GABA, Biogene Amine, Neurotransmitter), die für die Nervenfortleitung und für die Muskelerregung notwendig sind.

In den Früchten befinden sich außerdem Vitamine A, B und C. Da in den Früchten keine Hexosen vom Typ Glycose oder Fructose enthalten sind, können die Edelkastanien auch für Diabetiker empfohlen werden (100 g = 210 Kal. = 880 Joule). Aus pharmakologischen Untersuchungen der wissenschaftlichen Literatur geht hervor, daß der Extrakt aus Edelkastanienblättern leicht sedierend und krampflösend wirkt und daher auch als Hilfsmittel bei Bronchitis und Keuchhusten eingesetzt werden kann.

Universalkräftigungsmittel

Die Edelkastanie wird von Hildegard in ihrer *Physica* bei jeglicher Art von Schwächezuständen, auch bei Immunschwäche (AIDS, Krebs, Lyme) empfohlen:

»Der *Kastanienbaum* ist sehr warm und hat aufgrund seiner Wärme eine große Kraft (Lebenskraft; *virtus* = Tugendkraft), da er die *discretio* (das rechte Maß, die Mitte, das Firmament) symbolisiert und alles, was in ihm ist, und auch seine Frucht ist nützlich gegen jede Schwäche, die im Menschen ist.« (PL 1226 B)

Die *discretio* ist eine starke Gegenkraft zur Maßlosigkeit, die in extremen Fällen zum Anarchismus führen kann.

In ihrem letzten theologischen Buch *Divinorum operum* schreibt Hildegard, daß jedem Menschen von Gott sein Name und sein bestimmtes Maß zugeordnet wurde und daß die Seele in allen Dingen das rechte Maß zu halten verlangt:

»Denn der Mensch kann nicht ständig in himmlischer Höhe leben. Der Teufel aber will solches Maßhalten nicht, er strebt ins Übermäßige, sei es das Höchste, sei es das Niedrigste.« (DO Visio 4, 27)

Jeder Mensch, der sein eigenes Maß, seine Leistungsfähigkeit, seine Kräfte überschätzt (zuviel Essen, zuviel Alkohol, zuviel Drogen), fällt aus der Mitte. Als Folge davon nennt Hildegard: zu nichts Gutem führende Gedankenschweiferei, Müdigkeit und Schwäche, Herzschwindel, sinnleere Traurigkeit und innere Widerstandslosigkeit.

Da Leib und Seele als eine Einheit betrachtet werden, leidet auch der Körper unter dieser Maßlosigkeit, besonders die Leber, die mit Lustlosigkeit, Leberschwindel und Müdigkeit, Mangel an Lebenskraft reagiert, wie man es im extremen Fall bei der Hepatitis beobachtet.

Die Leber ist das zuständige Organ, das für den Stoffwechsel und den Energiehaushalt des Menschen verantwortlich ist. Die von der Nahrung aufgenommenen Kohlehydrate werden hier als Glykogen gespeichert oder in Fette umgewandelt und deponiert. Das Eiweiß wird in seine Urbausteine, die Aminosäuren, zerlegt, woraus der Körper seine körpereigenen Eiweiße aufbaut.

Dabei entsteht aus den Urbausteinen des Lebens (Aminosäuren), nach dem in jedem Menschen liegenden Bauplan Gottes, den die Wissenschaftler »genetischen Code« nennen, mein individueller Körper, mein unverwechselbarer Name, der aber auch seine Grenzen hat. So ist jeder einzigartig und doch alles mit dem Ursprung verbunden (*religio*). Bei den Leberkranken ist dieser Identitätsprozeß verlorengegangen, weil er sein Maß überschritten hat. Wenn er wieder gesund werden will, muß er sein eigenes Maß erkennen und lieben lernen.

> »Wenn ich meine Mitmenschen lieben will, muß ich darüber hinaus ihre Einmaligkeit, ihre Originalität (Name!) und ihr eigenes Maß erkennen und lieben lernen.«

Damit kommt der Edelkastanie eine bedeutende Schlüsselrolle für Körper und Seele zu. Aufgrund ihrer Inhaltsstoffe und der gespeicherten Sonnenenergie ist sie in der Lage, den Menschen so vollständig und harmonisch zu ernähren, daß er seine Ausstrahlung und Widerstandskraft zurückerhält. Dabei hilft sie der Leber, wieder gesund zu werden und dadurch den Menschen ins rechte Maß zu bringen.

Die Edelkastanien haben sich bei allen auszehrenden Krankheiten (Krebs, AIDS) bestens bewährt. Ein entkräfteter, bettlägeriger AIDS-Patient hat dadurch, daß er täglich Edelkastanien aß, innerhalb von vier Wochen wieder 18 Kilogramm zugenommen, konnte das Krankenhaus verlassen und kann heute wieder seiner Arbeit nachgehen. Das Krankheitsgefühl ist weg, solange er Edelkastanien zu sich nimmt.

Leberleiden, Leberschmerzen:
Edelkastanienhonig (20prozentig)

> »Wenn die Leber schmerzt, zerstoße oft die Kerne und so lege sie in Honig, und mit diesem Honig esse sie oft, und deine Leber wird geheilt.«

Es ist sehr schwierig, Kastanienmehl selber herzustellen. Nehmen Sie daher vom fertigen Edelkastanienhonig täglich zweimal einen Teelöffel voll, eventuell auf Brot, mindestens zwei Monate lang. Auch nachher soll öfters noch ein Teelöffel davon gegessen werden. Diese Kur führt zu einer Ausheilung auch chronischer Leberleiden, wobei sich auch die Transaminasen wieder normalisieren.

Milzschmerzen:
geröstete Maroni

> »Wer an Milzschmerzen leidet, röste diese Kerne oft in Feuer, esse sie oft mäßig warm und seine Milz wird warm und strebt nach völliger Gesundheit.«

Die Milz ist das wichtigste Abwehrorgan des Menschen. Nach Hildegard hat sie darüber hinaus die Funktion, das Herz zu entgiften. Besonders unter Rohkost kann die Milz leiden, sich vergrößern, entzünden und Herzschmerzen zur Folge haben. Milzleiden werden nach Hildegard nicht nur mit Maronen, sondern auch durch die Herzkur (Herzpillen, Herzsaft, Herzpulver) behandelt.

Magen-Darm-Leiden, Bauchspeicheldrüsen-,
Leber- und Gallenerkrankungen:
Edelkastanien-Suppe
Mit dem »Schmelz« der Edelkastanien können wir sogar die Magenschleimhaut wieder reparieren, wenn sie von Magengeschwüren zerstört worden ist:

»Wer Magenschmerzen hat, koche die Früchte (3 bis 5 beziehungsweise 2 bis 3 EL Edelkastanienmehl) lange in Wasser und zerkleinere sie zu Brei und mische dann in einer Schüssel etwas Dinkelmehl (3 EL) mit Wasser unter Zugabe von Süßholzpulver (1 geh. EL) und etwas weniger Engelsüßwurzelpulver (1 gestr. EL Engelsüßmischpulver comp.), koche daraus nochmals ein Mus und esse es dann, und es wird seinen Magen reinigen und ihn warm und kräftig machen.« (PL 1227 B)

Der Maronibrei bewährt sich besonders im Frühling und Herbst, wenn die Magen- und Zwölffingerdarmgeschwüre ihre Hochsaison haben.

Rheumatische Schmerzen, Gicht,
Jähzorn, »Paralyse«:
Edelkastanien-Saunaaufguß

»Wer gichtkrank ist und daher jähzornig, weil die Gicht (Vergiftung) immer mit dem Zorn einhergeht, koche Blätter, Schalen und Früchte in Wasser (Edelkastanienaufguß) und mache daraus ein Dampfbad (Sauna), aber oft, und die Gicht wird in ihm weichen, und er wird friedlich.«

Aufgrund der im Bindegewebe und in den Gelenken abgelagerten Stoffwechselschlacken werden von Zeit zu Zeit rheumatische Schmerzschübe und Gichtanfälle ausgelöst. Die Schlackenstoffe sind entweder auf Diätfehler (Küchengifte) oder unzureichende Entgiftung durch eingeschränkte Nierenfunktion zurückzuführen. Man kann daher die Schlackenstoffe in der Sauna durch die Haut, die auch gerne die zweite Niere genannt wird, wieder ausschwitzen, wenn der Edelkastanien-Extrakt über die heißen Steine gegossen und in der Sauna inhaliert wird.
In der Hildegard-Praxis in Konstanz werden diese Kuren durchgeführt, wobei meistens zehn Sauna-Anwendungen insgesamt

(zweimal wöchentlich) genügen. Dabei hat sich unsere finnische Holzsauna ohne Dampfsperre bestens bewährt. In der Sauna lernt man so die Geduld und kann sich sein Rheuma wegschwitzen.

Kreislaufschwäche, Gefäß- und Venenmittel,
allgemeine Bindegewebsschwäche:
Edelkastanienholz und -saft

»Ein Mensch, der aus seinem Holz einen Stock macht und diesen in seiner Hand trägt, so daß die Hand dadurch warm wird, dem werden aus dieser Erwärmung die Adern und alle Kräfte des Körpers gestärkt.«

Zur Unterstützung der dupuytrenschen Kontraktur (Sehnenscheidenkontraktion), wobei die Hand nicht mehr geöffnet werden kann, nehme man neben der Grundbehandlung mit Stabwurzbrei ein zirka 20 cm langes Edelkastanienholz, das man mit Edelkastaniensaft (Urtinktur) befeuchtet hat, und reibt sich damit die Hände ein. Man kann auch einen Spazierstock aus Edelkastanie nehmen, welcher automatisch beim Wandern die Hand erwärmt. Durch den Hautkontakt kräftigt er den ganzen Körper, speziell die Gefäße.

Der Duft dieses Holzes hilft bei Ermüdungszuständen:

»Nimm oft auch den Duft dieses Holzes auf. Es trägt deinem Gehirn Gesundheit ein.«

Konzentrationsschwäche, psychovegetatives Syndrom;
Cerebralsklerose, Alzheimersche Krankheit:
gekochte Edelkastanien

»Ein Mensch, dem das Hirn durch Trockenheit leer ist, und der daher im Kopf schwach wird, koche die Früchte in Wasser ohne Zusatz. Er soll sie oft vor und nach dem Essen nehmen, und sein Gehirn wächst und wird wieder gefüllt und seine Nerven werden stark, und so wird das Kopfleiden weichen.«

Hildegard beschreibt in ihrem Buch *Divinorum operum*, daß der Hirnstoffwechsel, der mit dem Leberstoffwechsel in Zusammenhang steht, durch die Gedanken des Menschen beeinflußt wird. Das Schlüsselorgan ist das Gehör, durch das »Gesundheit oder Krankheit in den Menschen eindringen kann, sei es, daß das Gehör durch Glück zur Freude oder durch Widriges zu sehr in Traurigkeit gestürzt wird«.

Man kann sich also durch Lärm, Streit und/oder chaotische Musik einen Gehörschaden oder auch einen Leberschaden einhandeln. Wer sein Nervensystem auf diese Weise überstrapaziert, muß sich nicht wundern, daß er seine Nerven frühzeitig kaputt macht (Alzheimersche Krankheit). Auf der anderen Seite weiß man seit der Antike, daß man durch gute Musik heilen kann.

Herzschmerzen (Folgen von Endocarditis), angeborene Herzschäden, Sportherz, durch vorzeitige Überanstrengung:
Rohe Früchte

»Und wer im Herzen Schmerzen hat, so daß seines Herzens Stärke keine Fortschritte macht, und wenn er so traurig wird, dann esse er oft diese rohen Kerne und gießt seinem Herzen einen Saft wie Schmalz ein, und er wird an Stärke zunehmen und seinen Frohsinn wiederfinden. Denn die gute Wirkung der Edelkastanie beseitigt den Defekt des Herzens und kräftigt dem Menschen das Herz.« (PL 1227)

Dieses Mittel empfiehlt sich, wenn die Herzinnenhaut (das Endokard) durch Entzündungen oder nach Herzinfarkt durch Narbenbildung verwundet und aufgerauht ist. Die Herzbelastung durch Traurigkeit kennen wir bereits aus den Zusammenhängen der seelischen Konflikte mit den Organbelastungen, wobei man nicht weiß, ob die Traurigkeit herzkrank oder die Herzkrankheit traurig macht.
Die rohen Edelkastanien oder noch besser das Edelkastanienmehl (1 bis 4 TL täglich über den Tag verteilt einspeicheln) haben sich bei Herzschmerzen nach schweren Herzleiden, ob es Herzmuskelentzündung oder sogar Herzklappenentzündung war, ausgezeichnet bewährt. Der Patient spürt nach der Einnahme eine Steigerung seiner Herzleistung und ein inneres Wohlbefinden. Offenbar haben die Edelkastanien eine besondere Beziehung zu den Herzzellen, die sich wieder bis zu ihrer Leistungsfähigkeit regenerieren. Die Herzzellen werden nämlich durch die Herzmuskelentzündung an ihrer Regeneration gehindert, und gerade diese Entzündung beseitigt die Edelkastanie. Mit der Digitalispeitsche kann hier ebensowenig erreicht werden wie mit herzberuhigenden Psychopharmaka.

Edelkastanien bei AIDS und Krebs

Die Umstellung auf eine gesunde Lebensweise und die Ernährung mit Edelkastanien und Dinkel haben einem 35jährigen AIDS-Patienten in Wien das Leben gerettet. Nach einer Hepatitis A und B war er ständig krank: Hinterwandklappeninfarkt, Grippe, Stirnhöhlenvereiterung, Hautausschläge, tägliches Fieber, HIV-III-positiv. Im Dezember 1985 war er in der AIDS-Station des AKH auf 47 Kilogramm abgemagert. Bereits drei Tage nach der Edelkastanien- und Dinkelkost konnte der Patient wieder aufstehen, vier Wochen später das Spital verlassen. Sein Körpergewicht war um 18 Kilogramm gestiegen. Die Edelkastanien hatten nicht nur seine Körperschwäche, sondern auch seine Nerven- und Abwehrschwäche beseitigt. Der Patient lebt heute noch, drei Jahre nach seinem vorausgesagten Todesdatum: »Ich freue mich, daß ich lebe. Ich habe immer noch AIDS. Ich leide oft unter furchtbaren Nervenschmerzen; ich habe eine Art Nervengewebszellenkrebs. Ich weiß, daß ich an AIDS einmal sterben muß; aber wenn ich die Krankheit weiter so unter Kontrolle habe, kann es sein, daß ich noch fünf, zehn, vielleicht sogar noch fünfzehn Jahre lebe, und zwar gerne, weil ich an die heilige Hildegard und ihre Medizin glaube.«

Basis-Diät

Bei Abwehrschwäche:

Edelkastaniengemüse
(glasierte Edelkastanien)

750 g Edelkastanien	Gewürze: Bertram, Galgant,
3 EL Butter	Muskat, Nelken
2 Zwiebeln	Kräuter: Ysop, Petersilie
1 Tasse Hühnerbrühe	

Die Edelkastanien müssen vor der Zubereitung heiß und geschält sein: Rohe Kastanien vorher rundum einritzen, auf dem Backblech mit etwas Wasser 10 Minuten bei 200 Grad rösten, sofort schälen, auch die hellere Innenhaut entfernen. Leichter ist es, von geschälten getrockneten Edelkastanien auszugehen, die wie Gemüse 20 Minuten in Wasser gekocht werden. Zwiebeln schälen, würfeln und in heißer Butter andünsten, mit Hühnerbrühe ablöschen und mit den heißen, geschälten Edelkastanien 10 Minuten weich schmoren lassen. Mit gehackten Kräutern garnieren. Zu Geflügel, Lamm oder Wild servieren.

Edelkastaniencremesuppe

500 g Edelkastanien
1 l Hühnerbrühe
⅛ l saure Sahne
¼ l Rotwein

Die wie oben gedünsteten Edelkastanien im Mixer pürieren, mit der Brühe, saure Sahne und Wein kurz aufkochen und heiß servieren.

Edelkastanien mit Rosenkohl

500 g Edelkastanien
(wie oben beschrieben zubereitet)
500 g Rosenkohl
3 EL Butter
8 EL Wasser
⅛ l saure Sahne
oder Crème fraîche

Edelkastanien und Rosenkohl getrennt dünsten. Rosenkohl putzen, waschen, in heißer Butter andünsten, mit Wasser ablöschen und 15 bis 20 Minuten garkochen. Sahne unterrühren, mit Muskat abschmecken und mit Kastanien vermischen. Als Beilage zu Fleischgerichten servieren.

Geschmorte Edelkastanien

Edelkastanien
etwas Sellerie
Fleischbrühe
Salz
Galgant (Pfeffer)

Kastanien schälen und waschen. Mit etwas würfelig geschnittener Sellerie in Fleischbrühe weichkochen. Salz, Galgant (oder Pfeffer) dazugeben.
    Als Beilage mit Fond (abgeseihte Kochflüssigkeit) servieren.

Edelkastaniensauce

2 Tassen Edelkastanien
Sellerieblätter
(und/oder -wurzeln)
¾ l Fleischbrühe
2 EL gebräunte Butter
2 EL Dinkelmehl
Salz
etwas Galgant

Kastanien schälen (durch Einritzen) und 5 Minuten kochen lassen; danach mit den Sellerieblättern und/oder Selleriewurzeln in 2 Tassen Fleischbrühe weichkochen lassen, bis die Fleischbrühe vollkommen verkocht ist. Aus Butter, Mehl und restlicher Brühe eine braune Schwitze machen und Gewürze und Kastanien hinzufügen. Zu Gemüse servieren. (Ergibt 3 Tassen.)

Potage Clermont

Sellerie
Edelkastanien
Geflügelbrühe
Dinkelmehl
Sahne

Sellerie und Edelkastanien zu gleichen Teilen weichkochen in der Geflügelbrühe. Zu Püree abpassieren und mit Dinkelmehl binden. Ein wenig auskochen und zum Schluß Sahne dazugeben.

Kastanienhörnchen

300 g Dinkelmehl
100 g Butter
15 g Hefe
60 g Zucker
1 Eigelb
saure Sahne

Füllung: 500 g gekochte, geschälte Edelkastanien
30 g Butter
2 gehäufte EL Zucker
1 EL Rum
2 EL Milch

Die zerbröckelte Hefe in eine Tasse geben mit 1 EL Zucker und 2 EL lauwarmer Milch. Aufgehen lassen. Das Fett in das Mehl hineinreiben, die aufgegangene Hefe, Zucker, Eigelb hinzufügen, sowie genügend saure Sahne, um einen weichen, aber gut ausarbeitbaren Teig herstellen zu können. Gut zusammenkneten. Auf einer bemehlten Arbeitsplatte streichholzdünn ausrollen und in Vierekke schneiden. Einen guten Eßlöffel voll von der Kastanienfülle auf jedes Viereck geben, aufrollen und die Enden zusammendrücken. Hörnchen daraus bilden. Auf ein gefettetes und bemehltes Backblech legen und die Oberfläche mit Milch anpinseln. Auf mittlerer Hitze im Backherd zirka 15 Minuten backen lassen.

Füllung: Gekochte und geschälte Edelkastanien durch einen Sieb drücken, Butter, Zucker und Rum dazugeben und 10 Minuten lang schlagen.

Kastaniensuppe

3 Tassen Edelkastanien
1 EL Öl
1 l Hühnerbrühe
½ TL Salz

Prise Pfeffer
etwas Galgantpulver
Bertram
½ l Sahne

Kastanien waschen und schälen. In Hühnerbrühe geben und kochen bis Kastanien weich sind. Die Kastanien durch einen groben Sieb reiben und wieder in die Brühe zurückgeben. Salz, Pfeffer, Galgant und Sahne dazugeben und nochmals aufwärmen. Servieren.

Maronen in Weinsauce

500 g Edelkastanien 4 EL Weißwein
250 g Zucker 4 EL Wasser
Saft einer Zitrone

Kastanien tief einschneiden und in einem heißen Ofen zirka 10 Minuten rösten lassen. Schalen entfernen. In einer Saucenschüssel Zucker, Zitronensaft und Wasser anrühren und unter ständigem Umrühren bei mittlerer Hitze zum Kochen bringen. Kastanien dazugeben, zudecken und zirka 15 Minuten köcheln lassen. Danach den Wein dazugeben, nochmals aufkochen lassen und servieren.

Gekochte, glasierte Kastanien

500 g Kastanien 40 g Butter
Fleischbrühe 100 g Zucker
Salz ⅛ l Wasser

Vorgekochte oder vorgebratene Kastanien. Diese vorsichtig in Brühe mit Salz weichkochen und auf einem Sieb abtropfen lassen. Zucker in Butter hell bräunen, aufgießen, die Kastanien hineingeben und darin glasig schmoren.

Kastanienkompott

500 g Kastanien Zitronenschale oder
80 g Zucker Vanillestange
¼ l Weißwein

Zucker mit Wein und Zitronenschale oder Vanillestange 5 Minuten kochen lassen. Dann die vorgekochten, geschälten Kastanien hineingeben und darin vollständig weichkochen, aber so daß sie nicht zerfallen. Das Kompott kann warm oder kalt gereicht werden.

Kastanienküchel

500 g Kastanien 2 Eier
2 Semmeln Zitronenschale
Milch zum Einweichen Zimt
100 g Zucker Butter zum Backen

Gekochte, geschälte Kastanien und die in Milch eingeweichten ausgedrückten Semmeln durchdrehen; feingewiegte Zitronenschale, verquirlte Eier, Zimt und Zucker zugeben; runde 2 cm dicke Küchel formen. In Bröseln wenden und in heißer Butter langsam backen. Dazu Kompott oder Rotweinsauce (aus reichlich ¼ l Rotwein, Zitronenschale, Zimtrinde, 2 Nelken, 50 g Zucker, 25 g Stärkemehl, 125 ml Wasser).

Kastanien-Brot-Füllung
für Geflügel

750 g Dinkelbrot	1–2 TL schwarzer Pfeffer
Milch oder Wasser	2 EL Salbei (oder Ysop)
3 Zwiebeln	500 g Edelkastanien
Sellerie	(gekocht und zerkleinert)
3 TL Salz	2 geschlagene Eier

Brot in Stückchen schneiden und in genügend Milch oder Wasser einweichen. Zwiebeln und Sellerie kleinhacken und in Butter braten (eventuell mit geschnittenen Innereien). Alle Zutaten zusammen mischen und gut kneten. Zum Schluß die Eier untermischen.

Die Füllung muß nicht unbedingt im Geflügel gebacken werden. Wenn das Geflügel zu klein oder etwas Füllung übrig ist, kann man sie separat backen.

Hähnchen-Kastanien-Salat

(1 Tasse randvoll = ¼ l)	2 hartgekochte Eigelb
1 Tasse gekochtes, zerkleinertes Hühnerfleisch	(zerdrückt)
	½ Tasse Ananas
½ Tasse gekochte, zerkleinerte Edelkastanien	½ Tasse Mayonnaise oder Salatsauce
1 Tasse zerkleinerte Sellerie	

Die Zutaten zu einem Salat zusammenmengen.

Fenchel

Fenchel ist in jeder Form (Fencheltee, -gemüse, -öl, -samen oder, noch wirksamer, -tabletten) eines der wenigen hundertprozentig gesunden Heilmittel für den Menschen. In der Hildegard-Medizin ist er das Universalheilmittel für alle Magen-Darmleiden, die ja die Ursache des schlechten Mundgeruchs sind. Wenn die Verdauung zu lange im Magen-Darmtrakt liegenbleibt, geht sie in Fäulnis über, und es entstehen neben den Fäulnisstoffen die lästigen Darm-

gase. Diese werden vom Blut in die Lungen transportiert und ausgeatmet.
Genau das verhindert der Fenchel, denn er räumt mit den Fäulnisstoffen im Darm auf, weshalb er auch als Karminativum bezeichnet wird.
Seine krampflösenden Eigenschaften sorgen dafür, daß sich die verhockten Winde lösen. Daher wird er nicht nur in der Kinderheilkunde bei Krämpfen angewendet, sondern besonders auch bei Magen-Darmkoliken. Die Wirksamkeit des Fenchels kann durch Galgant verstärkt werden. Daher haben wir die Fenchel-Galgant-Tabletten herstellen lassen. Sie bewirken eine angenehme Beseitigung der Gase entweder durch Aufstoßen oder dadurch, daß ein Wind abgeht.
Hildegard beschreibt in ihrer einfachen Sprache deutlich, was von der modernen Phytotherapie bestätigt wird:

»Und wie auch immer er gegessen wird, macht er den Menschen fröhlich und vermittelt ihm angenehme Wärme (gute Durchblutung), guten Schweiß und gute Verdauung ... denn wer *Fenchel* oder seinen Samen täglich nüchtern ißt, vermindert den üblen Schleim oder die Fäulnisse in ihm, und er unterdrückt den üblen Geruch seines Atems ...« (PL 1156 C; Basel Cap 1-66)

Fenchel hilft bei Verdauungsbeschwerden und Blähungen, gegen Übersäuerung des Magens und Sodbrennen nach Diätfehlern und zu fetten Speisen:

»Wer geröstetes (gebratenes) Fleisch oder gebratene Fische oder sonst etwas Gebratenes ißt und davon Schmerzen bekommt, der esse sogleich Fenchel (-kraut) oder Fenchelsamen, und er wird weniger leiden.« (PL 1157 C)

Unter Fenchel, *Fructus Foeniculi*, versteht man die getrockneten, reifen Früchte verschiedener Kulturvarietäten von *Foeniculum vulgare Mill. var. vulgare*, die im Mittelmeerraum beheimatet waren und heute in zahlreichen anderen Ländern kultiviert werden. Fenchel ist eine uralte Kulturpflanze, die bereits im alten Ägypten angebaut wurde. Ihre verschiedenen Kulturrassen unterscheiden sich durch Größe, Geruch und Geschmack. Fenchel kann süß schmecken und im Geschmack an Anis erinnern *(Foeniculum dulce)*. Das ist charakteristisch für einen Anteil von bis zu 50 Prozent Anethol im ätherischen Öl. Das Fenchon mancher Fenchelsorten bedingt einen etwas bitteren, kampferähnlichen Geschmack.
Gemüsefenchel ist eine gesunde, knackig-frische Vitamin- und

Mineralstoffquelle, besonders in den Wintermonaten. 100 Gramm Fenchel decken bereits den gesamten Tagesbedarf an Vitamin A und C, neben wertvollen Mineralien und Spurenelementen:

100 g Frischfenchel enthalten:

Vitamin A	0,8 mg
Vitamin C	93 mg
Kalzium	109 mg
Eisen	2,7 mg
Kalium	494 mg
Magnesium	49 mg
Phosphor	51 mg

Basis-Diät

Bei Magen-Darmleiden, Verdauungsschwäche:

Fenchelgemüse

3–4 Fenchelknollen (etwa 1 kg)	½ l Salzwasser oder Brühe
	Gewürze: Bertram, Galgant,
3 EL Butter oder Sonnen-	Salz, Pfeffer
blumenöl	Kräuter: Thymian, Beifuß,
1 Zwiebel	Kerbel, Basilikum, Petersilie
1 Knoblauchzehe	Saft einer halben Zitrone

Fenchel waschen, putzen, halbieren und in Scheiben schneiden. Fenchelgrün zum Dekorieren aufheben. Fenchel in das kochende Salzwasser geben und etwa 20 Minuten garkochen, abtropfen lassen; das Fenchelwasser aufbewahren.

Die Zwiebel schälen, würfeln und in heißer Butter andünsten. Knoblauch hinzufügen und mitdünsten lassen. Mit dem Fenchelwasser ablöschen. Fenchel, Gewürze, Kräuter hinzufügen und 5 Minuten mit aufkochen lassen.

Mit Zitronensaft oder einer Kräutersauce abschmecken, mit Fenchelgrün garnieren und zu Dinkelreis, Geflügel oder Wild servieren.

Überbackener Fenchel

4 Fenchelknollen (etwa 1 kg)	Saft einer halben Zitrone
½ l Brühe oder Salzwasser	100 g geriebener Käse
1 Glas trockener Weißwein	(Appenzeller, Emmentaler,

Gouda)
1 EL (gehäuft) Dinkelmehl

Gewürze: Galgant, Muskat, Salz

Fenchelknollen waschen, putzen und halbieren. Mit kochendem Salzwasser (oder Brühe) und Wein 20 Minuten aufkochen, würzen und nochmals 5 Minuten aufkochen, abtropfen lassen. In gefettete Auflaufform legen. Fenchelbrühe, Käse und Dinkelmehl verrühren und über die Fenchelknollen gießen. Bei 200 Grad 30 Minuten überbacken. Mit Fenchelgrün garnieren. Zu Dinkelreis oder -nudeln servieren.

Fenchel mit Gemüse

2 Fenchelknollen
(etwa 500 g)
300 g Gemüse (Karotten, Sellerie o. ä.)
3 EL Butter oder Sonnenblumenöl
2 Zwiebeln
3 Knoblauchzehen

½ l Brühe oder Wasser
1 Glas Weißwein
50 g Parmesan
Gewürze: Bertram, Galgant, Salz, Pfeffer
Kräuter: Beifuß, Kerbel, Basilikum, Petersilie, Thymian

Fenchelknollen waschen, putzen, halbieren und in Scheiben schneiden. Fenchelgrün aufheben. Zwiebeln schälen und würfeln, Gemüse putzen, würfeln und in heißer Butter oder Öl andünsten. Mit Brühe ablöschen und Fenchel hinzufügen. Im geschlossenen Topf bei kleiner Hitze etwa 15 Minuten garkochen. Mit Gewürzen und Kräutern abschmecken, mit Parmesan bestreuen. Zu Dinkelnudeln servieren.

Fenchel mit Felchen
oder Äschen

4 Felchen oder Äschen
1 Fenchelknolle
1 TL Fenchelsamen
Zitronensaft
2 EL Butter oder Sonnenblumenöl

1 Zwiebel
Gewürze: Bertram, Galgant, Salz
Kräuter: Thymian, Salbei, Petersilie, Minze, Dill

Fische mit kaltem Wasser waschen, ausnehmen, gut trocknen, mit Zitronensaft beträufeln, innen und außen würzen und 15 Minuten ziehen lassen.

Fenchel waschen, putzen, halbieren und mit Zwiebel und Salbeiblättern und Kräutern feinhacken und mit Fenchelsamen mischen.

Die Hälfte vom Mischgemüse in einen Römertopf geben, Fische auf das Gemüse legen und mit restlicher Mischung bedecken. Den Topf schließen und bei 220 Grad 45 Minuten braten.
Zu Salat und Dinkelreis servieren.

Macht fröhlich und fördert die Durchblutung:

Fenchelsalat mit Käse

400 g Gemüsefenchel
(mit Fenchelgrün)
etwa 300 g Ananas
oder eine große Orange
1 Apfel
(Boskoop oder Cox Orange)

200 g Emmentaler
Für die Marinade:
200 g Joghurt
1 EL Sonnenblumenöl
etwas Galgantpulver

Fenchel putzen und in feine kleine Streifen schneiden. Fenchelgrün aufheben. Die Ananas-Frucht in Würfel schneiden. Den ungeschälten, aber gewaschenen Apfel ebenfalls in kleine Stücke schneiden, nachdem vorher das Kerngehäuse und der Stengel entfernt worden sind. Den Schnittkäse in feine Streifen schneiden. Alle Zutaten mischen und mit der aus den genannten Zutaten hergestellten Marinade abschmecken. Zum Schluß mit dem feingehackten Fenchelgrün (oder ersatzweise auch Dill) den Salat garnieren.

Bohnen

Neben dem Dinkel stehen die Bohnen ernährungsphysiologisch gesehen an erster Stelle in der Hildegard-Küche. Bohnen gehören zu den preiswertesten und wohlschmeckendsten pflanzlichen Eiweißquellen (17 bis 25 Prozent Eiweiß). In Kombination mit Dinkel erreicht das Eiweiß einer Bohnen-Dinkel-Mahlzeit die gleiche biologische Wertigkeit wie ein Fleischgericht, da alle essentiellen Aminosäuren vorhanden sind, aus denen der Körper dann jedes beliebige Eiweiß herstellen kann. Bohnen machen nicht dick, da die in der Bohne enthaltenen komplexen Kohlehydrate nur langsam verdaut langanhaltend sättigen. Diabetiker können Bohnen gut vertragen, da die Kohlehydrate nur langsam ins Blut gelangen und keine Über- oder Unterzuckerung auslösen. Von Hildegard wird die leichte Verdaulichkeit der Bohnen gelobt, vor allem ihre heilende Wirkung auf entzündete Eingeweide, seien es Gastritis, Magen-Darmleiden, Nierenleiden oder sogar blutende Hämorrhoiden, wo Hildegards »Bohnensuppe ohne Bohnen« den Menschen innerlich wieder ausheilt:

»Die *Bohnen* haben einen erwärmenden Stoff und sind eine gute Speise für gesunde und kräftige Menschen. Weit nützlicher als die Erbsen können auch Kranke Bohnen essen und werden davon kaum etwas zu leiden haben, weil Bohnengerichte in ihnen nicht soviel Schleim und Schleimiges entstehen lassen wie die Erbsen. Ganz besonders ist das Bohnenmehl gut und nützlich für kranke und gesunde Menschen, weil es leicht und gut verdaulich ist. Wenn jemand an den Eingeweiden erkrankt ist, soll er die Bohnen in Wasser (kräftig) abkochen, etwas Schmalz oder Öl daran geben und diese Suppe warm schlürfen, nachdem die Bohnen davon getrennt worden sind. Das soll er oft machen, und er wird innerlich geheilt.« (PL 1132 B)

Bohnen helfen auch, den Cholesterinspiegel zu senken, da sie lösliche Pflanzenfasern enthalten. Bohnengerichte enthalten kein Cholesterin und helfen, kalorienreiche tierische Fleisch- und Fettgerichte aus der Diät zu ersetzen. Sie eignen sich auch vorzüglich als Eintopfgerichte oder Bohnensalate für große Gesellschaften.

Welche Bohnen?

Weiße Bohnen sind am leichtesten zu haben und schnell zubereitet. *Schwarze* Bohnen eignen sich besonders gut für Bohnensuppen. *Kidney*-Bohnen sind groß und rot. *Adzuki*-Bohnen sind klein und rot und kommen aus Japan, wo sie »König der Bohnen« genannt werden. *Lima*-Bohnen sind länglich und rötlich gefärbt.
Bohnen einweichen!
Trockenbohnen enthalten nur noch 15 Prozent Feuchtigkeit und nehmen beim Einweichen wieder bis zu 60 Prozent Wasser auf. Daher muß man Bohnen vor dem Kochen zunächst verlesen, waschen und acht Stunden in Wasser (über Nacht) einweichen. Für 500 Gramm Bohnen benötigt man 2½ Liter Wasser und einen großen Topf, da Bohnen quellen. Einweichwasser verwerfen und mit doppelter bis zweieinhalbfacher Wassermenge aufkochen. Die Garzeit beträgt dann immer noch 1 bis 2 Stunden oder 5 bis 10 Minuten und 2 bis 4 Stunden in der Wärmeisolierbox zum Nachquellen.

Grüne Bohnen in Butter

1½ kg grüne Bohnen
1½ l Wasser oder Brühe
2 EL Butter (30 g)
1 Zwiebel gewürfelt
2 Knoblauchzehen
Bohnenkraut
Gewürze: Salz, Bertram,
Galgant, Quendel, Pfeffer, Muskat;
Kräuter zum Garnieren: gehackte Petersilie, Bohnenkraut, Beifuß (zur persönlichen Auswahl)

Die grünen Bohnen abfädeln, waschen, im ganzen mit Bohnenkraut in Salzwasser geben, bei mäßiger Hitze 20 Minuten kochen, bis sie weich sind. Bohnenwasser abgießen, gegebenenfalls als »Bohnensuppe ohne Bohnen« trinken. Bohnenkraut herausnehmen. In ausgelassener Butter Zwiebelwürfel und Knoblauchzehen 5 Minuten andünsten und die Bohnen übergießen. Mit Kräutern und Gewürzen abschmecken.

Mit Dinkelkörnern zu Hammel oder Geflügel servieren.

Weiße Bohnen

500 g getrocknete weiße Bohnen
3 EL Butter
1 Zwiebel
1 Knoblauchzehe
½ l Salzwasser
Gewürze: Pfeffer, Galgant, Bertram, Muskat, Salz
Kräuter: Basilikum, Petersilie

Weiße Bohnen 12 Stunden lang einweichen, quellen lassen, in Salzwasser geben und 20 Minuten garkochen. Zwiebel in Butter andünsten, mit Bohnenwasser ablöschen, abgezogene Knoblauchzehe zerdrücken und zusammen mit den Gewürzen, Kräutern und Bohnen bei schwacher Hitze nochmals 5 Minuten ziehen lassen.

Variation: Mit 250 g grünen Bohnen (zubereitet wie oben beschrieben) zusammen servieren.

Mit heller Sauce oder ausgelassener Butter übergießen.

Weiße Bohnen mit Fenchel

2 Fenchelknollen (500 g)
2 EL Butter/Sonnenblumenöl
1 Dose weiße Bohnen
(500 ml) oder wie oben beschrieben zubereitet
1 l Brühe oder Wasser

Fenchel waschen, putzen, halbieren, in Scheiben schneiden und in

Butter andünsten. Mit Flüssigkeit ablöschen. 15 Minuten garkochen lassen. Weiße Bohnen hinzugeben, nochmals 5 bis 10 Minuten köcheln lassen und mit Kräutern und Gewürzen abschmecken (wie oben).
    Zu Dinkel servieren.

Rote Bohnensuppe

500 g rote Bohnen
250 g Zwiebeln
4 EL Butter oder Öl
1 Knoblauchzehe, zerdrückt

Gewürze: Galgant, Bertram, Muskat
Kräuter: Petersilie, Bohnenkraut, Beifuß

Bohnen über Nacht (12 Stunden) in 1½ Liter Wasser einweichen. Bei kleiner Hitze mit Gewürzen, 1 Zwiebel und Knoblauch garkochen. Restliche Zwiebeln schälen, würfeln, in heißer Butter oder Öl unter ständigem Rühren andünsten und zu den Bohnen geben. Einmal kurz aufkochen. Mit Kräutern servieren, gegebenenfalls 2 EL Sauerrahm unterziehen.
    Mit Dinkelkörnern zu Hammel servieren.

Mailänder Bohnensuppe

1½ EL Butter
1 Zwiebel
2 EL Paniermehl oder Brösel
1 EL Dinkelmehl
1½ l kräftige Brühe
1 Eigelb

2 Teller gekochte grüne Bohnen
feingehackte Petersilie oder Schnittlauch
Gewürze: Galgant, Bertram, Salz, Muskat, Bohnenkraut

Die Butter erhitzen, die feingehackte Zwiebel darin gelblich anrösten, die Brösel und das Dinkelmehl zugeben und unter öfterem Wenden gelbbraun braten. Mit der heißen Brühe ablöschen und unter Zugabe der in schräge Stückchen geschnittenen Bohnen 5 Minuten kochen. Die Suppe mit dem Eigelb binden und mit den gehackten Kräutern garnieren. Mit Gewürzen abschmecken.

Grüne Bohnen mit Putenschinken

1 kg grüne Bohnen
1 Zwiebel
1 EL Butter
2–3 Knoblauchzehen
Salz

Bohnenkraut, Beifuß
zirka 250 g Putenschinken
Gewürze: Muskat, Galgant, Bertram

Die feingeschnittene Zwiebel röstet man in der heißen Butter hellgelb an, gibt Bohnen, Knoblauch, Fleisch und Bohnenkraut/Beifuß bei, wendet das Gemüse, gießt wenig Wasser zu und dünstet alles 50 Minuten lang. 15 Minuten vor dem Anrichten salzen und würzen.

Hierzu Dinkelkörner servieren.

Bohnensalat

Weichgekochte grüne oder weiße Bohnen (oder eine Kombination von verschiedenen Bohnen) und gekochte Dinkelkörner nach dem Erkalten sorgfältig mit einer Grundsalatsauce aus Essig, Sonnenblumenöl, Zucker, Salz und zerdrückten Knoblauchzehen anrichten. Zusätzlich kann man noch angedünstete Zwiebelringe oder kleingehackte Zwiebeln sowie Kräuter und Gewürze hinzufügen (beispielsweise Bohnenkraut, Petersilie, Muskat, Galgant, Bertram, grauer Pfeffer).

Bohneneintopf mit Hammelfleisch und Dinkelkörnern

1 Zwiebel
1 EL Butter/Sonnenblumenöl
500 g Hammelfleisch
1 gestr. TL Galgantpulver, Bertrampulver, etwas Muskat, Salz
300 g Gemüse (Karotten, Sellerie, Petersiliewurzel oder ähnliches)
1 kg grüne Bohnen
Bohnenkraut
1–2 Knoblauchzehen
mindestens ¾ l Brühe oder Wasser
1 Tasse Dinkelkörner

Die Zwiebel hackt man fein und dünstet sie im erhitzten Fett an. Danach gibt man das in Würfel geschnittene Fleisch dazu und läßt es von allen Seiten bei höherer Flamme anbraten. Man löscht es mit der Brühe oder dem Wasser ab und kocht das Fleisch bei geschlossenem Deckel eine gute Viertelstunde. Die gewaschenen und entfädelten Bohnen werden zusammen mit Knoblauch (zerdrückt oder feingehackt) und Bohnenkraut sowie Dinkelkörnern hinzugegeben; gesäubertes, in dünne Scheiben geschnittenes Gemüse wird beigefügt. Gewürze und Salz und nach Belieben weitere passende Kräuter hinzufügen und alles zusammen garkochen lassen. Nach Belieben kann mit einem EL Essig oder mit Sauerrahm verfeinert werden.

Dinkel-Bohnensuppe italienische Art

300–400 g weiße Bohnen
(über Nacht in Wasser
eingeweicht)
1 Zwiebel
1 kleiner Sellerie
1 Karotte
1 Knoblauchzehe
5 Salbeiblätter

etwas Putenschinken
(kleingehackt)
1 Tasse Dinkel (zirka 250 g),
frische Petersilie (gehackt)
zum Garnieren
Gewürze: Salz, Galgant,
Bertram, Muskat

Bohnen, Zwiebel, Sellerie, Karotte, Knoblauch, Salbei kochen. Dinkelkörner ebenfalls kochen (zirka 20 Minuten). Ein paar ganze weiße Bohnen werden beiseite gegeben, der Rest wird durchpassiert, zusammen mit dem gekochten Dinkel samt beider Kochwasser. Die zurückgebliebenen Bohnen werden zur Suppe gegeben. Den gut gebrutzelten Schinken und etwas frische Petersilie darübergeben.

Erbsen

Erbsen sind nicht für Lungenkranke geeignet, da sie verschleimen, und auch nicht für Menschen mit Kreislaufschwäche. Dafür helfen sie bei Eingeweideschwäche: Hämorrhoiden, Bruchleiden, Krampfadern, Senkniere oder Senkmagen:

»Die *Erbsen* wirken durch ihren Inhaltsstoff kühlend und auch etwas verschleimend. Die Lunge wird davon beengt. Ein hitziger Mensch kann normalerweise Erbsen essen und wird dadurch draufgängerisch. (Im Text steht *ferox*, wild.) Einem Menschen von kalter Veranlagung ebenso wie einem ausgekühlten (kreislaufschwachen) Kranken bekommen Erbsen nicht gut, weil solches Essen in ihm zuviel Speichelwasser erzeugt. Bei Krankheiten, sie mögen heißen wie immer, schaden Erbsen. Sie haben nicht die Fähigkeit, das Krankmachende auszutreiben. Nur den Menschen, die schwache Eingeweide haben, wird es besser gehen, wenn sie oft eine warme Erbsensuppe schlürfen.«
(PL 1132 A)

Kichererbsen
Gorbanza *(Cicer arietium)*

Die Kichererbsen sind eine gesunde Hülsenfruchtart aus dem Mittelmeerraum. Sie haben sich über den Orient bis nach Indien verbreitet, wo sie ein beliebtes Eintopfgemüse sind. Hildegard lobt ihre gute Bekömmlichkeit und ihre fiebersenkende Wirkung:

»Die *Kichererbse* ist warm und angenehm und leicht zu essen, und sie vermehrt nicht seinem Esser die üblen Säfte. Wer Fieber hat, brate die Kichererbse über frischen Kohlen und esse sie, und er wird geheilt werden.« (PL 1201 D)

Man kann Kichererbsen wie Edelkastanien in der Pfanne, im Herd oder über offenem Feuer rösten. Zum Kochen muß man sie über Nacht einweichen und das Einweichwasser verwerfen, damit eventuell unerwünschte Stoffe, die zu Blähungen führen können, entfernt werden. In unseren Rezepten haben wir auch das in Israel beliebte »Felafel«, ein Mix aus Kichererbsenmehl, aufgenommen.

Kichererbsen gehören zu den Bohnenarten. Sie fördern eine gute Gemütsstimmung. In Indien werden Kichererbsen als Kraftspeise von Sportlern, besonders Ringkämpfern, gegessen. Sie enthalten die als Vitamin B15 bekannte Pangamsäure, der eine Vitalitäts- und Energiesteigerung nachgesagt wird. Kichererbsen enthalten ebenso wie Bohnen lösliche Faserstoffe, die eine blutfettsenkende Wirkung haben.

Kichererbseneintopf

500 g Kichererbsen
Suppengrün
750 g Gemüse (Möhren, Sellerie, Kürbis, grüne Bohnen)
Knoblauch
Zwiebeln
Kräuter: Petersilie, Dill, Minze
Gewürze: Bertram, Galgant, Muskat, Lorbeerblatt

Kichererbsen am Abend vor der Zubereitung in 2 l Wasser einweichen; Einweichwasser weggießen. Suppengrün putzen, waschen, zerkleinern. Kichererbsen erneut mit 2 l Wasser und Suppengrün eine Stunde im Schnellkochtopf (sonst 2 bis 3 Stunden) weichkochen. Gemüse erst in der letzten Stunde mitkochen lassen. Zwiebeln und Knoblauch in Butter oder Sonnenblumenöl andünsten. Mit etwas Brühe auffüllen, ankochen und den Kichererbsen-Gemüse-Eintopf kochen, bis die Kichererbsen weich sind. Mit Gewürzen und Salz abschmecken, 3 bis 5 Minuten lang aufkochen. Eventuell kleingeschnittenes Hühnerfleisch als Einlage in die Suppe geben.

Kichererbsen-Kastaniencreme

250 g Kichererbsen (über Nacht in 2 l Wasser einweichen)	gepreßt
	Saft von 2 Zitronen
	50 g Butter
1½ l Wasser	oder Sonnenblumenöl
5–10 Edelkastanien	1 TL Mutterkümmel,
1 Zwiebel, gewürfelt	Salz, Pfeffer, Bertram,
3 Knoblauchzehen,	Galgant

Die eingeweichten Kichererbsen abtropfen lassen und erneut mit den Edelkastanien in 1½ l Wasser 1 bis 2 Stunden weichkochen (im Schnellkochtopf 1 Stunde). Kochwasser abgießen. Zwiebel in Butter andünsten. Kichererbsen, Kastanien mit Knoblauch und Zwiebel sowie dem Zitronensaft im Mixer glatt pürieren. Die Creme wird wie eine Mayonnaise oder Ketchup in Schüsseln serviert, so daß man darin Dinkelfladen eintauchen oder Dinkelbrot damit bestreichen kann.

Kichererbsen-Dinkelbällchen

300 g Kichererbsen	je 1 TL Mutterkümmel,
2 l Einweichwasser	Bertram, Galgant, Muskat
8 EL Dinkelschrot, feingemahlen	je 1 Prise Salz und Pfeffer
	Sonnenblumenöl zum
2 Knoblauchzehen, zerdrückt	Fritieren

Kichererbsen am Abend vor der Zubereitung einweichen, abgießen, abtropfen, Einweichwasser wegwerfen. Im Mixer oder Fleischwolf pürieren, mit Dinkelschrot, Gewürzen zu Teig vermischen und zu 3 cm dicken Bällchen formen. In heißem Sonnenblumenöl goldbraun backen, abtropfen lassen und heiß oder kalt mit Mandelsauce servieren.

Mandelsauce

100 g Mandelmus	2 Knoblauchzehen
Zitronensaft von	100 ml Brühe oder Wasser
2 Zitronen	je 1 Prise Salz und Pfeffer

Knoblauch zerdrücken, mit Mandelmus, Zitronensaft und Gewürz im Mixer oder mit dem Rührbesen glatt pürieren.

Kichererbsensalat

250 g Kichererbsen	2 Zehen Knoblauch
1 Prise Natron	Salz
3 EL Sonnenblumenöl	Petersilie
Zitronensaft von 2 Zitronen	

Kichererbsen über Nacht einweichen. Dem Einweichwasser eine Prise Natron beifügen. Vor dem Kochen Wasser abgießen und frisches Wasser hinzufügen. Kichererbsen weichkochen lassen. Aus den restlichen Zutaten eine Sauce bereiten und die gekochten Kichererbsen vorsichtig unter die Sauce heben (eventuell nur leicht schütteln und die Erbsen so in der Sauce wälzen), damit sie nicht zerdrückt werden. Vor dem Servieren mit frischer, gehackter Petersilie garnieren.

Kichererbsencreme mit Sesamsauce
(orientalisch)

2½ Tassen Kichererbsen	1½ TL Salz
1 Tasse Sesamöl	2 EL Petersilie gehackt
1½ Tassen Zitronensaft	5 Knoblauchzehen

Kichererbsen wie angegeben weichkochen (nach Einweichen über Nacht). Durch ein Sieb passieren. In einer Schüssel nun dem Kichererbsenpüree löffelweise abwechselnd Sesamöl und Zitronensaft beirühren und anschließend die mit Salz zerdrückten Knoblauchzehen daruntermischen. Die Creme muß schön dick und sämig sein. Man kann sie mit Wasser verdünnen, wenn sie zu steif wird. Die Creme in eine flachere Schüssel umfüllen, glatt streichen, zur Mitte hin leicht vertiefen. Mit grob gehackter Petersilie bestreuen. Zum Garnieren können zudem auch noch ganz belassene Kichererbsen und Petersilienblättchen verwendet werden. Kühl servieren.

Variante: Man kann die Kichererbsen auch mit dem Mixer passieren. Hierfür zuerst Zitronensaft in den langsam laufenden Mixer gießen, dann Sesamöl, Knoblauch und Salz und alles kurz durchmixen. Erst jetzt nach und nach die Kichererbsen beigeben und gut durchmischen.

Statt Sesamöl kann auch Sonnenblumenöl (kaltgepreßt) mit einigen Tropfen Ölessenz (auf 100 ml Öl 10 Tropfen Geschmacksöl) von passender Geschmacksnote verwendet werden, beispielsweise Muskat-, Salbei-, Minze-, Fenchel-, Thymianöl.

Felafel
(Kichererbsen-Backkugeln, israelisches Gericht)

2 Tassen Kichererbsen	1 Prise Natron
1 Zwiebel	1 TL Mutterkümmel
2 Knoblauchzehen	2 TL Wasser
1 EL Koriander	Salz, Galgant, Bertram
1 EL Petersilie (gehackt)	

Die Kichererbsen über Nacht in Wasser einweichen. Abspülen und abtropfen lassen. Kichererbsen, Zwiebel, Knoblauch, Koriander und Petersilie zweimal durch den Fleischwolf drehen. Die Mischung in eine Schüssel geben. Natron und Gewürze beifügen und alles gut zu einem Brei verrühren. Die Mischung 15 Minuten lang ziehen lassen. Aus der Masse runde Bällchen in Walnußgröße formen. In sehr heißem Öl goldbraun ausbacken. Mit Salat und Dinkelbrot reichen.

Soja, der Fleischersatz

Im weitesten Sinne gehören auch die Sojabohnen zu den Kichererbsen. Sie spielen in der orientalischen Küche eine große Rolle als wertvoller Fleischersatz, da sie bis zu 38 Prozent Eiweiß enthalten. Vor einseitiger Soja-Ernährung muß man warnen, weil Sojabohnen meist in Monokulturen mit viel Chemie wachsen. Besser sind Sojabohnen aus kontrolliert organischem Anbau.

Beliebt ist Tofu, ein weichkäseartiger Brei aus Sojamehl, der als »Lebensmittel mit den tausend Geschmacksarten« angeboten wird. Tofu schmeckt vorzüglich in Suppen, Aufläufen und Salatsaucen, etwa als Ersatzstoff für fettfreie Mayonnaise. Tofu mit Sonnenblumenöl, Zitronensaft, Kräutern (Petersilie, Dill) und Weinessig im Mixer zerkleinern, ergibt eine feine Salatsauce.

Rote Rüben (Rote Bete)

Rote Rüben eignen sich als Heilmittel bei geschwüriger Haut, Akne (Hautfinne), Impetigo, eitrigem Hautausschlag, infiziertem Ekzem (Neurodermitis).

»Wer die *Rübe* roh essen will, der schäle ihre ganze äußere Schale ab, nämlich das, was derb ist, weil deren Viridität den Menschen verletzt. Ist die Schale entfernt, mag er das Innere essen. Gekocht ist sie aber besser als roh und führt nicht zu Fehlsäften.

Wenn sich aber irgendwann mal der (Körper-)Saft zu Geschwürbildung (in der Haut) erhebt, dann soll (der Kranke) Rüben essen, und das Geschwürbildende wird vernichtet.«
(PL 1164 B)

»Denn wenn er die Rübe roh ißt, drückt ihr Saft schwer auf die schwach veranlagten *(debilis)* Verdauungsorgane *(viscera)*, wenn sie aber gekocht wird, wird auch jener Saftgehalt vermindert, und deshalb wirkt sie gekocht weniger verletzend als roh.«
(Basel Cap. 1–88)

Bei Hildegard steht nicht ausdrücklich etwas von roten Rüben (Beten). Nach der Subtilität können alle Rüben verwendet werden, auch gelbe oder weiße (Teltower Rübchen). Bei Patienten mit Hautleiden haben wir jedoch mit roten Rüben die besten Erfahrungen gemacht. Hier setzen wir Rote-Rüben-Salat mit Quendel ein, um die Hautdurchblutung zu verbessern.

Wenn man die Schale entfernt, kann man auch die rohen Rüben verwenden, zum Beispiel als Rote-Bete-Saft, der sich bei der Behandlung von Krebspatienten bewährt hat. Beachtliche Erfolge in der Krebstherapie sind von Dr. Alexander Ferenci aus Ungarn berichtet worden, der den Roten Beten eine starke krebszellenauflösende Wirkung zuschreibt (*International Clinical Nutrition Review*, July 1986). Für die Wirkung wird der rote Farbstoff, ein Anthocyanosid und Betain verantwortlich gemacht.

Rote Rüben sind wegen ihres hohen Gehaltes an Eisen eine gute Quelle für Patienten mit Eisenmangel-Anämie. 100 g Rote Bete enthalten: 25 g Ballaststoffe; 325 mg Kalium; 25 mg Magnesium; 29 mg Kalzium; 10 mg Vitamin C; 0,7 mg Eisen.

Basis-Diät

Bei allen Hautausschlägen:

Rote Bete mit Quendelsauce

1 kg Rote Bete	Salz
30 g Butter oder	1 gestr. EL Quendel
1 EL Sonnenblumenöl	eventuell weitere
40 g Dinkelmehl	Gewürze
½ l Flüssigkeit	(Mutter-)Kümmelkörner
(Wasser, Brühe)	(ganz)

Für die Zubereitung der Roten Rüben soll man die Knollen gut waschen, ohne dabei die Schale zu verletzen, damit sie nicht »ausbluten«. Je nach Größe eine Stunde lang mit wenig Salzwasser weichdünsten (im Schnellkochtopf zirka 25 Minuten). Danach die Rüben mit kaltem Wasser abschrecken und in einer Schüssel mit Essigwasser pellen. Letzteres verhindert ein Rotfärben der Hände. Die Rüben grob raspeln. Mit etwas ganzen (Mutter-)Kümmelkörnern bestreuen. In der Zwischenzeit aus Dinkelmehl und Butter oder Sonnenblumenöl eine helle Mehlschwitze bereiten. Quendelgewürz unterrühren. Flüssigkeit nach und nach zugeben und eine dünne, glatte Sauce bereiten. Eventuell mit Sauerrahm, Kräutern und weiteren Gewürzen abschmecken und verfeinern. Die Sauce über die Rüben gießen und warm servieren.

Rote Bete mit Meerrettich

2 Tassen gekochte rote Rüben in feine Scheiben geschnitten
1 kleiner Apfel, geschält, entkernt und kleingewürfelt (zirka ½ Tasse)
1 TL Kümmel
2 TL geriebener frischer Meerrettich
½ Tasse Weinessig
1 EL Zucker
½ TL Salz

Die roten Rüben, Apfel, Kümmel und Meerrettich werden in einer tiefen Schüssel vermengt. Essig, Zucker und Salz müssen in einer kleinen Kasserolle unter ständigem Umrühren erhitzt werden, bis der Zucker sich vollkommen aufgelöst hat. Nach 5 Minuten Kochzeit über schwacher Hitze gießt man die Lösung über die Rüben und rührt kräftig um. Wenn sich die Mischung auf Zimmertemperatur abgekühlt hat, wird sie, mit Plastikfolie bedeckt, mindestens 12 Stunden lang in den Kühlschrank gestellt. Währenddessen muß gelegentlich umgerührt werden.

Rote-Bete-Salat

1 kg Rote Bete
Kümmel
2 EL Sonnenblumenöl
2 EL Essig
Salz
$1/8$–$1/4$ l Brühe oder Wasser
1 Zwiebel
Gewürze: Quendel, Galgant, Bertram, Muskat, gehackte Petersilie zum Garnieren

Rote Bete waschen und weichkochen. Danach in dünnere Scheiben schneiden oder grob raspeln. Mit Kümmel und angedünsteten Zwiebelringen (oder gehackt) bestreuen und die gemischte Salatsauce (aus Öl, Essig, Salz und den Gewürzen) darübergießen und unterheben. Genügend Flüssigkeit beifügen, da die Rüben noch viel Feuchtigkeit aufsaugen. Einige Zeit ziehen lassen. Mit gehackter Petersilie dekorieren.

Variation: Der Salat kann auch zusammen mit Apfelschnitzen bereitet werden.

Rote-Bete-Suppe (Borschtsch)

750 g Rote Bete	1 kleine Zwiebel
400 g Rindfleisch	1 EL Butter oder
Salz	Sonnenblumenöl
1½ l Wasser	1 gestr. EL Dinkelmehl
1 Tasse Dinkelkörner	(bei Bedarf)
1 Suppengrün	¼ l saure Sahne
1 gestr. EL Quendel	hinzufügen
weitere Gewürze:	gehackte Petersilie,
Galgant, Bertram,	Schnittlauch oder Dill,
Muskat, Salz	eventuell Beifuß oder
1 EL Essig	andere Kräuter

Feingehackte Zwiebel in Butter (oder Öl) andünsten. Fleisch waschen, in Würfel schneiden und dazugeben. Das geputzte, gewaschene und zerkleinerte Suppengrün, Dinkelkörner und Kräuter hinzufügen. Mit etwas Flüssigkeit (gerade bedeckt) und Salz zum Kochen bringen und weichgaren lassen. Rote Rüben wie beschrieben weichkochen und grob raspeln. Zu der restlichen Suppe geben. Mit Flüssigkeit auffüllen und würzen. Sollte die Suppe zu dünn sein, kann man Dinkelmehl mit etwas Flüssigkeit im Shaker verrühren, bis keine Klumpen mehr vorhanden sind, und zur Suppe geben. Saure Sahne hinzufügen, die ganze Suppe nochmals kurz aufkochen lassen und abschmecken (die Suppe sollte pikant und säuerlich schmecken). Mit gehackter Petersilie garnieren. Wird Schnittlauch oder Dill verwendet, sollte er mitgekocht werden.

Kürbis *(Curcubita pepo)*

Bei Hildegard steht geschrieben:

»*Kürbisse* sind trocken und kalt. Dennoch haben sie ihr Wachstum aus der Luft. Sie sind zum Essen gut sowohl für die Kranken wie auch für die Gesunden.« (PL 1164 B)

Kürbisse gibt es in vielen Variationen. Sie sind besonders in Amerika sehr beliebt als Kürbissuppen oder Kürbiskuchen *(Pumpkin Pie)*, einer amerikanischen Nationalspeise. Zu den Kürbissen gehören auch der Sommer- und der Winter-Squash *(Curcubita pepo* und *C. maxima),* die Zucchinis *(C. pepo)* und die Gourds.

Kürbiskerne werden zur Vorbeugung und zur Behandlung von Prostataleiden gekaut. Sie sind vom Bundesgesundheitsamt als wirksam und unbedenklich zugelassen. Bequemer ist allerdings die Einnahme in Form von Granulat (Kürbisgranulat Fink). Aus Kürbiskernen läßt sich ein sehr gutes Öl herstellen, das leider noch sehr schwierig zu erhalten ist. Die Wirkung der Kürbiskerne geht vermutlich auch auf ihre Inhaltsstoffe, hormonähnliche Steroide, Selen, und auf ihren hohen Zinkgehalt zurück. Die Prostatadrüse speichert mehr Zink als alle anderen Drüsen, und man hat festgestellt, daß Männer aus dem Balkan, die gewohnheitsmäßig Kürbissamen kauen, weniger an Prostata-Schwellungen leiden.

Kürbis süß-sauer

Mit Hilfe einer süß-sauren Beize kann man aus dem Kürbis sehr gut eine Dauerware herstellen. Man schält den Kürbis, nimmt die Kerne heraus, schneidet das Fruchtfleisch in kleine Würfel, kocht sie zusammen mit Zucker, Essig und Wasser und einem Gewürz, etwa Gewürznelken oder auch etwas Sternanis und Zimt. Manche nehmen noch Pfefferkörner dazu. Die Kürbisstücke läßt man vierundzwanzig Stunden lang in der Brühe ziehen. Danach werden die eingelegten Stücke herausgenommen, und die Brühe wird noch einmal eingekocht, etwa eine Viertelstunde lang. Dieser eingedickte Saft wird erneut über die Kürbisstücke gegossen und zieht noch einmal vierundzwanzig Stunden. Wenn man will, kann man dieses Einziehen noch einmal wiederholen. Das Ganze bleibt so im Glas stehen, daß die Kürbisstücke immer von der Flüssigkeit bedeckt sind. Die Kürbisstücke kocht man nicht zu stark, damit sie später nicht zerfallen.

Eingemachte Kürbisse sind ein hochwertiger Ersatz für Essiggurken. Wenn sie auch nicht so scharf schmecken wie Gurken, so haben sie doch einen sehr pikanten und delikaten Geschmack und erfüllen namentlich als Beigabe zum Abendbrot vollkommen den Zweck, den die Gurkenbeigabe haben sollte, aber nicht hat.

Rezept:
2 kg Kürbis (in 2 cm große Würfel geschnitten)
¾ l Weinessig
1 l Wasser; 500 g Rohrzucker
Zitronensaft und Schale von 2 Zitronen
1 kleines Stück Galgant
6 Gewürznelken
2 Zimtstangen

Alles zusammen 10 bis 12 Minuten glasig kochen.

Kürbisgemüse

1 Kürbis	geriebener Käse
1 feingeschnittene Zwiebel	Gewürze: etwas Galgant,
1 EL Sonnenblumenöl	Bertram, Muskat,
oder Butter	gehackter Knoblauch
Salz	Kräuter: Salbeiblätter, Dill,
1 TL Quendel	Beifuß, jeweils kleingehackt
gehackte Petersilie	1–2 EL Weinessig

Den Kürbis schälen, entkernen und in Würfel schneiden. Mit der Zwiebel zusammen in Öl oder Butter andämpfen, Quendel beifügen. Ohne Wasserzugabe und mit genügend Salz weichkochen lassen. Gewürze und Kräuter sowie Essig beifügen. Hat sich viel Saft gebildet, kann dieser mit kalt angerührtem Dinkelmehl und etwas Rahm gebunden werden. Beim Anrichten mit gehackter Petersilie und Reibkäse bestreuen und nach Wunsch mit Stückchen von frischer Butter belegen.

Kürbis gratiniert

Ein fertiges Kürbisgemüse füllt man mit Reibkäse in eine ausgefettete feuerfeste Form, bestreut es mit Reibkäse, Paniermehl und Butterflocken und überbäckt das Gericht im gut vorgeheizten Ofen hellbraun.

Kürbis mit Sellerieherzen

1 kg Kürbis	2 Prisen Rohrzucker
1–2 EL Sonnenblumenöl	1 Zwiebel
oder Butter	2 Sellerieherzen
Salz	1 Handvoll gehackte
Galgant	Petersilie
Bertram	1 EL Wasser
Muskat	⅛ l Sahne

Kürbis in dicke Scheiben schneiden. Davon ²/₃ in einen Topf mit heißem Öl füllen, etwas Salz und Gewürze und 1 Prise Zucker darüberstreuen. Darauf die dünn geschnittenen Zwiebelringe und wieder eine Lage Kürbis legen. Obenauf die gehackten Sellerieherzen und die Petersilie. Wieder mit Salz, Kräuter und Zucker bestreuen. 1 EL Wasser zugießen und 10 Minuten garen. Zum Schluß die geschlagene Sahne darunterziehen.

Lammkeule mit Dinkelreis, Edelkastanien, Weintrauben und Apfel

Rehkeule mit Maronen, Dinkelnudeln und Preiselbeermarmelade

Putenbraten mit Edelkastaniengemüse

Lammrücken mit Dinkelreis, grünen Bohnen und Maronen

Hühnerkeule mit Gemüsestreifen in Riesling

Hühnchen mit Edelkastanien und Rosenkohl

Leber mit Apfelscheiben und Dinkelnudeln

Kürbispudding

1½ kg Kürbis
125 g Butter
4 Eier
4 Dinkelbrötchen
Milch zum Einweichen
60 g Honig

100 g süße Mandeln (gemahlen)
100 g Rosinen
1 TL Zimt
½ TL Salz

Den geschälten Kürbis in Stücke schneiden und die Kerne entfernen. Mit etwas Wasser 10 Minuten weichkochen und danach pürieren. Die Butter schaumig rühren, nach und nach die Eier, die in Milch eingeweichten und ausgedrückten Brötchen, den Honig, die gemahlenen Mandeln und die Rosinen untermischen. Danach Zimt und Salz dazugeben. Mit dem Kürbispüree vermischt in eine gefettete Puddingform füllen und 1½ Stunden im Wasserbad kochen. Kann auch als Hauptgericht serviert werden.

Gebratener Kürbis

Bratkürbis aufschneiden, entkernen und in große, dreieckige Stücke schneiden. Die äußere rauhe Schale nicht wegschneiden. Die Stücke unterm Wasserstrahl säubern und abtropfen lassen. Auf einen Gitterrost in der Backröhre legen. Die Kürbisecken mit der Schalenseite nach unten darauflegen (oder auf ein großes Kuchenblech) und im Backofen bei hoher Hitze überbacken, bis das Kürbisfleisch weich ist. Warm als einfaches Abendessen zu Dinkelbrot servieren, wobei man das Fruchtfleisch mit dem Löffel auslöffelt und die Schale übrigläßt.

Kürbiskuchen
(siehe Backwaren)

Sellerie

Vom Herbst bis zum späten Frühjahr wird frischer Knollensellerie auf dem Markt angeboten. Sellerie ist sehr gesund, nicht nur wegen seiner reichen Mineralstoffe und kreislaufanregenden ätherischen Öle, sondern auch wegen der Selleriesamen, die in Hildegards rheumawirksamem Selleriesamenpulver Verwendung finden. Bereits nach einer Woche ist eine schmerzlindernde Wirkung festzustellen, besonders in Kombination mit Quittenmarmelade. Aber auch gekochter Sellerie vermehrt die guten Säfte:

»*Sellerie* hat mehr eine grüne Natur als eine trockene und hat viel Saftiges in sich. Roh taugt er den Menschen nicht zum Essen, weil er in ihm schlechte Säfte bereitet. Gekochten Sellerie zu essen, schadet dem Menschen nicht, sondern macht ihm vielmehr gesunde Säfte.
Aber wie immer er auch gegessen wird, führt er den Menschen zu einer unsteten Gesinnung, weil sein Grünes ihm manchmal schadet, manchmal wegen der Unstete traurig macht.«
(PL 1159 C)

Nach Hildegard kann die ganze Pflanze verwendet werden, also auch Staudensellerie, ein enger Verwandter des Knollenselleries. Doch auch die zarten grünen Stangen müssen wenigstens gedünstet werden.

Sellerie mit Möhren und Zitronensaft

2 Sellerieknollen	Saft von 1 Zitrone
4 Möhren	Salz
1 EL Sonnenblumenöl	1 Prise Zucker

Sellerie und Möhren schälen und in Scheiben schneiden: den Sellerie 1 cm dick und die Möhren ½ cm dick.
    Öl, Zitronensaft, Salz und Pfeffer in einem Topf zum Kochen bringen, die Möhren und den Sellerie hineingeben und ziehen lassen, bis das Gemüse gar ist.

Sellerieschnitzel, paniert oder in Backteig

1 große, sauber geschälte	Mehl
Sellerieknolle (für 3 Personen)	Ei
Salz	Paniermehl
Zitronensaft	Öl

Die Sellerieknolle schneidet man in dünne Scheiben, salzt sie und beträufelt mit Zitronensaft, wendet sie in Ausbackteig oder in Mehl, verklopftem Ei und Paniermehl und brät die Schnitzel beidseitig in Öl langsam durch. Dazu paßt Tomaten- oder Käsesauce.

Sellerie nach französischer Art

Sellerieknollen	Salz
Butter oder Rahm	Reibkäse
Zitronensaft	

Den geschälten Sellerie schneidet man in Streifen oder Scheiben, dämpft ihn zugedeckt in ganz wenig Wasser weich, salzt und kocht ihn noch weitere 2 Minuten unter Zugabe von Rahm oder frischer Butter. Zuletzt mit Zitronensaft leicht säuern, anrichten und mit Reibkäse oder gehobelten, gerösteten Mandeln oder gehackter Petersilie bestreuen.

Zwiebeln

Obwohl Zwiebeln in keinem Essen fehlen sollten, können sie von Magenkranken nicht vertragen werden, weil sie Blähungen, Bauchschmerzen und Aufstoßen verursachen können. Daher kann man Zwiebelsuppe auch als ein gutes Diagnostikum einsetzen. Wenn sie nicht vertragen wird, ist mit Sicherheit der Magen nicht in Ordnung. Dieser Magentest ist humaner als eine Endoskopie. Daher schreibt Hildegard über die Zwiebel:

»Sie hat nicht die richtige Wärme, sondern eine heftige Feuchte und wächst aus jener Art des Taues, der sich gegen Tagesbeginn bildet, das heißt dann, wenn die Kräfte des Taues bereits schwinden.
Roh gegessen, ist die *Zwiebel* so schädlich und giftig wie der Saft von Unkräutern; gekocht ist sie gesund, weil durch die Feuerhitze die in ihr vorhandenen Schädlichkeiten gemindert werden. Für solche, die an Schüttelfrösten leiden oder Fieber oder Gicht haben, ist sie gekocht (besonders) gut. Den Magenkranken macht sie roh wie auch gekocht Schmerzen, weil sie (zu) feucht ist.« (PL 1163 B/C)

Bei fiebriger Grippe:
Zwiebelbouillon

1 EL Butter	Fleisch- oder Gemüseextrakt
1–2 Zwiebeln, fein gehackt	Weißwein
Wasser	geröstete Brotscheiben

Butter in eine Pfanne geben und erhitzen. Die fein gehackten Zwiebeln hineingeben und gelb anrösten. Mit 1 bis 1½ Liter Wasser ablöschen, die Suppe mit Fleisch- oder Gemüseextrakt würzen und mit etwas Weißwein vervollkommnen. Kurz aufkochen und nach Wunsch über gerösteten Brotscheiben anrichten.

Zwiebelsuppe (Silvestersuppe)

1 EL Butterfett	1½ Liter Wasser
2–3 große Zwiebeln	1 Bouillonwürfel
2½ EL Mehl	Salz, Pfeffer, Muskat

Will man die Suppe zuletzt durch ein Sieb passieren, so schneidet man die Zwiebeln in Scheiben; will man sie aber nicht passieren, dann schneidet man die Zwiebeln möglichst fein, röstet sie alsdann im heißen Fett unter öfterem Wenden goldbraun, bestreut sie mit dem Mehl, läßt dieses etwas Farbe annehmen und gießt das Wasser hinzu. Die Suppe 20 Minuten kochen lassen und mit den Gewürzen abschmecken. Nach Wunsch durch ein Sieb passieren und eventuell mit etwas Rahm verfeinern. Separat dazu kann man Reibkäse servieren.

Alle Teile der Zwiebel können verwendet werden – aber immer gekocht. Perlzwiebeln oder Schalotten muß man vorher in Wein beizen:

»*Schalotten* taugen weder für Gesunde noch für Kränkliche. Wenn jemand Schalotten essen will, soll er sie vorher in Wein legen und darin beizen. So kann sie sowohl der Gesunde wie der Kranke essen.

Auch dann ist die Perlzwiebel für den Kranken, mäßig und roh (gebeizt) gegessen, besser als gekocht, denn gekocht würde sie im Bauch das Beißen machen.« (PL 1162 B)

Zwiebeln enthalten schwefelhaltige ätherische Öle, die Augen und Nase reizen. Daher wird sie auch nach dem Ähnlichkeitsprinzip erfolgreich bei Heuschnupfen in der Homöopathie eingesetzt. Zwiebeln enthalten neben vielen Mineralien, Vitaminen auch Prostaglandin A, eine hormonähnliche hochaktive Substanz, die auch in Knoblauch vorhanden ist und blutdrucksenkende Eigenschaften hat. Darüber hinaus wirken Zwiebeln appetitanregend, schleimlösend bei Bronchitis und – wie Hildegard schreibt – fiebersenkend bei Grippe oder anderen Infektionskrankheiten. Hier hilft eine warme Zwiebelsuppe immer rasch. Neuerdings wurden auch noch fett- und cholesterinsenkende Eigenschaften der Zwiebeln entdeckt. Zwiebeln verbessern die Durchblutung, da sie die Blutplättchen-Aggregation und das Anhaften der Blutplättchen an den Blutgefäßen verhindern.

Knoblauch

Knoblauch war schon bei den alten Ägyptern ein hochgeschätztes Gemüse. Sie verwendeten ihn als Zahlungsmittel für die Arbeit an ihren Pyramiden; damit schützten sie gleichzeitig ihre Arbeiter vor Seuchen und Durchfallerkrankungen. Knoblauch hat starke Heilwirkungen, die auf seine große Zahl hochaktiver Inhaltsstoffe zurückgeführt werden: schwefelhaltiges, ätherisches Öl, Vitamine, viele Mineralien. Moderne pharmakologische Untersuchungen haben ergeben, daß der Knoblauch blutdrucksenkende, fett- und cholesterinspiegelsenkende und durchblutungsfördernde Eigenschaften hat, so daß er heute als vorbeugendes Mittel gegen Arteriosklerose, Herzinfarkt und Schlaganfall gepriesen wird. Hildegard erwähnt seine durchblutungsfördernde Wirkung:

»*Knoblauch* hat die rechte Wärme und wächst und grünt aus der Kraft des Taues, das heißt, vom ersten Nachtschlaf an bis fast gegen das Tagwerden zu und wenn die Zeit zur Matutin gekommen ist. Für Gesunde und Kränkliche ist er gesünder zu essen als der Porree. Man muß ihn roh essen, weil er beim Kochen fast wie verdorbener Wein wird. Denn sein Saft ist wohlabgestimmt, und er hat die rechte Wärme. Den Augen schadet er nicht, auch wenn von seiner Wärme die Bindehaut ums Auge stark gereizt wird. Nachher werden sie nämlich klar. Doch soll man maßvoll Knoblauch essen, damit er das Blut des Menschen nicht zu sehr erhitzt. Wenn Knoblauch alt (geworden) ist, dann verschwindet seine gesunde und rechte Fruchtigkeit; aber er kommt dann wieder zu Kräften, wenn er von anderen Speisen ins rechte Maß gebracht wird.« (PL 1162 A)

Knoblauch hilft bei Verdauungsstörungen, Blähungen, Durchfall und chronischer Verstopfung, da er in der Lage ist, die normale Darmflora wiederherzustellen.

Pastinaken

Die dicken, weißen Wurzeln der Pastinaken schmecken stark nach Möhren und Petersilie. Wahrscheinlich sind die Pastinaken gemeint, die von Hildegard als Moorkraut beschrieben werden:

»*Moorkraut* ist kalt und eine Erfrischung für den Menschen. Es nützt ihm weder viel zur Gesundheit noch schadet es ihm. Gegessen füllt es dem Menschen nur den Bauch an.« (PL 1189 B)

Die Pastinaken sind ein uraltes, verkanntes Gemüse und eine Delikatesse für Wühlmäuse, die alles liegenlassen, wenn sie die langen Pastinakenwurzeln riechen. Die Wurzeln werden gegen Ende des Jahres nach dem ersten Frost geerntet und dienen als kalorienarmer Vitamin- und Mineralstoffspender.

Pastinakengemüse nature oder mit Rahmsauce

750 g Pastinaken	ein Stück frische Butter
Salz	feingehacktes Grün
1 Prise Zucker	

Die Pastinaken schabt oder schält man sauber, schneidet sie in Scheibchen oder dünstet sie unzerschnitten weich unter Beigabe von Salz, Zucker, Butter und etwas Bouillon. Zuletzt bestreut man sie mit gehacktem Grün, oder man vermischt das Gemüse vor dem Anrichten mit Rahmsauce und überstreut es nach Wunsch mit gehobelten, gerösteten Mandeln.

Pastinakenpüree, Selleriepüree

Man kocht das Gemüse nach Vorschrift, läßt es ziemlich weich werden und rührt es durch den Passevite oder durch ein Sieb, gibt es zurück in die Pfanne, fügt ein Stück frische Butter oder etwas Sahne hinzu und rührt auf kleinem Feuer mit dem Schwingbesen, bis das Gemüse wieder gut heiß ist. Paßt als Fleischgarnitur oder eignet sich gut für die Krankenküche, für Patienten mit Schluckbeschwerden, mangelhaftem Gebiß.

Obst, Mandeln, Nüsse, Beeren

Äpfel

Äpfel werden seit über 3000 Jahren angebaut und wachsen in gemäßigten Klimazonen aller fünf Erdteile. Der Apfel zählt wie die Birne und die Quitte zu den Kernobstarten. Während Äpfel im Unterschied zu Birnen nachts vom kräftigen Nachttau wachsen, bekommen die Birnen ihre Reife durch den Morgentau und werden erst durch Kochen und Braten bekömmlich. Äpfel können von Gesunden auch roh gegessen werden. Runzelige, abgelagerte und nachgereifte Äpfel werden auch von Kranken gut vertragen.
Bei Hildegard steht geschrieben:

»Die Frucht des *Apfelbaumes* wächst vom Tau, wenn dieser in seiner Vollkraft steht, denn aus jenem Tau, dessen Wirkung sich vom ersten Schlaf der Nacht bis beinahe gegen die Morgendämmerung erstreckt, wachsen die erquickenden Äpfel. Weil sie von einem kraftvollen Tau schon gekocht wurden, sind sie auch roh für gesunde Menschen gut zu essen.« (PL 1217 C)

»An apple a day keeps the doctor away.« Wer einen Apfel am Tag ißt, braucht keinen Arzt, sagen die Amerikaner – und das spart Geld, denn amerikanische Ärzte sind teuer. Die wertvollen Säuren (Apfel- und Zitronensäure) verleihen dem Apfel seinen erfrischenden, aromatischen Geschmack und fördern den Speichelfluß und die Verdauung. Saure Äpfel haben eine milde, abführende Wirkung und regulieren die Darmtätigkeit. Gedünstete Äpfel verhindern das Wachstum von krankmachenden, unerwünschten Darmbakterien, die zu Durchfallerkrankungen führen könnten. Daher wird Apfelmus in der Durchfall- und Fiebertherapie erfolgreich eingesetzt.
Wertvolle Vitamine, Mineralien, Spurenelemente und Fruchtzucker (bis zu zwölf Prozent Frucht- und Traubenzucker) verleihen den Äpfeln eine diätetische Wirkung bei Schwäche und Erkältungszuständen. Die im Apfel enthaltenen Pektine quellen sehr leicht und reinigen den Darm von krankmachenden Fäulnis- und Schlackenstoffen. Außer dem hohen Gehalt an löslichen Pflanzenfasern wird im Pektin auch eine cholesterinsenkende Eigenschaft

festgestellt. Apfelkerne sind besonders reich an Quellstoffen und den immunstimulierenden cyanogenen Glykosiden, sie können daher ebenfalls mitgegessen werden.

Äpfel enthalten wie alle anderen Obstarten viel Wasser und eignen sich mit Dinkel zu schnell wirksamen Gewichtreduktionskuren.

Apfelkuchen

8 Kochäpfel	1 Ei
1 TL Zitronensaft	100 g Walnüsse
1 Tasse Dinkelmehl mit Backpulver angereichert	50 g Mandeln
	1 TL Zimt
1 Tasse Rohrzucker	50 g zerlassene Butter

Die Äpfel schälen und in dünne Scheiben schneiden. Mit Zitronensaft beträufeln. In eine Auflaufform mit einem Durchmesser von 30 cm legen.

In einer Schüssel das Mehl, den Zucker und das Ei mit den Fingern zerkrümeln. Gleichmäßig über die Äpfel verteilen.

Über die Streusel die Nüsse, Mandeln und den Zimt verteilen und über das Ganze die zerlassene Butter träufeln.

In einem vorgeheizten Ofen bei mittelstarker Hitze zirka 45 Minuten backen.

Apfelkompott

1 kg süße Äpfel	Zimt, Muskat, Gewürznelke
1 Glas Wasser	eventuell geriebene oder
2–3 EL Rohrzucker	gehobelte Mandeln
(je nach Geschmack)	

Äpfel vierteln und Kerngehäuse entfernen. Wasser, Zucker und Gewürze darübergeben und weichkochen. Möglichst nicht oft umrühren, damit kein Mus daraus wird. Zum Servieren kann man noch zusätzlich Mandeln darüberstreuen. In Kompottschalen servieren.

Äpfel in Karamelsauce

1 kg Äpfel	Rohrzucker
1 EL Butter	2 EL Rahm

Äpfel schälen, Kerngehäuse ausstechen und in gleichmäßige Scheiben schneiden. Wieder zusammensetzen und in eine gebutterte Gratinplatte stellen, mit Zucker bestreuen und mit Wasser im Ofen weichdünsten. In einem Pfännchen 2 EL Zucker rösten, mit etwas Wasser aufkochen, mit 2 EL Rahm verfeinern. Diese Sauce über die gedünsteten Äpfel gießen.

Apfel-Diätspeise

2–3 Äpfel	etwas Dinkelschrot
Saft einer halben Zitrone	etwas Wasser
1 EL Sauerrahm	etwas Rohzucker und
1 EL Hafer-	eingeweichte Rosinen
oder Dinkelflocken	1 EL gemahlene Mandeln

Die Flocken ½ Stunde lang in etwas Wasser einweichen, Sauerrahm mit 2 EL Wasser (oder Milch) verrühren, Zitronensaft sowie Flocken daruntermischen und die Äpfel samt Schale an der Bircherraffel hineinreiben. Es kann auch eine etwas gröbere Raffel verwendet werden. Die geriebenen Äpfel gleich in die Sauce mischen, damit sie nicht braun werden. Rohzucker und Rosinen verfeinern die Speise. Die gemahlenen Mandeln vor dem Servieren darüberstreuen. Die Speise soll unmittelbar vor dem Verzehr zubereitet werden.

Vanilleäpfel

4 große Äpfel schälen; Kerngehäuse ausstechen und die Äpfel in ¼ Liter Wasser mit 100 Gramm Zucker und einer aufgeschlitzten Vanilleschote dünsten. Auf Dessertteller setzen; die Höhlung mit Himbeerkonfitüre füllen und die Äpfel mit heißer Vanillesauce übergießen. Die Vanillestange zerschneiden und als Stengel in die Äpfel stecken.

Apfelauflauf mit Dinkelkörnern

8–10 geschälte, in Viertel geteilte Äpfel	30 g Butter
½ Tasse Dinkelkörner	3 EL Rohzucker
200 ml Wasser	2 Eier
200 ml Milch	½ Becher Sauerrahm
1 Prise Salz	Muskat, Zimt, Nelken

Die Äpfel mit dem Zucker, den Gewürzen und etwas Wasser fast weich kochen. Die Dinkelkörner mit ¼ l Wasser aufkochen und zirka 20 Minuten unter Beigabe von Salz und Butter weichgaren lassen, bis das Wasser aufgebraucht ist. Milch, Eier und Sauerrahm verquirlen und die in einer gefetteten Auflaufform abwechselnd geschichteten Körner- und Apfelkompottlagen zum Schluß damit übergießen. Bei Mittelhitze zirka 40 Minuten überbacken.

Apfelauflauf mit Dinkelzwieback

12–15 Dinkel-	1 EL Rohzucker
Zwiebackstücke	4 EL Rahm
50 g gemahlene Mandeln	1 Schüssel Apfelkompott
2–3 Eier; Zitronensaft	(wie beschrieben)

Die Zwiebackstücke zerstoßen, mit dem Eigelb und allen übrigen Zutaten vermischen. Zuletzt das steifgeschlagene Eiweiß darunterziehen und die Masse in eine ausgefettete Auflaufform füllen. Bei Mittelhitze 30 bis 40 Minuten backen.

Apfelauflauf mit Dinkelflocken

In eine ausgefettete Auflaufform lagenweise die feingeschnittenen Äpfel, etwas Rohzucker und Rosinen, Dinkel- und Haferflocken sowie gemahlene Mandeln geben. 2 Eier mit 2 dl Milch und etwas Rahm schaumig schlagen, darübergießen und mit Zimtzucker und Butterflocken bestreuen. Bei Mittelhitze 45 Minuten backen.

Apfel im Schlafrock

Mürbeteig:	Äpfel
280 g Dinkelmehl	Zucker, Zimt, gemahlene
160 g Butter	Mandeln, Rosinen
1 große Prise Salz	1 Ei
4–6 EL kaltes Wasser	

Die geschälten Äpfel ausstechen, die Höhlung mit Rosinen, Zimtzucker und gemahlenen Mandeln oder auch nur mit Konfitüre füllen. Den Teig 3 bis 4 mm dick auswellen und in 16 bis 18 cm große Quadrate schneiden. Auf jedes einen Apfel setzen, und die Teigränder mit Eiweiß bestreichen. Die Teigzipfel über jedem Apfel zusammenschlagen. Alles mit Eigelb bestreichen. Beliebig mit Teigstreifen verzieren und nochmals mit Ei bestreichen. In Mittelhitze zirka 35 Minuten backen. Nach Belieben mit Puderzucker besieben.

Apfelkrapfen

Blätterteig
dickes Apfelmus mit Zimt,
Nelkengewürz und
Weinbeeren

Blätterteig 3 mm dick ausrollen und davon mit einem gezackten Ausstecher Plätzchen von zirka 9 cm Durchmesser ausstechen. Diese beliebig mit dem angerührten Apfelmus bestreichen. Den Rand mit Ei bepinseln, die eine Hälfte überklappen und ringsum andrücken. Mit Ei bestreichen und bei starker Hitze hellgelb backen.

Birnen

Der Tau gibt auch den Birnen ihre subtile Eigenheit, wobei diese im Unterschied zu den Äpfeln, wie bei Hildegard geschrieben steht:

»... ihre Wachstumskräfte bloß von jenem Tau empfangen, dessen Kraft bei Tagesanbruch bereits dahinschwindet. Deshalb verursachen *Birnen* im Menschen schädliche Säfte, wenn sie nicht (vorher gar) gekocht werden, eben weil sie aus dem bereits zerrinnenden Tau wachsen. Wer daher Birnen essen will, koche sie in Wasser oder dörre sie am Feuer. Gekocht sind sie noch gesünder als gedörrt, weil das heiße Wasser den in ihnen enthaltenen schädlichen Saftstoff ganz allmählich garkocht, während das Feuer zu abrupt wirkt und beim Dörren nicht den ganzen Schadsaft unterdrückt. Auch gekochte Birnen liegen dem Esser etwas schwer (im Magen), weil sie alles Faulige in ihm aufsuchen, vermindern und auflösen, wobei sie ihm gute Verdauung bereiten und das Faulige mit sich aus dem Körper ausleiten. Äpfel dagegen verdauen sich leicht, aber sie führen bei ihrer Verdauung die Fäulnis nicht mit sich hinaus.« (PL 1218 C)

Rohe Birnen sind nicht gut für Lungen- und Leberleidende, da sie diese Organe schwer belasten, Migräne auslösen und schwer verdaut werden können. Erst gekocht, gebacken oder gedörrt sind sie gut verdaulich. Dann reinigen sie sogar den Darm radikal, wie ein gutes Abführmittel.

Bei Hildegard steht geschrieben:

»Die *Birnfrucht* ist schwer (verdaulich) und gewichtig und rauh. Wenn jemand rohe Birnen im Übermaß ißt, dann führen sie in seinem Kopf zu Migräne, und in der Brust machen sie Dämpfigkeit (Qualm), weil sie vom Birnensaft sowohl in der Lunge (etwas) anziehen als auch etwas davon (ins Blut) aufnehmen, so daß dieser Saft im Leberbereich und auch im Lungenbereich wie Bleisinter ähnlich einem Weinstein gleich ausfällt und sich verhärtet. Dadurch werden öfters in der Leber und in der Lunge die Ursachen für schwere Erkrankungen gelegt. So wie manchmal ein vom Wein etwas voller Mensch nach Wein riecht, so mischt sich auch der Atem mit Birnsaft und nimmt dessen Rauheit an. Daher kommt es, daß man schwer atmet, nachdem man rohe Birnen gegessen hat, so daß davon in der Brust bisweilen viele Krankheitsanlagen entstehen ...« (PL 1218 B)

Da Birnen leicht Migräne auslösen (besonders der Birnenkochsaft), wird bei der Herstellung des Migräne-Heilmittels Bärwurz-Birnenhonigmus das Kochwasser verworfen. Die Wirkung gegen Migräne ist ausgezeichnet. Fast wie in der Homöopathie wird hier nach dem Ähnlichkeitsprinzip geheilt, allerdings erst in der richtigen Zusammensetzung und Herstellung.

Birnenkompott

500 g Birnen
⅛ l guten Weißwein
⅛ l Wasser
1 Stange Zimt
eventuell Gewürznelken

Die geschälten und halbierten (oder geviertelten) Birnen (möglichst härtere Sorte) vom Kerngehäuse befreien und mit Wein und Wasser sowie Gewürz weichkochen lassen (zirka 10 bis 20 Minuten). In Kompottschalen servieren.

Birnenkompott mit Preiselbeeren

500 g Birnen
250 g Preiselbeeren
¼ l Wasser
100 g Rohrzucker

Birnen waschen, schälen und vierteln. Kerngehäuse entfernen. Preiselbeeren verlesen, waschen, abtropfen lassen und mit den Birnen und dem Zucker in Wasser weichdünsten lassen. In Kompottschalen servieren. Es können auch Äpfel mitgekocht werden.

Melbabirnen

Kompottbirnen
gleichviel Himbeeren
Schlagrahm
Rohrzucker
1 Schuß Kirschwasser

Die halbierten Birnen abtropfen lassen und auf einer Glasplatte anrichten. Mit Himbeercreme überziehen.

Himbeercreme: Die Himbeeren mit einer Gabel fein zerdrükken oder im Mixer pürieren, mit dem Zucker gut verrühren und den Schlagrahm sowie Kirschwasser darunterziehen. Sofort servieren.

Birnen nach Berner Art

500 ml Milch
70 g Dinkelgrieß
50 g Rohrzucker
Kompottbirnen
Vanillecreme

$1/8$ l Schlagrahm
zum Garnieren
etwas Zimt und
Gewürznelken

Milch mit Zucker und Gewürz sowie etwas Salz aufkochen, den Grieß einrühren und 10 Minuten zugedeckt kochen lassen. Die Masse in eine kalt ausgespülte, flache Form füllen. Nach dem Erkalten stürzen und mit halben Kompottbirnen belegen. Mit Vanillecreme übergießen. Ringsum mit Schlagrahm garnieren.

Birnenfladen

Mürbeteig:
280 g Dinkelmehl,
160 g Butter,
1 große Prise Salz
4–6 EL kaltes Wasser

500 g Birnen
125 g Rohrzucker
75 g Mandeln
1 Handvoll Rosinen

1 Msp. Zimt
1 Glas Wein
1 Gläschen Kirschwasser

Für den Guß:
2 Brötchen
2 Eier
200 ml Rahm
2 EL Rohrzucker

Den Mürbeteig 3 mm dick ausrollen und damit ein rundes, bebuttertes Blech auslegen, den Rand verdoppeln und mit Eigelb bestreichen. Birnen säubern, vierteln und vom Kerngehäuse befreien. In kleine Würfel schneiden und mit Zucker, etwas Wasser und dem Wein 10 Minuten kochen. Danach mit den Mandeln, Rosinen, Zimt und Kirschwasser mischen und die Masse auf den Teigboden streichen. Die Brötchen zerschneiden, in Milch einweichen und auspressen. Mit einer Gabel zerdrücken und mit dem Eigelb, dem Rahm und Zucker mischen. Den steifen Eischnee darunterziehen, und die Masse über die Birnen streichen.

Den Fladen bei mittlerer Hitze etwa 40 Minuten backen.

Birnen-Eierkuchen

500 g Birnen	1 Beutel Vanillezucker
1 Zitrone	200 g Dinkelmehl
3 Eier	8 EL Sonnenblumenöl
1 Becher Sauerrahm	(oder Butter)
2 EL Rohrzucker	Zucker und Zimt
½ TL Salz	zum Bestreuen

Die geschälten und vom Kernhaus befreiten Birnen würfeln und mit Zitronensaft beträufeln. Eiweiß zu steifem Schnee schlagen. Eigelb mit Sauerrahm, Zucker, Salz und Vanillezucker schaumig rühren. Das Dinkelmehl und danach den Eischnee nach und nach unterheben. Für jeden Pfannkuchen 1 EL Öl (oder Butter) in der Pfanne erhitzen (ergibt etwa 8 kleinere Pfannkuchen insgesamt), und je 1 Kelle Teig in die Pfanne geben. Die Birnenwürfel darauf verteilen. Den Teig von beiden Seiten hellbraun anbraten und auf der Servierplatte mit Zucker und Zimt bestreuen.

Birne Markgräfin-Art

Mit einer halben Stange Vanille gekochten Milchreis zu kleinen Törtchen formen und mit einer halbierten gedünsteten Birne belegen. Schlagsahne mit echtem Vanillezucker würzen und damit garnieren.

Quitten

Quitten gehören bei Hildegard zu den wenigen Früchten, die sogar roh gegessen von Gesunden und Kranken vertragen werden. Sie haben sich hervorragend bei Rheuma und Gichtleiden bewährt, da sie den Harnsäurespiegel senken können.

Bei Hildegard steht geschrieben:

»Der *Quittenbaum* ist eher kalt und vergleicht sich der Schlauheit, die manchmal nutzlos ist und manchmal auch nützlich. Sein Holz und seine Blätter liefern nicht viel Brauchbares für den Menschen.

Seine Frucht ist warm und trocken und hat eine feine Ausgeglichenheit in sich, und wenn sie reif ist, verletzt sie, roh gegessen, weder den Kranken noch den Gesunden; gekocht und gedörrt aber hilft sie dem Kranken und dem Gesunden.« (PL 1220 B)

»Wer vergichtigt ist (genau dieses deutsche Wort steht mitten im lateinischen Text), esse fleißig die Quittenfrucht, gekocht oder gedörrt, und sie räumt mit dem Giftstoff so (gründlich) in ihm auf, daß die Gicht sich weder auf sein Nervensystem schlägt noch seine Gelenke zerstört oder angreift.« (PL 1220 C)

Ob die Quitte der Venus Klugheit verliehen hat, wissen wir nicht, auf jeden Fall galt sie im Altertum als heilige Frucht, die ihrem Träger Glück und Liebe versprach. Auch die berühmten »goldenen Apfel« der Hesperiden, die Herakles pflückte, sollen Quitten gewesen sein.

Bis in den Spätherbst hinein reifen die Quitten und vertragen sogar die ersten Nachtfröste. Sie werden aber nicht weich, sondern steinhart und können roh, gerieben oder geraspelt gegessen werden. Mit Schlagsahne gemischt ist die rohe Quitte eine delikate Nachspeise. Erst durch das Kochen wird die Quitte weich und kann dann zu Kompott, Quittenmus, Quittenbrot, Kuchenbelag, Quittenmarmelade weiterverarbeitet werden. Die Schalen und die Kerne werden mitgekocht, da sie das wertvolle Pektin enthalten und der Quitte eine enorme Quellfähigkeit verleihen.

Es gibt drei Quittenarten: die Portugal-, die Apfel- und die Birnenquitte. Die Portugalquitte ist am ertragreichsten. Bei uns gedeiht jedoch die aromareiche Apfelquitte am besten.

Der Quittenschleim hat eine adstringierende, entzündungshemmende Wirkung bei Magen-Darmleiden und Durchfallerkrankungen und wird in der britischen Pharmakopöe zur Herstellung von Emulsionen empfohlen. Da Quitten sehr eisenreich sind, wirken sie blutbildend bei Anämie. Am meisten haben sich die Quitten, jedoch kurmäßig eingesetzt, bei Rheuma und Gichtleiden bewährt.

Quittenkonfitüre

(ein feines, wertvolles Rezept,
da die ganze Frucht mit Schale Verwendung findet)

1000 g Quitten	Saft einer Zitrone
¼ l Wasser	1000 g Rohrzucker
⅛ l süßlichen Weißwein	20–50 g Galgantpulver

Die Quitten mit einem Tuch abreiben, vierteln und nach Entfernen des Kerngehäuses kleinschneiden. Zusammen mit dem Wasser, dem süßlichen Weißwein und dem Zitronensaft unter Rühren zum Kochen bringen und weichkochen. Die Masse durch das Passiersieb oder einfach pürieren und abmessen. Auf 1000 g Fruchtmasse 1000 g Zucker oder auch etwas weniger abwiegen. Quittenmus und Zucker vermischen, unter Rühren aufkochen. Bis zur Gelierprobe kochen. Galgantpulver dazutun. In vorbereitete heiße Rundgläser füllen und diese sofort verschließen.

Quittenbrot

1 kg Quitten vorbereiten
wie für Quittenkompott
1 kg Rohrzucker
20–50 g Galgantpulver

gehackte Mandeln
nach Belieben
Öl zum Ausfetten

Quitten und Zucker in einen großen, flachen Topf füllen und gut durchkochen; zwischendurch umrühren. Zirka 1 Stunde durchkochen. In der Zwischenzeit Mandeln schälen und grob hacken, Mandeln nach Geschmack kurz vor Ende der Kochzeit zufügen.

Platten oder Tablett mit Backpapier auslegen und gut mit Öl einpinseln. Die abgekühlte Quittenmasse nach Zufügen des Galgantpulvers gleichmäßig darauf verteilen, ungefähr 1 cm dick.

Das Ganze zum weiteren Trocknen zirka 3 bis 4 Wochen auf den Küchenschrank stellen. Das Backpapier abziehen und das getrocknete Quittenbrot in Rauten oder Würfel schneiden und in Zucker oder geriebenen Mandeln wälzen, in Schraubgläsern im Keller aufbewahren. Hält sehr lange.

Quittenkuchen, gedeckt

Mürbeteig:
400–500 g Dinkelmehl
3 gestr. TL Backpulver
150 g Zucker
1 Päckchen Vanillezucker

1 Prise Salz
1 Ei
1 EL Milch
200 g weiche Butter

Quittenfüllung:
2 bis 3 Pfund Quitten mit einem Tuch abreiben, vierteln und das Kerngehäuse entfernen. Die Quitten kleinschneiden. Zusammen mit ⅛ l süßlichem Weißwein und ¼ l Wasser unter Rühren weichkochen. Die Masse durch das Passiersieb oder durch die »Flotte Lotte« streichen. Anschließend mit zirka 150 g Zucker süßen und etwas geriebene, süße Mandeln, 20 g Galgantpulver und 1 bis 2 EL Mondamin hinzufügen. Abkühlen lassen.

Etwas mehr als die Hälfte des Teiges auf dem Boden einer mit Butter gefetteten Springform (Durchmesser etwa 26 cm) ausrollen, am Rand eine Art Rolle (zirka 2,5 cm hoch) formen und den Boden mehrmals mit einer Gabel einstechen. Die Füllung auf den Boden geben, glattstreichen und die Teigplatte darauflegen. Wenn man will, ein Eigelb mit 1 EL Milch verschlagen und die Teigplatte damit bestreichen. Zum Schluß nochmals mit einer Gabel mehrmals auf der Teigplatte einstechen. Man kann auch auf das Bestreichen mit Eigelb verzichten und den Kuchen kurz vor dem Servieren mit Puderzucker bestreuen.

Quittenhälften in Sirup

4 große Quitten	1 TL Galgantpulver
8 TL Zucker	½ Tasse Wasser
1 TL Zimt	1 Becher Schlagsahne

Die Quitten waschen und den Flaum entfernen. Jede Quitte halbieren und die Kerne herausnehmen (und aufheben). Die Quittenhälften mit der Vertiefung nach oben in einen großen flachen Topf legen und in jede Vertiefung einen Teelöffel Zucker geben. Mit Galgant und Zimt würzen. Das Wasser und die Kerne hinzufügen, die Kerne geben den Quitten nach dem Kochen eine schöne rötliche Farbe. Den Topf zudecken und auf großer Flamme zum Kochen bringen. Danach die Quitten einige Stunden lang auf eine kleine Flamme oder über Nacht auf eine Wärmeplatte stellen.
Kalt mit Schlagsahne servieren.

Kandierte Quitten

1 kg Quitten	Saft einer Zitrone
500 g Rohrzucker	Mandelsplitter

Die Quitten waschen, schälen, vierteln, entkernen und auf einer groben Reibe reiben. Einige Minuten stehenlassen, bis sie sich rosa färben. Die Quitten und den Zucker in einen großen Topf geben und auf kleiner Flamme kochen, bis die Mischung dick ist und sich rötlich färbt. Ab und zu umrühren und 5 Minuten vor Beendigung des Kochens den Zitronensaft hinzufügen. Über Nacht in ein Sieb legen. (Man kann den Sirup als Marmelade verwenden.) Die Quitten auf ein Brett legen, mit Gaze zudecken und einige Tage liegen lassen, bis sie hart werden. Man kann die Quitten auch in Vierecke oder Rhomben schneiden und in Mandelsplitter wenden.

Quittenkompott

1 kg Quitten; 100 g Rohrzucker	1 Zimtstange
1 Liter Wasser	Gewürznelken

Die Quitten abreiben (Schale kann dranbleiben, unschöne Flecken wegschneiden), in Schnitze teilen, Kerngehäuse entfernen. Die Früchte mit Wasser, Zimtstange und Nelken 40 bis 50 Minuten auf kleiner Flamme zugedeckt dünsten und vor dem Anrichten zukkern. Je nach Geschmack kann man den Zucker auch ganz weglassen. Quitten haben ihre eigene Würze.

Quittengelee

Für das Quittengelee werden die Früchte trocken geputzt und in kleine Schnitze geschnitten. Das Kernhaus wird dabei nicht entfernt, nur der Stiel. Dann werden die Früchte mit soviel Wasser, daß sie fast bedeckt sind, gekocht, bis sie weich sind. Dabei soll nicht viel gerührt werden, damit die Schnitze nicht zu musig werden. Dann alles durch ein Salatsieb und nochmals durch ein Haarsieb drücken, um den Saft für das Gelee zu bekommen. Dieses Verfahren geht schneller, als wenn man die gekochten Früchte durch ein Tuch sickern läßt.

Dann pro Liter Saft 1 Päckchen Gel-Fix mit dem Schneebesen unterrühren und solange rühren, bis der Saft kocht! Dann 1 kg Zukker dazugeben und das Ganze am besten im Sikomatic zirka 5 Minuten fest kochen lassen. Dann den Schaum mit einem Eßlöffel oder Teesieb abnehmen, den Schöpflöffel durch Eintauchen in das kochende Gelee steril machen und das Gelee heiß in Gläser füllen. Die Gläser auf einen feuchten Spüllappen stellen, einen silbernen Löffel hineinstellen, das Gelee bis ganz zum Rand einfüllen und die Gläser sofort schließen.

Das bei Quittengelee anfallende Mus ergibt, mit frischem Apfelmus gemischt, ein schmackhaftes Kompott.

Quittenmarmelade

1 kg Quitten   750 g Rohrzucker
1 Tasse Wasser   Saft von 1 Zitrone

Die Quitten waschen, vierteln und das Kerngehäuse entfernen. Die Früchte jedoch nicht schälen. 5 Minuten lang in Wasser kochen, dann mit einem Schaumlöffel aus dem Wasser nehmen und abkühlen lassen. Zucker und Zitronensaft in das Wasser geben, das nach dem Kochen übriggeblieben ist und solange weiterkochen, bis sich der Zucker aufgelöst hat.

Die Quitten auf einer groben Reibe reiben und mit dem Sirup etwa 1½ Stunden im zugedeckten Topf auf kleiner Flamme kochen, bis die Marmelade dick ist und eine rosa-rötliche Farbe hat. Ab und zu mit einem Holzlöffel umrühren. Abkühlen lassen und in ein Glas gießen. Das Glas gut verschließen.

Quittenbällchen in Mandelsplitter

1 kg Quitten	Saft von ½ Zitrone
Wasser nach Bedarf	100 g Mandelsplitter
3 Tassen Zucker	

Die Quitten waschen und in Viertel schneiden, jedoch nicht schälen und nicht entkernen, dann in ein wenig Wasser aufkochen, bis sie weich werden. Mit einem Schaumlöffel aus dem Wasser nehmen, abtropfen und abkühlen lassen. Kerngehäuse entfernen, die Quitten schälen und zu Püree zerdrücken.

Das Quittenpüree mit dem Zucker in einen Topf geben und auf sehr kleiner Flamme unter ständigem Rühren solange kochen, bis man einen dicken, braun-rötlichen Brei erhält. Einige Minuten vor Beendigung des Kochens den Zitronensaft hinzufügen.

Den Brei 12 Stunden lang abkühlen lasssen. Kleine Bällchen formen, in Mandelsplitter rollen und in Papierförmchen legen. Die Bällchen auf eine Platte legen und einige Tage trocknen lassen. An einem luftigen Platz aufbewahren, dann halten sie sich unbegrenzte Zeit.

Ziegenfleischsuppe mit Quitten

500 g Ziegenfleisch in Stücken	Sonnenblumenöl
Wasser	1 EL Rohrzucker
3 Quitten	½ TL Zimt
3 Zwiebeln	¼ TL Bertram
etwas Butter oder	1 gestr. TL Galgant
	Muskat

Ziegenfleisch waschen und in kleinere Stücke schneiden. In einen Topf geben und in soviel Wasser kochen, daß sie gerade bedeckt sind. Quitten schälen, in Stücke schneiden, Kerngehäuse entfernen. Zwiebeln schälen und zerkleinern. Zusammen mit den Quitten in einer Pfanne mit etwas Butter oder Öl andünsten und mit der abgekochten Fleischbrühe 10 Minuten kochen. Zucker, Zimt und restliche Gewürze und zum Schluß die Fleischstücke beifügen.

Mispel

Die Mispel *(Mespilus germanica)* blüht schneeweiß im Frühjahr und wird erst im Herbst nach den ersten Nachtfrösten geerntet. Im Mittelalter war die Mispel ein beliebter Obstbaum und im Sankt Galler Klosterplan durch Karl den Großen in jedem Klostergarten vorgeschrieben. Daher gehört dieser auch in jeden Hildegard-Garten. Die Mispel läßt nicht nur die Fleischpartien wachsen, sondern reinigt auch das Blut.

Bei Hildegard steht geschrieben:

> »Die Frucht des *Mispelbaumes* ist für gesunde und kranke Menschen nützlich und gut, wieviel man auch davon ißt, weil sie dem Esser die Gewebe (carnes, Muskelfleisch, Zellen) wachsen läßt und sein Blut reinigt.« (PL 1227 C)

Das Fruchtfleisch der Mispel wird erst nach dem ersten Nachtfrost weich und kann dann roh gegessen werden, nachdem man die vier großen Kerne ausgespuckt hat. Mispeln sind reich an wertvollen Gerbstoffen und Pektin und haben den höchsten Vitamin-C-Gehalt von allen Früchten. Sie werden auch von Patienten mit empfindlichem Magen und Darm sehr gut vertragen und eignen sich bei der Behandlung von abgemagerten Menschen sowie Krebs- und AIDS-Patienten. Mispelschleim entfernt die Fäulnis-, Juck- und Schlackenstoffe aus dem Darm und eignet sich daher besonders gut zur Behandlung von Neurodermitis.

Kirschen

Wenn man schon auf Pfirsiche und Pflaumen verzichten sollte, so kann man doch Kirschen genießen, ob es Süß- oder Sauerkirschen sind. Zwar beschreibt Hildegard keinen besonderen Heilwert der Kirsche:

> »Die *Kirschenfrucht* ist zwar nicht besonders nützlich, aber auch nicht besonders schädlich, und es schadet einem Gesunden nicht, sie zu essen. Wenn aber ein Kranker und jemand mit schlechten Säften viel davon ißt, bekommt er dadurch etwas Beschwerden (Schmerzen).« (PL 1223 A)

Dagegen läßt sich allerdings etwas unternehmen, denn an einer anderen Stelle steht bei Hildegard:

»Damit man von gegessenen Kirschen keine Beschwerden bekommt, trinke der Mensch sogleich einen Schluck guten Weines hernach ...« (CC 235, 5 F)

Kirschkompott

1 kg Kirschen
3 EL Vollrohrzucker
zirka 30 ml Wasser

Zucker und Wasser zusammen aufkochen und die gewaschenen, entstielten Kirschen 2-3 Minuten lang darin knapp weich dünsten.

Kirschpudding mit Vanillesauce

350 g Weißbrot
400 ml Milch
75 g Butter
2 Eier; 100 g Zucker
75 g gemahlene Mandeln
1 Gläschen Kirschwasser
1 Msp. Zimt
etwas Zitronenabgeriebenes
400 g Kirschen
Vanillesauce

Das Brot in Würfel schneiden und mit der Milch übergießen. Die Butter in Stückchen schneiden und in erwärmter Schüssel schaumig rühren, Zucker und Eigelb beifügen, nach und nach die übrigen Zutaten hinzugeben und zuletzt das steifgeschlagene Eiweiß darunterziehen. Die Masse in eine ausgebutterte, mit Paniermehl ausgestreute Form füllen, gut verschließen und im Wasserbad zirka 60 Minuten kochen. Den Pudding stürzen und mit Vanillesauce servieren. Kirschen sind reich an Vitaminen und Mineralien. 100 g Kirschen enthalten: 83 g Wasser, 13,8 g Kohlehydrate, 0,08 g Vitamin B1 (Thiamin), 0,08 g Vitamin B2 (Riboflavin), 0,3 g Nicotinamid (Niacin), 7 mg Vitamin C.

Ferner Schleimstoffe (Pektin), Apfel-, Zitronen-, Bernstein- und Milchsäure sowie rote Fruchtfarbstoffe aus der Gruppe der Bioflavonoide, die eine die Kapillargefäße regenerierende Wirkung auf die Zellwände ausüben (Vitamin P). Diese als Vitamin P bekannten Fruchtfarbstoffe üben eine Schutz- und Heilwirkung bei allen Erkrankungen aus, die eine gesteigerte Kapillarbrüchigkeit mit Blutungsneigung und Ödembildung zur Folge haben.

Kornelkirschen

Aus den Kornelkirschen (Hartriegel oder *Cornus mas*) läßt sich eine ganz feine, aromatische und erfrischend-säuerliche Gesundheitsmarmelade herstellen:

> »Die *Kornelkirsche* verletzt keinen Menschen, denn sie reinigt und stärkt den schwachen und auch gesunden Magen und fördert so die Gesundheit.« (PL 1240 C)

Die knallroten Fruchtfarbstoffe aus der Vitamin-P-Reihe üben eine ausgezeichnete Schutz- und Heilwirkung auf die entzündeten Schleimhäute des ganzen Verdauungsapparates aus. Aufgrund dieser entzündungshemmenden und gefäßschützenden Eigenschaft normalisieren die Bioflavonoide die gesteigerte Gefäßbrüchigkeit bei Entzündungen der Mund- und Rachenschleimhaut und stimulieren die Wundheilung bei Gastritis, Magen- und Darmgeschwüren und verbessern die Kapillarbrüchigkeit bei der chronischen Veneninsuffizienz (CVI) infolge Diabetes mellitus, Arteriosklerose oder Bluthochdruck.

Kornelkirschmarmelade

1 kg Kornelkirschen in 2 Tassen Wasser kochen. Danach das Ganze durch die »Flotte Lotte« drehen, damit die Kerne zurückbleiben. Das Mus mit rohem Rohrzucker im Gewichtsanteil eins zu eins zu Marmelade kochen.

Orangen und Zitronen

Die süße Orange *(Citrus sinensis)* und die Zitrone *(Citrus limon)* werden bei Hildegard als Bontzider-Baum beschrieben und beseitigen die Fieberstoffe. Wir wissen heute, daß die Wirkung der Zitrusfrüchte bei fieberhaften Zuständen auf das Vitamin C (Ascorbinsäure) zurückgeführt werden kann. Dieses Vitamin ist an der Biosynthese der Nebennierenhormone beteiligt und hilft daher bei allen Streßzuständen wie Infektionen, Verletzungen, Verbrennungen, Kälte, Schäden und Blutverlusten sowie bei starken körperlichen oder psychischen Belastungen. Allerdings ist die ganze Frucht zehnmal wirksamer als die gleiche in ihr enthaltene Menge Ascorbinsäure aus der chemischen Fabrik. Orangen- und Zitronensaft helfen bei allen Schwäche- und Erschöpfungszuständen mit oder ohne Fieber:

> »Das Essen der *Citrusfrucht* räumt im Menschen mit den Fieberstoffen auf.« (PL 1230)

Orangen- und Zitronensaft fördern die Speichel- und Magensaftsekretion und helfen bei Blähungen, Brechreiz, Krämpfen und Übelkeit. Bei infektiöser Gelbsucht sind Orangen und Zitronen die beste Nahrung.

Marmelade aus Zitrusfrüchten

2 große Orangen	2 kg Rohrzucker
1 große Grapefruit	2 l Wasser
1 große Zitrone	Saft von 2 Zitronen
2 Mandarinen	

Das Obst vierteln (nicht schälen), entkernen und in dünne Streifen schneiden. Das geschnittene Obst in einen großen Topf geben und das Wasser darübergießen. Über Nacht stehenlassen. Den Topf zudecken und das Obst eine Stunde kochen, bis die Hälfte des Wassers eingekocht ist. Abkühlen lassen. Den Zucker hinzufügen und weitere 12 Stunden ziehen lassen.

Am dritten Tag eine Stunde auf kleiner Flamme kochen, ab und zu umrühren und 10 Minuten vor Ende des Kochens den Zitronensaft hinzufügen.

Die Marmelade ist fertig, sobald sie goldgelb und durchsichtig ist und der Sirup auf einem Teller hart wird. Die Marmelade abkühlen lassen, in ein Glas füllen und sorgfältig verschließen.

Zitronenmarmelade

1 kg geschälte Zitronen, ungespritzt	1200 g Rohrzucker
	¼ Tasse Wasser

Die weiße Haut der Zitronen entfernen. Jede Zitrone in kleine Würfel schneiden, dabei innere Gehäuse und Kerne entfernen. Die Zitronen in einen Topf legen, den Zucker hinzufügen und zwei Stunden stehenlassen. Dann das Wasser hinzufügen. Alles zum Kochen bringen und auf kleiner Flamme zirka 30 Minuten weiterkochen. Ab und zu umrühren. Wenn der Sirup dick wird, von der Flamme nehmen und abkühlen lassen. Die Marmelade in Gläser füllen.

Süße Mandeln

Mandeln verleihen nicht nur den Nerven, sondern auch den Lungen, der Leber und der Gesichtshaut neue Energie und Lebenskraft, da sie bei Hildegard die Fruchtbarkeit *(Viriditas)* symbolisieren:

»Aber wer ein leeres Gehirn hat und eine schlechte Gesichtsfarbe und daher Kopfweh, esse oft die *Mandelfrucht*, und es füllt das Gehirn und gibt ihm die richtige Farbe. Auch wer lungenkrank ist und einen Leberschaden hat, esse oft die Mandeln roh oder gekocht, und sie bringen der Lunge Kräfte, weil sie den Menschen in keiner Weise belasten oder austrocknen, sondern ihn stärken.« (PL 1225 C-D)

Die süßen Mandeln enthalten wertvolle Eiweiße und Fette und nur wenig Zucker, so daß sie auch für Diabetiker besonders gut geeignet sind.

100 g süße Mandeln enthalten: 20,8 g Eiweiß, 54 g Mandelöl und -fett, 10,5 g Faserstoffe, 230 mg Kalzium, 4,5 g Eisen und die Vitamine B1, B2, Nicotinamid und Vitamin C.

Süße Mandeln gehören in die Diät von Patienten mit Nerven-, Lungen- und Leberleiden sowie ins tägliche Habermus zum Frühstück. Mandeln verbinden sich püriert sehr leicht mit Wasser zu Mandelmilch, die sich auch bei Nieren- und Harnwegsinfektionen bewährt hat.

Mandel- oder Haselnußmasse

4 Eier
175 g Vollrohrzucker
75 g Mehl
75 g Stärke
50 g gemahlene Mandeln oder Haselnüsse (man kann sie geschält oder ungeschält verwenden)
50 g flüssige Butter
1 Msp. Vanillepulver oder
1 TL Vanillezucker
½ TL Backpulver

Eigelb vom Eiweiß trennen, die Hälfte des Zuckers und die Vanille beigeben und zusammen 25 Minuten rühren. Das Eiweiß zu steifem Schnee schlagen, mit der anderen Hälfte des Zuckers sorgfältig mischen, Mehl, Backpulver und Kartoffelmehl dazusieben und die gemahlenen Nüsse sowie die Eigelbmasse darunterziehen.

Nach Belieben mit Rum parfümieren. Die Masse in eine ausgefettete, bemehlte Springform füllen und das Biskuit in mittlerer Hitze backen.

Mandel- oder Haselnußauflauf

75 g Nüsse	1 Liter Milch
75 g Butter	100 g Vollrohrzucker
125 g Mehl	5 Eier
1 Prise Salz	Zitronenabgeriebenes

Das Mehl mit der Milch und dem Salz glatt anrühren und zusammen aufkochen. Die Nüsse schälen und mahlen und mit dem Eigelb sowie den übrigen Zutaten zur ausgekühlten Mehlmasse mischen. Zuletzt das steifgeschlagene Eiweiß darunterziehen, die Masse in eine ausgefettete Auflaufform füllen und bei Mittelhitze zirka 50 Minuten backen. – Mandeln schälen: Die Mandeln erst in kochendes, dann in kaltes Wasser geben und die Haut abziehen. Haselnüsse schälen: Die Nüsse auf das Backblech verteilen und einige Minuten in den gut heißen Ofen schieben. So lassen sich die Häutchen leicht abreiben.

Walnüsse

Walnüsse sind ein hochwertiges Lebensmittel. Sie lassen die Muskeln wachsen, stärken die Knochenbildung und regen den Stoffwechsel an. Ihr Nährwert ist viermal höher als der des Fleisches, weshalb sie in den südlichen Ländern ein beliebtes Volksnahrungsmittel sind. Nur die Lunge wird bei empfindlichen Patienten durch Walnüsse etwas belastet, was zu Verschleimung führen kann. Ansonsten tragen die Walnüsse aber zur Fröhlichkeit bei:

»Das Öl, das aus den *(Wal-)Nüssen* ausgepreßt wird, ist warm und macht den Fleischansatz der Esser fett und seinen Geist fröhlich. Aber vom Nußöl nimmt der Schleim (Phlegma) etwas zu, so daß die Brust eines Menschen mit Schleim (Livor) erfüllt wird. Dennoch können Kranke sowohl wie Gesunde dieses Öl zu sich nehmen und damit fertig werden und es ertragen. Nur den Schwachen macht es etwas dämpfig in der Brust.« (PL 1220 A/B)

Wegen ihres niedrigen Kohlehydratgehaltes sind Walnüsse wie auch Mandeln für Diabetiker besonders geeignet.
100 g Walnüsse enthalten: 15,6 g Eiweiß, 50 g Fett, 4,8 g Eisen, 100 mg Kalzium sowie wertvolle Vitamine und Spurenelemente.
Wegen des hohen Eisengehaltes sind sie bei der Blutbildung hilfreich. Kaltgepreßtes (französisches) Walnußöl kann für Salate und zu Broten verwendet werden.

Hagebutten

Die Heckenrosen sind die Großeltern der Gartenrose. Ihre scharlachroten Scheinfrüchte, die Hagebutten, reifen erst im Spätherbst. Die Hagebuttenschale ist reich an Vitamin C und Bioflavonoiden, so daß sich Hagebutten bei Erkältungen und Entzündungen als Saft, Sirup oder auch als Marmelade bewährt haben. Hildegard lobt die verdauungsfördernde, magenreinigende Wirkung der Hagebutte.

Bei Hildegard steht geschrieben:

> »Wenn jemand (sonst) körperlich gesund und nur am Magen (Darm) erkrankt ist, der koche *Hagebutten* (in Wasser) und esse sie oft. Es reinigt den Magen und nimmt ihm den Schleim. Wem aber der ganze Körper krank ist, dem taugen gekochte Hagebutten nicht zum Essen, weil sie dem Magen schaden würden, da der Magen (Verdauungsapparat) in ihm sozusagen verwelkt ist. Will er sie oft essen, dann soll er sie roh und teigig (als Püree) essen, aber nur wenig davon; so sind sie ihm besser als gekocht, oder roh und hart. Wer körperlich vollkommen gesund ist, dem schaden gegessene (Hagebutten) weder roh noch gekocht.«
> (PL 1243 B/C)

Ein Magenleiden bei einem (sonst) Gesunden ist das typische Beispiel für eine psychosomatische Erkrankung. Es gehört zum medizinischen Standardwissen, daß ehrgeizige und vor allem unbefriedigt ehrgeizige und überarbeitete Menschen Magengeschwüre bekommen.

Man fragt sich, wovon der »Magen« solcher Menschen gereinigt werden muß. Wahrscheinlich von dem »geistigen« Unrat, von den Stoffen, die durch eine seelische Fehlhaltung den Magen verunreinigt haben: »Was von außen in den Menschen eingeht, kann ihn nicht verunreinigen..., ... aus dem Herzen der Menschen kommen böse Gedanken, Unzucht, Diebstahl, Mord, Ehebruch, Habsucht, Bosheit, Arglist, Ausschweifung, Neid, Lästerung, Hochmut und Unverstand. All dies... verunreinigt den Menschen...«
(Mk. 7, 18 ff.)

Hagebutten *(Fructus cynosbati)* sind die leuchtend roten Früchte der Heckenrose (Hundsrose), die reichlich Vitamin C enthalten, das die Abwehrkraft des Menschen erheblich steigern kann. Dieses Vitamin hat eine ganz aktuelle Bedeutung gewonnen, weil es in der Lage ist, die im Trinkwasser (durch Überdüngung) und in Fleisch und Wurst (durch Zusätze) enthaltenen krebserregenden Nitrate aus dem Magen zu entfernen.

Fördert die Verdauung:
Hagebuttenmarmelade

500 g Hagebuttenmark oder Vollrohrzucker
200 g Fruchtzucker, Ursüße 1 TL Agar-Agar

Im Herbst die reifen Früchte sammeln, von Stielen und Blüten befreien und gründlich waschen. 24 Stunden mit Wasser bedeckt einweichen, dann 20 Minuten im Einweichwasser leicht kochen (zwischendurch umrühren, da sich die Masse gern am Topfboden festsetzt). Durch ein Sieb (»Flotte Lotte«) streichen. Hagebuttenmark mit Zucker mischen. Agar-Agar mit Fruchtsaft auflösen, dazugeben und alles 2 Minuten kochen lassen. Noch heiß in kleine Schraubgläser einfüllen.

Himbeeren

Himbeeren gehören zu den ältesten und beliebtesten Früchten der Welt. Sie waren schon den Pfahlbauern am Bodensee im Spätsteinzeitalter bekannt. Wegen ihrer Widerstandskraft können sie sogar im kalten Alaska angebaut werden. Himbeeren regen mit ihrem leicht säuerlichen, erfrischenden Geschmack die Speichel- und Magensaftsekretion an.

Hildegard beschreibt die appetitanregende Wirkung der Himbeere:

»Die *Himbeere* ist kalt und brauchbar gegen Fieber. Wer nämlich Fieber hat und appetitlos ist, koche Himbeeren in wenig Wasser und lasse die Himbeer(pflanze) im Wasser liegen und trinke so dieses Wasser (Himbeertee) morgens und zur Nacht und lege die in Wasser gekochten Pflanzen auf seinen Magen während einer Stunde (als Kompresse). Das soll er drei Tage lang machen, und die Fieber werden weichen.« (PL 1192 B)

Himbeersirup-Wasser mit Galgant hat sich bei Kindern mit Fieber bei Virusgrippe-Infektion bewährt. Himbeeren fördern die Verdauung und haben schweißtreibende und kühlende Eigenschaften.

Feine Fruchtcreme aus Himbeeren, Brombeeren, Kirschen, Bananen, Aprikosen usw. kann man auf verschiedene Arten zubereiten.

1. Art: Die Früchte vorrichten und durch die Maschine passieren oder pürieren, das Püree zuckern und mit etwas Zitronensaft und dem entsprechenden Quantum Schlagrahm melieren. Nach Belieben mit einem passenden Likör oder Brandy parfümieren.

2. Art: 100 g Vollmilchquark mit 0,2 bis 0,3 l Milch zu einer glatten Flüssigkeit rühren, etwas Zitronenschale und -saft beigeben und gut rühren, so daß eine sämige Sauce entsteht, dem Fruchtquantum entsprechend zuckern und das Püree von frischen Früchten beigeben.

3. Art: ½ Liter Wasser mit 3 bis 4 g Natur-Agar und etwas Zitronenabgeriebenem aufkochen und rühren, bis sich alle Fetzchen gelöst haben, 2 bis 3 EL Zucker beifügen (je nach Fruchtsorte) und die Flüssigkeit erkalten lassen. Dann die leicht gelierende Masse mit 2 bis 4 dl Fruchtpüree von frischen Früchten mischen und vor dem Servieren mit 1 bis 2 dl steifgeschlagenem Rahm und etwas Vanillezucker verfeinern.

Himbeer-Diätspeise

Verlesene Himbeeren in Schälchen füllen und darüber folgende Sauce gießen: Rahm und pasteurisierte Milch zu gleichen Teilen mit etwas Rohzucker süßen und mit gemahlenen Mandeln vermischen. Darüber Dinkelflocken oder Haferflocken usw. streuen.

Johannisbeeren
(Ribes spicatum)

Neben den roten und den weißen Johannisbeeren werden die schwarzen wegen ihres Gehaltes an Vitamin C und P zur Herstellung von Marmeladen, Säften und Likören (Cassis) außerordentlich geschätzt. 100 Gramm schwarze Johannisbeeren enthalten bis zu 200 mg Vitamin C. In der Volksheilkunde werden die schwarzen »Ribisel« (von lat. *ribes*) gegen Rheumaleiden eingesetzt. Hildegard nennt die schwarze Johannisbeere »Gichtbaum« und empfiehlt auch die Blätter als Heilmittel, zum Beispiel in der Dachssalbe.

»Der Gichtbaum ist sehr warm. Seine Grünfrische und Säfte für sich allein kann man nicht brauchen, solange sie nicht andere Pflanzen oder anderen Aromen *(condimenta)* beigemischt werden. Denn wenn man sie anderen Pflanzen oder würzigen Aromata zusetzt, bekommen (diese) um so höheren Nutzwert als Heilmittel.« (PL 1245)

Johannisbeeren mit gerösteten Mandeln

600 g vorgerichtete Johannisbeeren
200 g Vollrohrzucker
2 EL feine Dinkelflocken
3 EL gemahlene Mandeln
1 EL Butter

Die Früchte mit dem Zucker vermischen und in eine Schale füllen. Dinkelflocken und Mandeln in der Butter rösten und über die Johannisbeeren streuen.

Brombeeren
(Rubus fructi cosus)

Die Brombeeren eignen sich gut zur Herstellung von Marmelade und sind dann eine gute fettfreie Alternative zu Butter und Käse als Aufstrich. Ein TL Brombeer- oder Himbeermarmelade enthält nur 17 Kalorien und absolut kein Fett oder Cholesterin, während ein TL Butter fast doppelt soviel Kalorien (35 cal), alle aus Cholesterin und Fett, enthält. Das gleiche trifft für Käse zu. Brombeeren haben allerdings keinen besonderen Heilwert.

»Die *Brombeeren* verletzen weder den gesunden noch kranken Menschen und werden leicht verdaut. Eine Heilwirkung ist aber nicht in ihnen zu finden.« (PL 1193 D)

Rote Grütze aus Saft

½ l roter Beerensaft
Vollrohrzucker
Zitronensaft
40 g Speisestärke

Saft – etwas zum Anrühren der Speisestärke zurücklassen – nach Geschmack mit Zucker und Zitronensaft abschmecken und ankochen. Speisestärke mit Saft verquirlen, einrühren, aufkochen und ½ Minute fertiggaren. In eine Schüssel füllen und erkalten lassen. Mit reichlich Milch, flüssiger süßer Sahne oder Vanillesauce reichen.
Veränderung: Die Grütze anstelle von Speisestärke mit 40 g Sago binden: Sago in den kochenden Saft rühren und 10 Minuten quellen lassen. Danach die Grütze nochmals 10 Minuten erwärmen, dann quellen lassen, bis der Sago glasig aussieht.
Tip: Auch die Rückstände der Saft- und Geleebereitung, zum Beispiel von Himbeeren, Johannisbeeren und Kirschen, eignen sich zur roten Grütze. Mit Wasser bedeckt kurz aufkochen, durch ein Sieb rühren und anstelle von Saft verwenden.

Rote Grütze aus Früchten

500 g Beerenfrüchte
(Johannisbeeren, Himbeeren
und/oder Sauerkirschen)
¼ l Wasser

80 g Rohrzucker
Zitronengelb oder Stangenzimt
40 g Sago
(oder 30 g Speisestärke)

Die Beeren waschen, entsteinen und mit Wasser, Zucker und Zitronengelb aufkochen. Sago darüber streuen, untermischen und zirka 10 Minuten quellen lassen. Nochmals 10 Minuten erwärmen und quellen lassen, bis die Grütze glasig aussieht. In eine Schüssel füllen und erkalten lassen.

Wird Speisestärke statt Sago benützt, dann läßt man die in kaltes Wasser angerührte Speisestärke nach dem Untermischen in die Grütze nur etwa eine halbe Minute fertiggaren (also kürzere Quelldauer als bei Sago).

Brot und Gebäck

Reguliert die Verdauung und den Stoffwechsel:

Dinkelschrotbrot
(ist schnell gemacht und gelingt garantiert)

0,6 l lauwarmes Wasser	(Type 630)
1 Würfel Hefe	100 g Sonnenblumenkerne
1 TL Vollrohrzucker	350 g Dinkelschrotmehl
1 EL Magerquark	2 gestr. TL Salz
300 g helles Dinkelmehl	

Die oberen vier Zutaten miteinander verquirlen, dann das Dinkelmehl darübersieben und die restlichen Zutaten untermengen. Alles miteinander vermischen. 30 Minuten an einem warmen Ort aufgehen lassen. Eine 30-cm-Kastenform gut buttern, die Masse einfüllen und sofort auf der untersten Schiene bei 250 Grad etwa 1 Stunde backen. Immer in den kalten Ofen stellen.

Vorsicht bei Heißluftöfen!

Den Teig in der Form etwa 5 bis 10 Minuten gehen lassen, dann in den kalten Ofen schieben und ausbacken (1 Stunde bei 220 Grad auf der untersten Schiene).

Dinkelbrot oder -brötchen aus Hefeteig

Hefevorteig
(Grundrezept für alle weiteren Hefeteige):

1 kg frisch gemahlenes Dinkelmehl	2 TL Salz, (1 Prise Zucker)
1 Würfel Hefe, zirka 40 g	¼ l lauwarmes Wasser
¼ l (250 ml) lauwarmes Wasser (oder Milch)	Glasur: 1 Eigelb oder 2 EL Dosenmilch

Die Hefe (mit Zucker bei süßem Backwerk) in lauwarmes Wasser bröckeln. 2 bis 3 Minuten stehenlassen, dann glattrühren. 8 bis 10 Minuten an warmem Platz (Backofen) ohne Zugluft stehen lassen, bis der Teig auf das Doppelte aufgegangen ist.

Das Mehl in eine große (eventuell vorgewärmte) Rührschüssel sieben, in der Mitte eine Vertiefung machen und die Hefelösung darin zu einem dünnen Teig verrühren. Mit Mehl bestreuen und zugedeckt an einem warmen Ort (ohne Zugluft) – Heizkörper oder Backofen –, eine Stunde etwa, auf das Doppelte aufgehen lassen. In kühleren Räumen kann man den Hefeteig auch über Nacht aufgehen lassen.

Danach die restliche lauwarme Flüssigkeit (¼ l Wasser) und das Salz hinzufügen und den Teig gut verkneten, bis er glatt und elastisch ist. Er darf nicht zu fest und nicht zu weich sein; zur Not noch etwas Flüssigkeit oder Mehl hinzukneten. Zugedeckt an einem warmen Ort nochmals um das Doppelte aufgehen lassen. Danach auf eine bemehlte Arbeitsplatte geben und in die gewünschte Form bringen, wobei jetzt nicht mehr viel geknetet werden sollte. Zwei Kastenformen mit Butter ausfetten, den Teig teilen und in die Form legen. Nochmals etwas gehen lassen. Mit Glasur bestreichen. Im Backofen bei 220 Grad 40 bis 50 Minuten braun backen. Wenn das Brot gar ist, 10 Minuten nachwärmen. Garprobe: Klopft man mit den Fingerknöcheln die untere Seite des Brotes ab und klingt es dabei hohl, ist das Brot gar.

Damit die Hefebackwaren im Ofen besser aufgehen, empfiehlt es sich, entweder einen Schuß Wasser in die Röhre zu schütten oder ein feuerfestes Gefäß mit etwas Wasser in die Röhre zu stellen.

Dinkelknauzen

Den nach Grundrezept zubereiteten Teig zu einer Kugel formen, in 4 Teile schneiden, jedes Viertel wieder zu einer Kugel formen und wieder vierteln. Daraus entstehen 16 Teigstücke, die zu Brötchen geformt werden. Auf Backpapier bei 220 Grad 10 Minuten goldbraun ausbacken. Ebenfalls mit verquirlter Eiweiß-Sahne-Glasur bestreichen.

Variationen mit dem Teig nach Grundrezept:

Kräuterbrot
2 bis 3 TL Fenchel oder Kümmelkörner in die fertige Brotmischung oder 2 bis 3 TL Galgant, Quendel, Bertram.

Rosinenbrot (oder Dattelbrot)
150 g Rosinen und 2 EL Honig einkneten, aber nur ½ TL Salz.

Zwiebelbrot
1 gewürfelte Zwiebel vor dem Backen untermischen.

Dinkelbuttermilchbrot

1500 g frischgemahlenes
Dinkelmehl
1 Würfel frische Hefe (40 g)
zirka 850 ml lauwarmes

Wasser
1 Tasse Buttermilch
1 gehäufter EL Salz (20 g)

Den Teig wie Hefeteig zubereiten und über Nacht gehen lassen (bei niedriger Zimmertemperatur), bis sich das Teigvolumen verdoppelt hat. Bei 220 Grad 45 bis 50 Minuten braun backen.

Dinkelschrotbrot oder -brötchen

1 kg Dinkelschrotmehl,
frisch gemahlen
1 Würfel Hefe
1 TL Rohrzucker
2 TL Salz

¾ l lauwarmes Wasser
3 EL grobgeschrotete
Mandeln
2 EL Fenchelsamen oder
-pulver

Teigzubereitung wie bei Dinkelbrot. Backzeit: 1 Stunde bei 220 Grad.

Variationen: 750 g Dinkelschrotmehl; 250 g Dinkelgrieß.

Dinkelbrot mit Sauerteig

1 kg Dinkelmehl
mit 1 kg Dinkelschrot
mischen
1 l lauwarmes Wasser
250 g Dinkelkörner
250 g geschrotete Mandeln
2 EL lauwarmes Wasser

2 EL Honig
1 EL Salz
500 g Sauerteig
(vom Bäcker)
Gewürze: Fenchel, Bertram,
Galgant, Mutterkümmel,
Quendel (jeweils 1 TL)

1 kg gemischtes Dinkelschrotmehl mit dem Sauerteig und 1 l lauwarmes Wasser, Mandeln, Gewürze und Salz innig verkneten, bis ein glatter, zusammenhängender Teig entstanden ist. Teig über Nacht an warmem Ort stehen lassen, bis er doppelt so groß ist. Körner über Nacht in Wasser einweichen. Am nächsten Morgen das übrige Mehl, die abgesiebten Dinkelkörner und die Gewürze und Mandeln unterrühren und nochmals mit Wasser durchkneten.

Arbeitsplatte mit Mehl bestreuen, damit der Teig nicht kleben bleibt. Zugedeckt 3 bis 4 Stunden an warmem Ort auf das Doppelte aufgehen lassen. In gefettete Backformen verteilen. Oberfläche mit Messer einschneiden, mit Glasur bestreichen. Im Backofen bei 220

Grad 30 bis 45 Minuten braun backen. 1 Tasse Wasser in den heißen Backofen gießen. Nach dem Backen 10 Minuten nachwärmen lassen.

Brioches

400 g Dinkelmehl	4 Eier
20 g frische Hefe	160 g frische Butter
250 ml Milch	1 EL Rohrzucker
1 Prise Salz	

Aus Mehl, Hefe und Milch einen Vorteig nach Grundrezept zubereiten und gehen lassen. Butter, Eier und Zucker schaumig rühren, das Salz beigeben und diese Masse samt der restlichen Milch mit dem Vorteig gut verarbeiten, in eine Schüssel geben, zudecken und an mäßig warmem Ort zirka 1 Stunde gehen lassen. Dann den Teigballen auf ein bemehltes Brett geben, leicht kneten und wieder zum Aufgehen in die Wärme stellen. Dieses Verfahren noch einmal wiederholen. Aus dem Teig runde Brötchen formen, auf ein mit Butter bestrichenes Blech legen, mit Eigelb bestreichen, nochmals etwas aufgehen lassen und bei mittlerer Ofenhitze backen.

Dinkelhefezopf

1 kg Dinkelmehl	125 g Butter
$1/3$ l Milch	$1/8$–$1/4$ l Sahne
40 g Hefe	Eigelb oder Milch zum
1 TL Salz	Bestreichen
125 g Rohrzucker	gehobelte oder gesplitterte
3 Eigelb	süße Mandeln
200 g Quark	

Aus den Zutaten einen Hefeteig nach Grundrezept bereiten. Beim Ausarbeiten den Teig entweder in zwei oder in vier Teile schneiden, je nachdem, ob man einen großen Zopf oder zwei kleinere haben möchte. Die Teile jeweils zu gleichmäßig dicken, langen, runden Stangen ausrollen (mit beiden Händen). Für einen Zopf braucht man stets zwei davon, die man als Bogen geformt übereinander legt und daraus einen Zopf flechtet. Diese(n) in ein ausgebuttertes Blech legen und nochmals aufgehen lassen. Vor dem Backen mit Eigelb oder Milch bestreichen und nach Belieben mit gehobelten oder gestiftelten Mandeln bestreuen. Bei guter Mittelhitze (etwa eine gute halbe Stunde) braun backen.

Dinkelzwieback

Hefevorteig nach
Grundrezept
1 EL Rohrzucker
1 TL Salz

75 g Butter
1 Ei
lauwarme Milch

Unter den gegangenen Hefevorteig Zucker, Salz, zerlassene Butter, das verklopfte Ei und soviel lauwarme Milch mischen, daß man einen konsistenten Teig erhält. Von Hand oder mit einem Holzlöffel gut schlagen, auf ein bemehltes Brett geben und zu einem länglichen Streifen formen, auf ein bebuttertes Blech legen und in temperiertem Raum nochmals aufgehen lassen. Bei guter Hitze backen. Erst am anderen Tag in 1 cm dicke Scheiben schneiden, diese auf ein Blech legen und in mäßiger Hitze hellbraun rösten. Den Zwieback in Blechdosen aufbewahren.

Dinkelbrot in der Pfanne

zirka 550–570 g fein
gemahlene Dinkelkörner
½ EL Honig (oder
Rohrzucker)
1 Päckchen Trockenhefe
(oder 25–30 g angesetzte
Frischhefe)

385 ml handwarmes
Wasser
1–2 EL Sonnenblumenöl
1½ bis 2 TL Salz (Meersalz
oder Kräutersalz)
1 TL Galgantpulver
1 TL Bertrampulver

Das gemahlene Dinkelmehl in eine Rührschüssel geben, eine Mulde formen. Öl, Hefe und Honig hineingeben, an den Rand Salz und Gewürze. Alles unter Zugabe des Wassers mit dem Knethaken zu einem Teig rühren. (Der Teig darf nicht »krümelig fest« sein.) Dann in die geölte und mit Dinkelgrieß ausgestreute Pfanne geben. Mit Deckel schließen und 30 bis 40 Minuten in einem temperierten Raum auf der Herdplatte gehen lassen. Dann Elektroplatte 20 Minuten auf Stufe 1 stellen, weitere 20 Minuten auf Stufe 1½, dann das Brot wenden und nochmals 20 Minuten backen.
Vorteil dieses Brotbackens: kein Kneten des Teiges erforderlich, kaum Geräteaufwand.

Schwester Rosmaries Galgantguetzli

90 g Butter
125 g Rohrzucker
2 Eier
1 Prise Salz

2 gestrichene EL Galgant
400 g Dinkelvollkornmehl
½ TL Backpulver
Eigelb

Butter schaumig rühren, Zucker beigeben und gut verrühren. Galgant untermischen, Mehl und Backpulver beigeben. Alles zu Teig verarbeiten und kalt stellen. Den Teig 4 mm dick auswellen und Förmchen ausstechen. Mit Eigelb bestreichen. Bei 190 Grad 12 bis 15 Minuten auf der mittleren Schiene backen.

✗ Mohnkuchen

100 g Butter zum Backen	2 EL Dinkelmehl, mit
5 Eier, getrennt	Backpulver angereichert
1 Tasse Zucker	2 EL Cognac
200 g feingemahlener Mohn	

Die Butter auf kleiner Flamme zerlassen. Das Eiweiß mit dem Zukker zu einem steifen Schnee schlagen. Vorsichtig den Mohn, das Mehl, das Eigelb, die zerlassene Butter und den Cognac unter den Schnee heben.

Die Mischung in eine runde Backform oder in eine Kastenform geben und in einem vorgeheizten Ofen bei mittelstarker Hitze zirka 40 Minuten backen. Herausnehmen, abkühlen lassen und auf einer Kuchenplatte anrichten.

Glasur

50 g Butter zum Backen	1 EL Rohrzucker
100 g Bitterschokolade	2 EL Milch

Auf kleiner Flamme die Butter, die Schokolade, den Zucker und die Milch zerlassen und auf den Kuchen streichen. Abkühlen lassen und im Kühlschrank aufbewahren.

Tarte Tatin (Apfeltorte)

200 g Dinkelmehl	Belag:
75 g Rohrzucker	50 g Rohrzucker
75 g Butter	30–50 g Butter
Salz; 1 Ei	1 kg mürbe Äpfel

Mehl in eine Rührschüssel sieben. Zucker (75 g), Salz, das Ei und 75 g weiche Butter hinzufügen. Die Zutaten mit einem Knethaken zunächst kurz auf niedrigster, dann auf höchster Stufe durcharbeiten, anschließend auf der Tischplatte zu einem glatten Teig verkneten und eine Zeitlang kalt stellen. Die Äpfel für den Belag schälen, vierteln, entkernen.

Eine feuerfeste Pieform (Durchmesser etwa 28 cm) auf die Kochstelle setzen. Die Butter (50 g) darin zerlassen. Den Zucker (50 g) hineingeben und unter Rühren karamelisieren lassen. Die Karamelmasse darf nicht zu braun werden, da sie dann leicht bitter schmeckt. Die Apfelviertel mit der runden Seite in die schäumende Karamelmasse legen und die Pieform auf dem Rost in den auf etwa 225 Grad vorgeheizten Backofen schieben und etwa 5 Minuten vorbacken. Den Teig etwas größer als die Oberfläche der Form ausrollen. Die Form aus dem Backofen nehmen, den Teig vorsichtig über die Äpfel legen und am Rand leicht andrücken. Mit einer Gabel mehrmals einstechen. Die Form wieder in den Backofen setzen und 25 bis 30 Minuten backen. Die gebackene Torte Tatin wird warm serviert. Auf Wunsch kann steifgeschlagene Vanillesahne dazu serviert werden.

Zürcher Pfarrhaustorte

Für den Mürbeteig:
200 g Dinkelmehl
100 g Butter
1 Prise Salz
2 EL Wasser
1 TL (Wein-)Essig
1 Eigelb
Füllung:
2 Eier
100 g Rohrzucker

150 g gemahlene, geröstete Mandeln
1-2 große geraffelte Äpfel
1 Msp. Zimt
Belag:
5-6 kleine Äpfel
Saft einer Zitrone
Johannisbeer-, Himbeermarmelade oder Quittengelee

Den Mürbeteig in eine Springform von zirka 26 cm Durchmesser legen. Die Füllung zu einer streichfertigen Masse vermischen und auf den Teigboden verteilen. Die halbierten, geschälten (entkernten) Äpfel auf der Oberseite mehrere Male einritzen und mit der Wölbung nach oben auf die Füllung legen.
Mit der Hälfte der Marmelade oder des Gelees bestreichen. Etwa 40 Minuten bei Mittelhitze backen. Noch heiß mit dem Rest Marmelade oder Gelee bestreichen.

Strudelteig

375 g Dinkelmehl
1 Prise oder mehr Salz
knapp ¼ l lauwarmes Wasser
1 großes Ei, leicht geschlagen

30 g Butter, zerlassen
zerlassene Butter und Semmelbrösel (Dinkelgrieß) zum Bestreichen

Das Mehl wird auf die Arbeitsplatte (oder in eine große Schüssel) gesiebt. In der Mitte macht man eine Vertiefung. In dem lauwarmen Wasser werden die zerlassene und noch mäßig warme Butter, das geschlagene, nicht zu kalte Ei und das Salz verrührt und nach und nach mit einem Messer in das Mehl gearbeitet. Alles zu einem weichen, glatten Teig verrühren und auf der bemehlten Arbeitsplatte mit der Hand verkneten. Dabei wird der Teig traditionsgemäß entweder mehrmals mit einem kräftigen Ruck auf die Platte geworfen oder wie ein Hefeteig verarbeitet: auseinanderziehen, falten, drücken usw. (etwa 10 Minuten lang). Danach den Teig auf dem bemehlten Brett unter einer warmen Schüssel eine halbe Stunde lang ruhen lassen.

Auf einem großen Tisch (etwa 1,20 × 1,80 m) wird ein Tafeltuch ausgebreitet und mit Mehl bestäubt. Der Teig wird darauf gelegt, die obere Hälfte mit zerlassener Butter bepinselt und in alle Richtungen zirka 3 mm dick ausgerollt. Danach zieht man ihn über den Handrücken hauchdünn aus, bis er fast durchsichtig ist. Hierzu wird er Abschnitt für Abschnitt mit beiden aneinanderliegenden Händen hochgehoben und gestreckt, indem man die Hände vorsichtig immer weiter voneinander entfernt. Der Teig muß am Schluß bis über die Tischkanten herunterhängen. Nicht zu lange Zeit dafür aufwenden und nicht mit den Fingernägeln berühren, sonst reißt er! Die dickeren Ränder abschneiden und zum Ausflikken der gerissenen Stellen benützen. Backofen auf starker Hitze (225 Grad) vorheizen.

Den hauchdünnen Teig überall reichlich mit zerlassener Butter und Semmelbröseln (Dinkelschrot oder -grieß) bestreichen, auf eine Seite einen ziemlich breiten Streifen der gewünschten Füllung geben und beide Enden etwa 5 cm breit freilassen. Der Strudel wird von der gefüllten Seite her aufgerollt, indem man das Tischtuch anhebt. Die Enden einschlagen oder durch Fingerdruck schließen, damit kein Saft herauslaufen kann. Den Strudel in Hufeisenform auf ein gefettetes Blech legen (mit Hilfe von zwei Metallspachteln) und mit reichlich zerlassener Butter und Semmelbröseln bestreichen. Auf mittlerer Schiene hellbraun und knusprig ausbacken bei 230 Grad (10 Minuten lang) und 200 Grad (weitere 20 Minuten). Warm servieren (solange die Butter noch flüssig ist)!

Apfelstrudel

Strudelteig wie beschrieben.
Füllung:
1½ kg Äpfel, geschält, entkernt
80 g Rohrzucker
2 TL Zimt

Gewürznelke, Muskat
(beides pulverisiert)
¾ Tasse Rosinen
¾ Tasse geriebene Mandeln

Die wie oben zubereiteten Äpfel in dünne Scheiben schneiden. Mit Zucker, Zimt und Rosinen vermengen. Den ausgezogenen Strudelteig wie beschrieben mit den geriebenen Mandeln bestreuen und die Apfelmasse gleichmäßig darauf verteilen. Enden freilassen. Den Strudel zusammenrollen und backen wie beschrieben.

Topfenstrudelfüllung

500 g passierter Quark
50 g Butter
5 EL saure Sahne
3 Eigelb, leicht geschlagen
¼ TL Salz
½ Tasse Rosinen
1 Msp. Muskat
80 g Rohrzucker
3 Eiweiß

Butter, Zucker und Eigelb schaumig rühren. Dann nach und nach alle anderen Zutaten hineinrühren – bis auf das Eiweiß, aus dem in einer anderen Schüssel ein sehr fester Schnee geschlagen wird. Etwa ¼ des Schnees wird mit dem Gummispachtel unter den Quark gehoben, anschließend hebt man den Quark unter den restlichen Schnee. Diese Füllung in einem ausgezogenen Strudelteig backen.

Kirschstrudel

500 g entkernte Sauerkirschen
80 g Rohrzucker
1 TL Zimt
je ½ TL Muskat und Nelken (gepulvert)
¾ Tasse gemahlene Mandeln

Zucker und Gewürze werden unter die Kirschen gehoben. Einen breiten Streifen ausgezogenen Strudelteig mit den gemahlenen Mandeln bestreuen. Die Kirschen gleichmäßig über die Mandeln verteilen. Enden freilassen und nach dem Einrollen des Strudels umschlagen. Fertigstellen und Backen wie beschrieben.

Mohn- oder Mandelstrudel

Hefeteig:
20 g frische Hefe
1 Prise Rohrzucker
¼ Tasse lauwarmes Wasser
¼ Tasse lauwarme Milch
1 TL Vanilleextrakt
¼ TL abgeriebene Zitronenschale
60 g Rohrzucker
½ TL Salz

3 Eigelb
300 g Dinkelmehl
60 g Butter

1 Ei, mit 1 EL Milch leicht geschlagen

Aus Hefe, einer Prise Zucker und lauwarmem Wasser einen Hefevorteig machen und ihn 10 Minuten an einem warmen Ort ohne Zugluft auf das Doppelte aufgehen lassen. Eventuell einmal umrühren, damit sich die Hefe auflöst.

In einer großen Rührschüssel vermischt man die Hefelösung mit der Milch, der Vanille, der Zitronenschale sowie Zucker und Salz. Nach Hinzufügen des Eigelbs (nach und nach), des Mehls (portionsweise) und der Butter (eßlöffelweise) den Teig zum Kneten auf eine bemehlte Fläche legen und zirka 10 Minuten zu einem glatten, weichen und elastischen Teig kneten. Immer wieder Mehl auf die Fläche streuen, damit der Teig nicht anklebt. Zu einem rechteckkigen Gebilde formen und in eine gebutterte Schüssel legen, mit Mehl bestäuben und mit einem Küchenhandtuch bedecken. Etwa eine Dreiviertelstunde gehen lassen, bis das doppelte Volumen erreicht ist.

Mohnfüllung

125 g Butter
1 EL Honig
oder Ahornsirup
1 EL süße Sahne
150 g gemahlener Mohn

40 g Rosinen, zerhackt
abgeriebene Zitronenschale
nach Belieben auch Zimt,
Muskat und Nelken

Die Butter und den Honig mit einem Holzlöffel oder mit dem Mixer (auf Mittelstufe) schaumig rühren. Die Sahne untermengen und anschließend den Mohn und die Rosinen.

Mandelfüllung

60 g Butter
60 g Rohrzucker
1 Eigelb, leicht geschlagen
1 Päckchen Vanillezucker

100 g gemahlene Mandeln
40 g Rosinen, zerhackt
abgeriebene Zitronenschale

Butter und Zucker mit dem Holzlöffel oder dem Mixer schaumig rühren. Eigelb, gemahlene Mandeln, Zitronenschale (abgerieben), Rosinen und Vanillezucker nach und nach beifügen. Füllung beiseite stellen.

Teig wieder auf die bemehlte Arbeitsfläche geben und kurz durchkneten. In länglicher, rechteckiger Form ½ cm dick ausrollen (20 × 30 cm). Kuchenblech ausbuttern oder ölen. Die jeweilige Füllung auf den Teig verteilen. Jeweils 2 cm am Rand freilassen. Den Teig von der Längsseite her aufrollen und mit der Saumstelle nach unten ins Blech legen. An warmem Ort nochmals etwas aufgehen lassen. Kurz vor dem Einschieben in die Backröhre Oberfläche des Strudels mit in Milch geschlagenem Ei bepinseln. Im kurz vorgeheizten Backofen auf mittlerer Schiene und bei Mittelhitze etwa 45 Minuten braun backen.

Kürbisstrudel

500 g fertiger Blätterteig am Stück
ca. 1 kg geschälter, grob geraspelter Bratkürbis
Dinkelgrieß
Rohrzucker
Zimt
nach Belieben auch Muskat und Nelkengewürz

Den Blätterteig in 4 gleiche Würfel schneiden. Jeden Würfel mit der Teigrolle zu einem länglichen Rechteck ausrollen (Länge sollte der Länge eines großen Kuchenbleches entsprechen), und den mittleren Streifen mit jeweils Dinkelgrieß, Zucker, geraspeltem Kürbis, Zimt und Gewürzen bestreuen. Die oberen Ränder jeweils 2 cm breit freilassen. Die beiden äußeren unbestreuten Klappen des Teiges über die Füllung übereinanderschlagen und den Teig an den Rändern durch Andrücken oder Umklappen schließen. Den jeweils fertigen Strudel mit der Saumstelle nach unten in das mit kaltem Wasser vorher ausgespülte flache, große Kuchenblech legen. Es passen 4 Strudel auf ein Blech. Bei guter Mittelhitze hellbraun überbacken (etwa ½ Stunde). Herausnehmen und jeden Strudel in 4 bis 5 größere Stücke schneiden, eventuell mit Puderzucker bestreuen und warm servieren.

Variation: Statt Kürbis kann man auch geraspelte Äpfel (mit Schale) mit gemahlenen Mandeln und eventuell Rosinen und den weiteren angegebenen Zutaten verwenden. Statt Dinkelgrieß können auch Dinkelschrot oder Dinkelschmelzflocken verwendet werden.

Vanillekipfel ✗

250 g Butter
100 g Rohrzucker oder
100 g Honig
300 g Dinkelmehl (gesiebt)
Puderzucker und Vanille-
zucker zum Bestäuben
150 g gemahlene süße Mandeln
1 TL Vanilleextrakt
1 Prise Salz

Butter und Zucker in einer Schüssel schaumig rühren. Nach und nach tassenweise das Mehl dazugeben, dann die Mandeln, Vanille und Salz. Alles zu einem glatten, festen Teig rühren. In Folie einwickeln und eine Stunde im Kühlschrank ruhen lassen. Kuchenblech ausbuttern oder mit gefettetem Pergamentpapier belegen.

Vom Teig walnußgroße Stücke abschneiden und auf eine bemehlte Unterlage legen. Jedes Stück zu etwa 1 × 6 cm Streifen ausrollen und halbkreisförmig zu einem Kipfel biegen. Die fertigen Kipfel auf das gefettete Blech legen (mit mindestens 1 cm Zwischenraum). Im kurz vorgeheizten Ofen auf mittlerer Schiene 15 bis 20 Minuten bei Mittelhitze backen, bis sie leicht gebräunt sind. Aus dem Ofen nehmen, kurz abkühlen lassen und noch warm in Puderzucker (mit Vanillezucker gemischt) wenden.

Linzertorte

140 g Butter	1 TL Zimt
140 g Dinkelmehl	1 Ei
140 g Rohrzucker	1 Msp. Nelkenpulver
140 g Mandeln (gemahlen)	1 Eigelb zum Bestreichen
Saft und Schale einer Zitrone	1 Tasse dicke Himbeer- oder Johannisbeermarmelade

Die Butter in Stückchen schneiden und in einer erwärmten Schüssel schaumig rühren. Ei, Zucker, gemahlene Mandeln, Zitronensaft und -schale und Gewürze zugeben und nach und nach das Mehl dazusieben. Den Teig gut mischen.

²/₃ des Teiges flach drücken und damit ein rundes, bebuttertes Blech auslegen. Den restlichen Teig mit etwas Mehl verarbeiten, so daß er sich ausrollen läßt. Daraus eine Bordüre formen, den Rand des Teigbodens mit Eiweiß bestreichen und die Bordüre aufsetzen, indem man sie mit einer Gabel gleichmäßig andrückt und zugleich verziert. Ein kleines Stück zurückbehaltenen Teig ausrollen und mit dem gezackten Kuchenrädchen in 5 mm breite Streifchen schneiden. Die Torte etwa ½ cm hoch mit Marmelade füllen und gitterartig mit den Teigstreifen belegen. Die Teigstreifen und den Rand mit Eigelb bestreichen und die Torte knapp eine Stunde bei Mittelhitze backen.

Kirschtorte

1 Tasse entsteinte dunkle Kirschen	½ TL abgeriebene Zitronenschale
3 Eier	2 TL Zitronensaft
1 Prise Salz	½ TL Vanilleextrakt
125 g Rohrzucker	100 g gesiebtes Mehl

Die entkernten Kirschen abtropfen lassen. In der Zwischenzeit bereitet man einen Biskuitteig, indem man das Eiweiß mit einer Prise Salz zu steifem Schnee schlägt, wobei man den Zucker noch vor Schluß eßlöffelweise unterrührt. Danach verrührt man das Eigelb mit Zitronenschale und -saft und Vanille. Ein Teil des Eischnees hebt man nun in die Eigelbmasse und gießt dann die Eigelbmasse auf den Eischnee. Das Mehl darübersieben und alles vorsichtig vermischen. Nicht zu lange und zu fest rühren.

Den Teig in die gefettete Tortenform (23 cm Durchmesser) gießen und gleichmäßig mit den Kirschen bedecken. Auf mittlerer Schiene 35 bis 40 Minuten im vorgeheizten Ofen bei Mittelhitze backen.

Nervenkekse oder Energieplätzchen

1250 g Dinkelmehl	50 g Zimt (gemahlen)
375 g Butter	50 g Muskat (gemahlen)
200 g Rohrzucker	15 g Gewürznelken
200 g gemahlene süße Mandeln	(gemahlen)
4 Eidotter	½ TL Salz
2 ganze Eier	Wasser

Aus den Zutaten einen geschmeidigen Teig kneten, etwa 5 mm dick ausrollen und Plätzchen ausstechen. Auf das Backblech legen und 20 bis 25 Minuten bei Mittelhitze überbacken.

Galgantgebäck

140 g Rohrzucker	geriebene Schale einer
140 g Dinkelmehl	halben Zitrone
1 Ei	1 TL Galgantwurzelpulver
1 Eigelb	Wasser oder Magermilch

Aus den Zutaten einen glatten geschmeidigen Teig bereiten und 4 Stunden ruhen lassen. 3 mm dick ausrollen (dabei stets mit Mehl bestäuben, da der Teig sonst anklebt) und Plätzchen daraus ausstechen. Auf ein Backblech legen und mit Eiklar bestreichen. Bei mittlerer Hitze hellbraun backen.

Quendelkekse

1250 g Dinkelmehl	100 g Rohrzucker
375 g Butter	200 g gemahlene süße

Mandeln
4 Eidotter
2 ganze Eier
20 g Quendelpulver
1 TL Salz
Wasser

Aus den Zutaten einen geschmeidigen Teig kneten, etwa 5 mm dick ausrollen und Plätzchen ausstechen. Auf das Backblech legen und 20 bis 25 Minuten bei Mittelhitze überbacken.

Diese Kekse helfen gegen Durchblutungsstörungen und Gedächtnisschwäche.

Backwaren aus Dinkelflocken

Folgende Dinkelflocken können verwendet werden:
- *Kernige Dinkelflocken aus dem Vollkorn* geben Kuchen oder Gebäck einen herzhaften, kernigen Geschmack.
- *Dinkelflocken aus Habermus, kaltgewalzt*, eignen sich für lockere und mürbe Plätzchen.
- Mit *Dinkelschmelzflocken aus Dinkelkernotto, kaltgewalzt*, lassen sich Backwaren herstellen, die auf der Zunge zergehen.

Dinkelflockenbrot

750 g Dinkelmehl
250 g kernige Dinkelflocken
1 Würfel Hefe (frische)
1 TL Rohrzucker
½ l lauwarme Milch
1 EL Salz
etwas Milch

Aus den Zutaten einen Hefeteig mit Vorteig zubereiten wie auf Seite 191 beschrieben. 1 bis 2 Brote daraus formen und in die gefettete und mit kernigen Dinkelflocken ausgelegte Brotform geben. (Oder die Brote vorher über Dinkelflocken wälzen.) An warmem Ort aufgehen lassen und vor dem Einschieben in den vorgeheizten Backofen mit Milch bestreichen. Auf mittlerer Schiene 45 bis 50 Minuten auf hoher Temperatur backen.

Variante: Kräuterbrot: Zusatz von folgenden frischen und nicht zu klein gehackten Kräutern, die man unter den Teig knetet: 2 geh. EL Schnittlauch, 2 geh. EL Zwiebeln, 2 EL Dill, 2 EL Petersilie.

Dinkelflockenbrötchen

375 g Dinkelmehl
125 g kernige Dinkelflocken
20 g Hefe (frisch)
½ TL Rohrzucker
¼ l lauwarme Milch
⅛ l lauwarmes Wasser

½ EL Salz
Milch zum Bestreichen
Dinkelflocken, Sesam oder
(Mutter-)Kümmel zum Bestreuen

Aus den genannten Zutaten einen Hefeteig mit Vorteig zubereiten. Den aufgegangenen Teig auf einer bemehlten Arbeitsfläche zu einer Rolle formen, davon Stücke abschneiden und zu Kugeln formen. Diese auf ein gefettetes Backblech legen und nochmals eine halbe Stunde aufgehen lassen. Mit Milch bepinseln und vor dem Backen einmal mit dem Messer einschneiden. In den kurz vorgeheizten Backofen auf mittlere Schiene schieben und bei hoher Hitze 20 bis 25 Minuten backen.

Dinkelflockenplätzchen

250 g Dinkelschmelzflocken
125 g Rohrzucker
125 g Butter
1 Ei
50 g gemahlene süße Mandeln
abgeriebene Zitronenschale
1 Eigelb zum Bestreichen

Butter, Zucker und Eigelb schaumig rühren. Dinkelschmelzflocken, Mandeln und Zitronenschale dazugeben und gut verrühren. Zuletzt den Eischnee unterheben. Den Teig recht dünn ausrollen, Plätzchen formen (ausstechen), auf ein gefettetes Backblech legen und mit Eigelb bestreichen. Etwa eine Viertelstunde bei 190 Grad backen.

Mandelkuchen

375 g Dinkelmehl
125 g Dinkelschmelzflocken
20 g Hefe
75 g Rohrzucker
¼ l lauwarme Milch
1 Päckchen Vanillezucker
100 g Butter
100 g gemahlene Mandeln
1 Prise Salz
2 Eier
Schale und Saft einer halben, unbehandelten Zitrone
Belag: 50 g Butter,
100 g Rohrzucker,
50 g gehobelte Mandeln

Dinkelmehl und Dinkelschmelzflocken in einer Schüssel vermischen, eine Mulde in die Mitte drücken. Hefe mit etwas Zucker und Milch darin verrühren und zugedeckt etwa 15 Minuten gehen lassen. Die restlichen Zutaten dazugeben und zu einem glatten Teig verarbeiten. Diesen auf einem gefetteten Kuchenblech gleichmäßig verteilen und nochmals eine halbe Stunde zugedeckt gehen lassen. Butterflocken darauflegen. Zucker und gehobelte Mandeln darauf verteilen. Bei 225 Grad auf mittlerer Schiene zirka 25 Minuten goldgelb überbacken.

Quarktorte

Tortenboden:
100 g Dinkelmehl
36 g Dinkelschmelzflocken
(= 6 EL)
1 Prise Salz
50 g Rohrzucker
½ Päckchen Vanillezucker
100 g Butter
1 Ei
Quarkcreme:

2 Päckchen Gelatine
1 Dose Mandarinen (312 g)
oder frischer Orangensaft
und Orangenstückchen
1 Ei
125 g Rohrzucker
Schale und Saft einer
(unbehandelten) Zitrone
500 g Quark
250 g Schlagsahne

Aus den oben genannten Zutaten einen Mürbeteig kneten und eine Viertelstunde kühl ruhen lassen. Den Mürbeteig in eine runde Tortenform (26 cm Durchmesser) legen und einen 3 cm hohen Rand drücken. Mit der Gabel mehrmals einstechen und bei 190 Grad auf der unteren Schiene 25 Minuten backen. Danach herausnehmen und auskühlen lassen.

Die Gelatine im Mandarinensaft quellen lassen. Eier und Zucker cremig schlagen. Abgeriebene Schale und Saft einer Zitrone und den Quark darunterrühren. Die Gelatine erhitzen, bis sie aufgelöst ist. Dann unter die Quarkcreme rühren. Die Sahne steif schlagen und mit den Mandarinen zusammen unter die Creme ziehen. Creme auf den Tortenboden in der Springform füllen und etwa eine Stunde im Kühlschrank steif werden lassen.

Mexikanische Apfeltorte

125 g Dinkelschmelzflocken
50 g Dinkelmehl
150 g Butter
100 g Rohrzucker
1 Päckchen Vanillezucker
1 geh. TL Weinstein-Backpulver

3 Eier
abgeriebene Schale einer
unbehandelten Zitrone
1 Prise Salz
Butter und Dinkelschmelz-
flocken zum Bestreichen der
Form

Füllung: 500 g Äpfel, Saft einer halben Zitrone, 40 g Butter, 75 g gemahlene Mandeln, 50 g Rohrzucker.

Die Äpfel schälen und zerkleinern und mit dem Zitronensaft dünsten. Nach dem Erkalten mit zerlassener Butter, Mandeln und

Zucker verrühren. Aus den oberen Zutaten einen Mürbeteig bereiten. ¾ des Teiges in eine gefettete und mit Dinkelschmelzflocken ausgestreute runde Springform (24 cm Durchmesser) geben. Füllung darauf verteilen und das restliche Viertel Teig in kleinen Häufchen (Teelöffel) auf die Füllung geben. Gut eine Stunde bei 190 Grad auf unterer Schiene backen.

Dinkel-Dattel-Kipfel

250 g Dinkelmehl (frisch gemahlen)
2 Eier
2 EL Kakao
50 g gemahlene Mandeln
100 g Rohrzucker
150 g Butter
Füllung:
4 Eiweiß
125 g Rohrzucker
50 g geröstete kernige Dinkelflocken
200 g Datteln (entkernt und zerkleinert)
2 EL Zitronensaft
1 Prise Salz
100 g Dinkelschmelzflocken

Aus obigen Zutaten einen Teig bereiten. Ausrollen und in Vierecke ausradeln. Jedes Viereck mit etwas Füllung versehen und zu einem Kipfel formen. Für die Füllung Eiweiß zu Schnee schlagen und die restlichen Zutaten unterheben. Den Zucker bereits kurz vor Steifwerden des Schnees dazuschlagen. Alles gut vermengen. Die gefüllten Kipfel auf ein gefettetes Blech geben und etwa eine halbe Stunde bei Mittelhitze backen.

Dinkel-Dattel-Makronen

250 g kernige Dinkelflocken
250 g Datteln (getrocknet)
125 g Butter
2 Eier
100 g Rohrzucker
1 Päckchen Vanillezucker

Butter erhitzen, kernige Dinkelflocken unterrühren, rösten und abkühlen lassen. Datteln entkernen und zerkleinern. Eier, Zucker und Vanillezucker miteinander verrühren. Datteln und kernige Dinkelflocken dazugeben, alles gut vermischen. Aus der Masse mit zwei Teelöffeln kleine Häufchen formen und auf ein gefettetes Blech setzen. Im vorgeheizten Ofen bei 175 Grad zirka 20 Minuten backen.

✗ Mandelplätzchen
(stärken die Nerven und das Gemüt)

125 g Butter	80 g gemahlene Mandeln
150 g Rohrzucker	90 g Dinkelschmelzflocken
1 Päckchen Vanillezucker	80 g Dinkelmehl
1 Prise Salz	1 EL Nervenkekspulver
1 Ei	

Butter, Zucker, Vanillezucker, Salz und Ei schaumig rühren. Die anderen Zutaten dazugeben und gut durcharbeiten. Mit feuchten Händen kleine Kugeln drehen und diese nicht zu dicht nebeneinander auf ein gefettetes Backblech setzen. Bei 190 Grad auf mittlerer Schiene etwa ¼ Stunde backen.

✗ Galgantplätzchen

500 g kernige Dinkelflocken	2 Eier
250 g Butter	50 g Dinkelmehl (= 2–3 EL)
200 g Rohrzucker	1 TL Galgant
1 Päckchen Vanillezucker	

Die Butter aufkochen, Dinkelflocken dazugeben und gut verrühren. Beiseite stellen und erkalten lassen.

Zucker, Vanillezucker, Galgant und Eier schaumig rühren und mit Dinkelmehl unter die Butter-Flocken-Masse heben. Mit zwei Teelöffeln kleine Portionen herausstechen und auf ein gefettetes Backblech setzen. Auf mittlerer Schiene bei 180 Grad etwa eine Viertelstunde hellgelb und weich ausbacken. Sofort vom Blech nehmen.

Gewürztaler

125 g (flüssiger) Honig oder	250 g Dinkelmehl
200 g Rohrzucker	20 g Gewürzplätzchen-
150 g Butter	pulvermischung
50 g gemahlene süße	(Zimt, Muskat, Nelken)
Mandeln	1 geh. TL Hirschhornsalz
50 g Orangeat (zerkleinert)	oder Weinstein-Backpulver
200 g Dinkelflocken	

Die Zutaten miteinander vermengen, das Hirschhornsalz mit wenig Wasser auflösen und dazugeben. Teig gut verarbeiten und etwa 5 mm dick ausrollen. Plätzchenformen ausstechen und auf ein ge-

Früchtebrot

200 g Dinkelschmelzflocken	200 g getrocknete Birnen
125 g Rohrzucker	100 g Orangeat
3 Eier	200 g Datteln
1 geh. TL Weinstein-	200 g Rosinen
Backpulver; 1 EL Rum	1 Msp. Nelken
100 g süße Mandeln	1 Msp. Muskat
125 g getrocknete Äpfel	½ TL Zimt

Eier mit Zucker schaumig schlagen, Dinkelschmelzflocken und Weinstein-Backpulver sowie Rum unterheben. Die Mandeln und Früchte alle klein zerhacken und unter den Teig mischen. Eine gefettete Kastenform mit kernigen Dinkelflocken ausstreuen und den Teig hineingeben. Oberfläche glatt streichen. Backofen vorheizen und den Teig auf Mittelhitze (180 Grad) 1½ Stunden lang backen. In Folie verpackt hält sich das Früchtebrot lange.

Hefegugelhupf

500 g Dinkelmehl	1 Prise Salz
125 g Butter (weich)	2 Eier
100 ml Milch, lauwarm	80 g Vollrohrzucker
30 g Hefe	150 g Rosinen

Aus den Zutaten einen dickflüssigen Hefeteig herstellen, zudecken und an warmem Ort gehenlassen. Anschließend die Rosinen unter den Teig kneten, in die eingefettete, bemehlte Form füllen und nochmals bis ¾ Formhöhe (25 cm Durchmesser) gehenlassen.

Auf unterster Schiene bei guter Mittelhitze (200 Grad) etwa eine ¾ Stunde backen.

Getränke

Dinkelbier

Bier ist ein universales Lebens- und Genußmittel und ein Entschlackungsmittel bei Rheuma und Gicht, nach großer körperlicher und sportlicher Anstrengung, bei Durchblutungsstörungen von Nieren, Bindegewebe und Haut, Hautausschlägen, schlechter Gesichtsfarbe, Bronchitis, Lungenleiden, Herz- und Kreislaufschwäche, niedrigem Blutdruck, Erschöpfung und Schwächezuständen und Kraftlosigkeit. Es wirkt gegen Streß, Schlaflosigkeit, Muskelschwäche, Muskelschwund, Nervenleiden, Depressionen, Neurosen und Epilepsie.

Bei Hildegard steht geschrieben:

»Bier läßt die Fleischpartien *(carnes)* des Menschen wachsen und macht wegen der Stärke und Güte dieses Getreidesaftes ihm eine schöne Färbung seines Gesichtes.«

»Ein Rheumatiker, der (wegen seiner Säfteunruhe) in seinem gewöhnlichen Verhalten nicht maßhalten kann, soll deswegen nüchtern Wein trinken oder, wenn er keinen Wein hat, Bier aus Gerste oder Roggen gebraut ...«

Wenn schon Gerste und Roggen verwendet werden können, wäre das aus Dinkel gebraute Bier natürlich das beste.

Endlich gibt es ein echtes, hildegardisches Gesundheitsbier – das Dinkelbier. Einer kleinen bayerischen Brauerei (Apostelbräu in Hauzenberg bei Passau) ist es gelungen, naturreines und naturtrübes, wohlschmeckendes Dinkelbier herzustellen.

Als Heilmittel wirkt Bier besonders bei Hautekzemen, die durch reichliches Essen, durch Fleisch, Milch und starken Wein ausgelöst worden sind. In solchen Fällen ist eine Umstellung auf Dinkel, Obst, Gemüse und Bier nützlich. Selbst für Lungenleidende ist Bier besser als Wein. Auch bei Neurosen und Nervenleiden (Schizophrenie) ist Bier dem Wein als Heilmittel vorzuziehen. Bei Epilepsie eignen sich Wein und Bier besser als Wasser.

In den letzten Jahren ist Bier als kulinarischer Rohstoff wieder in viele gepflegte Küchen eingezogen. Die besten und berühmtesten Köche benutzen es. Einige von ihnen haben wir nach ihren Rezepten mit Bier befragt.

Ostpreußische Biersuppe

70 g Dinkelkernotto
¾ l Dinkelbier
¼ l Wasser
1 Prise Salz

1 TL Butter
1 TL Zitronensaft
60 g Rohrzucker
1 Ei

Den Dinkelkernotto in Wasser aufkochen lassen, Salz, Butter und Zitronensaft hinzufügen. Bei kleiner Hitze 15 Minuten lang kochen lassen. Bier und einen Großteil des Zuckers dazugeben, nochmals erhitzen. Eigelb mit etwas Suppe verquirlen und unter die Suppe rühren. Eiweiß steif schlagen, restlichen Zucker dazuschlagen und daraus kleine Klößchen mit dem Teelöffel ausstechen. Diese auf die heiße Suppe setzen und zugedeckt nochmals 5 Minuten ziehen lassen.

Braune Biersuppe

1 l Dinkelbier
30–40 g Butter
1 EL Dinkelmehl
2 EL Rohrzucker
1 Stange Zimt

abgeriebene Zitronenschale (unbehandelt)
geröstete Schnitte von Dinkelbrötchen

Butter erhitzen, Mehl hineingeben und vermengen. Dann einen EL Zucker hinzufügen. Solange rühren, bis die Einbrenne tief braun ist. In der Zwischenzeit das Bier mit einen EL Zucker, dem Zimt und der Zitronenschale zum Kochen bringen. Die braune Einbrenne in die Biermasse geben und kurz aufkochen. Die heiße Suppe über die gerösteten Brötchenschnitten anrichten.

Apfelkrapfen in Bierteig

Bierteig:
300 g Dinkelmehl
2 EL Sonnenblumenöl
¼ l Dinkelbier
1 Prise Salz

1 Ei
Zimtpulver
Füllung:
Äpfel (Kirschen mit Stiel)

Mehl, Öl, Ei, Bier, Salz und Zimt zu einem glatten Teig verrühren und eine Stunde stehenlassen. Zur Verfeinerung kann das Eiweiß getrennt zu steifem Schnee geschlagen und untergehoben werden.

Äpfel schälen, in kleine Stücke schneiden (Kerngehäuse entfernen). Die Apfelstücke in den Bierteig rühren. Mit einem großen Löffel Portionen des Apfelteiges ins schwimmende Fett geben und goldgelb anrösten. Anschließend mit Zucker bestreuen.

Variation: Statt Äpfel kann man auch frische Kirschen mit Stiel in den Teig tunken, wobei der Stiel nur als Haltevorrichtung dient. Jede Kirsche einzeln in den Teig tauchen.

✗ Rotbarschfilets in Bier

Rotbarsch	Galgant, Bertram, Quendel
50 g Zwiebelwürfel	Salz
1 Petersilienwurzel	1 Flasche Dinkelbier (½ l)
1 Sellerie	1 Schuß Rotwein
1 Möhre	100 g Honigkuchenbrösel
Saft und Schale 1 Zitrone	etwas Butter und Rohr-
1 Lorbeerblatt	zucker

Rotbarsch ausnehmen, entgräten, filetieren. Zwiebelwürfel, Petersilienwurzel, Möhre, Sellerie, Zitronensaft und Schale, Lorbeerblatt, Gewürze und Salz sowie das Dinkelbier einkochen lassen. Rotbarschfilets darin pochieren und warmstellen. Den Fond mit einem Schuß Rotwein und den Honigkuchenbröseln einkochen und die Sauce mit Butter und Zucker mischen. Sauce über die Filets geben und mit Dinkelbeilage servieren.

✗ Gedünsteter Sellerie

500 g geschälte Sellerie-	1 Zwiebel (gewürfelt)
knollen (in dünne Scheiben	etwas Rohrzucker, Salz,
geschnitten)	Galgant, Bertram,
¼ l Dinkelbier	Muskatnuß
50 g Butter	gehackte Petersilie
1 Lorbeerblatt	

Butter in einer großen Pfanne heiß werden lassen und Selleriescheiben sowie die gewürfelte Zwiebel hineingeben. Unter öfterem Umrühren andünsten. Lorbeerblatt und nach und nach Dinkelbier beigeben. Etwa ein halbe Stunde gardünsten lassen, würzen und zum Schluß Petersilie darüberstreuen.

Wein

Wein hilft bei Altersschwäche, Appetitmangel, Durchblutungsstörungen, Kreislaufschwäche, Magenschwäche (Anregung von Verdauungssäften), Nervenschwäche, nervösen Depressionen, Angst, Schlaflosigkeit und macht die Augen hell.

Bei Hildegard steht geschrieben:

»Denn der Wein ist das Blut der Erde und stellt in der Erde dar, was das Blut im Menschen ist und hat eine Art Gemeinschaft mit dem Menschenblut. Deshalb führt er wie ein hurtiges (Schöpf) rad seine Hitze aus der Blase dem Mark zu und bringt dieses zu außerordentlicher Erwärmung, so daß das Mark aufwallend die Lüsternheit ans Blut weitergibt.« (CC 141, 26 ff.)

»Wenn man kostbaren und starken Wein trinkt, regt er die Gewebebahnen (venae) und den Kreislauf (Blut) über Gebühr auf und reißt Säfte an sich und alles Feuchte, das sich (frei) im Menschen befindet, genauso wie es auch die Abführgetränke tun, und er bewirkt auf diese Weise manchmal, daß der Harn vor seiner Reifung ausgeschieden wird.« (CC 116, 17 ff.)

»Will also ein Mensch köstlichen und starken Wein trinken, soll er ihn deshalb mit Wasser mischen, damit dessen Stärke und Wärme etwas geschwächt und ausgeglichen wird. Auch den ›Hunsrücker‹ genannten Wein soll man mit Wasser temperieren, damit das Wasser seine Säure und Schärfe milder macht und verdünnt. Wie Blut ohne Wasserfeuchtigkeit trocken ist und nicht fließt, so durchtobt und verletzt ein ohne Beimischung von Wasser getrunkener Wein den Menschen, mindert die Gesundheit des Körpers und bringt sinnliche Gelüste. Jede Speise und jeder Trank soll in Ehren und wohlabgestimmt und maßvoll genossen werden, damit der Mensch nicht geschwächt werde durch die verquerten Säfte, die darin enthalten sind, und damit seine Natur nicht über das Ziel hinausschießt durch den Mißbrauch sinnlichen Ergötzens. Wie es auch der Fruchtbarkeit der Erde schadet, wenn die Sonne zu heiß brennt, ohne von der Luft und vom Tau wohltemperiert zu sein, so wird auch der Mensch verletzt, was seine körperliche Gesundheit betrifft und zur Fleischeslust erregt, wenn er das Warme aus den Speisen und Getränken unmäßig an sich reißt. Wenn sein Körper gesund ist, hüte er sich bei Speise und Trank, wie beschrieben, damit er gesund bleibt. Wenn er schwächlich ist, mag er sich durch das Essen von Fleisch maßvoll und überlegt erholen, doch trinke er keinen Wein, dem nicht Wasser beigemischt wurde.«
(CC 141, 31 ff.)

»Der Wein vom Hunsrück macht das nicht, weil er in sich nicht so starke Kräfte hat, um die Säfte dadurch übermäßig zu bewegen. Die Kräfte eines hochwertigen Weines soll man deshalb

entweder durch Eintauchen von Brot oder einen (kleinen) Wasserzusatz mildern, weil vom Trinken eines (reinen) untemperierten Weines weder der gesunde noch der kranke Mensch etwas davon hat. Es ist aber nicht nötig, den Hunsrücker Wein solcher Art abzustimmen, weil er keine starken Kräfte in sich hat. Will ein Mensch dennoch (in den Hunsrücker Wein) Wasser eingießen oder Brot hineinlegen und dann erst trinken, so ist dies zwar lieblicher zu trinken, deswegen aber nicht gesünder.«
(CC 116, 22 ff.)

Im rauhen Hunsrück, wo einst der Schinderhannes für »Gerechtigkeit« sorgte, wächst kein Wein. Vermutlich ist der Hunsrücker Wein bei Enkirch an der Mosel gemeint, der den Sponheimern gehörte und mit dem Hildegards Mutterkloster Disibodenberg versorgt wurde. Hildegard schreibt von der Anregung der *venae*, Gewebsbahnen, worunter sie die Lymphbahnen oder Lymphräume versteht. Damit diese Anregung aber in Maßen geschieht, soll der Wein immer hildegardisiert werden. Schon mit wenigen Tropfen Wasser oder durch das Eintauchen eines Brotes wird der Wein temperiert. Auffallend ist, daß Hildegard den Wein nicht als durstlöschendes Getränk, sondern als Heilmittel empfiehlt. Auch die meisten ihrer Elixiere, bei denen der Alkohol verkocht wird, werden mit Wein angesetzt.

Eine ganz besonders frohmachende, den Zorn und die Traurigkeit beseitigende Wirkung hat der gelöschte Wein, den man warm und schluckweise trinken soll, an manchen Tagen sogar bis zu einem Liter als mildes Antidepressivum. Er enthält ebenfalls keinen Alkohol (Restalkoholgehalt zirka zwei Prozent):

»Wenn aber ein Mensch zum Zorn oder zur Traurigkeit gereizt wird, soll er sogleich Wein am Feuer wärmen und mit kaltem Wasser mischen, und er wird sich leichter fühlen. So wird der traurig und zornig machende Stoff (Schwarzgalle), der ihn zum Ausbruch des Zorns geführt hat, in Schranken gehalten.«
(CC 198, 5; PL 1244 B–D)

Gelöschter Wein
Man nimmt ein halbes Glas vom besten Wein, weiß oder rot, und erhitzt ihn zum Sieden, bis die Bläschen erscheinen. Dabei verläßt der Alkohol den Wein, denn er siedet bereits bei 80 ° C. Wenn man die Bläschen sieht, gießt man sofort einen Schuß kaltes Wasser in den erhitzten Wein, nimmt den Wein vom Feuer und trinkt ihn warm und schluckweise. Wenn sich die ganze Familie geärgert hat, bringt der gelöschte Wein sogleich wieder den Frieden ins Haus.

Die Wirkung ist nicht von der Menge und auch nicht vom Alkoholgehalt abhängig, da der Alkohol verkocht ist. Wein- und alkoholempfindliche Menschen oder Kinder bekommen ein Likörglas oder einige Eßlöffel oder Teelöffel voll.

»Ein reiner Wein macht dem Trinker das Blut gut und gesund. Ein trüber Wein indessen macht das Blut schlecht und wie mit Asche vermischt. Der Frankenwein ist stark und macht fast Stürme im Blut, und daher soll der, der ihn trinken will, ihn mit Wasser mischen. Aber es ist nicht nötig, daß der Ungarwein mit Wasser vermischt wird, weil er von Natur aus wäßrig ist ... Wenn jemand den Harn wegen der Kälte des Magens nicht halten kann, soll er oft am Feuer erwärmten Wein trinken.«
(PL 1244 B-D)

Allgemein wird der Wein als die älteste Medizin der Menschheit bezeichnet, von dem schon der heilige Augustinus schreibt:

»In vielen Fällen braucht der Mensch den Wein. Er stärkt den schwachen Magen, erfrischt die ermatteten Kräfte, heilt die Wunden an Leib und Seele, verscheucht Trübsal und Traurigkeit, verjagt die Müdigkeit der Seele, bringt Freude und entfacht unter Freunden die Lust zum Gespräch.«

Der berühmte Chirurg Professor Dr. Sauerbruch (1875 bis 1951) lobte den Wein als Therapeutikum:

»Alle meine Patienten, auch die in der Dritten Klasse und in den Freibetten, bekamen nämlich, nachdem sie operiert waren, Sekt, weil dieser ein hervorragendes, unschädliches Anregungsmittel für den Kreislauf ist.«

In heutiger Zeit gibt es mehrere wissenschaftliche Studien, die zeigen, daß der mäßige Weingenuß Frauen nicht mehr als ein Viertele (250 ml/Tag = zirka 25 ml Alkohol) und Männer nicht mehr als zwei Gläser (500 ml/Tag = zirka 50 ml Alkohol) eine positive Wirkung auf die Gesundheit hat. Besonders schützt wenig Wein vor Arteriosklerose und ihren Folgen, Herzinfarkt oder Gehirnschlag, weil der Wein das gute HDL-Cholesterin, das die Gefäße vor Verkalkung schützt, erhöht und das schädliche LDL-Cholesterin, das auch zur Arteriosklerosebildung führt, senkt.
Ein Glas Wein kann nicht nur Herz und Kreislauf, sondern auch die Hirndurchblutung verbessern, wodurch das körperliche und das seelische Wohlbefinden gestärkt wird und innere Verspannun-

gen, Streß, Angst und Traurigkeit verschwinden. Durch seine Wirkung auf das Nervensystem bewirkt besonders Rotwein eine leichte, beruhigende, schlaffördernde Wirkung, während die grundigen, trockenen Weißweine (Riesling, Silvaner, Gutedel, Müller-Thurgau) Herz und Kreislauf anregen und das Gemüt aufmuntern.

Salate

Kopfsalat

Kopfsalat ist ein Universalverdauungsmittel und hilft gegen Verdauungsschwäche, Verstopfung und Durchblutungsstörungen des Gehirns.

Bei Hildegard steht geschrieben:

»Der Gartensalat, den man essen kann, hat ein ganz frostiges Prinzip. Unzubereitet gegessen, macht sein zu nichts tauglicher Saft das menschliche Gehirn leer und erfüllt den Magen-Darm mit Krankheitsmaterien. Wenn also einer Salat essen will, soll er die Blätter zuerst mit Dill oder Essig oder Knoblauch abschmekken, so daß der Salat noch kurz vor dem Gegessenwerden Zeit hat, sich mit diesen Würzstoffen zu durchtränken. Ißt man ihn so zubereitet, dann stärkt er das Gehirn und macht eine gute Verdauung.« (PL 1165 A)

Kopfsalat (*Lactuca sativa L.*) sollte bei keinem Hildegard-Essen fehlen! Der Salat enthält neben vielen Vitalstoffen reichlich Vitamin A und C und ist, als Dinkel-Kopfsalat zubereitet, ein kräftiger Vitaminstoß, da der Dinkel reichlich B-Vitamine enthält. Täglich gegessen sorgt er für eine gute Verdauung und garantiert eine gute Durchblutung, besonders des Gehirns. Roh gegessen, das heißt unangemacht, bewirkt Salat das Gegenteil: eine schlechte Verdauung und eine schlechte Durchblutung (leeres Gehirn). (PL 1165 A)

Dinkel-Kopfsalat

1 Kopfsalat
2 EL Weinessig
4 EL Sonnenblumenöl
2–3 EL weichgekochte Dinkelkörner
1 Prise Salz
zirka 1 TL (Rohr-)Zucker

Gewürze: Bertram, Pfeffer
Kräuter (nach Belieben):
Dill, Petersilie, Knoblauch, Ysop, Schnittlauch, Bohnenkraut, Brennessel, Melde, Minze (Acker-, Bach-, Polei-), gedünstete Zwiebel

Den gewaschenen Salat zerschneiden und mit den gekochten Dinkelkörnern vermischen. Essig mit Salz und Zucker verrühren, Gewürze und Kräuter beigeben und alles abschmecken. Öl über den Salat gießen und leicht unterheben. Die Salatsauce an das Kopfsalat-Dinkelgemisch geben und einwirken lassen.

Blattsalate jeder Art, wie Kopfsalat (oder Lattich), Eisbergsalat (Krachsalat, Eissalat), Romanasalat, Schnittsalat, Bataviasalat, Eichblattsalat, Feldsalat, sind die bevorzugten Salatarten. Endivie und Eskariol sind ebenso wie Chicorée und Radicchio Abkömmlinge der Zichorie oder Sonnenwirbel, über deren Eßbarkeit Hildegard nichts berichtet.

Rote Rüben mit Äpfeln und Meerrettich

200 g Rote Bete	geriebener Meerrettich
200 g Äpfel	Zitronenmarinade (s. S. 225)

Gekochte, geschälte Rote Bete und die geschälten und vom Kerngehäuse befreiten und leicht angedünsteten Äpfel grob raspeln. Zitronenmarinade mit geriebenem Meerrettich vermischen und sogleich unter das Rüben-Äpfelgemisch heben.

Kopfsalat mit Orange und Ananas

1–2 Köpfe Salat	Zitronensaft
1 Orange	Salz
2 Scheiben Ananas, frisch	Rohrzucker
oder aus der Dose	2–3 EL Sonnenblumenöl
je 1 EL Orangen- und	

Gereinigte Salatblätter etwas zerkleinern. Die geschälte Orange und die Ananasscheibe würfeln. Aus Orangen- und Zitronensaft, Salz und Zucker eine Salatsauce mischen. Sonnenblumenöl unter Rühren dazugeben und abschmecken. Salatsauce und Obst unter den Salat heben und kurze Zeit einwirken lassen. Danach sofort servieren.

Feldsalat mit Roten Beten

250 g Feldsalat	Schnittlauch, gehackt
Zitronenmarinade (s. S. 225)	etwas gekochte Rote Bete

Den gewaschenen und verlesenen Feldsalat mit der Salatsauce anrichten und abschmecken. Zum Garnieren geraspelte Rote Bete und gehackten Schnittlauch verwenden.

Endiviensalat

1 Kopf Endiviensalat
Zitronenmarinade oder
Joghurtsauce (s. S. 225)

Endiviensalat säubern, waschen und in feine Streifen schneiden. Mit Zitronenmarinade oder Joghurtsauce vermengen und nach einer Einwirkzeit servieren.

Variation: Nach Belieben Zugabe von einem Apfel und einer Orange sowie gehackte süße Mandeln oder Flohsamen.

Bohnensalat

750 g (grüne) Bohnen
etwas Salz
¼ l Flüssigkeit
(Wasser oder Brühe)
Bohnenkraut
1 kleinere Zwiebel
Petersilie
Essigmarinade (s. S. 225)

Die gesäuberten und in Stücke geschnittenen Bohnen mit Wasser, Salz und Bohnenkraut weichdünsten lassen. Abtropfen und auskühlen lassen. Mit Essigmarinade anrichten. Zwiebel klein schneiden und kurz andünsten lassen. Unter den Salat heben. Mit gehackter Petersilie garnieren und servieren.

Selleriesalat

1 kg Sellerie
wenig Salz
1¼ l Wasser
Essigmarinade oder
Joghurtsauce (s. S. 225)

Sellerieknolle schälen, waschen und in Scheiben schneiden. Mit Salz und Wasser weichdünsten lassen. Überschüssige Flüssigkeit abschütten und den Sellerie auskühlen lassen. Mit Salatsauce vermischen und abschmecken.

Fenchelsalat

750 g Fenchelgemüse
(kleinere Knollen)
⅛ l trockener Weißwein
½ l Wasser
Salz
1 TL Rohrzucker
½ Bund (glatte) Petersilie
3 EL Weinessig
4 EL Sonnenblumenöl
Bertram
etwas schwarzer Pfeffer

Harte Stiele und Kraut von den Fenchelknollen entfernen, das

Kraut aber aufheben. Fenchel waschen und halbieren. Wasser, Wein, Salz und Zucker aufkochen, Fenchel hineinlegen und halbweich garen lassen (zirka 15 Minuten). Fenchel abtropfen und abkühlen lassen. Fenchelkraut und Petersilie klein zerhacken. Die halbierten Fenchelknollen jeweils in vier Streifen schneiden, auf eine tiefe Platte setzen und mit Essig, Öl, den zerhackten Kräutern, Pfeffer und Gewürzen anrichten.

Variation: Man kann auch rohen Fenchelsalat bereiten, wofür man dann die einzelnen Fenchelblätter in kleine Streifen schneidet und mit einer Salatgrundsauce (Zitronen- oder Essigmarinade) oder Joghurtsauce anrichtet. Das kleingehackte Fenchelkraut zum Garnieren benützen. Eignet sich sehr gut für Fischgerichte.

Warmer Fenchel-Selleriesalat

3 kleine Fenchelknollen	Saft von 1 großen Zitrone
2 kleine Knollensellerie	6 EL Sonnenblumenöl
125 g Zwiebeln	Salz
2 TL Quendel	100 g gekochte Dinkelkörner
½ TL Bertram	
1 Knoblauchzehe	1 Bund glatte Petersilie
1 Lorbeerblatt	etwas schwarzer Pfeffer
⅛ l Wasser	

Fenchelknollen und Sellerie putzen, Blattgrün abschneiden und aufbewahren. Die Fenchelknollen längs in Achtel oder kleinere Stücke teilen. Sellerie in kleinere Würfel schneiden. Zwiebeln schälen, in Scheiben schneiden. Das Gemüse zusammen mit der zerdrückten Knoblauchzehe, dem Lorbeerblatt, Quendel, Bertram in einem großen Topf mit Wasser, Zitronensaft und Öl aufkochen lassen. Kräftig salzen und halbweich werden lassen. Die noch warmen Dinkelkörner zum Gemüse geben. Überschüssige Flüssigkeit abschütten und aufbewahren. Das Gemüse in einer tiefen Schüssel anrichten, mit etwas übriggebliebenem Sud übergießen und mit kleingehackter Petersilie bestreuen. Den Salat noch warm servieren. Kann zu Dinkelbrot und kräftigen Weißwein serviert werden.

Variation: Man kann auch noch weitere passende Gemüse hinzufügen (beispielsweise Gelbe Rüben).

Waldorfsalat

100 g süße Mandeln (gehackt)	etwas gehobelte Mandeln oder Mandelsplitter

zum Garnieren
2 säuerliche (ältere) Äpfel
Saft einer Zitrone
250 g Knollensellerie
ein paar Tropfen Weinessig
oder Zitronensaft für
Sellerie

50 ml süße Sahne
80 g Mandelmayonnaise
(s. S. 226)
Salz, weißer Pfeffer, Muskat
etwas Rohrzucker (fein)
einige Salatblätter
zum Garnieren

Die geschälten und geviertelten Äpfel in lange Streifen reiben und sogleich mit dem Zitronensaft in einer Schüssel mischen. Sellerie gründlich säubern, vierteln, 10 Minuten in schwach gesalzenem Essig- oder Zitronenwasser kochen, sogleich mit kaltem Wasser abschrecken und schälen. Wie die Äpfel in lange Streifen reiben und unter die Äpfel und den Zitronensaft mischen, um ein Dunkelfärben zu verhindern.

Sahne steif schlagen, nach und nach die Mandelmayonnaise hinzufügen und eine glatte cremige Sauce rühren. Mit Salz, Zucker und Gewürzen abschmecken. Apfel- und Selleriestreifen mit Sauce und gehackten Mandeln vermischen und das Ganze eine gute Viertelstunde zugedeckt im Kühlschrank einwirken lassen. Danach nochmals abschmecken.

Schöne, gesäuberte, grüne Salatblätter auf vier Teller auslegen, den fertigen Salat darauf türmen und mit Mandelsplittern oder gehobelten Mandeln garnieren. Kann zu (geröstetem) Dinkelbrot oder Käse mit jeweils trockenem Wein serviert werden.

Variation: Für besondere Anlässe kann man den Salat auch in ausgehöhlten Äpfeln anrichten. Dann wird alles in Würfel geschnitten. Statt Äpfeln kann man auch frische Ananaswürfel verwenden; dann schmeckt der Salat besonders fruchtig. Auch kann nur Schlagsahne verwendet und die Mandelmayonnaise weggelassen werden.

Trauben-Maronensalat

400 g Edelkastanien
$1/8$ l reiner Traubensaft
$1/8$ l trockener Weißwein
200 g blaue Weintrauben
200 g helle Weintrauben
$1/8$ l süße Sahne

$1/2$ TL Bertrampulver
1 EL Himbeeressig
1 EL Sonnenblumenöl
1 Prise Salz
$1/2$ Bund Kerbel

Die Maronen im Röstverfahren schälen (siehe Anleitung auf Seite 138) und von der Innenhaut befreien. Traubensaft und Wein mischen und die noch warmen Maronen damit begießen. Zugedeckt über Nacht durchziehen lassen. Die Weintrauben waschen und gut abtropfen lassen. Beeren abzupfen und halbieren. Kerne entfernen. Sahne nicht ganz steif schlagen. Bertrampulver in Essig geben, zusammen mit dem Öl in die Sahne schlagen. Mit Salz abschmecken. Die Maronen aus der Flüssigkeit nehmen. Nach Belieben noch etwas von der Maronenbeize unter die Sahnemischung heben. Maronen, Weinbeeren und Sauce vermengen und mit grob gehacktem Kerbel garnieren. Dieser Salat kann zu Dinkelbrötchen und Wein serviert werden, aber auch als Beilage zu Wildgerichten (dann nur die Hälfte des Salates verwenden).

Variation: Kernlose Trauben brauchen nicht halbiert zu werden und sehen attraktiver aus.

Feldsalat mit Geflügelleber

300 g frische Hühnerleber (oder Putenleber)
200 g großblättriger Feldsalat
etwas (in dünnen Scheiben abgeschnittener) Endiviensalat
etwas Butter oder Sonnenblumenöl zum Anbraten
Salz
40 ml trockener Wein

Bertram-, Galgant-, Quendelpulver
3 EL Sahne
2 kleine Zwiebeln
½ Knoblauchzehe
100 g Sauerrahm
2 EL kaltgepreßtes Sonnenblumenöl
1 EL Weinessig
etwas weißer Pfeffer

Feldsalat gut säubern und abtropfen lassen. Endiviensalat vom Blattende her in ein paar dünne Streifen schneiden, ins Wasserbad geben und ebenfalls gut abtropfen lassen. Hühnerleber waschen, abtupfen und in kleinere Würfel schneiden. In Butter oder Öl unter öfterem Wenden schnell anbraten. Mit Salz, Bertram, Quendel und Galgant würzen. Mit Wein und Sahne ablöschen und cremig aufkochen lassen. Eventuell nochmals abschmecken.

Die Zwiebeln würfeln und kurz andünsten. Knoblauchzehe zerdrücken, Crème fraîche, Öl und Weinessig gut verrühren, mit Salz und etwas weißem Pfeffer vermischen, Zwiebeln und Knoblauch unterheben und alles gut vermengen. Feldsalat auf vier Teller verteilen. Darüber Endivienstreifen legen. Beides mit der eben hergestellten Salatsauce übergießen, in die Mitte die noch warme Leber mit Sauce geben. Hierzu Dinkelbrot und Weißwein servieren.

Variation: Statt Hühnerleber kann auch geschnetzelte Kalbsleber verwendet werden. Dann brät man die Zwiebeln mit und verzichtet auf Knoblauch.

Obstsalat

2 Orangen	(entkernt)
2 kernlose Mandarinen	1 Banane
1 gekochte Birne	50 g feiner Rohrzucker
2 kleine, süß-säuerliche	1 Päckchen Vanillezucker
Äpfel	Saft einer halben Zitrone
eventuell ein paar Datteln	50 g gehackte, süße Mandeln

Das Obst schälen, entkernen und in kleine Würfel schneiden. Zukker, Vanillezucker und Zitronensaft gut verrühren und die Obstwürfel damit vermischen. Eine Viertelstunde ziehen lassen. In Servierschale geben und mit gehackten Mandeln, Mandelsplittern oder gehobelten Mandeln garnieren.

Variation: Zum Obstsalat eine Sauce aus 200 g Sauerrahm, 100 g Sahne, 2 EL Honig, 2 Tropfen Orangen-Öl, 1 Tropfen Bergamotte-Öl bereiten und untermischen.

Orangen-Preiselbeersalat

4 kleinere Orangen	20 g gehobelte, süße
250 g Preiselbeeren	Mandeln
125 g feiner Rohrzucker	etwas Kirschwasser, Rum-Öl
etwas Bertrampulver	oder Orangen-Öl
¼ l süße Sahne	1 Päckchen Vanillezucker

Preiselbeeren waschen und abtropfen lassen. Mit Zucker und Bertram vermischen und in einem Topf köcheln lassen, bis der Zucker aufgelöst ist und die Beeren zu platzen beginnen. Vom Herd nehmen und im kalten Wasserbad abkühlen lassen. Die gehobelten Mandeln mit etwas Butter goldbraun rösten und ebenfalls abkühlen lassen. Orangen schälen, Innenhaut abziehen und in dünnere Scheiben schneiden, eventuell entkernen. Mit Kirschwasser oder Rumöl (Orangenöl) beträufeln und eine gute Viertelstunde durchziehen lassen.

Sahne steifschlagen, dabei Vanillezucker nach und nach hinzugeben. Sahne mit der Hälfte der Preiselbeeren vermischen. Orangenscheiben auf einer flachen Servierplatte anrichten. In der Mitte das Sahne-Preiselbeergemisch, außen herum die restlichen Preiselbeeren anordnen. Die gerösteten Mandelscheiben als Dekoration drauflegen.

Variation: Statt Preiselbeeren oder zusätzlich zu den Preiselbeeren können auch gekochte Schattenmorellen verwendet werden.

Birnensalat mit Frischkäse

4 große, feste Birnen
Saft einer Zitrone
Gewürznelken (gemahlen)
100 g Doppelrahmfrischkäse
4 EL süße Sahne
2 EL Preiselbeeren
aus dem Glas
Muskatnuß, gemahlen
1 Msp. Bertrampulver
150 g blaue Weintrauben
25 g gehobelte, süße
Mandeln

Birnenkompott oder die in Viertel geschnittenen, entkernten und kurz abgekochten Birnen in gleichgroße, dünne Stücke schneiden. Mit Zitronensaft, gemischt mit Nelken, beträufeln. Birnenstücke sternenförmig auf einer Servierplatte oder auf vier Portionstellern anrichten. Restlichen Zitronensaft übergießen und zugedeckt eine halbe Stunde im Kühlschrank ziehen lassen. Frischkäse mit Gabel zerdrücken und mit Sahne und Preiselbeeren glatt verrühren. Mit Muskat und Bertram abschmecken. Weintrauben waschen und abtropfen lassen, Beeren abstreifen, halbieren und entkernen. Unter die Käsezubereitung heben und in die Mitte der angerichteten Birnen geben. Mit Mandeln dekorieren.

Dinkelvollkornsalat

4 EL (gekochte) Dinkel-
körner
200 g körniger Frischkäse
(Hüttenkäse)
150 g Rote Bete (gekocht)
1 EL frisch geriebener
Meerrettich
1 EL gehackte Kräuter
(Zitronenmelisse, Dill oder
Fenchelkraut, Petersilie)
2 EL Zitronensaft
Salz
Quendel, Bertram
1 Msp. Galgant
1 säuerlicher Apfel

Frischkäse und Dinkelkörner mit zwei Gabeln locker mischen. Die gekochten Roten Beten schälen und fein raspeln. Mit dem Meerrettich und den Kräutern vorsichtig unter das Käse-Körnergemisch heben. Mit Zitronensaft, Salz und Gewürzen abschmecken. Den Apfel waschen, vom Kernhaus befreien, in feine Scheiben schneiden, leicht andünsten und den fertigen Salat damit garnieren. Sofort servieren.

Saucen

Zur guten Salatbereitung nehme man:
*Salz wie ein Weiser, Zucker wie ein Liebender,
Essig wie ein Geizhals, Öl wie ein Verschwender
und rühre – wie ein Narr.*

Zitronen- und Essigmarinade

4 EL Sonnenblumenöl
oder Kräuteröl
2 EL Weinessig
oder Zitronensaft
oder Kräuteressig
1 Prise Salz
1 TL Rohrzucker
1 Knoblauchzehe, püriert

1 TL schwarzer Pfeffer,
frisch gemahlen
1 Prise Bertram
1–2 EL feingehackte Kräuter
(Basilikum, Bohnenkraut,
Petersilie, Dill, Minze,
Schnittlauch, Ysop)

Zucker, Salz und Gewürze in Essig oder Zitronensaft auflösen, in Öl einrühren und mit Kräutern vermischen.
Variation: 1 hartgekochtes, feingehacktes Ei hinzufügen.

Salatsauce mit Mandelpüree

1 gestrichener EL
Mandelpüree
3–4 EL lauwarmes Wasser
1 EL Zitronensaft

etwas gehackte Kräuter
1 Zwiebel, feingeschnitten
und angedünstet

Mandelpüree und gehackte Kräuter mit dem Wasser langsam anrühren und die übrigen Zutaten beigeben. Diese Salatsauce paßt besonders zu Wurzelsalaten, beispielsweise Rübchen. Hier gibt man noch etwas Rohrzucker bei.

Joghurtsauce

3 EL Joghurt
1 EL Milch

Saft einer halben Zitrone
Bertram, Pfeffer

feingehackte Petersilie oder   (gedünstet)
Schnittlauch   ½ pürierte Knoblauchzehe
feingeschnittene Zwiebel

Den Joghurt mit dem Schwingbesen glatt verrühren und mit den Zutaten vermischen. Paßt besonders zu Sellerie- und Apfelsalat.

Mayonnaise

2 Eigelb   400–500 ml Sonnen-
1 Msp. Salz   blumenöl
1 Msp. Bertram   etwas Zitronensaft oder
evenzuell etwas Pfeffer   etwas milder Weinessig
1 TL heißes Wasser

Eigelb, Salz, Gewürz und heißes Wasser in eine Schüssel geben. Mit dem Schwingbesen tropfenweise Öl dazurühren. Nach 2 bis 3 Minuten kann das Öl rascher dazugegossen werden (20–40 ml). Wenn die Mayonnaise gebunden und ziemlich fest ist, verdünnt man sie mit Zitronensaft oder mildem Weinessig. Auf Wunsch kann man sie noch etwas pikanter würzen.

Mandelmayonnaise

1. Art: Herstellung wie oben. Statt Eigelb verwendet man jedoch einen gestrichenen Eßlöffel Mandelpüree, das man vor der Zugabe des Öles mit zwei Eßlöffeln warmem Wasser glatt verrührt. Nach Belieben mit einem Stäubchen Safran gelb färben. Statt Essig nimmt man Zitronensaft. Mit etwas Wasser kann man die zu fest geratene Mayonnaise verdünnen.

   2. Art: Einen Eßlöffel Mandelpüree mit dem Saft einer halben oder ganzen Zitrone und soviel Wasser gut verrühren, daß man eine dickliche, weiße Sauce erhält. Mit Salz und Gewürzen abschmecken.

Roquefortsauce

125 g Roquefort   2 EL Weinessig
6 EL kaltgepreßtes   schwarzer Pfeffer
Sonnenblumenöl

Den Roquefort mit einer Gabel fein zerdrücken. Öl und Essig gut verrühren. Nach und nach den Käse dazugeben und alles glatt verrühren. Mit Pfeffer abschmecken.

Variation: Statt Roquefort kann Gorgonzola verwendet werden. Cremiger wird die Sauce, wenn man etwas saure Sahne beigibt. Dann eignet sie sich besonders gut für Obstsalate.

Johannisbeersauce

½ Portion Mayonnaise (s. S. 226)
2 EL Johannisbeergelee
1 TL frisch geriebener Meerrettich
etwas Zitronensaft

abgeriebene Schale und Saft von halber, unbehandelter Orange
1 Prise Salz
Bertram
2 EL süße Sahne

Die Mayonnaise mit dem Johannisbeergelee, Meerrettich, Schale und Saft der Orange verrühren. Mit Zitronensaft, Salz und Bertram abschmecken und zum Schluß mit der Sahne vermischen. Eignet sich vortrefflich zu Fischgerichten.

Frankfurter Grüne Sauce

Je eine Handvoll jungen Spinat, Kresse, Löwenzahn, Kerbel, Petersilie, Schnittlauch, Radieschen und zwei hartgekochte Eier fein hacken, in ein Schüsselchen füllen und mit Öl, Zitronensaft oder Essig, eine halbe feinpürierte Knoblauchzehe, Zwiebel und etwas Pfeffer zu einer dicklichen Sauce rühren. Paßt gut als Beigabe zu kaltem Fleisch.
   Variation: mit 250 g Quark und 3 bis 5 EL Sahne vermischen; Essig und Öl weglassen.

Cumberland-Sauce

1 kleines Glas Rotwein
1 TL Rohrzucker
½ Lorbeerblatt
1 Nelke
dünn abgeschälte Schale

je einer halben Orange und Zitrone
1 Tasse Johannisbeergelee
2–3 EL Orangensaft

Wein, Zucker, Lorbeerblatt und Nelke aufkochen, vom Feuer nehmen, Orangen- und Zitronenschale beigeben. Flüssigkeit nach Erkalten in eine Schüssel sieben und mit Johannisbeergelee und Orangensaft vermischen. Eignet sich für Wildgerichte.

Meerrettichsauce

20 ml Sahne nicht ganz steif schlagen und mit einem gehäuften Eßlöffel feingeriebenen Meerrettich, Saft einer halben Zitrone und etwas Salz verrühren. Paßt zu kaltem Rindfleisch oder Fisch.

Sauce Cardinal

250 g Himbeeren	100 g Rohrzucker
250 g reife, rotschalige Stachelbeeren	3 EL Wasser
	1 TL Dinkelmehl

Himbeeren und Stachelbeeren zusammen zerdrücken (mit Stampfer), durch ein Sieb streichen und danach mit dem Zucker vermischen. Das Wasser zugeben und unter Rühren aufkochen. Dinkelmehl mit etwas kaltem Wasser binden, in das Püree einrühren und kurz aufkochen, von der Platte nehmen und bis zum Erkalten rühren. Kann zu gedünstetem Obst oder Nachspeisen serviert werden.

Provenzalische Knoblauchsauce

4 Knoblauchzehen	¼ l Sonnenblumenöl
1 Eigelb	Saft einer Zitrone
1 Prise Salz	1 TL Wasser

Im Mörser Knoblauchzehe und Eigelb mit Salz zerstoßen, dann tropfenweise das Öl und langsam den Zitronensaft, der mit Wasser verrührt wurde, zugeben.

Minzensauce

2 EL ganz feingewiegte Minzenblätter	Galgant
1 EL Rohrzucker	2 EL Wasser
Salz	½ Tasse Weinessig

Alle Zutaten gut vermengen. Beliebt zu Hammel- und Lammgerichten.

Variationen aus Weinessig

Himbeeressig: 500 g Himbeeren mit ½ Liter mildem Weinessig übergießen und mindestens drei Tage lang ziehen lassen. Man kann noch einen Stengel Petersilie, drei Wacholderbeeren und ein Lorbeerblatt mit einlegen und den Essig vorher mit 2 EL Rohrzucker vermischen.

Kornelkirschessig: wie Himbeeressig, aber mit 500 g Kornelkirschen.
Salbeiessig: Ein Bündel Salbei mit ½ Liter Weinessig übergießen und drei Tage lang ziehen lassen.
Petersilienessig: wie Salbeiessig, aber mit 1 Bund Petersilie.

Variationen aus Sonnenblumenöl

Knoblauchöl: 10 Knoblauchzehen in 1 Liter Sonnenblumenöl einlegen.
Rosmarinöl: 3 Stengel Rosmarin in 1 Liter Sonnenblumenöl einlegen.
Thymianöl: 3 Stengel Thymian in 1 Liter Sonnenblumenöl einlegen.
Majoranöl: 3 Stengel Majoran in 1 Liter Sonnenblumenöl einlegen.

Man kann auch fertige Ölessenzen (Firma Primavera) mit verschiedenen Geschmacksrichtungen in Sonnenblumenöl geben. In der Regel nimmt man auf 100 ml Öl 10 Tropfen Geschmacksöl.

Warme Saucen

Saucen sind der Triumph des guten Geschmacks, schrieb Honore de Balzac, und der muß es als Pariser Gourmet ja gewußt haben. An der guten Sauce erkennt man die Köchin. Nirgendwo kann man Kräuter und Gewürze besser anwenden als in einer guten Sauce.

Helle Grundsauce
(Sauce Velontee, zu Huhn, Dinkelrisotto)

1 EL Butter (30 g)	oder Gemüsebrühe
½ Lorbeerblatt	½ Zwiebel oder
2 EL Dinkelmehl	1 Knoblauchzehe
½ l Wasser oder Hühnerbouillon	1 Prise Salz, Muskat

Butter zerlassen, Zwiebel andünsten, Mehl unter Rühren goldgelb rösten. Unter weiterem Rühren langsam Flüssigkeit hinzugeben, mit dem Schneebesen durchschlagen, Lorbeerblatt hinzugeben und kurz aufkochen. 10 Minuten ziehen lassen. Diese Grundsauce läßt sich durch Zugabe von Kräutern, Gewürzen, Eigelb, Rahm usw. variieren.

Braune Grundsauce

Wie die helle Grundsauce, aber man läßt das Dinkelmehl mittelbraun rösten.

Blitzsauce
(Bechamelsauce)

1 EL Butter
½ Zwiebel, gerieben
½ Wasser oder Milch
2 EL Dinkelmehl, vorher mit kaltem Wasser zu einem glatten Teig rühren

1 Prise Salz, Muskat
½ Lorbeerblatt
mit 1 Glas Weißwein, Rahm oder Reibekäse (3 EL) abschmecken

Butter auslassen, Zwiebel dünsten, mit Wasser oder Milch löschen, Mehlteig hineingeben, würzen, 10 Minuten aufkochen unter Rühren. Weitere Zutaten vor dem Anrichten zugeben.

Holländische Sauce
(zu Spargel, Geflügel, Fisch)

Helle Grundsauce und zusätzlich, ¼ l Milch mit der Sauce 10 Minuten lang kochen, 1–2 EL Zitronensaft, 1 Eigelb, verquirlt, 2 EL Sahne darunterrühren.
Variation: Sauce Maltaise (zu Wild, Hammel, Fisch). Holländische Sauce mit 3 EL Orangensaft, Wein, Orangen- und Zitronenschale abschmecken.

Frankfurter Grüne Sauce
(warm)

½ l helle Grundsauce und zusätzlich 2 EL gehackte Kräuter (Kerbel, Dill, Petersilie, Schnittlauch, Majoran, Thymian, Fenchel, Salbei, Liebstöckel), 1 Knoblauchzehe, gerieben, Saft einer halben Zitrone.

Meerrettichsauce mit Orangensaft

Helle Grundsauce und zusätzlich 2 EL feingeriebenen Meerrettich, 1 TL Weinessig, 3 EL Orangensaft, vor dem Anrichten verrühren.

Jägersauce

Helle Grundsauce und 100 g kleingeschnittene Pilze, ⅛ Glas Rotwein, 2 EL Kräuter (Kerbel etc.), vor dem Anrichten vermischen. Paßt zu Dinkelvollkorn-Gerichten.

Galgantsauce
(zu Huhn, Dinkelrisotto, Fenchel)

In die kochende Grundsauce ½ sauren Apfel geben. Vor dem Anrichten 1 TL Galgantpulver daruntermischen. Apfel entfernen, mit Sahne, 2 EL Zitronensaft und 1 Eigelb verquirlt daruntermischen.

Sauce béarnaise
(zu Fisch und Fleisch)

Holländische Sauce und 2 EL Kräuter, kleingehackt (Kerbel, Estragon), ½ Glas Weißwein, 1 Schuß Estragon-Weinessig, vor dem Anrichten vermischen.

Apfelsauce
(zu Geflügel)

250 g Äpfel mit 3–5 EL Wasser, 2 EL Zitronensaft (oder Orangensaft), 1–2 TL Rohrzucker, 2 TL Zimt zu einem Mus verkochen.
Variation: jeweils die gleiche Zubereitung mit einer anderen Obstsorte:
- Preiselbeersauce (zu Wild)
- Stachelbeersauce (zu Hammel und Leber)
- Johannisbeersauce (zu Wild und Hammel)
- Himbeersauce (zu Dinkelgrieß, Quarkspeisen)
- Hagebuttensauce (zu Dinkelgrieß)

Quittensauce
(zu Wild, Geflügel)

250 g Quitten
¼ l Wasser oder Wein
2 EL Rohrzucker
2 EL Weißwein
2 EL Zitronensaft

Quitten waschen, trocknen, abreiben, Kerngehäuse entfernen, in kleine Stücke schneiden. Mit Wasser oder Wein und Gewürz zum Kochen bringen (20 Minuten), weich dünsten lassen. Mit Zitronensaft abschmecken.

Verschiedene Saucen
(besonders geeignet für Nudelgerichte)

Basis-Diät

Bei Blutarmut und inneren Krankheitsherden, Autoimmunkrankheiten:

Hühnerlebersauce

300 g Hühnerleber	1 TL Galgantpulver
3 Schalotten	1 TL Bertram
3 EL Sonnenblumenöl	etwas Quendel
3 EL Dinkelmehl	1 TL Rotweinessig
¼ l heiße Fleischbrühe	etwas Salz
⅛ l trockener Rotwein	3 EL Sahne

Leber waschen, trockentupfen und in Streifen schneiden. Die kleingehackten Schalotten in Öl andünsten. Leberstreifen hinzufügen und (unter Wenden) anbraten. Anschließend mit Mehl bestäuben und nach und nach die Fleischbrühe darübergießen. Wein hinzufügen. Mit Galgant, Essig, Salz, Quendel und Bertram abschmecken und weitere 5 Minuten köcheln lassen, gelegentlich umrühren. Gegen Ende der Garzeit ohne Deckel weiterkochen lassen, damit etwas Flüssigkeit verdampft. Am Schluß mit Sahne verfeinern.

Gorgonzolasauce

1 kleine Zwiebel	300 g Gorgonzolakäse
1–2 Knoblauchzehen	(aromatischer, pikant-scharfer
3 EL Sonnenblumenöl	Pilzkäse)
1 TL Dinkelmehl	Mutterkümmel
300 ml Milch	50 g gestiftelte Mandeln
⅛ l trockener Weißwein	Bachminze

Zwiebel und Knoblauch fein hacken und in Öl kurz anbraten. Mehl darüberstäuben, mit Wein und Milch ablöschen. Gorgonzola in kleine Stücke schneiden, zusammen mit den Mandelstiften unter die Sauce geben. Mutterkümmelpulver unterrühren. 10 Minuten ziehen lassen. Die gehackten Kräuter und ein Teil des Gorgonzola zum Schluß als Garnierung auf die Speise streuen.

Basilikumsauce

2 kleine Zwiebeln
2 Knoblauchzehen
2 EL Sonnenblumenöl
140 g Sauerrahm
2 Bund Basilikum

1 Msp. Salz
etwas Galgant, Bertram,
Muskat
2 TL Zitronensaft

Die kleingehackten Zwiebeln und Knoblauchzehen in Öl anbraten, mit Sauerrahm löschen und mit dem gehackten Basilikum und den Gewürzen vermischen.

Sauce bolognese

250 g Rinderhackfleisch
2 mittelgroße Zwiebeln
2 gelbe Rüben
1 kleiner Sellerie
1 Knoblauchzehe
2 EL Tomatenmark
einige frische Tomaten
3 EL Sonnenblumenöl
oder Butter

1 Tasse gekochte
Dinkelkörner
½ TL Salz
etwas Zucker
Thymian, Origano, Quendel
1 Lorbeerblatt
gehackte Petersilie
¼ l heiße Fleischbrühe
⅛ l trockener Weißwein

Zwiebeln kleinhacken, in Öl anrösten, das Hackfleisch dazugeben und unter Wenden anbraten lassen. Die geputzten, geschabten gelben Rüben in dünne Scheiben, den geschälten und gewaschenen Sellerie in kleine Würfel schneiden und beides dazugeben. Knoblauchzehe zerdrücken und ebenfalls dazugeben. Mit Brühe und Wein ablöschen, weitere Gewürze wie angegeben beimischen, desgleichen Tomatenmark, Tomaten, Salz, Zucker und Lorbeerblatt. Alles weichdünsten lassen (etwa eine halbe Stunde). Gegen Ende der Garzeit die gekochten Dinkelkörner und die gehackte Petersilie beimischen und alles gut verrühren.

Variation: Auf Wunsch kann man der Sauce am Schluß noch 100 g Hühnerleber (in Butter angebraten und in kleine Würfel geschnitten) beifügen.

Kerbel-Käsesauce

1 Zwiebel
2 EL Butter
1 gehäufter EL Dinkelmehl
⅛ l heiße (Fleisch-)Brühe

⅛ l trockener Weißwein
¼ l Milch
½ TL Salz
½ TL Galgant

frische Muskatnuß, gerieben 200 g milder Käse
etwas Mutterkümmel 100 g Kerbel, gehackt

Zwiebel würfeln und in Butter anbraten. Mit Dinkelmehl bestäuben und ebenfalls kurz anbraten. Mit der Brühe oder heißem Wasser vorsichtig ablöschen. Das Ganze unter Rühren zum Kochen bringen. Wein und Milch beifügen und aufkochen lassen. Mit Salz und Gewürzen abschmecken. Käse in Stückchen schneiden und langsam in der Sauce schmelzen lassen (bei schwacher Hitze). Kerbel von groben Stielen befreien, grob hacken und unter die Sauce rühren.

Fenchelsauce

1 Knolle Fenchel 2 TL Dinkelmehl
2 Staudensellerie etwas Salz und Galgant
¼ l Wasser oder Flüssigkeit Bertram, Muskat
¼ l trockener Weißwein Poleiminze, Petersilie
100 g Sahne

Fenchelknolle säubern und von harten Teilen befreien. Fenchelgrün aufbewahren. Knolle in Scheiben und danach in Streifen schneiden. Selleriestangen säubern, zarte Blätter beiseite legen. Die Stangen in dünne Scheiben schneiden. Fenchel und Sellerie in Wein und Wasser weich garen. Das Mehl, Salz und die Gewürze in der Sahne verrühren und die Sauce damit binden. Fenchelkraut und Sellerieblätter kleinhacken und zusammen mit der gehackten Petersilie über die Sauce streuen.

Süße Saucen zu Dinkelgrießbrei oder Obst

Vanillesauce

½ l Milch 1 Eigelb
½ Stange Vanille, halbieren 1 EL Dinkelmehl
2 EL Rohrzucker 1 Prise Salz

Mehl und Eigelb mit etwas Milch verquirlen, restliche Milch, Vanille, Zucker, Salz hinzufügen, einmal kurz aufkochen, ausschalten und unter Rühren erkalten lassen.

Mandelsauce

½ l Milch
½ Stange Vanille
2 EL Rohrzucker (30 g)
50 g geriebene Mandeln
1 EL Dinkelmehl nach Belieben
1 Prise Salz

Milch, Vanille, Zucker und Salz kurz aufkochen, auf die Mandeln gießen, eventuell mit Dinkelmehl andicken.

Weinschaumsauce
(Chadeau, zu Dinkelmehl und Grießspeisen)

2 Eier
2 EL Rohrzucker (50 g)
¼ l Weißwein
1 EL Zitronensaft
abgeriebene Zitronenschale
1 EL Dinkelmehl

Alle Zutaten in einem Topf mit dem Schneebesen verrühren. Auf kleiner Flamme köcheln und mit dem Schneebesen durchschlagen, bis die Masse hochsteigt und dick wird und reichlich Kochblasen aufsteigen. Ausschalten und unter starkem Schlagen abkühlen lassen.

Fische

Hildegard hat mit viel Liebe zum Detail das Leben der Fische, ihre Ernährungs- und Lebensgewohnheiten beschrieben. Kein Wunder, denn das Kloster auf dem Disibodenberg wird mehrmals vom Glan und der Nahe umspült und umarmt. Nach Aufenthaltsort und Ernährungsgewohnheiten unterscheidet Hildegard drei unterschiedliche Fischqualitäten:

»Einige Fische gibt es, die sich von Natur aus am Grunde des Meeres und der Flüsse aufhalten, und dort suchen sie ihre Nahrung und durchwühlen den Grund wie die Schweine die Erde. Das Fleisch dieser Fische ist etwas weich und schwach, und sie sind nicht gesund zum Essen.«
»Aber es gibt andere Fische, die sich hauptsächlich in der Mitte und in der Reinheit des Meeres und anderer Flüsse aufhalten und dort ihre Nahrung suchen, und dort finden sie auch gewisse sehr gesunde Pflanzen..., von denen sie sich ernähren. Sie haben nämlich solche Gesundheit in sich, daß der Mensch, wenn er sie schöpfen könnte, er durch sie alle Krankheit von sich austreiben könnte. Diese Fische sind gesund zum Essen.«
»Und es gibt andere Fische, die sich an der Oberfläche des Meeres und anderer Flüsse aufzuhalten pflegen, und dort suchen sie ihre Nahrung im Schaum und in viel Schmutz der Oberfläche... und daher ist ihr Fleisch schwach und weich, und sie sind nicht gesund zum Essen.«
»Fische sind Fastenkünstler, weil sie gewisse Pflanzen und Wurzeln in den Gewässern kennen, ... durch deren Kraft und Natur, wenn sie sie gekostet haben, brauchen sie ein halbes Jahr oder (mindestens) vier Monate keine Nahrung mehr. Und wenn der Mensch diese Pflanzen und Wurzeln wüßte und äße, könnte er ebenfalls vier oder fünf Monate ohne andere Speise auskommen.«

Aufgrund ihrer Subtilität unterscheidet Hildegard:

Fische, die für Kranke und Gesunde gut sind: Barsch, wie Kretzer, Dorsch, Gold-, Rotbarsch, Kabeljau, Renken, Hecht, Zander, Wels, Äsche, Rotauge, Grundling, Hasel, Nase, Maifisch.

Fische, die nur für Gesunde gut sind: Stör, Bachforelle, Bitterling, Blicke, Koppe, Karpfen, Blaufelchen.

Fische enthalten biologisch hochwertiges Eiweiß und lebensnotwendige Mineralien und Vitamine (A, B, D). Im Vergleich zum Fleisch ist der Fettanteil meistens wesentlich geringer, so daß sie sich als Schonkost bei hohem Cholesterin- oder Neutralfettspiegel sowie bei Übergewicht ganz hervorragend eignen. Man sagt nicht umsonst: »Mit den Fischen schwimmen die Pfunde davon.« Fische sind leicht verdaulich und eignen sich als Krankenkost. Fischesser leiden darüber hinaus weniger an Herz-Kreislaufkrankheiten und sind seltener vom Herzinfarkt bedroht. Mit einer Fischdiät wird nicht nur der Cholesterin- und der Triglyceridspiegel gesenkt, sondern auch das Blut verdünnt, weil die Blutplättchen nicht mehr so eng aneinander kleben und sich daher keine Thrombosen bilden können. Heute weiß man, daß Fisch polyungesättigte Fettsäure, das sogenannte Omega-3-Fischöl, enthält, dem diese Wirkung zugeschrieben wird. Fisch, einige Male pro Woche gegessen, kann vor Herzattacken schützen.

Ein Fisch ist nur gut, wenn er möglichst lebendfrisch zubereitet und genossen wird. Der heutige Fischmarkt ist aber so ausgezeichnet organisiert, daß man auch die Fische, die tot auf den Markt gelangen, als frisch vom Fang bezeichnen kann. Die modernen Tiefkühlanlagen und das rapide Lieferungstempo lassen keine Möglichkeit zum Verderben der Ware aufkommen.

Beim Einkaufen ist es ratsam, sich den Fisch richtig anzuschauen. Das Fleisch soll beim Anfassen festen Widerstand geben, die Haut straff anliegen und die Schuppen schönen Glanz aufweisen. Die Augen sollen klar sein, die Kiemen rötlich.

Wie bereits gesagt, sollten die Fische nach dem Fang möglichst rasch verwendet werden, auf jeden Fall bis zum Gebrauch im Kühlschrank liegen. Denn Fischeiweiß zersetzt sich sehr rasch und kann in fauligem Zustand böse Vergiftungen zur Folge haben. Am besten schlägt man die Fische in ein Tuch ein, das man mit Essigwasser gut befeuchtet hat. Doch vorher eines nicht vergessen: den Fisch sauber ausnehmen!

Der Fisch wird getötet, indem man ihn mit einem Tuch am Schwanz packt und mit einem Holzlöffel einmal kräftig auf das Genick schlägt. Hierauf wird er mit einem speziellen Schuppmesser oder einem Reibeisen geschuppt. Mit einem spitzen Messer sticht man nun unterhalb des Kopfes ein, schlitzt den Bauch auf und entfernt die Eingeweide samt den Eiern, ohne dabei die Galle zu verletzen (sie liegt ziemlich nahe unterhalb des Kopfes). Die Flossen stutzt man mit einer Schere und spült den Fisch innen und außen mit kaltem Wasser. Der Fisch darf keinesfalls im Wasser liegenbleiben. Wird der Fisch im Sud gekocht, so darf seine äußere Schleimhaut nicht durch brüskes Anfassen verletzt werden.

Das Filetieren wird meist vom Fischhändler besorgt. Sollten Sie aber doch einmal in die Lage kommen, dies selbst zu besorgen, so merken Sie sich folgendes: Mit einem flachen Messer schneiden Sie knapp unter den Kiemen flach ein und lösen auf diese Weise die Filets beidseitig ab. Alsdann löst man die Gräte und zuletzt sorgfältig die Haut.

Bei allen Fischzubereitungen, außer »Fisch blau«, sollte man nach dem Drei-S-System vorgehen:

Säubern: Flossen abschneiden, mit dem Fischschupper abschuppen, die dunkle Haut im Innern entfernen, kurz waschen, aber nicht im Wasser liegenlassen.

Säuern: mit Kräuteressig oder Zitronensaft beträufeln und kurz durchziehen lassen. Durch die Säure wird die Struktur des Fleisches gefestigt und der Fischgeruch wird gemildert.

Salzen: kurz vor der Zubereitung mit Salz bestreuen.

Fisch kann auf dem Herd gekocht oder gedünstet, im Backofen gedünstet, auf der Kochstelle gebraten, im Backofen gebacken, gegrillt und gratiniert werden.

Fisch, auf der Kochstelle gedünstet

Fische nach dem Drei-S-System vorbereiten und in einem gut schließenden Kochtopf, in einer Deckelpfanne oder feuerfesten Glasform im eigenen Saft dünsten. Die Zugabe von Fett und Flüssigkeit ist nicht erforderlich.

Gedünsteter Rotbarsch mit Äpfeln und Fenchel

1 kg Rotbarsch
(Goldbarsch, Kabeljau)
oder 800 g Fischfilet
(Kretzer)
Zitronensaft oder
Kräuteressig

1 Zwiebel
2 Äpfel
Salz
Butter
Petersilie, Ackerminze
2 Fenchelknollen

Fische säubern und säuern und 15 Minuten ziehen lassen. Fenchelknollen halbieren, waschen, kleine Knollen ganz verwenden, größere halbieren oder in Scheiben schneiden. Mit der kleingeschnittenen Zwiebel das Gemüse andünsten und zirka 10 Minuten zuge-

deckt garen. Die grob geraspelten Äpfel hinzufügen und die Fische gesalzen auf das Gemüse legen. Butterflöckchen darauf verteilen. Zugedeckt dünsten und 15 bis 20 Minuten fertiggaren lassen. Fisch mit zerkleinerter Petersilie bestreuen.
    Als Beilage Dinkelnudeln oder Dinkelkernotto mit Kopfsalat servieren.

Fisch in Grüner Sauce

1 kg Fisch	½ l Wasser und einen
(oder 800 g Filet)	Becher saure Sahne
Zitronensaft	Dill, Petersilie,
Salz	Schnittlauch
Sauce:	Zitronensaft
60 g Butter	Salz
80 g Dinkelmehl	Pfeffer

Den Fisch nach dem Drei-S-System zubereiten und in Stücke schneiden. Für die Sauce Butter erhitzen, Mehl zugeben und unter ständigem Rühren andünsten. Mit Flüssigkeit unter Rühren ablöschen, aufkochen. Fisch in die kochende Sauce legen und damit bedecken. Gehackte Kräuter, Zitronensaft, Salz und Pfeffer untermischen und abschmecken. Nachdem die Sauce einmal sichtbar aufgekocht hat, Deckel auflegen und den Topf von der Kochstelle nehmen. Durch die Nachwärme den Fisch fertiggaren lassen (zirka 15 bis 20 Minuten). Die Sauce kann durch Eigelb oder Wein verfeinert werden.
    Zu beachten: Sauce muß anfangs sehr dick sein, da der Fisch noch Saft abgibt.

Hecht, grün, gekocht
(Zander, grün)

1 kg Hecht	1–2 Gewürznelken
60–80 g Butter	1 Glas Weißwein
1 Zwiebel	1 EL Dinkelmehl
Petersilie, Krauseminze	1 Eigelb
1 Petersilienwurzel	etwas Rahm
Salz, Galgant, Bertram	

Butter in der Kasserolle erhitzen und darin die in Scheiben geschnittene Zwiebel, eine Handvoll feingehackte Petersilie samt Petersilienwurzel andünsten.
    Den vorbereiteten Hecht in dicke Portionsstücke schneiden und

dann ebenfalls in die Kasserolle legen. Das Ganze salzen, würzen (einschließlich Zugabe der Gewürznelken) und mit dem Glas Weißwein begießen. Etwa 25 Minuten lang bei kleiner Flamme kochen. Die Sauce zuletzt mit kalt angerührtem Dinkelmehl, Eigelb und Rahm binden.

Hechtklöße, badische Art

1 kg Hecht (oder Zander, Barsch, Kretzer)
¼ l herber Weißwein
1 Tasse Milch
100 g Dinkelmehl
150 g Butter
2–3 Eier

1 Lorbeerblatt
Pfefferkörner
je 1 Prise Salz, Pfeffer, Bertram, Muskat
Petersilie, Krauseminze
Zitronensaft und -scheiben

Fisch säubern, enthäuten und entgräten. Fische ausnehmen und die dunkle Innenhaut entfernen. Beim Filetieren den Fisch vorsichtig mit dem Messer von der Mittelgräte ablösen und mit dem schräg gehaltenen Messer die Haut vorsichtig abschaben. Das Filet waschen, abtrocknen, mit Zitronensaft säuern und ziehen lassen.
Den Fischsud aus einem Liter Wasser, dem Wein, der Zwiebel, dem Lorbeerblatt, den Pfefferkörnern und den Zitronenscheiben gut durchkochen und würzen. Den Fisch durch den Fleischwolf drehen oder im Mixer pürieren. Fischbrei mit Eischnee mischen. Mit Salz, Pfeffer, Bertram und Muskat würzen und eine halbe Stunde ziehen lassen. Butter auslassen, mit Milch aufkochen, Mehl hinzurühren und einen Kloß formen. Den Teig abkühlen lassen, mit dem Fischbrei und Eigelb verkneten. Mit dem Eßlöffel Klöße abstechen und im Fischsud 15 Minuten bei schwacher Hitze fertig garen. Aus dem Fischsud, Dinkelmehl und Kräutern eine ungebundene Sauce bereiten. Dazu Dinkelnudeln servieren.

Süßwasserfische, in Fischsud gegart
(Hecht, Barsch, Kretzer, Zander, Felchen, Forelle)

Fischsud:
1 kg Fisch
¾ l Flüssigkeit (½ l Wasser,
¼ Liter Weißwein)
Pfefferkörner
Salz
2 Lorbeerblätter
2 Gewürznelken

2 Zwiebeln, gewürfelt
2 Mohrrüben
Petersilie, Krauseminze
Thymian, Dill
Sauce:
2 EL Butter
2 EL Mehl
¼ l Fischsud

Flüssigkeit mit Zwiebeln, Gewürzen, in Scheiben geschnittenen Möhren, gehackten Kräutern, Salz und Pfefferkörnern im Fischtopf 15 Minuten bei schwacher Hitze köcheln lassen, zur Seite stellen und abkühlen lassen. Fisch (auf dem Einsatz des Fischtopfes) in den kalten Sud setzen und bei mittlerer Hitze 15 Minuten köcheln (nicht kochen!). Mit 2 EL Butter, 2 EL Mehl und ¼ Liter Fischsud eine Sauce kochen. Den Fisch aus dem Sud nehmen, abtropfen lassen, auf einer heißen Platte mit der Sauce übergießen und mit Petersilie garnieren. Man kann den Fisch statt mit der Sauce auch mit frisch zerlassener Butter, Royal-Mayonnaise, Kräuter- oder Zitronensauce reichen. Als Beilagen eignen sich Dinkelkernotto, Dinkelnudeln und Dinkelkopfsalat.

Meeresfische, in Fischsud gegart
(Stör, Dorsch, Kabeljau, Schellfisch, Heilbutt, Lachs)

Gleiche Zubereitung wie Süßwasserfische, nur fügt man dem Fischsud zusätzlich noch ein Stück Sellerie und ein Glas Milch oder eine Zitronenscheibe bei, damit der Fisch ein schönes weißes Aussehen erhält. Man läßt den Sud 30 Minuten kochen und dann erkalten, gibt den Fisch hinein und läßt ihn langsam zum Kochen kommen. Das Wasser soll nicht aufwallen, nur knapp auf dem Siedepunkt bleiben. Kochzeit: 20 Minuten für 1 kg Fisch, 40 Minuten für größere Fische, einige Minuten für kleine Fischtranchen.

Wels mit Dill und Basilikum

1 kg Wels	6 EL Wasser
Zitronensaft	Salz
1 Fenchelknolle	1 Sellerieblatt
2 Karotten	Dill, Poleiminze
¼ Sellerieknolle	Schnittlauch, Basilikum
40 g Butter	50 g Butter

Wels säubern, säuern und in Stücke schneiden. Mit Zitronensaft beträufeln. Das Gemüse putzen, waschen und kleinschneiden. In der erhitzten Butter das Gemüse andünsten, mit Wasser löschen und zirka 10 Minuten zugedeckt dünsten. Fisch salzen, auf das Gemüse legen und mit den gehackten Kräutern und Butterflöckchen bestreuen. Zugedeckt dünsten und 15 bis 20 Minuten fertiggaren lassen.

Als Beilage Dinkelnudeln oder Dinkelknödel mit Kopfsalat servieren.

Fisch, im Backofen gedünstet

Gedünsteter Kabeljau
(Dorsch, Barsch)
1 kg Fisch (Kabeljau) oder
800 g Fischfilet
Zitronensaft oder
Kräuteressig
2 Zwiebeln
Petersilie, Dill, Poleiminze
Salz

Fisch säubern, säuern, salzen. Zwiebeln schälen und in Ringe schneiden. Den Kabeljau in eine gefettete Auflaufform geben und mit Zwiebelringen und gehackten Kräutern belegen. Im Backofen zugedeckt dünsten.

Als Beilage Dinkel mit Kopfsalat reichen.

Tips für Forelle/Karpfen blau
- Gefrorene Forellen können im Topf im kochenden Sud oder über Dampf in der Deckelpfanne bereitet werden.
- Gefrorene Karpfen in kochendem Essigsud bereiten.

Bachforelle, blau (oder Karpfen)

4 Bachforellen
Salz
¼ l Essig
½ l Wasser
Zitrone
Petersilie

Fische vorsichtig säubern, waschen und nur innen salzen.

Wichtig: Die schleimige Haut der Fische nur mit nassen Händen anfassen, da sie sonst verletzt wird.

Kopfspitze und Schwanzende mit einer feinen Stopfnadel und Faden zusammennähen. Die Fische mit heißem Essigwasser übergießen, 5 bis 10 Minuten stehenlassen, auf eine Porzellanplatte stellen und im Backofen dünsten. Hierzu die Platte auf den Rost über der mit Essigwasser gefüllten Fettpfanne setzen.

Wenn der Fisch gar ist, erkennt man dies an den herausquellenden Augen und daran, daß man die Rückenflosse leicht herausziehen kann. Kurz vor dem Ausschalten Forelle mit zerlassener Butter vorsichtig bestreichen. Ein längeres Nachwärmen läßt die Haut grau und unansehnlich werden. Mit Zitronenscheiben und Petersilie garnieren.

Fisch, auf der Kochstelle gebraten

Zum Braten eignen sich kleine Fische im ganzen wie Blaufelchen, Äsche, Zander, Hecht, Weißfische, Goldbarsch nach Müllerinnenart. Von größeren Fischen verwendet man Fischfilets. Fische nach dem Drei-S-System vorbereiten. Wenn sie durchzogen sind, trocknet man sie ab, wendet sie in Dinkelmehl oder paniert sie. Genügend Sonnenblumenöl oder Butter in der Pfanne erhitzen, den vorbereiteten Fisch in das heiße Fett legen, auf einer Seite anbraten, bis schöne Bräunung vorhanden, vorsichtig wenden und die andere Seite bei bereits ausgeschalteter Flamme ebenfalls anbraten. Bei mehreren Pfannenfüllungen erst nach Wenden der letzten Schicht Flamme ausschalten. Verwendet man Butter zum Anbraten, niedrigere Flammeneinstellung wählen, um eine zu starke Bräunung zu vermeiden.

Den von beiden Seiten goldbraun gebratenen Fisch auf eine angewärmte Servierplatte legen und mit Zitronenscheiben und Petersilie garnieren. Zum Anbraten eignen sich auch sehr gut gehobelte Mandeln.

Blaufelchen, paniert

1 kg Blaufelchen
oder 800 g Fischfilet
Zitronensaft
Salz
Pfeffer

1 EL Dinkelmehl
1 Ei
Paniermehl
Petersilie, Poleiminze

Blaufelchen säubern, säuern, salzen und würzen. In Mehl, verquirltem Ei und Paniermehl wenden. In erhitztem Öl oder Butter den Fisch etwa 5 Minuten goldbraun anbraten und wenden. Mit Petersilie garnieren.

Fischfrikadellen

375 g Fischfilet
1 kleine Zwiebel
2 Dinkelschrotbrötchen
1 Ei
Salz

Galgant, Bertram
Petersilie, Dill, Basilikum
Paniermehl aus
Semmelbröseln

Fischfilet säubern, Zwiebel schälen, Brötchen in Wasser einweichen und ausdrücken. Alles durch den Fleischwolf geben. Mit Ei, Salz, Gewürzen und zerkleinerten Kräutern vermengen. Flache Frikadellen formen, in Paniermehl wenden und in erhitztem Öl oder Butter beidseitig zirka 5 Minuten anbraten.

Kretzerfilets mit Mandeln

150–200 g Fischfilet pro Person (Kretzer, Felchen, Äsche, Barsch)	oder Mandelscheiben Salz Zitronensaft
½ Glas Rotwein	¼ Tasse Milch mit 1 EL
30 g geschälte Mandeln	Dinkelmehl verquirlt

Fische ausnehmen, waschen, filetieren, mit Salz und Zitronensaft einreiben, in Mehl und Milch wenden, kurz darin ziehen lassen, anschließend in Mehl wenden. In ausgelassener Butter auf beiden Seiten 4 bis 6 Minuten goldbraun braten. Auf heißer Platte Fische warm stellen. Mandeln im Bratenfond goldgelb rösten, mit Rotwein löschen, etwas stärker aufkochen lassen und über die Fischfilets verteilen. Mit feingehackter Petersilie und Zitronenstückchen garnieren.

Bodenseekretzer in Dinkelmehl paniert, in Butter gebraten

Die Kretzerfilets mit Salz und Zitronensaft oder Wein leicht einreiben, in Dinkelmehl wenden und in Butter beidseitig goldbraun braten. Auf einer erwärmten Platte anrichten und mit Zitronenschnitzen oder -scheiben und Petersilie garnieren. Als Garnierung eignen sich auch gehobelte Mandeln, im heißen Ofen leicht geröstet und über den Fisch gestreut, was sehr delikat schmeckt.

Hecht nach Müllerinart (à la Meuniere)
(oder Blaufelchen, Äsche, Zander)

1–2 Fische (etwa 200 g) pro Person	Salz, Pfeffer
Zitronensaft oder Weinessig	1 EL (20 g) Dinkelmehl ½ Tasse Milch

Fische sauber ausnehmen, gründlich waschen. Kopf, Flossen, Schwanz abschneiden und den Fisch abtrocknen. Innen mit Zitronensaft oder Weinessig beträufeln und mit Salz und Pfeffer einreiben. Fische in Dinkelmehl und Milch wenden oder in Mehl, dann in Ei und zuletzt in Paniermehl wenden.
In ausgelassener Butter die Fische auf beiden Seiten goldbraun braten. Der Fisch ist gar, wenn die gebratene Seite Blasen wirft, etwa nach 6 bis 8 Minuten. Auf heißer Platte mit feingehackter Petersilie oder Zitronenstücken servieren.

Fisch, im Backofen gebacken

Zum Backen eignen sich große, unzerteilte Fische wie Hecht, Zander, Barsch.

Gefüllter Hecht oder Zander
1 Hecht (1½–2 kg)
Zitronensaft
Salz
Füllung:
1 Dinkelbrötchen
250 g Fischfilet
1 Zwiebel
65 g Pilze
etwas Butter
3 EL Sahne
Krauseminze, Petersilie
Salz, Galgant, Bertram
etwas Butter
Sauce:
saure Sahne
Dinkelmehl
1 EL Zitronensaft

Fisch säubern, säuern und innen salzen. Den Rücken häuten. Für die Füllung Brötchen in Wasser einweichen und ausdrücken. Mit dem Fischfilet durch den Fleischwolf drehen oder mit dem Mixer pürieren. Zwiebel in Würfel schneiden. Pilze putzen, waschen und hacken. Zwiebel und Pilze in erhitzter Butter anbraten und mit den restlichen Zutaten der Füllung zu einem Brei vermischen, würzen und abschmecken. Füllung in das Fischinnere geben. Öffnung zustecken. Den Fisch in die Fettpfanne legen, mit Butter bestreichen und im Backofen braten (30 bis 50 Minuten). Die Sauce mit Sahne auffüllen, mit angerührtem Dinkelmehl binden und kurz aufkochen lassen.

Fischbratlinge

750 g Fischfilet
2 Dinkelbrötchen
2 Zwiebeln
2 EL Sahne
Salz, Bertram, Galgant
Krauseminze, Petersilie,
Schnittlauch
Saure Sahne
Dinkelmehl

Fischfilet säubern. Dinkelbrötchen in Wasser einweichen und ausdrücken. Zwiebeln schälen. Alles zweimal durch den Fleischwolf drehen. Mit den restlichen Zutaten vermischen und abschmecken. Flache Bratlinge daraus formen, in gefettete Auflaufform legen und im Backofen braten. 10 Minuten vor Ende der Bratzeit die Sahne über die Bratlinge gießen. Die Sauce nach Belieben mit Wasser und Dinkelmehl verlängern und binden, aufkochen und abschmecken (30 bis 50 Minuten Bratzeit).

Hecht, badische Art
(wahlweise auch anderen Fisch)

1 kg Fischfilet	Salz
1 kleine Tasse Rahm	Semmelbrösel
100 g Sardellen	Butterflocken

Die Filets leicht salzen, mit gehackter Petersilie und Zwiebeln bestreuen und in eine ausgebutterte Backform schichten. Gitterartig mit Sardellenfilets belegen, mit Rahm übergießen und mit Semmelbröseln bestreuen. Einige Butterflocken obenauf setzen. Das Gericht im Ofen zirka 30 Minuten lang backen.

Kretzer in Weißweinsauce, gedünstet

4 Kretzer, ganz, ausgenommen	Saft von 2 Zitronen
Butter	1 Glas Weißwein
2 Zwiebeln	Sauce:
2 Zehen Knoblauch	weiße Grundsauce
1 Bund Petersilie, gehackt	etwas Zitronensaft,
Salz	Weißwein und Galgant

Eine feuerfeste Platte streicht man mit Butter aus und bestreut den Boden mit feingehackten Zwiebeln und Knoblauch sowie reichlich Petersilie. Die Kretzer sauber ausnehmen, waschen, abtrocknen und innen salzen. Danach die Fische auf die Platte legen. Darüber nochmals feingeschnittene Zwiebeln und Petersilie geben, Butterflocken obenauf setzen, mit einem Glas Weißwein und etwas Zitronensaft übergießen. Die Form in den mittelheißen Ofen stellen, mit Butterpapier bedecken und die Fische in 20 bis 30 Minuten weichdämpfen.

In der Zwischenzeit eine helle Sauce bereiten (siehe Seite 229), mit Zitronensaft, etwas Galgantpulver und Weißwein abschmecken und vor dem Servieren über die Fische gießen.

Variation: Weiße Fisch-Grundsauce.

Fischgräten und -fleisch	Karotten
Kräutersträußchen	Lorbeerblätter
Zwiebel	1 l Wasser
Sellerie	Salz

Alle Zutaten in kaltem Wasser aufsetzen, salzen und zum Kochen bringen. Dann 1 bis 2 Stunden schwach kochen lassen. Dann durchsieben. Nun eine helle Sauce bereiten (siehe Seite 229), die nach Belieben mit Sahne, Gewürzen, Kräutern, Weißwein oder Zitrone verfeinert werden kann.

Gegrillter Fisch

Barsche, Makrelen, Zander, Heringe und Forellen eignen sich hervorragend zum Grillen. Man läßt die Fische mindestens zwei Stunden lang in einer Ölmarinade liegen und wendet sie ab und zu. Dann trocknet man sie ab und grillt sie in einem Grillkorb.

Ölmarinade Cavaillou

2–3 Zehen Knoblauch
1 EL Salz
¾ l Sonnenblumenöl
1 Bund Petersilie
Bachminze, Rosmarin
3 Lorbeerblätter
15 Pfefferkörner

Knoblauch mit Salz zu Brei zerdrücken. Öl und feingehackte Kräuter (oder Herbes de Provence) dazugeben und verrühren. Die vorbereiteten Fische werden trocken getupft, dann Ölmarinade in die Bauchhöhle der Fische gießen und Fische in die Marinade legen, ab und zu wenden. Mindestens zwei Stunden darin liegen lassen.

Gegrillter Hecht mit Dill und Thymian

1–1½ kg ausgenommener Hecht
Saft einer halben Zitrone
je 1 EL gehackter Dill und Thymian
weißer Pfeffer
1 EL Dinkelmehl
Mayonnaise
(ohne Ei, leicht verdaulich; siehe Seite 226)

Fisch mit Zitronensaft eine halbe Stunde marinieren, in Mehl wenden. Kurz vor dem Grillen mit einer Mischung aus Dill, Thymian, Zitronensaft und Pfeffer innen und außen würzen. Auf einem mit Öl bestrichenen Grill oder Rost 15 bis 20 Minuten bei guter Hitze beidseitig grillen. Mit Royal-Mayonnaise servieren.

Gratinierter Fisch

Maischolle (Maiflunder) mit Salbei gebacken, gratiniert.

Der ausgenommene und gewaschene Fisch wird dicht mit Salbeiblättern belegt und in eine feuerfeste Auflaufform gegeben. Mit Butterflocken belegen und mit einem Glas herbem Weißwein übergießen. 15 bis 30 Minuten im Backofen überbacken.

Geflügel

Hühnchen, Gans, Ente, Pute und auch Straußenfleisch, ohne Haut gegessen, sind nicht nur wohlbekömmliche Diätetika, sondern auch eine Krankenkost für Gesunde und Kranke, die leicht verdaulich ist, wenn sie zum Beispiel wie das berühmte französische Essen *Coq au vin* (Hühnchen in Wein) zubereitet wird. Der Kranke meide gebratene Hühnchen, weil sie nicht nur schwer verdaulich sind, sondern auch die Leber belasten.

Bei Hildegard steht geschrieben:

»Hühnerfleisch ist für gesunde Menschen gut, aber gegessen macht es sie nicht fett, die Kranken aber erfrischt es ein wenig. Wenn aber jemand sehr krank ist und dieses Fleisch oft ißt, verschleimt es seinen Magen und macht ihn krank, so daß er kaum noch andere Speisen verdauen kann ... Wenn aber ein sehr Kranker Hühnerfleisch essen will, lasse er es mit anderen Fleischarten kochen, damit es von deren Saft temperiert wird, weil das Hühnerfleisch trocken ist. Gebraten aber soll er es meiden, weil er es kaum verdauen könnte. Die Henne ist zur Speise für Kranke besser als der Hahn, weil das Hennenfleisch zarter ist. Wer aber gesund ist, kann von beiden essen. Und die Leber der Henne und des Hahnes, oft gegessen, taugt gegen alle Krankheiten, die den Menschen innerlich schädigen.«

Woran man das Alter des Geflügels erkennt

Ein junges Tier hat eine glatte Haut und feine, glatte Füße, die nicht von großen Schuppen bedeckt sein dürfen; dies wäre ein Anzeichen des Alters. Kauft man das Tier in den Federn, was hauptsächlich auf dem Land vorkommt, so kontrolliere man den Brustknochen. Läßt sich derselbe leicht eindrücken, so ist das Geflügel jung. Bei älteren Tieren ist dieser Knorpel verknöchert, und die Füße sind mit großen Schuppen bedeckt. Ein altes Tier findet hauptsächlich für Bouillon Verwendung, welche man verarbeiten kann für Hühnerreis, Suppen, Saucen usw. Das in der Brühe gekochte Fleisch kann man auch in Sulze einlegen oder für eine Pastetchensauce gebrauchen. Ein älteres Huhn zu braten ist nicht der Mühe wert, das Fleisch schmeckt nur hart, trocken und fade. Ein junges Tier hingegen eignet sich vorzüglich zum Braten, auch zum Grillieren, Schmoren und Dämpfen oder als Ragout.

Vorbereiten und Ausnehmen des Geflügels

Meist kauft man das Geflügel bereits sauber gerupft und ausgenommen beim Händler. Auf dem Land oder während eines Weekends kann es aber vorkommen, daß dies selbst besorgt werden muß. Hierzu wird das Federvieh trocken, ohne es zu brühen, vorsichtig gerupft, damit die Haut nirgends einreißt. Dann faßt man es an Kopf und Schenkeln und hält es über eine Gas- oder Spiritusflamme, ständig wendend, damit Haare und Flaum sauber abgesengt werden (= flambieren). Der Kopf und die Füße werden abgehackt, die Halshaut der Länge nach aufgeschnitten, Speise- und Luftröhre sowie Kropf sauber ausgelöst und der Hals zwischen den Schultern abgehackt, wobei aber die Halshaut am Rumpf bleiben soll. Auf der Bauchseite macht man am Hinterteil einen 6 bis 7 cm breiten Einschnitt, löst mit zwei Fingern die Innereien des Tieres von der Körperwand und zieht alles mit einem Ruck heraus, ohne die Galle zu verletzen. Letztere trennt man von der Leber sorgfältig ab, damit ihr bitterer Inhalt nicht mit dem Fleisch in Berührung kommt. Das Geflügel reibt man alsdann innen und außen mit einem trockenen Tuch sauber ab. Die Beine stutzt man.

Das Tranchieren des Geflügels

geschieht mit der Geflügelschere oder mit einem scharfen Fleischmesser. Kleineres Geflügel wird oft nur der Länge nach halbiert (zum Beispiel Tauben). Bei größerem Geflügel trennt man erst die Schenkel ab, dann die Flügel. Hernach trennt man die Brust vom Rücken. Je nach Größe des Geflügels werden beide in zwei oder vier Teile zerschnitten oder gar tranchiert (zum Beispiel beim Truthahn). Als die feinsten Stücke gelten Flügel sowie Brust.

Verwendung des Geflügelkleins

Die Leber kann man hacken, in etwas Butter braten, mit Salz und Wein abschmecken, auf kleine geröstete Brotscheibchen anrichten und damit das gebratene Geflügel garnieren. Den Magen schneidet man auf, entleert den Inhalt, entfernt die innere zähe Magenhaut und verwendet ihn samt Herz und Hals für Bouillon. Viele verwenden auch Kopf und Füße des Geflügels. Beides wird gründlich gereinigt, die Füße enthäutet, mit Gemüse und Gewürzen in kaltes Wasser gegeben und gut ausgekocht. Diese Bouillon kann für Suppen und Saucen verwendet werden.

Füllungen für Geflügel

Für jedes Geflügel eignet sich eine Füllung aus den zerkleinerten Innereien (Leber, Herz, Magen).
Weitere Möglichkeiten:
- *Obstfüllung:* Äpfel, Quitten oder Birnen sind besonders geeignet. Die jeweilige Frucht in Scheiben schneiden, Kerngehäuse, Blüte und Stiel entfernen und ungeschält in das Geflügel geben. Gleichzeitig können auch Kräuter wie Salbei, Ysop hinzugefügt werden.
- *Kastanienfüllung:* Edelkastanien kreuzweise einschneiden, auf dem Backblech im Backofen rösten und schälen. 1 TL Butter mit 1 TL Rohrzucker in einem Kochtopf unter Rühren bräunen. ⅛ Liter Brühe, Salz und Edelkastanien dazugeben, ankochen und bei ausgeschalteter Flamme 10 Minuten fertiggaren und abkühlen lassen.
- *Dinkelreis- oder Brotfüllung:*

1 Zwiebel	Tassen Hühnerbrühe
1 EL Butter	etwas Bertram und Galgant
1 Tasse Dinkelkernotto	100 ml Rahm
oder 1 Dinkelbrötchen	gehackte Petersilie

Die feingehackte Zwiebel in Butter anrösten, Dinkelkernotto beigeben, unter öfterem Wenden andünsten und mit Brühe und eventuell einem Schuß Weißwein ablöschen. Gewürze beifügen und 15 bis 20 Minuten weichkochen lassen. Zuletzt den Rahm und die gehackte Petersilie untermischen.

Brathähnchen

1-2 Hähnchen; Salz	etwas Wasser
Bertram, Quendel,	etwas Dinkelbier
Galgant	saure Sahne
Ysop, Salbei	Dinkelmehl

Hähnchen enthäuten, waschen, abtrocknen, innen mit Salz und Gewürzen einreiben und die Kräuter hineinlegen. In eine Fettpfanne oder einen Bräter etwas Wasser geben, Hähnchen mit der Brustseite nach unten hineinlegen und braten. Nach 30 Minuten wenden. Nach Bedarf mit Dinkelbier übergießen. Bratenfond mit Dinkelbier und Sahne auffüllen, mit glatt angerührtem Dinkelmehl binden, aufkochen und abschmecken.

Wiener Backhendl

1 Brathähnchen (zirka 1½ kg) in 4, 6 oder 8 Teile geschnitten und enthäutet	1 Ei, leicht geschlagen 1½ Tassen Paniermehl (Semmelbrösel)
1 TL Salz	½ Liter Sonnenblumenöl
½ Tasse Dinkelmehl	

Die küchenfertigen Hühnchenteile würzen und dünn in Mehl wenden, dann in Ei und zuletzt in Semmelbrösel tauchen. Leicht abklopfen und in siedendem Sonnenblumenöl schwimmend von beiden Seiten goldgelb braten. Bratpfanne zur Seite stellen und noch einige Minuten nachbacken (5 bis 10 Minuten).

Das dunkle Fleisch braucht länger als die Keulen und die Brust. Die fertig gebackenen Teile auf Küchenkrepp gut abtropfen lassen. Mit Zitronenscheiben und Petersilie garnieren und mit Kopfsalat, Dinkelnudeln, Dinkelspätzle oder Dinkelkernotto servieren.

Basis-Diät

Bei Leberleiden, Traurigkeit, Depressionen:

Gekochtes Huhn mit Dinkel und Ysop

1 Suppenhuhn	etwas Bertram, Galgant
1 Zwiebel	2 volle Tassen
1 Knoblauchzehe	Dinkelkernotto
Ysop	(oder -körner)
1 Petersilienwurzel (oder ein Stück Sellerieknolle)	helle Grundsauce (siehe Seite 229)
1 Karotte	mit etwas Zitronensaft
4 Liter Wasser	(oder Weißwein) legiert
Salz	

Suppenhuhn enthäuten, säubern und waschen und in den 4 Litern Wasser zusammen mit den angegebenen Kräutern und Gewürzen sowie dem genannten Gemüse weichkochen lassen. Ein Teil der Hühnerbrühe abschöpfen und für die Sauce verwenden. Dinkelkernotto in der Zwischenzeit zirka 20 Minuten weichkochen. Als Kochflüssigkeit kann ebenfalls 4 Tassen Hühnerbrühe genommen werden, dann schmeckt der Dinkelreis noch pikanter. Den gekochten Dinkelreis in eine geölte oder mit kaltem Wasser ausgespülte Kranzform drücken und auf eine warme Platte stürzen.

Das tranchierte Huhn in den Dinkelreisring geben und mit der Sauce begießen. Auf Wunsch können auch gehackte Kräuter zum Garnieren verwendet werden.

Huhn nach Jägerart (Poulet chasseur)

1 Huhn (enthäutet, gesäubert und gewaschen)	2 Knoblauchzehen
70 g Magerspeck (vom Rind oder Schaf)	etwas heißes Wasser oder Brühe
etwas Butter	1 Glas Weißwein
Salz	1–2 Handvoll Champignons
1 EL Dinkelmehl	Petersilie, Poleiminze
1 Zwiebel	Bertram, Galgant

Das tranchierte Huhn brät man mit in Würfelchen geschnittenem Speck in etwas Butter allseitig schön braun und bestreut es mit Salz. Danach fügt man die feingeschnittene Zwiebel, die (klein zerdrückten) Knoblauchzehen, Bertram- und Galgantpulver hinzu, bestäubt alles mit etwas Dinkelmehl, wendet einige Male und läßt das Ganze unter Zugabe von Hühnerbrühe (oder heißem Wasser) und Wein weichdünsten. Die Geflügelstücke herausnehmen. Die in Scheibchen geschnittenen Champignons mit der gehackten Petersilie in etwas Butter andünsten, die Sauce dazusieben und unter Zugabe von etwas Brühe und Gewürz nochmals 6 Minuten aufkochen. Die Geflügelstücke darin wieder erhitzen.

Gefüllte Poularde im Römertopf mit Ysop

1 große Poularde (1¼–1½ kg)	1 Dinkelbrötchen oder
3 EL Sonnenblumenöl oder 3 EL Butter	2 Scheiben Dinkelbrot (eingeweicht)
300 g Zwiebeln (klein gewürfelt)	1 EL Dinkelmehl
2 Knoblauchzehen	Salz, Pfeffer
300 g Hähnchen- oder Putenleber	Gewürze: Bertram, Galgant
1 Ei	Kräuter: Petersilie, Ysop, Dill, Bohnenkraut
	¼ l Rotwein

Poularde enthäuten, waschen, abtrocknen, salzen und mit Pfeffer und zerdrücktem Knoblauch einreiben. Die Leber im Mixer oder Fleischwolf pürieren. Mit den in Butter angedünsteten Zwiebelwürfeln, dem Ei, dem in Wasser eingeweichten und wieder ausgedrückten Dinkelbrötchen (oder -brot), Gewürzen und gehackten Kräutern zusammen vermischen und die Poularde damit füllen. Öffnung mit Faden oder Stäbchen verschließen. Die Poularde mit Dinkelmehl bestäuben und mit Öl und Kräutern bestreuen. Den Braten im Römertopf schmoren lassen (70 bis 90 Minuten bei 225 Grad) und mit Rotwein übergießen.

Gefülltes Masthuhn mit Rosmarin

1 Masthuhn, enthäutet,
(unter Masthuhn verstehen
wir ein freilebendes, körner-
gefüttertes Huhn)
Dinkelreis- oder Brotfüllung
(siehe Seite 250)
2 EL zerlassene Butter
1 gespickte Zwiebel
2 Pfefferkörner

1 Rübchen
1 Zweiglein Rosmarin
Geflügelinnereien (Herz,
Hals, Magen und Leber)
2 Tassen Wasser
etwas Salz
1 Rübchen
1 Schalotte

Die küchenfertige Poularde mit Dinkelreis- oder Brotfüllung füllen und die Öffnung mit Bindfaden verschließen. Die Poularde mit Salz einreiben, in die Bratpfanne legen und mit zerlassener Butter übergießen. Nach Zugabe von Zwiebel, Pfefferkörnern, Rübchen und Rosmarin in den Ofen schieben und unter öfterem Begießen und einmaligem Wenden zirka 1½ Stunden braten lasssen. In der Zwischenzeit Innereien der Poularde mit Wasser und etwas Salz sowie der Rübe und der Schalotte auskochen, absieben und den Bratenfond damit ablöschen. Diesen aufkochen lassen und in die Saucenschüssel passieren. Die Poularde mit der Geflügelschere tranchieren und die Fleischstücke auf die Füllung verteilt anrichten.

Hähnchen mit Mandeln

1 Hähnchen (zirka 1 kg),
enthäutet
Suppengrün (Karotte,
Sellerie, Zwiebel,
Petersilienwurzel)
2 Nelken
2 Lorbeerblätter
2 kleingehackte Zwiebeln
2 geriebene Karotten

65 g geschälte Mandeln
1 EL Dinkelmehl
1 TL Galgant
1 TL Bertram
Saft und die Schale einer
Zitrone
2 l Wasser, gesalzen
Ysop, Petersilie, Thymian

Ein nicht zu fettes Hähnchen mit Suppengrün, Zwiebel, Nelken, Lorbeerblättern in Salzwasser nicht ganz garkochen lassen, aus der Brühe nehmen und tranchieren. Zwei gehackte Zwiebeln, geriebene Karotten und Mandeln in Butter braten. Fleisch dazugeben. Etwas Dinkelmehl in der Pfanne anbräunen, mit Hühnerbrühe löschen und glatt rühren. Nach und nach weitere zwei Tassen Brühe hinzugeben und leicht aufkochen. Mit Gewürzen, Salz und Zitronensaft würzen, und kurze Zeit durchziehen lassen.
Beilage: Dinkelkernotto und Kopfsalat.

Basis-Diät

Bei Schwächezuständen als Kräftigungsmittel:

Huhn in Riesling
(Coq au vin)

2 küchenfertige Hühnchen	Pfifferlinge, geschnitten
Salz	100 g Butter
1 Knoblauchzehe, gerieben	¼ l Riesling (250 ml)
Pfeffer, Galgant, Bertram	1 Lorbeerblatt
2 EL Dinkelmehl	Ysop, Petersilie,
3 EL Sonnenblumenöl	Krauseminze, Estragon
oder 50 g Butter	(kleingehackt)
200 g Champignons oder	½ Tasse Schlagsahne

Hühnchen enthäuten, waschen, gut abtrocknen, in je vier Teile schneiden, mit Knoblauch einreiben, mit Salz und Gewürzen bestreuen und mit Dinkelmehl bestäuben. Mit Öl oder Butter in der Pfanne von allen Seiten bräunen und mit Riesling ablöschen. Pilze, Lorbeerblatt und eine handvoll kleingewiegte Kräuter dazugeben und im geschlossenen Topf auf kleiner Flamme 30 Minuten kochen lassen. Das Fleisch herausnehmen und auf einer vorgewärmten Platte heißstellen. Die Sauce mit brauner Mehlschwitze binden, Sahne unterziehen und mit Gewürzen abschmecken.

Als Beilagen eignen sich Dinkelkernotto, Dinkelnudeln und Kopfsalat.

Hähnchen gekocht mit Kräuterweißweinsauce

1 große Poularde (1¼–1½ kg)	Petersilie
4 EL Sonnenblumenöl	Salz, Galgant, Bertram
1 Zwiebel	¼ l trockener Weißwein
1 EL Dinkelmehl	Zitronensaft
4 Karotten	

Poularde enthäuten, waschen, abtrocknen, in vier Teile schneiden, mit Salz, Galgant und Bertram einreiben. In heißem Öl rundum anbraten, abtropfen lassen. Zwiebelringe und Karotten in Scheiben im Bratenfond goldbraun andünsten, mit Weißwein löschen, mit angerührtem Dinkelmehl binden, das Fleisch wieder hineingeben und bei schwacher Hitze 30 Minuten zugedeckt schmoren lassen. Vor dem Servieren mit Salz, Gewürzen und Zitronensaft abschmecken. Zu Dinkelkernotto mit kleinen Karotten oder grünen Bohnen servieren.

Berliner Hühnerfrikassee

1 Suppenhuhn, enthäutet
1 l Wasser
Salz
Suppengrün
Galgant, Bertram,
Poleiminze, Ysop
Sauce:
45 g Butter oder
Sonnenblumenöl
60 g Dinkelmehl

¾ l Brühe
Salz
1 Prise Rohrzucker
Kapern
Zitronensaft
Weißwein
zirka 100 g Champignons
250 g Spargeln (gekocht)
1 Eigelb

Das küchenfertige Huhn und seine Innereien waschen. Mit Salz und Gewürzen in Wasser kochen. Das geputzte und kleingeschnittene Suppengrün nach halber Garzeit hinzufügen und ebenfalls weichkochen lassen. Danach das Huhn herausnehmen, enthäuten, zerkleinern, Knochen herauslösen und das Fleisch kleinschneiden. Für die Sauce Butter (oder Öl) erhitzen, Dinkelmehl unter ständigem Rühren darin andünsten. Mit Brühe unter Rühren ablöschen und kurz aufkochen. Mit Salz, Zucker, Kapern, Zitronensaft und Wein abschmecken. Champignons, Spargeln in die Sauce geben und nochmals aufkochen. Das Eigelb mit etwas heißer Sauce verquirlen und in die nicht mehr kochende Sauce rühren.

Hühnerfrikadellen in Orangen und Ysop

1 kg Hühnerhackfleisch
2 feingehackte Zwiebeln
2 zerdrückte
Knoblauchzehen
2 Eier
2 Scheiben Weißbrot,
in Wasser eingeweicht
Salz und Pfeffer
Öl zum Braten

Sauce:
1 EL Öl
1 TL Ysopblätter,
Bachminze
1 EL Hühnerbrühenpulver
¼ Tasse trockener Weißwein
Saft von einer Orange
Schale von einer
ungespritzten Orange

Das Fleisch, die Zwiebeln, den Knoblauch, die Eier, das ausgedrückte Brot, Salz und Pfeffer gut miteinander vermischen und kleine Frikadellen in Form von flachen Ellipsen formen. Auf beiden Seiten gut in heißem Öl braten. In einem flachen Topf einen EL Öl erhitzen, Ysop, Suppenpulver, Wein, Saft und Schale hinzufügen und zum Kochen bringen. Die Frikadellen hineingeben, den Topf zudecken und auf kleiner Flamme etwa 30 Minuten lang ziehen lassen. Mit Dinkel servieren.

Pute

Von der Pute, dem amerikanischen Nationalgericht, schreibt Hildegard nichts. Putenfleisch ist aber als Diät und Schonkost leicht verdaulich und praktisch cholesterinfrei. Kenner entdecken in der Pute sieben verschiedene Fleischarten.

Putengulasch in Kräuterweinsauce

750 g Putenfleisch, enthäutet, (auch Ziegen- oder Lammfleisch)
3 EL Sonnenblumenöl
4 Zwiebeln
1 EL Galgantpulver
⅛ l Fleischbrühe
⅛ l herber Weißwein
je 1 Prise Salz, Pfeffer, Bertram
1 EL Dinkelmehl
200 g saure Sahne

Putenfleisch in Würfel schneiden und in Öl anbraten. Zwiebelwürfel kurz mit andünsten. Mit Galgant würzen und mit Wein und Brühe löschen, würzen und 20 Minuten schmoren lassen. Saucenfond mit Sahne und Mehl verquirlen und die Sauce abbinden, aufkochen und abschmecken.

Putenschnitzel in leichter Dillsauce

4 Putenschnitzel (je ca. 150 g)
50 g Dinkelmehl
50 g Butter oder Sonnenblumenöl
ca. ¾ l Flüssigkeit
Salz, Pfeffer, Bertram, Galgant
Dill, Poleiminze
Zitronensaft

Putenschnitzel mit Salz einreiben, in Mehl leicht wenden und in ausgelassener Butter kurz goldbraun anbraten (je eine Minute auf beiden Seiten). Aus dem Bratensud mit Dinkelmehl und Dill eine Sauce bereiten, kurz aufkochen. Mit Gewürzen und Zitronensaft abschmecken. Mit Dinkelnudeln und Dinkelkopfsalat servieren.

Putenbraten mit oder ohne Füllung

1 Pute (4–5 kg)
Salz
Galgant, Bertram, Ysop
Füllung siehe unter
»Gefüllte Poularde
im Römertopf« (Seite 252)

Die Sehnen unten am Knochen der Keule lösen, mit einem spitzen Messer das Fleisch zurückstreifen und mit einem Ruck jede Sehne einzeln herausziehen. Pute enthäuten, waschen, abtrocknen, innen salzen, würzen und wie Gänsebraten zubereiten. Mit Ysopstengeln belegen.

Gans – Wildgans

Gänsebraten ist vom Gesunden irgendwie zu verkraften, für Kranke aber nicht gut zu essen, »weil er im Menschen Schleim und Geschwüre bereitet« (PL 1292 D). Schon besser ist eine Hagelgans oder Wildgans, »weil sie für Kranke und Gesunde gut zu essen ist.« (PL 1294 A9)

(Wild-)Gans, gefüllt mit Kastanien

1 (Wild-)Gans (4–5 kg), enthäutet
Salz
Füllung:
500 g Edelkastanien, geschält, halbweich
gedünstet mit
1 kg Äpfeln (gewaschen, geschält, in Scheiben geschnitten)
eventuell 1 Stengel Beifuß

Die gesäuberte, abgetrocknete Gans innen salzen und mit der Füllung den Innenraum ausstopfen; eventuell Beifuß dazugeben. Im Bräter oder auf dem Rost unter Zugabe von etwas Wasser braten lassen. Nach einer Stunde wenden und mit einem Hölzchen in die Haut stechen, damit das Fett entweichen kann (dabei das Fleisch nicht verletzen). 10 Minuten vor Ende der Garzeit die Gans außen mit Salzwasser oder Bratenfond bestreichen und bei hoher Temperatur knusprig braten. Gans herausnehmen. Bratenfond eventuell entfetten und mit Wasser und angerührtem Dinkelmehl binden, aufkochen und abschmecken, als Sauce zum Braten reichen.

Bei Hildegard steht geschrieben:

»Wenn jemand im Magen (Darm) leidet, der nehme eine Wildgans. Nach dem Wegwerfen von Kopf und Eingeweiden koche man den übrigen Körper ganz stark in Wasser, nehme sie dann aus dem Wasser heraus und trenne alles Fleisch von den Knochen. Die Fleischstücke zerkleinere man (im Passiergerät) und presse den Saft durch ein Filtertuch heraus. Von diesem Saft und ein wenig Feinmehl mache man eine Suppe und schlürfe diese vor dem Essen (auf leeren Magen). Das nimmt Schleim und Fehlsäfte von seinem Magen ganz sachte weg, ohne daß er etwas davon merkt.« (PL 1294 B)

Wildganssuppe

1 Wildgans, enthäutet	1 Petersilienwurzel
Salz, Bertram	1 Möhre oder Suppengrün
1½ l Wasser	Petersilie, Schnittlauch

Wildgans und Innereien in Salzwasser aufkochen und zirka 1½ bis 2 Stunden weichkochen lassen. Die gesäuberte Petersilienwurzel und Möhre sowie Bertramgewürz nach der halben Garzeit hinzufügen. Wildgans aus der Brühe nehmen, wenn sie weich ist. Brühe absieben und in den Kochtopf geben. Wildgans enthäuten, zerlegen, Knochen herauslösen, Fleisch kleinschneiden und wieder in die Brühe geben. Mit gehackten Kräutern garnieren.

Eventuelle Suppeneinlagen siehe Seite 115.

Ente – Wildente

»Die Hausente ernährt sich vom Unreinen und ist nur von Gesunden zu verkraften, für Kranke taugt sie jedoch nicht zum Essen« (PL 1294 C). Besser ist daher die Wildente, »die für den Menschen heilsamer als die zahme Ente ist, weil sie sich immer am Wasser aufhält.« (PL 1294 D)

Wildenten schmecken von August bis Ende Januar am besten. Ältere Tiere legt man 2 bis 3 Tage in eine Beize.

Wildentenbraten
mit Salbei in Kirsch- oder Orangensauce

1 bis 2 Wildenten	6–8 Wacholderbeeren
Salz	3 Blätter Salbei
Galgant, Bertram, Quendel	50 g Butter

Wildente rupfen und sengen und 1 bis 2 Tage abhängen lassen. Talgdrüse am Schwanz herausschneiden. Enthäuten, waschen, abtrocknen, innen mit Salz und den Gewürzen einreiben. Zwiebel, Salbeiblätter und Wacholderbeeren in das Innere legen und die Gans mit der Brustseite nach unten in den Bräter legen, in welchen man auch etwas Wasser gibt. Braten lassen, nach etwa 45 Minuten wenden. Nach Bedarf Wasser angießen.

Kirschsauce	250 g rote, entsteinte Kirschen
etwas heißes Wasser und	Zimt, Gewürznelke
Madeira	einen Schuß Rum

Die gebratene Ente anrichten. Bratenfond mit etwas heißem Wasser und Madeira aufkochen und sieben. 250 g entsteinte Kirschen in der Sauce weichdünsten, Gewürze und einen Schuß Rum hinzufügen und abschmecken. In einer Saucenschüssel zu der im Ofen warmgehaltenen Ente servieren.

Orangensauce	dünne Schale von je einer
(Canard à l'orange)	Orange und einer Zitrone
1 Schuß süßer Weißwein	1–2 Orangen
Saft von 2–3 Orangen	

Die gebratene Ente im Ofen warmstellen. Den Bratenfond mit einem Schuß süßen Weißwein, dem gesiebten Saft von 2 bis 3 Orangen verrühren. Die dünn abgeschälte (unbehandelte) Schale je einer Orange und Zitrone in feine Stäbchen schneiden und unter den Fond mischen. Alles in einer Saucenschüssel anrichten. Die Ente mit Orangenscheiben oder Orangenhälften, mit Johannisbeermarmelade belegt, anrichten.

Variante: Man kann die geschälte(n) Orange(n) auch in Viertel schneiden und um den Braten herum anordnen. Mandelsplitter eignen sich gut zum Garnieren.

Straußenfleisch

Bei Hildegard steht geschrieben:

»Wenn ein Mensch die ›fallende Sucht‹ hat, der esse oft Fleisch vom Vogel Strauß und es bringt ihm (die Herrschaft über seine) Körperkräfte und die Gesundheit wieder. Denn die Kalorigkeit und Stärke des Straußenfleisches wirken, und wo Schwächezustände bestehen, bringen sie die Stärke dieser Krankheit zur Ruhe.« (PL 1287 C; Basel, Cap. 6-2)

Das dunkelrote Straußenfleisch wird in großen Lebensmittelläden in der Schweiz angeboten. Es ist in Farbe und Qualität dem Rindfleisch ähnlich und ein ideales Diätmittel, da es von allen Fleischarten das wenigste Fett enthält:

Hammelkotelett	32,0 %
Schweinekotelett	25,0 %
Rindslende	10,0 %
Straußenfleisch	0,2 %

Straußenfleisch läßt sich wie Putenfleisch zubereiten.

Basis-Diät

Bei Übergewicht und Epilepsie,
Kräftigungsmittel bei Schwächezuständen:

Straußengulasch

750 g Straußenfilet	$1/8$ l Weißwein
2 EL Sonnenblumenöl	Salz, Pfeffer, Bertram
2 Zwiebeln, gewürfelt	1 EL Dinkelmehl
1 EL Galgant	125 g saure Sahne
$1/8$ l Fleischbrühe	Bachminze

Straußenfleisch in Würfel schneiden, in Öl anbraten. Zwiebeln kurz mit andünsten. Mit Brühe und Wein löschen. Würzen und zirka 20 Minuten garschmoren. Sahne mit Dinkelmehl verquirlen, hinzugeben, aufkochen und abschmecken. Zubereitungszeit zirka 45 Minuten.

Straußenrollbraten

1 kg Straußenrollbraten	saure Sahne
Salz, Bertram, Galgant	oder Rotwein
4–6 EL Wasser	Dinkelmehl

Straußenfleisch waschen, abtrocknen, mit Salz und Gewürzen einreiben, in die Fettpfanne oder in den Bräter geben, Wasser zufügen und braten.

    Bratenfond mit Wasser, Sahne oder Wein auffüllen, mit angerührtem Dinkelmehl binden, aufkochen und abschmecken.

Strauß in Kräuterbutter

1 Straußenschnitzel	150 g Butter
(zirka 150 g)	$1/8$ l Weißwein
Salz, Galgant, Bertram	$1/8$ l Brühe
2 EL Sonnenblumenöl	Bachminze, Petersilie,
5 Zwiebeln, gewürfelt	Bohnenkraut
5 kleine Zwiebeln, ganz	Zitronensaft
2 Knoblauchzehen	

Straußenfleisch waschen, abtupfen, würzen, im gefetteten Bräter mit ganzen Zwiebeln hellbraun anbraten. Wein und Brühe hinzugießen und zugedeckt 25 Minuten garschmoren.

    Kräuterbutter mit gewürfelten Zwiebeln, zerdrückten Knoblauch, Kräutern und Zitronensaft zerdrücken. Vor dem Servieren auf das Fleisch streichen.

Straußenragout

1 kg Straußenfleisch (oder Pute)
1 Zwiebel
1 gelbe Rübe
½ kleine Sellerieknolle
3 EL Sonnenblumenöl
1 Bund Petersilie
Poleiminze, Basilikum
Salbeiblätter

½–1 Tasse Fleischbrühe
1 Tasse trockener Rotwein
1 Lorbeerblatt
2 Gewürznelken
je 1 Msp. Salz, Galgant, Bertram
etwa 50 g Hühnerleber
1 TL Butter

Gemüse säubern und in Scheiben oder Würfel schneiden. Kräuter feinhacken. Fleisch waschen und etwas zerkleinern. Alles zusammen unter Wenden 10 Minuten in Öl anbraten. Wein und Brühe beifügen. Kurze Zeit ohne Deckel schmoren lassen. Lorbeerblatt, Gewürznelken und Gewürze beifügen und zugedeckt weichgaren lassen (zirka 50 Minuten). Die Leber in Stücke schneiden und anbraten. Danach unter das Ragout mischen.

Leber

Ganz besondere Heilkräfte sieht Hildegard in der Leber der Tiere, die bekanntlich die beste Eisenquelle für blutarme Patienten darstellt. Das in der Leber enthaltene Eisen wird vom Körper besonders gut aufgenommen, während das synthetische Eisen der Eisentabletten nicht nur schlecht aufgenommen wird, sondern darüber hinaus auch noch Magenbluten und Beschwerden verursachen kann. Hildegard empfiehlt ganz besonders die Hühnerleber bei inneren Krankheiten wie septischen Prozessen, Vergiftungen, Abszessen, Immunschwächekrankheiten und Darmentzündungen.

Bei Hildegard steht geschrieben:

»Die Leber von einem Huhn oder von einem Hahn oft gegessen, hilft gegen alle Krankheiten, die den Menschen innerlich verletzen.« (PL 1295 B; Basel, Cap. 6-14)

Hirschleber hilft bei Gicht und anderen Lähmungserscheinungen:

»Das Fleisch des Hirsches ist gut zu essen für Gesunde und Kranke ... Wenn aber jemand gar seine Leber ißt, dann vertilgt diese aus ihm die Gicht und reinigt seinen Magen und macht diesen sauber (*levis*, glatt).« (PL 1321 D)
»Wenn nämlich der Hirsch noch nicht zu alt ist und dann seine Leber gekocht (zubereitet) und gegessen wird, dann bringt es die wogenden Säfte der Paralysis zur Ruhe (beschwichtigt sie) und nimmt (alle) Kehrsäfte *(pravi humores)*, die sich im Magen-Darm des Menschen befinden, hinweg ...« (Basel, Cap. 7–10)

Obwohl die Leber wegen ihres Vitamin- und Spurenelementgehalts wie ihrer hohen Eiweißqualität ein biologisch hochwertiges Lebensmittel ist, enthält sie eine relativ hohe Menge an Purinbasen, die zu Harnsäure abgebaut werden. Ein Überschuß an Harnsäure kann Gichtschübe auslösen. Daher wird Gichtpatienten normalerweise von Leber und Wild abgeraten. Diese widersprüchlichen Aussagen stehen im Gegensatz zu Hildegards Leberempfehlungen.

Rinderleber beziehungsweise Kalbsleber kann ein Kräftigungsmittel sein:

»Wer oft die Leber vom Rind (Kalb) ißt, den macht es kräftig infolge ihrer guten Natur.« (PL 1323 B)

Schafsleber hilft bei Verschleimung, Verdauungsschwäche und Dyspepsie:

»Der Mensch esse oft und genügend Schafleber und es mindert den Schleim in ihm und reinigt den Magen.« (PL 1324 B)

Ziegenleber wird bei Hildegard zur Reinigung von Magen- und Darmkrankheiten sowie bei Verstopfung empfohlen:

»Wenn jemand am Magen (Darm) leidet, der brate eine Ziegenleber und esse sie oft bis Mitte August. Es reinigt und heilt seinen Magen so gut wie eine Abführkur.« (PL 1325 B)

Rehleber ist besonders wertvoll bei Immunschwächekrankheiten, etwa der Präkanzerose.

»Ein Mensch, der von Vicht geplagt wird, esse oft Rehleber, und sie räumt mit der Vicht auf.« (PL 1322 A)

Nur im Notfall, bei Kraftlosigkeit und Altersschwäche, empfiehlt Hildegard die Schweineleber.

»Wenn jemand mit seinen Kräften schon fast am Ende ist, soll er oft von der gekochten Schweineleber essen, und es labt ihn, das heißt er wird sich erholen und wieder zu Kräften kommen. Das Wildschwein hat die gleichen Kräfte und ist zudem noch reiner.« (PL 1326 B)

Bei der Zubereitung von Leber ist folgendes zu beachten:
- Kalbs- und Geflügelleber sind am zartesten.
- Rinderleber kann man, um sie zarter zu machen, etwa 15 Minuten in Wasser legen.
- Die Leber ist gar, wenn beim Anritzen mit dem Messer kein Blut mehr entweicht.

Basis-Diät

Kräftigungsmittel bei Schwächezuständen:
Leber mit Apfelscheiben

500 g Leber
Dinkelmehl
2 EL Butter oder
Sonnenblumenöl
Salz, Galgant, Bertram

Zwiebelringe von einer Zwiebel
Apfelscheiben von einem Apfel

Die von Häuten und Sehnen befreite Leber in nicht zu dünne Scheiben schneiden. Direkt vor dem Braten trocken abtupfen und bemehlen, nicht übereinanderlegen. Die Leber in das erhitzte Fett geben und 2 bis 3 Minuten auf jeder Seite anbraten, weitere 2 Minuten bei ausgeschalteter Flamme stehenlassen. Mit Salz und Gewürzen bestreuen. Mit gebratenen Zwiebelringen und Apfelscheiben oder -schnitzen garnieren.

Basis-Diät

Bei Anämie, Blutarmut, Eisenmangel:
Leberspätzle

250 g Hühnerleber
250 g Dinkelmehl
20 g Dinkelgrieß

2 Eier
Salz, Muskatnuß, Pfeffer, Bertram, Galgant

etwas Wasser
1 Zwiebel
1 EL Butter
2–3 EL Petersilie, gehackt

2 l Wasser
2 TL Salz
1 TL Sonnenblumenöl

Leber waschen, abtrocknen, enthäuten und durch den Fleischwolf drehen. Mit Mehl, Grieß, Eiern, Salz, Gewürzen und Wasser zu einem festen, glatten Teig verarbeiten. Zwiebel schälen und in Würfel schneiden. Butter erhitzen, Zwiebel darin andünsten, gehackte Petersilie hinzufügen und mit dem Spätzleteig vermischen. Das Salzwasser mit dem Sonnenblumenöl zum Kochen bringen. Spätzleteig auf das Spätzlebrett geben und mit dem Spätzleschaber dünne Streifen in das kochende Wasser schaben. Aufkochen lassen, bis die Spätzle hochsteigen. Mit dem Schaumlöffel herausnehmen, in einem Sieb unter kaltem Wasser kurz abspülen, abtropfen lassen und warm halten. Auf Wunsch mit in erhitzter Butter angerösteten Dinkelbröseln anrichten.

Basis-Diät

Bei Inneren Krankheiten, Septischen Zuständen, Colitis, Diabetes:

Hühnerleberklößchen

100 g Hühnerleber
1 Zwiebel
30 g Sonnenblumenöl
40 g Dinkelbrösel

Salz, Pfeffer, Bertram,
Majoran
1 Eigelb

Leber waschen, abtrocknen, enthäuten und durch den Fleischwolf drehen. Zwiebel schälen, in Würfel schneiden und im Öl andünsten. Mit der Leber und den übrigen Zutaten vermischen. Mit dem Teelöffel kleine Klöße abstechen oder Bällchen formen. Wenn nötig, noch etwas Dinkelbrösel hinzugeben. In die kochende Brühe geben und 5 bis 6 Minuten garen.

Basis-Diät

Bei Magen-Darmleiden, Verstopfung:

Ziegenleberragout

400 g Ziegenleber
1 Zwiebel

2 gelbe Rüben
2 EL Sonnenblumenöl

⅛ l heiße Brühe   Salz
1 EL Tomatenmark   Galgant
1 TL Dinkelmehl   Bertram, Poleiminze,
4 EL Rotwein   Muskat

Leber in dünne Streifen schneiden. Zwiebel würfeln und im heißen Fett glasig braten. Die Leberstreifen hinzufügen und unter Wenden anbraten. Mit der Brühe ablöschen. Die in dünne Scheiben oder Würfel geschnittenen gelben Rüben hinzufügen und alles bei schwacher Hitze kurze Zeit andünsten. Tomatenmark mit Mehl und Rotwein verrühren und die Sauce damit binden. Mit Salz, Galgant und den restlichen Gewürzen abschmecken.

Fleisch

Bei Hildegard wird das Fleisch nicht nach seiner Zusammensetzung ausgewählt, sondern nach seiner Heilwirkung. Es gibt Fleisch, das Gesunde wie Kranke essen können, wie etwa Schaf, Ziege, Hirsch, Reh und einige Fischarten (Hecht und Barsch); Fleisch nur für Gesunde, wie Rind und Gans, Ente und Hühnchen, Lachs und Forelle sowie krankmachendes Fleisch, wie zum Beispiel Schweinefleisch, das »die Sinnlichkeit des Menschen anstachelt, ihm Hautausschläge bereitet, die Epilepsie fördert und den Wurm im Fleisch (Krebs) ernährt.« (CC 207, 22 ff.)
Ohne Cholesterin und gesättigte Fette zu kennen, warnt auch Hildegard vor der übermäßigen Fleischmast, da Fleisch den Menschen mehr als alle anderen Speisen verfetten kann:

»Wenn jemand Fleisch und andere überfette Speisen zu essen gewöhnt ist oder durch ihren Blutreichtum verfettete Speisen gern ißt, dem strömt daraus mehr Krankmachung als Gesundmachung zu, weil solche Kost nicht so lange im Magen-Darm verweilen kann, wie es zu einer richtigen und heilsamen Verdauung der überfetten und schlüpfrigen Feuchtigkeit notwendig wäre.
Wenn man einmal Fleisch ißt, so soll es unter Berücksichtigung seines Fettgehaltes und seiner Bluthaltigkeit ausgewählt sein, weil es dann so lange im Darm zurückgehalten werden kann, wie es wegen der Verdauung gut und recht ist. Nur wer an Rumpf und Gliedern sehr abgemagert ist, dem kann dann und wann ein verfettetes Gericht seine Trockenheit und Dürre wieder mit Feuchtigkeit füllen und zu einem guten Ausgleich bringen. Denn Tierfleisch verfettet das Fleisch der Menschen, wenn es

gegessen wird, mehr als andere Speisen oder auch die Getränke.« (CC 149, 30 ff.)

Da es in keinem anderen Ernährungssystem dermaßen präzise Aussagen über die heilende Wirkung der Fleischarten gibt, tun wir gut daran, uns von Hildegard in der Auswahl der Fleischsorten beraten zu lassen.

Lamm oder Hammel

Schaffleisch ist nicht nur eine besondere Delikatesse, sondern wird von Hildegard auch bei Kraftlosigkeit, Krampfaderleiden und Bindegewebsschwäche empfohlen:

»Das Schaf, ob Widder oder Lamm, ist kalt, aber dennoch wärmer als das Rind und hat keine Bitterkeit und Herbheit. Sein Fleisch ist für gesunde und kranke Menschen gut zu essen. Wer am ganzen Körper schwach ist und wessen Adern welk sind (Krampfaderleiden), der schlürfe oft die Schafsfleischbrühe und esse mäßig Schaffleisch, und wenn er gekräftigt ist, esse er genügend von Schaffleisch, wenn er will.
Das Fleisch ist im Sommer gut zu essen, weil es die Hitze wärmt; im Winter taugt es aber nicht zum Essen, weil es kalt ist. Und der Mensch esse oft genügend Schafsleber, denn es mindert den Schleim in ihm und reinigt den Unrat im Magen.«
(PL 1324 A/B)

Schafslunge wird notfallmäßig bei Atemnot, Asthma, Bronchialhusten, Brusthusten und Lungenemphysem als saure Lunge zubereitet und erfolgreich eingesetzt:

»Wer in der Brust hustet und schwer ein- und ausatmet, ohne aber ein Lungenleiden zu haben, der esse oft von der Lunge des Schafes, und es wird in der Brust besser.« (PL 1324)

Basis-Diät

Bei Asthma, Bronchitis:

Schafslungenhaschee

750 g Schafslunge 1 l Wasser
Suppengrün Salz

Gewürze: Salz, Pfeffer,
Bertram, Bachminze,
Krauseminze
Sauce:
40 g Butter

40 g Dinkelmehl
½ l Brühe
Salz, Pfeffer, Zucker
Zitronensaft

Die Lunge von der Luftröhre befreien, säubern, kurz wässern. Das gesäuberte Suppengrün waschen und kleinschneiden. Mit Wasser, Salz, Suppengrün und Gewürzen ankochen und zirka eine Stunde fortkochen. Dann herausnehmen, klein würfeln oder durch den Fleischwolf drehen.
Für die Sauce das Mehl in die erhitzte Butter rühren und bräunen. Mit Brühe unter Rühren ablöschen und aufkochen. Lungenwürfel oder -brei hinzufügen. Die Sauce mit Gewürzen und Zitronensaft abschmecken und nochmals erwärmen.

Basis-Diät

Bei Schwäche, Bindegewebsschwäche, Krampfadern:

Lammgulasch

750 g Lammfleisch (auch
Reh, Hirsch, Ziege, Rind)
30 g Butter
3 Zwiebeln
Salz, Pfeffer, Bertram,
Galgant
(nach Belieben: ½ Apfel,

2 Tomaten oder
1 EL Tomatenpüree)
saure Sahne
Dinkelmehl
Thymian, Salbei,
Krauseminze

Das gewaschene und abgetrocknete Fleisch in Würfel schneiden und in der erhitzten Butter allseitig anbräunen. Die gewürfelten Zwiebeln (und nach Belieben die geviertelten Tomaten und Apfelwürfel) mit anbräunen. Salz und Gewürze beifügen, mit ¼ l Wasser ablöschen und 1 bis 1½ Stunden lang schmoren lassen. Die Sahne und etwas Wasser mit dem Bratenfond vermengen, mit angerührtem Dinkelmehl binden, nochmals kurz aufkochen und abschmecken.
Bei größeren Mengen ist es empfehlenswert, das Gulasch in zwei Portionen anzubraten, da das Fleisch sonst zuviel Saft abgibt und länger braucht zum Bräunen. Wenn zuviel Saft abgegeben wird, gießt man ihn ab und fügt ihn zum Schmoren wieder hinzu. Rindfleisch wird schneller weich, wenn man 1 EL Rum oder Weinbrand hinzufügt.

Lammgulasch mit Möhren

500 g Lammfleisch	⅛ l Wasser
500 g Möhren	saure Sahne
30 g Butter	Dinkelmehl
1 große Zwiebel	Bachminze
Salz, Bertram, Galgant	

Das gewürfelte Fleisch in der erhitzten Butter (oder in Sonnenblumenöl) allseitig anbräunen. Die gewürfelte Zwiebel mitbräunen. Salzen, würzen, mit heißem Wasser auffüllen und etwa 35 Minuten schmoren lassen. Die geschälten und gewaschenen Möhren ebenfalls würfeln und zum Gulasch geben. Mit Wasser auffüllen, bis alles knapp bedeckt ist. Weitere 20 bis 30 Minuten schmoren lassen. Aus dem Fond mit der Sahne und angerührtem Dinkelmehl eine Sauce fertigen, kurz aufkochen lassen und abschmecken.

Lammgulasch mit Bohnen

375–500 g Lammfleisch	¼ l Wasser
500 g grüne Bohnen	Salz, Bertram, Muskat
Bohnenkraut	etwas Knoblauch
30 g Butter (oder Sonnenblumenöl)	⅛ l saure Sahne
	Dinkelmehl
2 Zwiebeln	gehackte Petersilie
1 TL Galgant	

Zubereitung wie Lammgulasch mit Möhren, aber statt Möhren die in Stücke gebrochenen Bohnen und das Bohnenkraut nach der halben Schmorzeit hinzufügen und gar werden lassen. Knoblauch und Galgant mit den Zwiebeln zum Fleisch geben. Zum Schluß mit gehackter Petersilie garnieren.

Lammrücken
(für 12 Personen)

3 kg Lammrücken	2 zerdrückte Knoblauchzehen
Pfeffer, Galgant, Rosmarin	Petersilie, Poleiminze
4–6 EL Semmelbrösel	2 EL Sonnenblumenöl
Salz, Pfeffer, Galgant, Bertram	2 EL Wasser
	Dinkelmehl

Den Lammrücken waschen, abtrocknen, mit Gewürzen einreiben und mit etwas Wasser in der Fettpfanne anbraten.

Aus Semmelbröseln, Salz, Gewürzen, Petersilie, Öl und Wasser eine Sauce rühren und diese nach einer halben Stunde Bratdauer auf den Lammrücken streichen. Eventuell noch etwas Wasser hinzufügen. Nach Ende der Bratzeit aus dem Fond, Wasser und dem angerührten Mehl eine Sauce bilden, diese kurz aufkochen und abschmecken. Das Fleisch vom Knochen lösen, in Scheiben schneiden und mit der Sauce servieren oder in der ursprünglichen Form auf dem Knochen anrichten.

Gefüllte Lammbrust
(für 6-8 Personen)

1¼ kg Lammbrust
Salz
30 g Butter
Füllung:
1 kleine Zwiebel
250 g Pilze
20 g Butter
1 EL Petersilie, Bachminze

75 g Dinkelweißbrot
(ohne Rinde)
Salz
1 Prise Muskat, Galgant
1 Ei
Für die Sauce:
saure Sahne
Dinkelmehl

Für die Füllung dünstet man die fein gewürfelte Zwiebel und die in Scheiben geschnittenen Pilze in der Butter an. Das in Wasser eingeweichte und ausgedrückte Brot mit Salz, Gewürzen und Ei hinzufügen und alles gut vermengen.

Die Lammbrust vom Knochen befreien, waschen, trocken abtupfen und salzen. Die Füllung darüberstreichen, das Fleisch zusammenrollen und zustecken. Mit Butter (oder Sonnenblumenöl) bestreichen und unter Zugabe von etwas Wasser zirka 100 bis 130 Minuten braten. Aus dem Bratenfond, der Sahne, Wasser und Mehl eine Sauce bereiten und abschmecken.

Lammkeule (Gigot d'agneau)
(für 6-8 Personen)

1 Lammkeule (1¼-1½ kg)
2 Knoblauchzehen
2 Zwiebeln
2 EL Butter
1 Karotte
1 Lorbeerblatt
1 Gewürznelke

Salz, Pfeffer, Bertram,
Galgant
Rosmarin, Salbei,
Bachminze
saure Sahne
Dinkelmehl
⅛ l Rotwein

Die Lammkeule enthäuten, mit Gewürzen einreiben und mit

Knoblauchstiftchen spicken. Beim Knochen das Fleisch etwas ablösen (mit einem scharfen Messer). Dann die ganze Keule mit der weichen Butter einpinseln, zusammen mit den anderen Zutaten in die Fettpfanne geben und bei Mittelhitze unter öfterem Begießen knapp durchbraten (Bratzeit pro 500 g Fleisch 15 Minuten). Bratenfond mit ⅛ l Rotwein und Sahne aufnehmen, mit Mehl binden, aufkochen und abschmecken.

Mit Gemüse wie Bohnen, Rüben usw. und Dinkel oder Kastanien servieren.

Schafsragout (Navarin)
(für 6 Personen)

800 g Schaffleisch von
Brust, Hals oder Schulter
2 EL Butter
1 EL Dinkelmehl
2 Knoblauchzehen
1 Zwiebel

1 Lorbeerblatt
1 Karotte
Salz, Pfeffer, Bertram,
Galgant
Rosmarin, Poleiminze
1 Msp. Rohrzucker

Das in gleichmäßige Stücke geschnittene Fleisch salzen und würzen und in heißer Butter allseitig anbraten. Mit etwas Mehl bestäuben, hellbraun anrösten lassen und unter Zugabe von heißem Wasser (1 Tasse/Pfund Fleisch) und den weiteren Zutaten 1¼ bis 1½ Stunden weichgaren lassen. Bei Bedarf Wasser und Rahm nachfüllen, wenn die Flüssigkei zu stark eingedünstet ist.

Lammkoteletts oder Lammsteaks

4 Lammsteaks von der
Keule 3 cm dick (je 150 g)
1 TL Salz
¼ Tasse Hühnerbrühe
frisch gemahlener Pfeffer,
Mutterkümmel
1 EL Dinkelmehl

3 EL Butter
3 Zwiebeln,
in Ringe geschnitten
2 Knoblauchzehen
Rosmarin, Krauseminze,
Petersilie

Lammsteaks waschen, trockentupfen und mit Salz, Pfeffer, zerdrücktem Knoblauch, Thymian, Minze und Rosmarin einreiben. In Mehl wenden und beidseitig in Butter auf mittlerer Hitze leicht anbräunen (zirka 5 bis 10 Minuten pro Seite). Im vorgewärmten Ofen aufbewahren. Im Bratenfond Zwiebeln und Knoblauch andünsten und mit Hühnerbrühe löschen, mit angerührtem Mehl abbinden, aufkochen und heiß zu den Lammsteaks servieren.

Variation: Man kann die Steaks mit Kräuter- oder Knoblauchbutter belegen. Dazu passen Dinkelkernotto und Dinkelblattsalat.

Lammgeschnetzeltes auf Avignonart
(für 6 Personen)

1 kg Lammfleisch	2 Knoblauchzehen
(Schulter, Brust, Keule	Poleiminze, Thymian,
ohne Knochen)	Petersilie, Rosmarin
1 EL Butter	1 Lorbeerblatt
2 EL Speiseöl	¼ l Rotwein
Salz, Pfeffer, Bertram,	saure Sahne
Mutterkümmel, Galgant	1 EL Dinkelmehl
2 Zwiebeln	

Fleisch in dünne Scheiben schneiden, mit Salz und Gewürzen einreiben und in den Emailletopf legen. Mit gehackten Kräutern, Zwiebeln, Knoblauch und Lorbeerblatt bestreuen, mit Rotwein übergießen und über Nacht in der Marinade ziehen lassen. Am anderen Tag das Fleisch samt Flüssigkeit in einem gefetteten Bräter zugedeckt 2½ bis 3 Stunden lang weichschmoren. Wenn das Fleisch gar ist, die Sauce durch ein Sieb gießen, das Fett abschöpfen, beliebig mit Rahm anrichten, mit angerührtem Mehl abbinden, aufkochen und abschmecken. Ein wenig Sauce über die Lammscheiben träufeln, den Rest in einer Sauciere servieren.

Dazu passen Dinkelkernotto oder Dinkelnudeln und Dinkelkopfsalat.

Lammragout

750 g Lammschulter	1 EL Tomatenmark
2 Knoblauchzehen	½ Tasse Fleischbrühe
3 Blätter Salbei	1 Msp. Salz
3 EL Sonnenblumenöl	je 1 Msp. Galgant und
1 EL Butter	Bertram

Das gewaschene Lammfleisch in größere Würfel schneiden, alle Knochenteile entfernen. Den zerdrückten Knoblauch und die gewaschenen Salbeiblätter kleinhacken. Fleischwürfel in erhitztem Öl von allen Seiten anbraten. Danach das Bratenfett abschütten. Butter, Knoblauch und Salbei in den Topf geben. Tomatenmark mit Brühe verrühren und über den Braten gießen. Mit Salz und Gewürzen versehen. Zugedeckt etwa 30 Minuten garen lassen.
Variation: 500 g säuerliche Äpfel mitkochen.

Hammel- und Rinderhack am Spieß

½ kg Hammelhack,
mehrmals durchgedreht
½ kg Rinderhack,
mehrmals durchgedreht
1 EL Butter
½ Tasse feingehackte
Zwiebeln
½ TL feingehackter
Knoblauch
1 Eiweiß, leicht geschlagen
1 TL Salz
1 EL Mutterkümmel
1 EL Galgant
Rosmarin, Poleiminze

Die Butter (1 EL) wird in einer Pfanne ausgelassen. Darin dünstet man die Zwiebeln mit dem Knoblauch unter gelegentlichem Umrühren und gibt dies in eine Schüssel. Dazu fügt man dann das gesamte Hack sowie Eiweiß, Salz und Galgant zu und verknetet alles gut. Mit den Händen etwa 3 cm dicke und 5 cm lange Röllchen formen, auf einen Teller legen, mit Pergamentpapier zudecken und mindestens eine Stunde in den Kühlschrank stellen, damit sie sich festigen.

Nach dem Kühlen jedes Röllchen mit einem Spießchen auf der schmalen Seite (also nicht längs) durchstechen und in einem Abstand von mindestens ½ cm aufreihen. Nun die Spießchen entweder auf einem offenen Holzkohlengrill oder im (vorgeheizten) elektrischen Grill braten. Dabei sollte das Fleisch 10 bis 15 cm von der Wärmequelle entfernt sein. Ist kein Grill vorhanden, läßt man einen Spieß nach dem anderen in einer großen Pfanne mit 2 EL Butter (erhitzt, bis es stark dampft) 8 Minuten auf jeder Seite anbräunen, bis die Röllchen außen dunkelbraun und innen gut durchgebraten sind.

Diese Bratzeit gilt auch für den Grill.

Lammrücken mit Rosmarin
(für 10 Personen)

1½–2 kg Lammrücken
je 1 gestr. TL Salz und
frisch gemahlenen Pfeffer
3 Knoblauchzehen,
zerdrückt
2 Zwiebeln
3 EL Sonnenblumenöl
Kräuter: Rosmarin,
Salbei, Thymian, Bachminze
1 Lorbeerblatt
4–6 EL Wasser
½ l Weißwein
1 EL Dinkelmehl

Fleisch waschen, abtrocknen, mit Gewürzen und Knoblauch einreiben und mit Zwiebelringen belegen. Im ausgefetteten Bratentopf auf dem Rost bei 220 bis 225 Grad braten. Bratzeit: 20 Minuten pro Pfund Fleisch. Sobald der Bratensatz bräunt, etwas heißes

*Habermus und Dinkelkaffee – Frühstücksbrötchen aus Dinkelkleie
French Toast mit Quittenkompott – Kornelkirschenmarmelade*

*Dünne Pfannkuchen mit Pfiff – Salbeimäuschen – Kastanienhörnchen
Kornelkirschenmarmelade*

Hefegugelhupf mit Dinkelkaffee

Dinkelknauzen – Dinkelhefezopf

Nervenkekse – Quendelkekse – Schwester Rosemaries Galgantguezli

Mohnkuchen mit Dinkelkaffee

Brioches und Quarktorte

Linzertorte

Wasser hinzugeben. Den Lammrücken ab und zu mit Bratenfond begießen. Nach etwa 1½ Stunden Bratzeit Kräuter über den Lammrücken verteilen. Bratenfond mit Weißwein auffüllen, mit angerührtem Mehl binden, aufkochen und abschmecken. Den Lammrücken vorsichtig vom Knochen lösen, in Scheiben schneiden und wieder auf den Knochen anrichten.
Den Braten mit beliebigem Gemüse garnieren (zum Beispiel Karotten, grüne Bohnen). Dazu paßt Dinkelkernotto und Dinkelkopfsalat.

Ziege

Hildegard empfiehlt Ziegenfleisch besonders bei schwachem Bindegewebe und Eingeweideleiden (Hernien, Brüche, Senkungen, Divertikel):

»Das Fleisch der Ziege ist gesunden und kranken Menschen gut zum Essen, und wenn es oft gegessen wird, heilt es gestörte und beschädigte Eingeweide; den Magen der Esser macht es gesund und stark. Eine kräftige Ziege ißt man bis zum August, den Ziegenbock im August, Jungziegen bis in den Herbst. Ziege und Ziegenbock haben die gleiche Wirkung; doch ist der Bock noch wirksamer.« (PL 1325 A)

Basis-Diät

Bei Bindegewebsschwäche, Eingeweideleiden, Bruchleiden, Senkung:

Ziegenkeule
(für 6 Personen)

1½ kg Ziegenkeule
(Lamm-, Reh-, Hirschkeule)
4 EL Sonnenblumenöl
5 Knoblauchzehen
Suppengemüse:
Zwiebeln, Karotten, Petersilienwurzeln, Sellerie
Gewürze: 1 TL Salz,

frischgemahlener Pfeffer,
Mutterkümmel, Galgant
Bachminze, Rosmarin,
Salbeiblätter, 5 Pfefferkörner, 3 Gewürznelken,
2 Lorbeerblätter
⅛ l Weinessig
½ l trockener Rotwein

Das Suppengemüse waschen, putzen und in dünne Scheiben schneiden. Ziegenkeule säubern, enthäuten und abtrocknen. Mit zerdrücktem Knoblauch und den Gewürzen einreiben und mit Sonnenblumenöl bestreichen. Halbe Knoblauchzehe in 5 bis 6 kleine Einschnitte in die Keule stecken. Mit dem Suppengrün und den Kräutern in eine Schüssel legen, mit Weinessig und Wein übergießen und zugedeckt über Nacht in dieser Marinade liegenlassen. Am nächsten Tag die Keule in einem Bratentopf ohne Deckel im vorgeheizten Backofen bei 225 Grad 45 bis 60 Minuten schmoren lassen (Fleisch-Thermometer verwenden; rosig-gebratenes Ziegenfleisch: 60 bis 65 Grad; durchgebratenes Fleisch: 65 bis 70 Grad). Das Suppengemüse an der Seite der Keule verteilen, die Keule mit Salbeiblättern bedecken und mit der Marinade und dem eigenen Saft öfters begießen. Den Bratensaft mit dem Gemüse mit etwas Dinkelmehl binden, glattrühren und 5 Minuten aufkochen. Mit Dinkelkörnern, glasierten Edelkastanien und 1 EL Kornelkirsch-Marmelade servieren. Dazu Dinkelkopfsalat reichen.

Ziegenbraten mit Rosmarin
(für 6–8 Personen)

1½ kg junges Ziegenfleisch
Salz, Pfeffer, Bertram
¼ l herber Weißwein
1 Lorbeerblatt
2 Knoblauchzehen
1 Zwiebel

2 Karotten
1 EL Butter
Krauseminze, Rosmarin,
Thymian, Salbei
1 EL Dinkelmehl

Ziegenfleisch waschen, trocknen, mit sehr spitzem Messer kleine Vertiefungen schneiden und je eine halbe Knoblauchzehe und etwas Rosmarin hineinstecken. Mit Salz, Pfeffer und Bertram einreiben. Den Braten in die gefettete Fettpfanne oder den Bräter legen. Zwiebel, Karotten und Lorbeer kleinschneiden, zum Fleisch geben und braten. Öfter mit heißem Wasser begießen. Nach 45 Minuten bei 200 bis 225 Grad eventuell wenden. Weißwein zum Bratenfond geben, mit angerührtem Dinkelmehl binden, nochmals aufkochen. Bratzeit etwa eine Stunde.

Zu beachten: Zu hohe Temperaturen trocknen das Ziegenfleisch aus, daher besser mit niedrigerer Temperatur und langer Bratzeit zubereiten.

Zickleinragout

1 kg junges Ziegenfleisch
(Brust, Hals oder Schulter)

Salz, Pfeffer, Bertram,
Galgant

1 EL Dinkelmehl	2 Karotten
1 große Tasse heißes Wasser	Sauce:
1 Zwiebel	1 EL Zitronensaft
1 Lorbeerblatt	3 EL Rahm

Das Fleisch in Würfel schneiden, in heißer Butter oder Sonnenblumenöl anbraten, salzen und würzen, mit Mehl bestäuben, noch einige Male wenden. Danach Zwiebel, Karotten und Lorbeerblatt beifügen und mit Wasser ablöschen. Kochzeit: eine Stunde.
Die Sauce am Schluß mit Zitronensaft und Rahm abschmecken, nachdem man sie mit etwas Wasser verdünnt hat. Eventuell nachwürzen.

Gesottenes Zicklein in Rosmarinsauce
(für 6–8 Personen)

1½ kg junges Ziegenfleisch (Keule oder Schulter ohne Knochen)	geschnitten
	2 l Wasser
	1 TL Salz
1 Zwiebel, gewürfelt	1 Prise frisch gemahlenen
3 Pastinaken oder Kohlrabi gewürfelt, 2 in Streifen schneiden	schwarzen Pfeffer
	1 EL Butter
	2 EL Dinkelmehl
5 Karotten, gewürfelt, 3 in Streifen geschnitten	je 1 TL Rosmarin, Bachminze, Thymian,
3 Sellerieknollen, grob gewürfelt, 2 in Streifen	Petersilie
	1 EL Zitronensaft

Ziegenfleisch mit der Hälfte des Gemüses, Salz und Pfeffer 2½ Stunden in Wasser weich kochen lassen, bis man mit der Messerspitze leicht ins Fleisch stechen kann.
Das Streifengemüse 3 Minuten in reichlich Wasser blanchieren, im Sieb abtropfen lassen.
Das Fleisch herausnehmen und die Brühe durch ein Sieb rühren. Das Gemüse kräftig ausdrücken. Die Brühe im offenen Topf auf 3 Tassen Flüssigkeit einkochen. Mehl in Butter zu heller Schwitze rösten. Kräuter und Zitronensaft hinzugeben und mit der Brühe löschen. Mit dem Fleisch und der Rosmarinsauce sowie dem blanchierten Gemüse 10 Minuten im großen Topf schmoren. Das Gemüse darf nicht zerfallen. Man ordnet es um das Fleisch herum an. Die Sauce wird getrennt serviert.

Reh, Hirsch, Wildschwein

Wild wird als universales Diätfleisch von Hildegard besonders bei Verschleimungen, Blähungen, Verdauungsschwäche, Magen-Darmschwäche und Magen-Darmleiden bevorzugt, wobei die Rehleber ein Heilmittel für die von Hildegard so eindrücklich beschriebene Vichtkrankheit (Präkanzerose) ist:

»Das Reh ist gemäßigt und sanft und hat eine reine Natur, und es steigt gern auf Berge... Und auf den Bergen sucht es die Kräuter, die von der Luft wachsen, und so frißt es gutes und gesundes Futter. Sein Fleisch ist für gesunde und kranke Menschen gut. Ein Mensch, der von der ›Vicht‹ (Präkanzerose) geplagt wird, esse oft seine Leber, und sie unterdrückt in ihm die Vicht. Wenn jemand oft Rehfleisch ißt, reinigt es ihn von Schleim und Unrat.« (PL 1312 D)

Auch Hirsch ist als Diätfleisch geeignet bei Magen-Darmleiden, Gastritis, Blähungen und Verschleimungen:

»Der Hirsch hat plötzliche Wärme in sich, und er ist mehr warm und frißt reines Futter. Sein Fleisch ist für Kranke und Gesunde gut zu essen.
Wenn ein Mensch Hirschfleisch ziemlich warm, aber nicht heiß ißt, reinigt es seinen Magen, macht ihn leicht... Wer Hirschleber ißt, dem unterdrückt sie die Gicht und reinigt seinen Magen und macht ihn leicht.« (PL 1320 C)

Wildschwein könnte besonders geeignet sein, wenn es in Edelkastanienwäldern aufwächst, beispielsweise in Korsika. Dieses Fleisch wird bei abgemagerten Patienten mit konsumierenden schweren Krankheiten (Krebs), bei Kraftlosigkeit und Kräfteverfall verwendet, um die Lebensgeister wieder in Schwung zu bringen:

»Wenn ein Mensch schwer krank ist, so daß sein Körper darniederliegt und mager wird, der soll, solange er krank ist, von jungen Schweinchen essen, aber nicht allzuviel. Wenn er wieder zu Kräften gekommen ist, soll er nicht länger davon essen, weil es von da ab die Krankheiten vermehren würde.« (PL 1326 A) (Wildschwein hat die gleiche Wirkung. PL 1326 B)

Bei der Zubereitung von Wild sollte folgendes beachtet werden:
- Wild gehört zum fettarmen Fleisch und benötigt viel Fettzusatz.
- Da es beim Braten leicht austrocknet, sollte man es nicht bei zu

hohen Temperaturen zubereiten und lieber eine längere Bratdauer in Kauf nehmen.
- Reh-, Hirsch- und Wildschweinbraten gewinnen an Zartheit, verlieren aber an Eigengeschmack, wenn man sie zwei bis drei Tage lang in eine (Buttermilch-)Beize oder Rotwein-Weinessig-Marinade legt. Täglich wenden.
- Zum Braten am besten ein geschlossenes Gefäß verwenden, da er so am saftigsten bleibt.
- Wildfleisch gut abhängen lassen, ehe man es zubereitet. Um eine zu starke Geruchbildung zu verhindern, kann man es mit rohen Kartoffelscheiben abreiben.
- Als Beilagen zu Wild eignen sich Kastanien und Kompott.

Basis-Diät

Bei Verdauungsstörungen, Blähungen, Verschleimung:

Reh-(Wild-)Ragout
(für 6-8 Personen)

Rehfleisch (etwa 1,4 kg) oder Wild
2 EL Sonnenblumenöl
1 EL Butter
2 Knoblauchzehen
Salbei
Rosmarin, Poleiminze,

Brennessel
1 Lorbeerblatt
Salz, Muskat, Galgant,
Bertram
⅛ l trockener Weißwein
3-4 Tomaten
20 g gestiftelte Mandeln

Das Reh-(Wild-)Fleisch grob zerkleinern, Knochen entfernen. Salbei und Rosmarin klein zerhacken. Knoblauch zerdrücken und hacken. Tomaten schälen und vierteln. Öl und Butter in großem Topf erhitzen, Kräuter, Lorbeerblatt und Knoblauch kurz darin ziehen lassen. Fleisch darin von allen Seiten braun anrösten, würzen, mit Wein löschen und kurze Zeit ohne Deckel dünsten lassen. Tomaten und Mandelstifte beigeben und zugedeckt fertig garen lassen.
Variation: Ziegen- und Geflügelragout.

Basis-Diät

Bei Verdauungsstörungen, Gastritis, Divertikulose, Blähungen:

Rehbraten
(für 12 Personen)

2–3 kg Rehfleisch	zerstoßen
(Rücken oder Keule)	50 g Butter
Salz	saure Sahne
Bertram, Quendel,	Bachminze
Galgant	Dinkelmehl
Wacholderbeeren,	

Rehfleisch säubern, abtrocknen, salzen und mit Gewürzen einreiben. Mit weicher Butter (oder Sonnenblumenöl) bestreichen. Restliche Butter in die Fettpfanne (oder in den Bräter) geben. Fleisch etwas von der Keule lösen. Dann in die Pfanne geben und braten lassen. Im offenen Gefäß den Braten nach etwa 45 Minuten wenden, im geschlossenen Gefäß ist dies nicht nötig, wenn man die Keule von Anfang an mit der Oberseite nach oben in den Bräter legt. Wird der Bratensatz zu braun, etwas Wasser hinzufügen. Die Sahne in der letzten ¾ Stunde über den Braten geben. Aus dem Bratenfond unter Zugabe von Sahne und Wasser sowie angerührtem Dinkelmehl eine Sauce bereiten und diese abschmecken.

Rehrücken
(für 8–10 Personen)

Für die Beize:	20 Pfefferkörner
1 l Rotwein (für helles	4 Zwiebeln
Fleisch Weißwein verwenden)	4 EL Thymian
3 EL Weinessig	1 EL Salz
¼ l Wasser	1 Karotte
20 Wacholderbeeren	1 Sellerie
4 Lorbeerblätter	

Variation für die Beize: Traubenmost, Buttermilch oder rohe Milch.

Für den Braten:	1 Tasse Rahm
1½–2 kg Rehrücken	Orangenschale, dünn
50 g Butter	abgeschält,
Bertram, Galgant	oder 150 g Kirschen

Zum Garnieren: halbe Kompottbirnen mit Preiselbeerkompott verziert oder Bratäpfel, Ananas, Orangenscheiben.

Den Rehrücken enthäuten und die Sehnen entfernen. Für die Beize alle Zutaten zusammenmischen und das Fleisch darinlegen. Keine Metallpfanne verwenden, sondern Emaille oder noch besser einen Steintopf. Fleisch zwei Tage bedeckt in der Beize liegenlassen. Für die Beize können auch Traubenmost oder rohe Milch verwendet werden. Letzteres eignet sich besonders bei nicht mehr ganz jungen Tieren und wenn der reine Wildgeschmack geschätzt wird.

Den Rücken des Wildes abtrocknen, würzen, mit Salz und zerlassener Butter bestreichen und in ein rechteckiges Bratgeschirr legen. Unter öfterem Begießen mit Butter zugedeckt braten lassen. Bratzeit: 15 Minuten pro Pfund. Danach den Braten herausholen, auf eine erwärmte Platte legen und aus dem Bratenfond, einer Tasse Marinade oder Brühe und Rahm eine Sauce bereiten. Diese mit der abgeschälten Orangenschale oder mit Kirschen aufkochen lassen und in einer Sauciere getrennt servieren. Den Rehrücken mit halben Kompottbirnen, gefüllt mit Preiselbeerkompott, garnieren oder mit Bratäpfeln oder Ananas oder Orangenscheiben umlegen.

Passende Beigaben: Edelkastanien, Dinkelnudeln, Dinkelreis.

Rehpfeffer

1 kg Rehfleisch
(Bauch, Brust, Hals)
1 EL Sonnenblumenöl
oder Butter
½ l Brühe
¼ l Rotwein
1 EL Dinkelmehl

Salz, Pfeffer, Nelke
Krauseminze, Thymian,
Rosmarin
Zitronensaft
Beize wie unter
»Rehrücken«,
aber ½ der Menge

Das Fleisch in Ragoutstücke schneiden und ein bis zwei Tage in die Beize legen. Danach die Fleischstücke aus der Beize heben und gut abtropfen lassen, in der Butter allseitig anbraten und mit Brühe und Beize ablöschen. In einer anderen Pfanne das Mehl in Butter braun anrösten, mit Beize, Rotwein und Brühe verrühren, salzen, würzen, gehackte Kräuter hinzufügen und über die Rehstücke gießen. Alles zusammen 2 Stunden bei niedriger Temperatur dämpfen. Danach die Sauce, wenn nötig, nochmals abschmecken und Zitronensaft beifügen. Zum Garnieren können in Butter gedünstete, mit etwas Salz, Essig und Zucker abgeschmeckte Zwiebelchen verwendet werden sowie in Butter gebackenes helles Dinkel(toast)brot.

Beilagen: Dinkelnudeln, Dinkelspätzle, Edelkastanien(püree).

Rehkoteletts à l'orange mit Kastanienpüree

4 Rehkoteletts	1 EL Butter
Salz, Galgant, Bertram	2 Orangen in Scheiben
1 EL Dinkelmehl	⅛ l Madeirawein

Die Koteletts drückt man mit einem breiten Messer flach, reibt sie mit Salz und den Gewürzen ein, wendet sie in Mehl und brät sie in Butter rasch beidseitig durch. Dann übergießt man sie mit dem mit etwas frischer Butter verrührten Bratenfond und garniert mit dünnen, in Madeira getunkten Orangenscheiben.
Dazu Kastanienpüree servieren.

Rehsteaks

4 Rehsteaks	oder Sonnenblumenöl
2 EL Butter	Salz, Galgant, Bertram

Fleisch waschen, abtupfen. Steaks in die erhitzte Butter legen, sofort wenden und braten. Nach dem Wenden die gebratene Seite mit Salz und Gewürz bestreuen, später auch die andere. Insgesamt 8 bis 10 Minuten braten, 5 bis 7 Minuten, wenn die Steaks innen rosa sein sollen. Beliebig mit heißen Kompottfrüchten wie Kirschen, Ananas, Birnen garnieren oder mit Kräuterbutter bestreichen. Dazu passen Dinkelnudeln und Dinkelkopfsalat.

Basis-Diät

Bei Magenleiden, Gastritis, Völlegefühl, Blähungen:

Hirschbraten
(für 8–10 Personen)

2 kg Hirschrücken	Poleiminze
(oder -keule)	saure Sahne
Salz, Galgant, Bertram	Dinkelmehl
Wacholderbeeren	Johannisbeergelee oder
50 g Butter	Rotwein nach Belieben

Das gewaschene Hirschfleisch trockentupfen, mit Salz, Gewürzen und zerstoßenen Wacholderbeeren einreiben, mit zerlassener Butter bestreichen. Die Keule von dem Knochen lösen, in die mit Fett ausgelegte Pfanne legen und mit der Oberseite nach unten braten. Nach etwa einer ¾ Stunde wenden (erübrigt sich im geschlossenen Gefäß). Wenn der Bratensatz braun ist, etwas Wasser dazugeben. 45 Minuten vor Ende der Bratzeit das Fleisch mit Sahne bestreichen. Aus dem Bratenfond, Sahne, Wasser und angerührtem Dinkelmehl eine Sauce bereiten, welcher nach Wunsch Gelee oder Rotwein zugefügt werden können.

Wildpasteten mit Apfelmus

250 g gebratenes
Hirschfleisch
30 g Butter
30 g Dinkelmehl
125 ml Wasser oder Brühe

1 Ei
125 ml Schlagsahne
Salz, Pfeffer, Bertram,
Galgant

Das Fleisch kleinschneiden und im Fleischwolf pürieren. Butter auslassen, Mehl goldgelb rösten. Mit Wasser oder Brühe aufnehmen und aufkochen. Das Fleisch unter Rühren dazugeben, aufkochen, abkühlen lassen.
Die Eier mit der Sahne unter die Masse rühren, mit Salz und Gewürzen abschmecken. Kleine Auflaufförmchen einfetten, Fleischmasse einfüllen und bei 200 bis 225 Grad zirka eine halbe Stunde backen. Mit Apfelmus servieren.

Hirschsteaks mit Mandeln und Johannisbeersauce

Für die Beize:
250 ml trockener Rotwein
125 ml Wasser
5 zerdrückte Wacholderbeeren
1 Knoblauchzehe, zerdrückt
1 Zwiebel, gewürfelt
Für die Steaks:
4 Hirschsteaks (je 150 g)
3 EL Sonnenblumenöl
30 g Butter
Salz, Pfeffer, Bertram, Muskat

1 Ei
100 g gehobelte Mandeln
Kräuter: Rosmarin, Thymian
Für die Sauce:
¼ l süße Sahne
2 EL rote Johannisbeerkonfitüre
½ TL frisch ausgepreßter Zitronensaft
Salz

Die Hirschsteaks mit Öl einreiben, mit der Beize übergießen und im Stein- oder Emailletopf zugedeckt über Nacht ziehen lassen. Anderntags die Steaks aus der Beize nehmen, mit Küchenkrepp abtupfen, mit Gewürzen bestreuen, mit verquirltem Ei bestreichen und in gehobelten Mandeln wenden. In ausgelassener Butter bei mittlerer Hitze von jeder Seite 5 Minuten anbraten.
Den Bratenfond mit den Saucenzutaten übergießen, 5 Minuten mitschmoren. Sobald sich die Johannisbeerkonfitüre aufgelöst hat, würzen und mit den Steaks servieren.

Basis-Diät

Bei Kraftlosigkeit und Schwäche im Alter:
Wildschweinmedaillon mit Estragon

300 g (Wild-)Schweine-
filet vom jungen Schwein
Salz, Pfeffer
1 EL Dinkelmehl
125 ml saurer Rahm

1 Zwiebel, gewürfelt
30 g Butter
⅛ l herber Weißwein
Estragon, Petersilie,
Rosmarin, Bachminze

Fleisch waschen, abtupfen, von Sehnen befreien, in 4 Scheiben schneiden, mit Salz und Pfeffer einreiben und in Mehl wenden. Butter auslassen, Zwiebel darin dünsten. Das Fleisch von beiden Seiten etwa 5 bis 8 Minuten braun braten. Fleisch warmstellen. Den Bratenfond mit Wein löschen und Kräuter, Rahm dazugeben. Aufkochen lassen und abschmecken.

(Wild-)Schweinragout mit Weinbeeren

1 kg (Wild-)Schweinefleisch
(Brust, Hals oder Hüfte)
vom Jungtier
Für die Beize:
Rotwein
5 Zehen Knoblauch, zerdrückt
2 Zwiebeln,
in Scheiben geschnitten
Thymian, Bachminze

1 Lorbeerblatt
Für die Sauce:
1 EL Butter
Salz, Pfeffer, Bertram,
Galgant, Quendel
1 große Handvoll
Weinbeeren
100 ml Rahm
1 EL Dinkelmehl

Das Fleisch in Ragoutstücke schneiden, in ein Steingefäß geben und mit soviel Rotwein übergießen, daß das Fleisch davon bedeckt ist. Dann Knoblauch, Zwiebeln, Thymian und Lorbeerblatt zufügen und den Topf zugedeckt 2 Tage stehen lassen.

Fleischstücke herausnehmen, gut abtropfen lassen und in der Butter allseitig anbraten. Die Beize dazusieben, salzen und würzen und das Ragout unter Zugabe der Weinbeeren zugedeckt auf mäßigem Feuer 60 bis 75 Minuten weichschmoren lassen. Danach die Sauce mit dem Rahm verfeinern und mit angerührtem Dinkelmehl binden.

Als Beilagen eignen sich Edelkastanien(püree), Dinkelkernotto und Dinkelteigwaren (Spätzle).

Rind und Kalb

Bei Hildegard steht geschrieben:

»Das Rindfleisch taugt wegen der Kälte, die es in sich hat, nicht zum Essen für den kalten (schlecht durchbluteten) Menschen. Für den gut durchbluteten aber, der von Natur aus warm ist, ist es wegen der Kälte, die im Fleisch ist, gut zu essen. Wer in seinen Gelenken und Gliedern stechende Schmerzen hat und auch Magen-Darmschmerzen, esse oft und reichlich abgekochte Rinderfüße mit ihrem Fett und Schwielen. Das räumt auf mit diesen Stichen und Schmerzen.« (PL 1323 B)

Rindfleisch enthält große Mengen Cholesterin und gesättigte Fettsäuren, ist daher für Herz-Kreislauf-Patienten nicht geeignet. Hildegard empfiehlt darüber hinaus das Fleisch über Nacht in Wasser zu legen, um es zu entschleimen. Will einer Rindfleisch essen, soll es frisch sein, und falls es im Sommer ist, muß dieses einen Tag lang, falls es im Winter ist, eine Nacht lang in Wasser gelegt worden sein, weil das Wasser allen Schlier, der in diesem Fleisch steckt, entfernt. Danach mag der Kranke es gekocht essen. (CC 207, 22 ff.)

Ebenso verhält es sich mit dem Kalbfleisch, wobei man heute darauf achten muß, daß es weder mit Hormonen noch mit Antibiotika oder Anabolika gemästet wurde. Ganz berühmt ist Hildegards Kalbsfuß- oder Rindsfußsuppe, die sich bei Arthrose oder Gelenkschmerzen oder Arthritis hervorragend bewährt hat. Der Hildegard-Text spricht nicht davon, daß man die Kalbsfußknochen essen soll. Vielmehr geht es um die festen Bestandteile, die nach dem Kochen von den Knochen geschabt werden.

Basis-Diät

Bei Arthrose, Gelenkschmerzen, Osteoporose,
Bindegewebsschwäche, Bandscheibenleiden:

Kalbsfußknochenbrühe

1 Kalbsfußknochen
mit Knorpel

500 g Rindfleisch
(oder Hammel, Ziege,

Wild, Hühnerfleisch)
1½ bis 2 l Wasser
Salz
Suppengrün

Bachminze
nach Belieben: Bertram,
Galgant und Muskat

Die gereinigten Fleischteile mit dem Knochen in kaltem Salzwasser zum Kochen bringen. Kurz vor dem Aufwallen auf kleine Temperatur schalten und zirka zwei 2 Stunden weiter sieden lassen. Suppengrün, Gewürze und Kräuter etwa eine halbe Stunde vor Schluß dazugeben. Fleisch und Knochen nach dem Kochen herausnehmen. Das zerkleinerte Fleisch wieder in die Suppe geben.

Als Einlage eignen sich Dinkelkörner, die man gesondert in Salzwasser gekocht hat, damit die Kalbsbrühe klar bleibt, oder Dinkelklößchen, die in der Brühe gegart werden können.

Die Knochen können noch einmal ausgekocht werden, wodurch man eine Brühe erhält, die sich zum Auffüllen von Saucen, Suppen und Eintöpfen gut eignet.

Zur Farbaufbesserung und Geschmacksverstärkung kann Gemüse, etwa gelbe Rüben, angeröstete Zwiebeln, alter Knoblauch oder Ysop mitgekocht werden. Das Nachgießen von kaltem Wasser sollte man vermeiden, da die Brühe sonst trüb wird. Aufgewärmte Brühe sollte man nicht mehr zum Sieden kommen lassen, um ihren Geschmack nicht zu beeinträchtigen. Für eine klare Bouillon sollte die Brühe einige Zeit ruhig stehenbleiben, damit sich das Fett besser abschöpfen läßt.

Rinder- oder Kalbsfuß in Gelee (Sülze)

1½ bis 2 kg Rinder- oder
Kalbsfuß,
in Scheiben geschnitten
8 bis 10 Tassen Wasser

4 Knoblauchzehen
Salz und Pfeffer, Bertram
2 hartgekochte Eier
(muß nicht sein)

Die Fleischscheiben in Wasser kochen, bis sie gar sind. (Das Kochwasser aufheben.) Das Fleisch von den Knochen lösen und mit dem Knoblauch durch den Fleischwolf drehen. Mit Salz und Pfeffer würzen, vermischen und in einer 25×25 cm großen rechteckigen Form auslegen. Das Wasser, in dem der Fuß gekocht wurde, bis zum Rand der Form hineingeben.

Mit hartgekochten Eierscheiben garnieren und vor dem Servieren einige Stunden im Kühlschrank erkalten lassen. Mit einer Zitronenscheibe servieren.

Tip: Manche bereiten die Sülze in kleinen Kuchenformen zu, garnieren mit einer Eischeibe und stürzen den Inhalt der Form als Portion auf einen kleinen Teller.

Abc der Kräuter und Gewürze

*Gar lieblich dringen aus der Küche
bis an das Herz die Wohlgerüche.
Hier kann die Zunge, fein und scharf,
sich nützlich machen – und sie darf.*
                                    Wilhelm Busch

Wer sein Leben lang nur Pfeffer und Salz zum Würzen verwendet, hat bestimmt keine feine Zunge mehr, sondern verkümmerte Riech- und Geschmacksorgane, weil er seine Sinne gar nicht trainiert hat. Darüber hinaus hat er vermutlich eine schlechte Durchblutung aller Organe und einen eingetrockneten (atonischen) Darm:

»Wenn der Mensch ißt und trinkt, dann lenkt *(ducit)* ein im Menschen angelegtes lebendiges Leitungssystem *(vitalis tractus rationalitis)* den Geschmacksstoff und den Feinsaft und den Duftstoff davon dem Gehirn zu und fördert seine Durchwärmung (Durchblutung, Sauerstoffumsatz), indem es dessen Gefäßwärme auffüllt... und auch Herz, Leber und Lunge saugen von diesem Schmackstoff, Feinstoff und Duftstoff etwas in ihre Gefäßräume ein, so daß sie davon angefüllt, ›angebrütet‹ und ernährt werden wie ein alter, ausgetrockneter Darm, wenn man ihn ins Wasser legt, davon weich und voll wird...« (CC 113, 3)

Das Wissen um die Heilkraft der Gewürze und Kräuter ist durch die Überbetonung von Kalorienzählerei und Vitamintabellen fast verlorengegangen. Dabei bringen die Gewürze im Essen nicht nur eine willkommene Abwechslung einer faden Küche, sondern auch eine gute Verdauung und Durchblutung. Bereits 812 hat Karl der Große durch einen Erlaß *(Capitulae Caroli Magni de villis)* in seinem Sankt Galler Klosterplan den Anbau von nützlichen Kräutern in jedem Kloster vorgeschrieben, und durch Hildegard kennen wir die vielseitigen Heilkräfte, die in den Kräutern und Gewürzen stecken. Lassen wir uns von Hildegard durch unseren Kräutergarten führen, denn »die Seele ist wie ein Wind, der über die Kräuter weht«.

Ackerminze
Mentha arvensis

»Aber auch, wer einen kalten Magen hat und die Speisen nicht verdauen kann, der esse diese kleine Minze entweder roh oder mit Fleisch oder mit Fischen gekocht, und sie wärmt seinen Magen und verhilft ihm zur Verdauung.« (PL 1161 C)

Anwendung: Bei Gastritis, Verdauungsschwäche, Dyspepsie.

Verwendung: Feingewiegte Minzblätter und zarte junge Triebe für Saucen (Minzsauce ist in England eine Nationalspeise; siehe Rezept) zu Hammelbraten, Quark, grünem Salat.

Kultur: Jungpflanzen ab Mai an einem schattigen Platz im Garten, im Topf auf dem Balkon, im Winter am Küchenfenster. Mehrjährige Staude.

Ernte: Ab Juni die frischen Blätter, zum Trocknen kurz vor der Blüte.

Aufbewahrung: In Schraubgläsern, in der Tüte oder in der Tiefkühltruhe.

Bach-Ehrenpreis
Veronica Beccabunga

»Wenn durch schlechte und wäßrige Säfte gereizt die Hämorrhoiden *(posteriora)* zu bluten anfangen, und zwar das Blut mit dem Stuhlgang austritt, soll der Mensch es (zunächst) nicht zurückhalten, weil es purgiert und wie eine Purgier(kur) wirkt. Wenn es aber mit der Verdauung zu stark auftritt, dann soll (der Kranke) Gamander den Gemüsen beifügen und andere gute Kräuter, aus denen man etwas zum Essen machen kann (das heißt, die eßbar sind, also beispielsweise Kräutertunken). Das soll er in mäßiger Weise essen. Denn Gamander mindert solche Blutung und hält sie zurück; Gemüse und andere Kräuter (als Beigaben) machen, daß er sich wieder erholt.«
(CC 202, 30–203, 4; PL 1180 D; Basel, Cap. 1–124)

Anwendung: Bei Hämorrhoidalblutungen, Blutungsanämie.

Verwendung: Die fleischigen Frischblätter wie Spinat in wenig Wasser dünsten, mit Knoblauch und Salz abschmecken.
Wenn man keine Frischpflanzen hat, kann man auch Beccabunga-Urtinktur mit Gemüse kochen: 40 Tropfen oder 1 TL ins heiße Essen, einmal täglich 4 Wochen lang.

Kultur: In fließenden Bachläufen oder bewässerten Kübeln im Garten und in Feuchtbiotopen. Selbstvermehrend durch Wurzelausläufer.

Ernte: Ganzjährig.

Bachminze
Mentha aquitana

»Wer vom vielen Essen und Trinken einen schweren (verfetteten) Magen-Darmtrakt hat, der esse oft rohe Bachminze oder gekocht mit Fleisch, in Suppe oder im Gemüse und seine dumpfe Beschwernis wird vergehen, weil es die fetten und kalorischen Eingeweide und seine Verfettung etwas kühlt und so die Dämpfigkeit mindert. Wenn jemand wegen seines Lungenleidens kurzatmig ist, der hat viel Auswurf und hustet bei der geringsten Bewegung. Wer aber wegen Verfettung und vielem Essen und Trinken kurzatmig ist, der hat nur Atembeschwerden und hustet nichts aus. So erkennt man den Unterschied, wenn man Bachminze wie beschrieben einsetzen kann.« (PL 1161 B)

Anwendung: Bei Übergewicht, Verfettung, Völlegefühl, Blähungen, Magenkrämpfen, Verdauungsschwäche.
Verwendung: Feingewiegte Frischblätter oder Pulver in Saucen, Suppen, Gemüsen, Fleischgerichten.
Kultur: In Bachläufen oder in feuchter Erde, mehrjährig.
Ernte: Ab Juni die frischen Blätter vor der Blüte.
Aufbewahrung: Schraubglas, Tüte, Tiefkühltruhe.

Basilikum
Ocinum basilicum

»Ein Mensch, dessen Zunge gelähmt ist, so daß er nicht mehr sprechen kann, lege Basilikum unter seine Zunge, und er wird die Sprache wiedererlangen. Aber auch wer starke Fieber hat, entweder Drei- oder Viertagefieber, koche Basilikum in Wein und gebe Honig bei, siebe ab und trinke oft nüchtern und nach dem Essen abends, und die Fieber werden weichen.« (Basel Cap. 230)

Anwendung: Bei Zungenlähmung, Schlaganfall, Fieber.
Verwendung: Gemüseeintöpfe, Minestrone, grüner Salat, Basilikumsauce, Fisch, Lamm, Wild, Kräuterbutter, Mayonnaise und die berühmte Sauce Vinaigrette (siehe Rezeptteil) für Fleisch, Sülze, Schwarzwurzel und Spargel.
Kräuteressig: Kleingeschnittener Dill, Basilikum und Estragon (150 bis 200 g) mit 1 l Weinessig übergießen, 3 bis 4 Wochen stehen lassen.
Einige Spritzer an Salate und Saucen.

Kultur: Im Blumentopf am Küchenfenster oder auf dem Balkon. Einjährig, muß jedes Jahr neu ausgesät werden. Anpflanzen erst nach den Eisheiligen.

Beifuß
Artemisia vulgaris

»Wenn jemand vom Essen und Trinken Schmerzen bekommt, dann soll er mit Fleischgerichten oder Schmalz (Gebackenem) oder im Gemüse oder mit irgendeiner anderen Zukost zum Ausgleich Beifuß (mit)kochen und essen. Das nimmt die Vereiterung, welche er sich durch vorhergehende Speisen und Getränke zugezogen hatte und vertreibt (sie). Und sein Saft ist sehr nützlich, und wenn er gekocht wird und in Mus gegessen wird, heilt er kranke Eingeweide, und er wärmt den kranken Magen.« (PL 1172 A)

Anwendung: Bei Magen- und Zwölffingerdarmgeschwüren, Diätfehlern, Sodbrennen, Gastritis, Magenempfindlichkeit, Bindegewebsschwäche, Hämorrhoiden, Krampfadern.

Verwendung: Frische, kleingewiegte Blätter oder 1 bis 3 Messerspitzen Beifußpulver in Geflügel-, Fleisch- und Fischgerichten mitkochen. Beifuß hilft Fett besser verdauen (Gänse- und Entenbraten), auch in Kräutersuppen und Salat.

Kultur: An sonnigen Plätzen. Mehrjährige Staude.

Ernte: Blütenknospen, Blätter nur vor der Blüte.

Bertram
Anacyclus pyrethrum

»Einem gesunden Menschen ist es gut, Bertram zu essen, weil er die Fäulnis in ihm vermindert und das gute Blut vermehrt und im Menschen den Intellekt reinigt. Einen Kranken, der körperlich fast ganz heruntergekommen ist, bringt er (wieder) zu Kräften. Er läßt im Menschen nichts unverdaut, sondern bereitet gute Verdauung, wenn man ihn fleißig ißt, weil er durch seine gute Kalorität jede Speise verdaut.

Fleißig gegessen, mindert er die Verschleimung im Kopf, wenn einer viele Phlegma im Kopf hat... und führt zur Säftereinigung und klärt die Augen.

Ob man ihn trocken ißt oder in Speisen (verkocht), ist Bertram nützlich und gut einem kranken und einem gesunden Menschen. Er scheucht das Kranksein von ihm und hindert das Krankwerden. Er lockt im Mund Feuchtigkeit und Speichel an, weil er schlechte Säfte ausleitet und Gesundheit zurückgibt.« (PL 1138 C; Basel, Cap. 1-18)

Anwendung: Bei Verdauungstörungen, als Resorptionsmittel, bei perniciöser Anämie, Fehlernährung, Diabetes, Dyspepsie, Verschleimung.

Verwendung: 1 bis 3 Messerspitzen über jedes Essen streuen oder mitkochen (für Saucen, Suppen, Dinkelgerichte, auf Brot).
Die römische Bertramwurzel *(Radix Pyrethri romani)* stammt vom *Anacyclus Pyrethrum* DC., einer Komposite, die im Mittelmeergebiet, in Nordafrika, Syrien und im Kaukasus heimisch ist.
Die deutsche Bertramwurzel von *Anacyclus officinarum (Radix Pyrethri germanici)* gilt als Verfälschung. Der Geschmack der Wurzel ist zunächst neutral, dann scharf brennend aufgrund eines scharfschmeckenden Harzes, aus dem auch das Alkaloid Pyrethrin isoliert wurde. Außerdem enthält die Wurzel ätherische Öle und ungefähr 33 bis 40 Prozent des abwehrstimulierenden Polysaccharids Inulin.

Aufbewahrung: Als Gewürzpulver.

Bohnenkraut
Satureja hortensis

»Ein Mensch, der von Gicht geplagt wird, so daß seine Glieder ständig bewegt werden (Parkinson), der pulverisiere Bohnenkraut, und diesem Pulver gebe er weniger Kümmelpulver bei als Salbeipulver, und so mische er dieses Pulver gleichzeitig in Honigwürze, und er trinke das oft nach dem Essen, und es wird ihm besser gehen.« (PL 1190 C)

Anwendung: Bei Parkinson, Gicht, Rheuma.

Verwendung: Zu grünen und trockenen Bohnen, Eintöpfen, Gemüsesuppen, Fisch, Lamm und Ziegenfleisch, Saucen und Salat, Kräuterdinkelbratlingen. Frische Stengel und Blätter 5 bis 10 Minuten mitkochen.

Kultur: Ab April ins Frühbeet, ab Mai ins Freiland an einen sonnigen Standort, im Topf auf dem Balkon oder am Küchenfenster. Das Kraut schützt Bohnen vor Läusebefall, wenn man es neben Bohnen anbaut. Einjährig, muß jedes Jahr neu ausgesät werden.

Ernte: Ab Juni, kurz vor der Blüte ist die Würzkraft am stärksten.

Aufbewahrung: Schraubglas, Kräuterstrauß, Tüte.

Brennessel
Urtica dioica L.

»Auf keinen Fall taugt die Brennessel roh gegessen. Wenn sie aber frisch aus der Erde sprießt, ist sie gekocht zu Speisen nützlich, weil sie den Magen (Darm) reinigt und ihm den Schleim nimmt. Jede Art von Brennessel macht das.« (PL 1169 A)

Anwendung: Bei Magenverschleimung (Gastritis), als Blutreinigungskur (Frühjahr).
Wenn man frische Brennesseln, junge Triebe, hat, kann man daraus sogar ein Gemüse (wie Spinat) bereiten. Der Hildegard-Text läßt aber auch die Deutung zu, daß man Brennessel(pulver) anderen Speisen zusetzt – auf alle Fälle aber nur gekocht beziehungsweise mitgekocht. Da die Brennesseln in der Karwoche meist noch jung sind – ältere werden durch die holzigen Fasern ungenießbar –, ist eine Frühlingskur (Blutreinigungskur) mit einem Gründonnerstag-Brennessel-Spinat-Omlett zweckmäßig und jedem nur wärmsten zu empfehlen.

Brunnenkresse
Nasturtium officinale

»Und wer gegessene Speisen kaum verdauen kann, der dünste Brunnenkresse in einer Schüssel (mit etwas Wasser im Dampftopf, damit das Senföl entweicht), weil ihre Kräfte aus dem Wasser stammen, und so esse er (sie), und sie wird ihm helfen.« (PL 1161 A; Basel, Cap. 1-73)

Anwendung: Bei Verdauungsschwäche, Colitis, Diabetes.
Verwendung: Mit etwas Butter oder Öl in der Pfanne wie Spinat dünsten.
Vorkommen: In fließenden Bachläufen.
Ernte: Im Frühjahr, vor der Blüte.
Aufbewahrung: Frisch und eingefroren in der Tiefkühltruhe.

Dill
Herba Aneti

»Roh taugt er nicht zum Essen, weil er mehr von der Erdfeuchte als der Fenchel in sich hat, und er zieht sogar noch etwas von den Erdfetten an sich. Daher ist es schlecht für den Menschen, Dill roh zu essen. Wenn er aber gekocht gegessen wird, dann räumt Dill mit dem Rheuma auf. In dieser Form ist es also nützlich, Dill zu essen.« (PL 1158 B)

Anwendung: Als Diätkur bei Rheuma.
Verwendung: Am zweckmäßigsten ißt man Dill in Sauce, etwa in der Grünen Sauce (Goethes Lieblingsessen), die auch in der böhmisch-österreichischen Küche bekannt ist. Dillsauce schmeckt vorzüglich zu gekochtem Fleisch und Fisch und gilt bei den Schweden als Nationalgewürz.
Kultur: Aussaat ab April, alle 4 bis 6 Wochen Folgesaaten, im Topf auf dem Balkon und am Küchenfenster. Jedes Jahr neu aussäen.
Ernte: Blättchen, sobald die Pflanzen 20 cm groß sind, ständig frisch schneiden.
Aufbewahrung: Tiefkühltruhe.

Diptam
Dictamnus albus

»Aber auch wer im Herzen Schmerzen hat, esse das aus Diptam gemachte Pulver, und der Herzschmerz wird weichen.«

Anwendung: Bei Arteriosklerose, Blutfett.
Verwendung: 1 TL pro Tag über das Essen streuen, in Gemüsesuppen, Saucen und auf Kräuterbrot.
Kultur: Aussaat im Herbst, Frostkeimer, schönblühende rosenfarbige Schmuckpflanze, blüht im Juni/Juli. Die ganze Pflanze hat einen zitronenartigen Geruch. Mehrjährige Staude.
Aufbewahrung: Als Diptampulver.

(Gelber) Enzian
Gentiana lutea L.

»Wer aber solchen Schmerz des Herzens leidet, wie wenn es kaum an seinem Strang hinge, der pulverisiere Enzian, und er esse dieses Pulver in Suppen, und es stärkt sein Herz.«

»Und wer ein Magenfieber hat *(febris in stomacho)*, der trinke oft vom Enzianpulver in noch warmem, durch Eintauchen von glühendem Stahl warm gemachtem Wein, und das wird seinen Magen/Darm vom Fieber(stoff) reinigen.« (PL 1142 C)

Anwendung: Herzdauerschmerz, Intensivschmerz, Herzschwäche.
Verwendung: 1 bis 3 Messerspitzen Enzianpulver werden über heiße Dinkelgrießsuppe gestreut. Dann löffelt man zunächst den Enzian ab und spült ihn anschließend mit der restlichen Suppe hinunter, damit der bittere Enziangeschmack wieder verschwindet. Ein- bis zweimal wöchentlich kräftigt der Enzian so den Herzmuskel, daß er nicht mehr wehtut.

Estragon
Artemisia dracunculus

Estragon wurde in Hildegards *Physika* bisher noch nicht entdeckt, gehört aber zu den besten Küchenkräutern und sollte in keinem Kräutergarten fehlen. Keine Speise, keine Sauce Bearnaise ohne Estragon. Sein charakteristisches Aroma will man nicht mehr missen.

Estragon schmeckt vorzüglich in Marinaden für Geflügel-, Fisch- und Fleischgerichten, zum Einreiben des Bratens und zu grünem Salat. Estragon-Weinessig (150 g Estragon in 1 Liter Weinessig 3 bis 4 Wochen einlegen) ist eine Delikatesse und macht grünen Salat und Kürbis süß-sauer.

Verwendet werden die frischen Blätter und Zweigspitzen.

Estragon braucht einen sehr sonnigen, humusreichen und gut bewässerten Standort. Man vermehrt ihn durch verwurzelte Schößlinge. 3 bis 4 Ableger pflanzt man im Frühjahr oder Herbst im Abstand von 40 cm. Alle vier Jahre im Frühjahr die Pflanze teilen und frisch verpflanzen. Im Winter mit Kiefernreisig abdecken. Mehrjährige Staude.

Galgant
Alpinia officinarum Hance

»Und wer Herzweh hat, und wer im Herz schwach ist, der esse bald genügend Galgant, und es wird ihm besser gehen.«

Anwendung: Bei Herzschmerz, Herzschwäche, Angina-pectoris-Anfällen. Zur Nachbehandlung und Verhütung von Infarkt, bei Magen-Darmkrämpfen (Roemheld-Syndrom), Menstruationsbeschwerden, Kopfschmerzen, pseudoepileptischen Anfällen, Durchblutungsstörungen, Erschöpfungs- und Schwächezuständen.

Galgant ist ein hundertprozentig wirksames Mittel gegen alle akuten Herzschmerzen vom Typ Angina pectoris. Es wirkt rasch und erlösend wie ein Nitroglycerinpräparat (ohne dessen unangenehme Nebenwirkungen) bei Herzschmerzen, Herzschwäche und Herzschwindel (»Ohnmacht«).

Verwendung: 1 bis 3 Messerspitzen Galgantpulver ins Essen gestreut, verleiht besonders Fleischgerichten eine angenehme prickelnd-scharfe Würze und sorgt für eine gute Durchblutung und Vitalisierung. Quitten-Galgant-Konfekt mit 5 bis 10 Prozent Galgant-Anteil schmeckt lecker und wirkt wie Galgant, wobei der Zucker Energie für die Nervenzellen liefert. Galgant als

Pulver oder Wurzelstücke kann auch für Marinaden, Kürbis und Obstsalate, Kompott und Marmeladen verwendet werden, wo es mit 3 bis 7 Prozent Anteil für eine natürliche Konservierung sorgt.

Kultur: In Südchina, Indonesien und Indien als Galgantwurzel.

Gewürznelken
Caryophyllus aromaticus

»Oftmals schwitzt die Kalorität beim Menschen (Stoffe) aus. Das führt bei ihm zu Podagra (Großzehengicht). Wenn dieses Leiden im Menschen zunimmt und er dann oft Gewürznelken ißt, dann marschiert die Subtilität dieser Gewürznelken in das Mark (›Nebenniere‹?) jenes Menschen und verhindert das Podagra am Wachsen und macht, daß es sich nicht weiter entwickelt, wenn es bereits angefangen hat.« (PL 1141 B)

»Wer im Kopf leidet, so daß ihm der Kopf brummt, fast wie beim Tauben, der esse oft Gewürznelken, und das Brummen, das im Kopf ist, mindert es.« (PL 1141 A)

»Kranke Innereien *(viscera)* schwellen manchmal im Menschen an. Dann geschieht es oftmals, daß diese Anschwellung der Innereien in ihm Wassersucht wachsen läßt. Wenn daher die Wassersucht (der Hydrops) im Menschen schon (merklich) zu wachsen anfängt, dann esse er oft Gewürznelken, und diese räumen mit dem Ursprung der Krankheit auf. Denn die Subtilwirkung der Gewürznelken geht in die Innereien über und mindert deren Anschwellung und verjagt so die Wassersucht, so daß sie nicht mehr zunehmen kann.« (PL 1141 B; Basel Cap. 1-27)

Anwendung: Bei echter Gicht, Podagra (Harnsäurewerterhöhung), Arteriosklerose, Nierensklerose (Nierenwassersucht), Kopfbrummen (arteriosklerotischem Hochdruck).

Verwendung: Bei Gicht und Wassersucht 3 bis 4 Gewürznelken täglich kauen. Ganz oder gemahlen nimmt man Nelken zu Fleischgerichten, zu Ragout, Kompott und zum Backen. Zusammen mit Muskat und Zimt (jeweils 45 g) ist Nelkenpulver (10 g) Bestandteil der energiespendenden Nervenkekse (Muskat-Zimtkekse, siehe Seite 203).

Kultur: Ihre Heimat sind die Molukkeninseln, die Heimat des Muskats. Im Mittelalter wurden sie als erlesene Kostbarkeit mit Gold aufgewogen.

Gundelrebe
Herb. Glechomae

»Die Gundelrebe... hat die Kräfte von Gewürzen, weil ihre Grünkraft *(Viriditas)* sanft und nützlich ist, so daß ein Mensch, der schon lange leidet und vom Fleisch gefallen ist, in einem mit Gundelrebe warm gemachten Wasser baden soll, und er soll auch (dieses Kraut) in einem Breigericht (Habermus) oder mit Fleischgerichten oder in Pfannkuchen gekocht oft essen, und es wird ihm gar viel nützen, weil der gute Saft (dieser Pflanze) den Menschen innerlich ausheilt.« (PL 1206 D, 1171 A)

Anwendung: Bei Kraftlosigkeit im Alter.

Verwendung: Die unscheinbare Gundelrebe oder der Gundermann ist ein weitverbreitetes mehrjähriges Kraut, das unter Gebüsch und an Waldrändern wächst und schöne, violettblaue Blüten hat. Die Droge wird von Hildegard als eine Pflanze mit großen Heilungsmöglichkeiten beschrieben. Besonders im Alter, wenn Gewicht (»vom Fleisch gefallen«) und Verstand abnehmen, kann die Gundelrebe helfen, wenn sie in Speisen und als Vitalisierungsbad eingesetzt wird. Die Wirkung ist vermutlich auf das im grünen Gundermann enthaltene Thiocyanat zurückzuführen, das eine vitalisierende Wirkung über die Haut haben kann. Man verwendet kleingewiegte frische Gundelrebe, die während der langen Blühperiode von Frühling bis Sommer gesammelt werden kann.

Ingwer
Zingiber officinale Roscol

»Wenn jemand am Körper dürr (geworden) ist und schon beinahe hinschwindet, der pulvere Ingwer(wurzel) und nehme dieses Pulver in Suppe bei leerem Magen *(jejunus)* in dieser Zeit ein, aber nur mäßig *(modice)*, und ebenso auf Brot, aber auch nur mäßig, und es wird besser.
Sobald es ihm besser geht, esse er nicht mehr länger Ingwer, damit er davon nicht zu leiden hat.« (PL 1136 A)

Anwendung: Bei Magerkeit, Abmagerung, Appetitlosigkeit.

Hildegard hat Ingwer in vielen Rezepten angegeben, aber entweder nur in Verbindung mit anderen Ingredienzien innerlich oder nur äußerlich. Man muß nämlich wissen, warum bei Hildegard vor dem Ingwer gewarnt wird: Ingwer ist extrem psychotrop! Das heißt, er greift in die Psyche des Menschen ein, und das nicht immer zu seinem Nutzen. Nutzen bedeutet hier, daß weder der Leib noch die Seele des Menschen geschädigt werden. »Was nützte es dem Menschen, wenn er die ganze Welt (körperliche Gesundheit) gewänne, aber Schaden leidet an seiner Seele?« (Lukas 9,25). Über den Ingwer steht bei Hildegard: »Ingwer essen schadet einem gesunden und beleibten (fetten) Menschen, weil er diesen unkonzentriert *(inscius)*, vergeßlich *(ignarus)* und täppisch sowie lasziv *(lascivus)* macht...« (PL1135 D). Er macht den Menschen zu dem, was man sich unter einem trottelhaften Alten vorstellt, zu einem, der nichts anderes mehr im Kopf hat als das Animalische. Was den Menschen zum Menschen macht, ist aber das Rationale. Eben dieses zerstört der Ingwer. Es gibt allerdings eine Ausnahme: Wenn der Mensch schon fast am Dahinschwinden ist, kann das »Animalische« noch einmal einen »Stoß« brauchen..., dann esse er Ingwersuppe und Ingwerbrot.

Ingwer, *Zingiber officinale Roscol*, wird aus dem getrockneten Wurzelstock der Ingwerart Rhizoma Zingiberis gewonnen, die im tropischen Asien, in Indien, China und Amerika vorkommt. Der bengalische Ingwer mit einem Gehalt von zwei bis drei Prozent ätherischem Öl gilt als die beste Sorte. Ingwer ist ein indisches Gewürz, das schon in ältesten Zeiten angebaut und auch medizinisch verwendet wurde. Nur Hildegard warnt vor dem Gebrauch beim Gesunden. Wie der Galgant, mit dem die Ingwerfamilie verwandt ist, enthält der Ingwer aromatische und ätherische Öle.

Katzenminze
Nebeta cataria

»Ein Mensch mit Skrofeln am Hals pulverisiere Katzenminze und esse dieses Pulver, bevor sie aufbrechen, oft (täglich) mit Brot oder Mus oder sonstigen (Dinkel-)Pfannkuchen, und die Skrofeln werden verschwinden. Wenn aber die Skrofeln aufbrechen, lege ihre Blätter so roh und frisch auf, und die Skrofeln werden austrocknen.« (PL 1187 C)

Anwendung: Bei Halsdrüsenschwellung, Skrofeln am Hals nach Infektion mit tierischer Tuberkulose. Es handelt sich hier nicht um Lymphdrüsenschwellung, sondern um eine dicke, bläulichweißliche tuberkulöse Halsdrüsenschwellung.
Verwendung: Täglich 1 TL Katzenminzenpulver, auf Brot oder über das Essen gestreut, kann diese lästigen Skrofeln wieder zum Verschwinden bringen. Gute Erfolge wurden bei den gleichen Beschwerden auch mit der Akelei-Behandlung erzielt (siehe *Handbuch der Hildegard-Medizin*).
Kultur: Mehrjährige Staude.

Knoblauch
Allium sativum

»Für Gesunde und Kranke ist er heilsamer als der Lauch. Und er muß roh gegessen werden, denn wenn er ihn kochen würde, macht man daraus sozusagen verdorbenen Wein.« (PL 1162 A)

Anwendung: Bei Arteriosklerose und als Mittel zur Senkung des Blutdrucks sowie zur Stärkung und Vitalisierung im Alter.

Verwendung: Trotz seines charakteristisch scharfen Geschmacks und seines leicht schwefligen Geruchs hat der Knoblauch mehr Freunde als Feinde. Der sparsame Umgang mit Knoblauch will jedoch gelernt sein – am besten von den Franzosen. Um einen Salat köstlich anzumachen, genügt es beispielsweise, eine Schüssel mit Knoblauch auszureiben. Ein bis zwei Zehen reichen aus, um einen Hammel- oder Rehbraten schmackhaft zu würzen. Alles gewinnt durch Knoblauch: der Gemüseeintopf, die Suppe, das Butterbrot. Mit Brot, Schafskäse und Knoblauch ist schon mancher steinalt geworden.

Kultur: Die Knoblauchzehen werden im August an einem sonnigen Platz in feuchte Erde gepflanzt und im Sommer geerntet. So werden sie größer, als wenn man sie im Frühling pflanzt.

Krauseminze
Mentha crispa

»Wie das Salz, mäßig beigefügt, jede Speise mäßigt, weil es schlecht ist, wenn zuviel oder zu wenig der Speise beigefügt wird, so gibt die Krauseminze, wenn sie dem Fleisch, den Fischen oder Speisen oder dem Mus beigefügt wird, jener Speise einen guten Geschmack und eine gute Würze, und so erwärmt sie auch gegessen den Magen und verschafft eine gute Verdauung.« (PL 1161 D)

Anwendung: Bei Gastritis und Verdauungsschwäche.

Verwendung: Frische kleingehackte Krauseminzenblätter vor der Blüte zu Suppen und Kräutersaucen, Salat, Omeletts (fines herbes), Schaf-, Hammel- und Wildgerichten.

Kultur: Krauseminze wächst wild und in Kräutergärten als mehrjährige Staude und blüht von Juli bis August. Wurzelableger besorgen, da Minze keine Samen bildet, und in 25 cm Abstand im Halbschatten pflanzen.

(Mutter-)Kümmel
Fructus Cumini

»Für einen kurzatmigen (›dämpfigen‹) Menschen ist Kümmel gut und nützlich zu essen und gesund – wie immer man davon ißt, weil die Kalorität des Kümmels die verhockten Säfte löst, durch die der Mensch kurzatmig wird und die sich von Schadstoffen *(noxi i humores)* herleiten, welche die Brust (Atmung) schwer machen, wenn das Herz die Brust (-Organe) nicht mehr erwärmt... Die angemessene (feinabgestimmte) Kalorität des Kümmels löst diese Säfte auf. Wer aber mit dem Herzen zu leiden hat, dem schadet Kümmel, wenn er ihn ißt (weil er das Herz nicht richtig wärmt...). Für den Gesunden aber ist es gut, Kümmel zu essen, weil das bei ihm zu einem klaren Denken führt und ihm Ausgeglichenheit einträgt und die Überhitzung in ihm löscht... und weil die Kalorität des Kümmels nicht zu groß und nicht zu klein ist, sondern wohl abgestimmt...

Kümmel schadet aber jedem Kranken, wenn er ihn ißt, weil er das Angeschlagene *(pestis)* in ihm aufscheucht – nur nicht bei dem, der an der Lunge leidet.

Ein Mensch, der gekochten oder harten *(assum)* Käse essen will, nehme dazu Kümmel (darüberstreuen), damit er davon nicht zu schaden kommt; so mag er ihn essen (und die wohlabgestimmte Kalorität des Kümmels löst wieder auf, was von dem Käsegerinnsel zu Unrecht (konstringiert/zusammengezogen) wurde.« (PL1138 A; Basel, Cap. 1–17)

Anwendung: Bei Allergie, Käseunverträglichkeit, Lebensmittelallergie.
Verwendung: Über das Essen streuen.
Kultur: Kreuzkümmel wird im Frühsommer an einem warmen, sonnigen Platz gesät. Die Saat wird auf einen Abstand von 15 cm vereinzelt. In strengen Wintern mit Kiefernreisig oder Stroh schützen. Im zweiten Jahr werden die Samenkapseln gepflückt, bevor sie aufspringen.

Lavendel
Lavendula officinalis

»Wenn einer Speiklavendel (drei Eßlöffel) in Wein (ein Liter) kocht und oft lauwarm trinkt, so besänftigt das ein Leber-Lungenleiden und mildert das dumpfe Gefühl in seiner Brust und macht eine reine Erkenntnisfähigkeit *(scientia)* und eine reine Kombinationsgabe *(ingenium)*. Wenn einer keinen Wein hat, koche er in Wasser mit Honigzusatz.« (PL 1140 C)

Anwendung: Bei Leberleiden.

Verwendung: Vor der Blüte geerntet, eignet sich Lavendel als Würze oder Marinade zu Fisch- und Fleischgerichten, Kräutersaucen, Gemüseeintopf und vor allem zu Hammelfleisch. Kenner loben Lavendel, besonders den Speiklavendel, für Wildgerichte. Mit Lavendel und Salbei, feingehackt, läßt sich eine Kräuterbutter herstellen.

Kultur: Im Kräutergarten.

Liebstöckel
Levisticum officinale

»Eine Frau, die an verhaltenem Monatsfluß leidet, mache auch eine Suppe aus Eiern und hinreichend Butterschmalz unter Zugabe von etwas Liebstöckelsaft (und Wein). Davon mache sie Gebrauch vor und nach dem Essen. Denn die Kühlheit der Eier und die Kühle des Liebstöckel samt der Kalorität des Weines und des Schmalzes löst die Verhocktheit in der Frau.« (CC 186, 37)

Basis-Diät

Bei Menstruationsbeschwerden, ausbleibender Mens, prämenstruelle Beschwerden, Krämpfe

2 EL Liebstöckelsaft ¼ l Hühnerbouillon
(Urtinktur) ¼ l Wein dazugeben
2 Eier verquirlt in

Alles zusammen aufkochen. Einmal täglich eine Tasse vor und nach dem Essen; 14 Tage vor der zu erwartenden Mens.

Anwendung: Bei verhaltener Menstruation, prämenstruellen Beschwerden, Stomachikum.

Verwendung: Im Mittelalter durfte Liebstöckel an keiner Speise fehlen. Heute verwendet man es vor allem zu Suppen, Saucen und Fleischgerichten, insbesondere Hammelbraten. Alle Teile der Pflanzen sind zu verwenden.

Kultur: Liebstöckel wird im Frühjahr durch Wurzelteilung vermehrt und im Abstand von 60 cm in gute feuchte Gartenerde an einen sonnigen Standort gepflanzt. Auch die Aussaat ist möglich.

Lorbeer
Laurus nobilis

»Die Lorbeerfrucht . . . ist für Arzneigebrauch nützlich. Denn wenn jemand sie fleißig roh ißt, räumt sie in ihm mit allen Fiebern auf.« (PL 1228 C)

»Wenn du am Magen leidest, dann koche diese Lorbeeren in Wein und trinke den Wein warm. Das nimmt den Schleim von deinem Magen und vertreibt aus ihm das Fieber.« (PL 1279)

Der Lorbeerwein ist leicht zuzubereiten. Man kocht einen Teelöffel Lorbeerfrüchte mit einem Viertelliter Wein kurz auf und trinkt ihn warm. Wenn man sicher ist, daß nichts »Ernstes« (Magen-Darm-Geschwür, Magenkrebs) dahintersteckt, hilft dieser Lorbeerwein prompt und sicher bei Magenschmerzen und -drücken, besonders auch bei alten Patienten mit Gastritis. Gute Erfolge kann man auch bei Patienten mit Narbenschmerzen nach Magen-Darm-Geschwüren beobachten. Hier verschwindet der Schmerz bereits innerhalb von 15 Minuten. Die Lorbeerfrüchte, *Fructus Lauri*, enthalten wertvolle ätherische Öle (Cineol, Pinen, Eugenol, Linalool, Geraniol u. a.), Fette aus Laurin-, Palmitin-, Linol- und Ölsäure, Stärke und Zucker und werden zur Appetitanregung als Aromatikum in der Küche verwendet.

Anwendung: Bei Magenschmerzen.
Verwendung: Lorbeerblätter gehören zu den drei Küchenkräutern des »bouquet garni«. Für Marinaden und Fischsud verwendet man Lorbeerblätter genauso wie für Fleischgerichte und Eintöpfe und zum Aromatisieren von Weinessig.

Melde
Atriplex hortense L.

»Gegessen bewirkt sie eine gute Verdauung. Wenn in irgendeinem Menschen giftige Drüsen, das heißt Skrofeln, zu wachsen beginnen, dann bereite er mit Melde und weniger ›prieselauch‹ als Melde und weniger Ysop als ›prieselauch‹ oft ein Mus und esse es, und die Skrofeln werden eintrocknen.« (PL 1170 C)

Anwendung: Bei Verdauungsschwäche, Verstopfung, als Blutreinigungsmittel bei Lymphknotenschwellungen durch Virusinfektionen (Abwehrschwäche).
Verwendung: Als Salat oder roh.
Wer hätte je gedacht, daß die als Unkraut verschriene Melde als Salat oder roh gegessen die Abwehr dermaßen stimuliert und die

Verdauung in Gang hält. Da eine gute Verdauung Voraussetzung für eine gute Gesundheit ist, wird die Melde im Volksmund auch als »Scheißmelde« bezeichnet. Einjährige Pflanze.

Mohn
Papaver somniferum

»Die Mohnkörner führen, wenn man sie ißt, den Schlaf herbei und verhindern den Juckreiz, und sie unterdrücken die rasenden Läuse und Nisse, . . . aber roh sind sie besser und nützlicher zu essen als gekocht.« (PL 1167 B)

Anwendung: Bei Juckreiz, bei Neurodermitis, Schlaflosigkeit.

Verwendung: 1 EL Schlafmohn mit einem Apfel in Scheiben geschnitten vor dem Schlafen gegessen bewirkt guten Schlaf und lebhafte Träume. Die Mohnsamen, die keine narkotischen Stoffe enthalten und daher auch keine Droge sind, werden als Mohnstrudel, Mohnkuchen oder Mohnbrötchen gebacken.

Kultur: Aussaat im Frühsommer, ergibt zweijährige Staude.

Muskatnuß
Myristica fragrans

»Muskatnuß hat große Kalorienwirkung *(calor)* und eine feine Abgestimmtheit in ihren Kräften. Wenn ein Mensch Muskatnuß ißt, öffnet es sein Herz und putzt seine Sinnesschärfe und trägt ihm etwas Geniales ein.« (PL 1139 B)

»Nimm Muskatnuß und einen gleichen Gewichtsanteil Zimtrinde und eine kleinere Menge Gewürznelken. Das mach zu Pulver. Aus diesem Pulver mach mit Feinmehl und ein wenig Wasser Plätzchen und esse diese oft.
Das bringt alle Bitterkeit des Herzens und deiner Gesinnung zur Ruhe und öffnet dein Herz und deine (fünf) Sinne und macht deine Stimme heiter und reinigt deine Sinnesorgane und mindert in dir alle Schadsäfte *(noxii humores,* eigentlich Umweltgifte!) und liefert deinem Blut eine gute Säftezusammensetzung und macht dich leistungsfähig *(fortis:* stark. Fortitudo ist das Gegenteil von Faulheit).« (PL 1139 B)

Anwendung: Als Universal-Nervenmittel, gegen Trübsinn; zur Blutreinigung, Entgiftung, bei Ermüdbarkeit, Trägheit, Konzentrationsschwäche, Unbegabtheit, Gehemmtheit; Herzdruck (Schüchternheit?).

Neben ihrer entzündungshemmenden, blutgerinnungshemmenden, verdauungsfördernden und antimikrobiellen Wirkung hat die Muskatnuß auch psychotrope und psychoaktive Eigenschaften, die bei Überdosierung und Mißbrauch zu leichten Bewußtseinsveränderungen bis hin zu Halluzinationen führen können. In noch größeren Mengen wirkt die Droge abortiv. Wegen dieser Risiken wird die Muskatnuß vom BGA für therapeutische Zwecke nicht empfohlen. Gegen die Anwendung als Gewürz bestehen dagegen keine Bedenken (*Bundesanzeiger* vom 18. September 1986).

Verwendung: Viele Gerichte erhalten erst durch einen Hauch geriebene Muskatnuß ihren richtigen Pfiff: Fleisch- und Gemüsegerichte, Käseauflauf, Kürbissuppe, Obstsalat und Pasteten.

Kultur: Auf den Molukken.

Petersilie
Herba Petroselini

»Petersilie ist für den Menschen besser und nützlicher roh zu essen als gekocht. Denn wenn sie gekocht (erhitzt) wird, wird die Kraft ihrer Viridität etwas verletzt.

Gegessen schwächt sie Fieber(zustände), welche den Menschen nicht (?) schütteln, sondern (nur) sanft berühren, weil sie durch ihre Kalorität die Fieber vertreibt. Weil sie aber vom Wind und von der Erdfeuchte Wachstum schöpft, beschwert sie die Mentalität des Menschen, auch wenn sie ihm körperlich nicht schadet.« (PL 1158 D; Basel, Cap. 1–68)

Anwendung: Bei Fieber. Tausendfach bewährt hat sich der Petersilien-Honigwein als Universalherzmittel.

»Wer im Herzen oder in der Milz oder in der Seite Schmerzen leidet – der koche Petersilie in Wein unter Zugabe von etwas (Wein-)Essig und reichlich Honig und seihe durch ein Tuch (Filter) ab. Den so zubereiteten (Herz-) Wein trinke er oft, und es heilt ihn.« (PL 1159 A)

Verwendung: Petersilie ist das beliebteste Gewürzkraut und kommt in zwei Arten vor: die sehr aromatische mit glatten Blättern und eine weniger würzige mit krausen Blättern, die zum Garnieren gedacht ist. Feingewiegte Petersilie paßt zu Salaten, Suppen und Eintopfgerichten. Petersiliensauce ist eine Delikatesse für Fleisch- und Fischgerichte. Petersilie darf nicht mitgekocht werden, weil sie dann leicht ihre Würze verliert. Wurzelpetersilie wird zur Verstärkung des Aromas im Herzwein, in Suppen und Fleischgerichten mitgekocht.

Kultur: Die zweijährige Petersilie sät man im Sommer in gute Gartenerde im Halbschatten. Da sie sich nicht mit sich selber verträgt, muß man sie in jedem Jahr an einen anderen Standort säen. Petersilie wächst um so besser, je öfter man ihre Blätter schneidet.

Pfeffer
Piper nigr./alb.

»Wenn aber einer spleenig ist (*spleneticus*, milzsüchtig, verschroben), und wer sich vor dem Essen ekelt, so daß ihn das Essen nicht freut, der esse in mäßiger Menge Pfeffer in einer Speise und Brot dazu, und es wird ihm mit der Milz besser gehen und er wird den Ekel vor dem Essen ablegen.« (PL 1138 A)

»Wenn man zuviel davon ißt, schädigt er den Menschen und bereitet Pleuritis (Brustfellentzündung) und zersetzt in ihm die (wohl abgestimmten) Säfte.« (PL 1137 D)

Anwendung: Bei Appetitlosigkeit, psychisch bedingter Magersucht, »Milzsüchtigkeit«.
Durch die Inhaltsstoffe des Pfeffers wird nicht nur der Wohlgeschmack der Speisen erhöht, sondern auch der Appetit. Die Magensaftsekretion und damit die Verdauung werden angeregt. Der Organismus ist also imstande, die zugeführte Nahrung besser zu verdauen. Bei geringer Magensaftsekretion, geringem Salzsäuregehalt im Magen und wenig Verdauungsfermenten bleibt die Nahrung zu lange im Magen-Darmtrakt liegen und kann in Gärung übergehen. Die Folge davon können Dyspepsie, Blähungen und Verstopfung sein. Als »Magensaftlocker« ist Pfeffer daher ein wichtiges Gewürz für eine gute Verdauung.

Pfefferkraut
Sedum acre

»Wenn ein Mensch ein schwach gewordenes Herz hat und einen kranken Magen, der esse dieses Kraut roh, und es macht ihn wieder kräftig. Auch wer ein trauriges Gemüt hat, den macht es froh, wenn er es ißt. Gegessen heilt und klärt es außerdem die Augen des Menschen.« (PL 1141 B)

Anwendung: Bei Traurigkeit, Melancholie, Stimmungsschwankungen besonders bei älteren Menschen mit Sehschwäche (Grauer Star).

Verwendung: Pfefferkraut *(Sedum acre)* oder Mauer- beziehungsweise Steinpfeffer darf nicht mit Bohnenkraut *(Satureja)* verwechselt werden. Die Droge hat blutdrucksenkende Eigenschaften und wird auch bei Magen- und Darmbeschwerden empfohlen.
Kultur: Heimisch in Europa auf Mauern, an sonnigen, trockenen und sandigen Orten, an Wegen, an Fluß- und Meeresufern.

Poleiminze
Mentha pulegium L.

»Wer die Blätter der Poleiminze mit Salz oft roh ißt, sie allein, nämlich als einzige mit Fleisch, dann wärmt sie ihm den Magen/ Darm. Wenn sein Magen (Darm) sogar voll Gift, das heißt Eiter, ist, reinigt sie diesen und heilt ihn.« (PL 1181 C)

Die Polei hat angenehme Wärme . . . und von folgenden 15 Kräutern hat sie eine Kraft in sich: Zitwer, Gewürznelke, Galgant, Ingwer, Basilikum, Beinwell, Lungenwurz, Osterluzei, Schafgarbe, Eberraute, Engelsüß, Odermennig, Stur, Storchenschnabel, Bachminze.

Anwendung: Bei Gastritis, Eitermagen, Anacidität, Colitis, Aufstoßen, Sodbrennen.
Verwendung: In Saucen, für Gemüse, Hammel- und Ziegenfleisch, Marinade, Sülze oder Kräuteressig.
Kultur: Im Kräutergarten in voller Sonne oder Halbschatten als Setzlinge anpflanzen. Mehrjährige Staude.
Aufbewahrung: Als Kräuterstrauß, im Schraubglas.

Quendel
Thymus serpyllum

»Wenn ein Mensch krankes Fleisch (Gewebe) hat, so daß sein Fleisch (Haut) wie räudig ausblüht, der nehme Quendel und esse es mit Fleisch oder Gemüse gekocht oft, und das Gewebe (Fleisch, *carnes*) seines Körpers wird von innen heraus geheilt und gereinigt werden.« (PL 1142 C)

Anwendung: Bei Hautausschlägen, Akne, Neurodermitis, zur Blutreinigung.
Verwendung: Quendel kann wie Gartenthymian als Würze in Fleisch-, besonders Hammelgerichten, Gemüseeintöpfen, Leberknödeln oder auch in Salaten verwendet werden.

Kultur: Jungpflanzen kann man im Frühjahr an sehr sonnigen Standorten in magerem, ungedüngtem Boden kultivieren und im Winter mit Stroh oder Kiefernzweigen vor starkem Frost schützen.
Ernte: Die kleinen Triebe kann man das ganze Jahr über ernten und feingehackt verwenden.
Aufbewahrung: Als Kräuterstrauß.

Rainfarn
Chrysanthemi vulgaris herba sine florib.

»Rainfarn nützt gegen alle überflüssigen und ausfließenden Säfte. Wenn nämlich jemand Schnupfen (Katarrh) hat und dabei (auch) hustet, der esse Rainfarn, entweder in Suppen oder in (Pfann-)Kuchen oder mit Fleischgerichten oder auf eine andere Weise. Das räumt mit den Säften auf, daß sie in ihm nicht überhandnehmen, und so vergehen sie.« (PL 1173 D)

Anwendung: Bei Erkältung, chronischen Katarrhen, Familienschnupfen, Polypen, Adenoide, Lymphatismus, Fluor.

Verwendung: Wir verwenden Rainfarn (der kein Farnkraut ist, sondern nur so heißt) immer ohne Blüten. Wer das Heilkraut im Garten hat, kann die frischen Blätter wie angegeben kochen. Wenn man die Blüten wegläßt, ist das Kraut in diesen kleinen Mengen ungiftig. Gegen chronischen Familienkatarrh, wenn also die ganze Familie immer wieder an Schnupfen erkrankt, wirkt es bei regelmäßiger Verwendung in kleinen Mengen (eine Messerspitze pro Person täglich als Gewürz in allen Speisen mitgekocht) sehr sicher, wenn man es lang genug anwendet (einige Monate). Die Suppe hilft rasch bei Husten (Dinkelgrieß- oder dünne Dinkelmehlsuppe mit Rainfarngewürz).

Eine Wirkung gegen Fluor (Weißfluß) ist auch möglich, vor allem wenn keine spezifische Infektion vorliegt. Dazu mischt man eine Messerspitze Rainfarnpulver mit einem Eßlöffel Dinkelmehlsuppe. Wenn man diese Suppe täglich einmal ißt, verschwindet der Ausfluß normalerweise nach 14 Tagen.

Bei der angegebenen Dosierung und Verwendung der Rainfarnblätter (*Chrysanthemi vulgaris herba*) ist keine Giftwirkung zu befürchten, zumal Rainfarn immer mitgekocht wird und sich eventuelle Mengen Thujon über den Wasserdampf verflüchtigen.

Kultur: Jungpflanzen oder Aussaat an einen sonnigen Platz mit sandigem, magerem Boden anbauen. Winterharte Pflanzen, kommen im Frühling wieder.

Ernte: Blätter, solange die Pflanze noch nicht blüht.

Aufbewahrung: Getrocknet als Strauß, im Schraubglas oder frische grüne Blattspitzen im Tiefkühlfach.

Salbei
Salvia officinalis

»Salbei ist nützlich gegen die krankmachenden Säfte *(infirmi humores)* ... denn roh und gekocht ist er für jenen gut, den die schädlichen Säfte *(noxii humores)* plagen, weil er diese unterdrückt. Nimm daher Salbei als Pulver auf Brot und es vermindert den Überfluß der schlechten Säfte *(mali humores)* in dir. Und wer von irgendeiner schmutzigen Sache (Smog, Luftverschmutzung) Gestank erleidet, der stecke Salbei (Blätter) in die Nase. Wenn jemand Überfluß von Schadsäften *(noxii humores)* oder einen übelriechenden Atem hat, der koche Salbei-(Blätter) in Wein, seihe durch ein (Filter-)Tuch ab und trinke es oft, und die Fehlsäfte und der Schleim werden in ihm abgebaut. Ist aber der solcherart Leidende rheumatisch-paralytisch, dann koche er Salbei in Wasser und trinke (diesen Salbeitee), und es vermindert (Fehl-)Säfte und Phlegma in ihm. Denn in Wein gekocht, würde das die rheumatischen Säfte in ihm übermäßig aufsprengen.«
(PL 1154 B; Basel, Cap. 1–63)

»Wenn zusammengeballte und giftige Fehlsäfte *(mali humores)* im Menschen überhandgenommen haben und ihn dazu bringen, zeitweise Blut zu spucken und zu erbrechen, dann soll er zunächst keine Medizin anwenden, damit nicht das durch Medikamente schockierte Blut ihn inwendig aufreiße und noch mehr ausfließe. Wenn aber die Blutung etwas nachgelassen hat, soll er Salbei in einem milden und nicht sauren, mit etwas Wasser gemischten Wein kochen und dazu etwas Olivenöl oder Butter geben. Das so Gekochte soll er durch ein (Filter-)Tuch abseihen und davon mäßig und ja nicht reichlich und nur nach dem Essen und nie nüchtern trinken.
Denn der Salbei widersteht der inneren Stinkigkeit der Säfte; der mit Wasser temperierte Wein erfrischt den Kranken und gibt ihm Kraft; Olivenöl oder Butter heilt innerlich.«
(CC 202, 9–22; PL 1154 D)

Anwendung: Bei Atemgeruch, Verschleimung durch Umweltgifte, Diätfehlern, Infektionskrankheiten, Magengeschwüren, Blutbrechen.

Salbei, botanisch *Salbei officinalis L.*, ist eine der wichtigsten Arzneipflanzen, nicht nur bei Hildegard, sondern in der gesamten

Naturheilkunde. Sein lateinischer Name Salvia (von *salvus* = heil) deutet auf seine große Heilkraft hin. Nach Hildegard beseitigt er die Krankheitsursachen, da sein Rezept im Lehrbuch und gleichzeitig in der Physika angegeben wird; er reguliert den gesamten Säftehaushalt, weil er für »boni humores« im Blut, in der Lymphe und in den Hormondrüsen sorgt. Das Wort »humores« steht bei Hildegard für Hormondrüsen, in denen die Säfte gebildet werden. Der Salbei beseitigt alle drei krankmachenden Säfte: *mali humores:* Fehlsäfte, durch Diätfehler (Rohkost, zu viel Essen, Küchengifte);
moxii humores: schädliche Säfte durch Hormonentgleisungen (Histaminausschüttung bei Allergien, Entzündungen);
infirmi humores: durch Infektionskrankheiten, Toxine, Stoffwechselschlacken bedingte Säfte.
Verwendung: Kleingehackte Blätter zu Suppen und Saucen, für Fisch, Geflügel, Hammel und Wild. Macht alles schmackhafter. Hühnerleber mit Salbei zubereitet ist eine Delikatesse und ein Heilmittel gegen Blutarmut. Sogar ein Gebäck läßt sich aus Salbei zubereiten. Gottfried Keller schreibt über die »Salbei-Mäuschen«, von einer Schweizerin zubereitet: »Auch nahm sie eine Handvoll Salbeiblätter (5 Stengel), tauchte sie in einen Eierteig (4 EL Dinkelmehl mit einem Ei und 3 EL Dinkelbier zu einem zähen Teig verrühren) und buk sie in heißer Butter (oder Sonnenblumenöl) zu sogenannten Salbei-Mäuschen, da die Stiele wie Mäuseschwänzchen aussahen.«
Kultur: Aussaat oder Jungpflanzen auf leichtem Boden in voller Sonne.

Salz

»Salz ist sehr warm, etwas feucht und dem Menschen zu vielem nützlich. Wer Speisen ohne Salz ißt, der wird innerlich schlapp (*tepidus*, lau). Wer diese mit Salz mäßig temperiert oder gewürzt ißt, den stärken und gesunden diese Speisen. Allzu stark gesalzene Kost macht innen trocken und schädigt. Denn das zu reichliche Salz fällt wie Sand über die Lunge und trocknet die Lunge aus, wogegen die Lunge doch Feuchte verlangt. Also schädigt und belastet das zu viele Salz die Lunge. Anschließend greift es sogar auf die Leber über und verletzt auch sie etwas, so stark auch die Leber ist und wie sehr sie auch mit dem Salz fertig werden kann. Darum soll jede Speise so gesalzen werden, daß man die Speise vor dem Salz herausschmeckt.
Das Siedesalz, das über dem Feuer geröstete Salz, ist gesünder

als rohes, weil die Feuchte, die in ihm war, ausgetrocknet wurde. Auf Brot oder mit einer anderen Speise gegessen, ist dieses gesund und gut.

Salz ist wie Blut und wie die Blüte der Wasser und gibt deshalb bei mäßiger Anwendung Kraft, bei Unmaß aber Überflutungen und Stürme. Helleuchtendes Salz hat mehr Wärme als ein anderes und auch etwas mehr Feuchtigkeit und taugt für den Menschen zu Heilmitteln, die durch eine Prise Salz nur noch besser werden. Solches ist um soviel wertvoller als nicht reinweißes Salz, wie auch Pigmente, also Gewürze, andere Kräuter übertreffen. Wenn ein Mensch etwas von diesem klaren Salz mit einer anderen Speise ohne sonstige Würze ißt, so stärkt und heilt es ihn und erfreut seine Lunge. Unmäßig verzehrt und ungemildert, wühlt es seine Lunge auf und schadet ihr, denn es wird ausgeschwitzt aus der natürlichen Kraft des Wassers und der Erde und gibt deshalb dem Mäßigen von seiner guten Kraft und Wärme Kräfte, den Unmäßigen aber peitscht es auf wie eine Springflut. Der Mensch leidet stark unter Durst, wenn er zuviel Salz aß, weil das Salz seine Lungen austrocknet und die guten Säfte in ihm vertrocknen (verdorren) läßt. Dann suchen die Lunge und die Säfte nach Feuchtigkeit; das ist der Durst. Wenn so ein Mensch dann, um den Durst zu löschen, viel Wein trinkt, zieht er sich eine Art Wahnsinn zu wie Lot, der auch zuviel trank. Es wäre dann heilsamer und gesünder, gegen den Durst Wasser zu trinken und nicht Wein, um damit den Durst zu stillen.«
(PL 1198 C/1199 C)

In Übereinstimmung mit der modernen Ernährungsmedizin soll man nach Hildegard Salz nicht mehr und nicht weniger verwenden, als der Speisegeschmack den Salzgeschmack übertrifft, so daß das Salz nicht vorschmeckt.

Auf alle Gewürze kann man also notfalls verzichten, auf Salz aber nicht, weil man dann innerlich schlapp wird. Ohne Salz kann der Mensch nicht leben! Salz ist lebensnotwendig wie Wasser und ist durch nichts zu ersetzen. Unser Körper braucht täglich drei Gramm Salz, Bluthochdruckpatienten nur ein Gramm. Wird diese Menge unterschritten, kann es zu lebensbedrohlichen Schäden kommen. Auch eine Überdosis führt zu gesundheitlichen Schäden. Die lebensnotwendigen Salzmengen sind in vielen Lebensmitteln bereits enthalten, etwa in Brot, Käse, Gemüse und Fisch.

Jodiertes Speisesalz wird in unseren Breitengraden vorbeugend gegen Kropfkrankheit eingenommen. Steinsalz, im Feuer geröstet (Siedesalz), ist gesünder als feuchtes – besonders Meersalz, das heutzutage eine Menge Umweltgifte enthält.

Taubnessel
Lamium album

»Die Binsuga (Taubnessel) ist warm, und wer sie ißt, lacht gern, weil ihre Wärme die Milz berührt und daher das Herz erfreut.« (PL 1153 A)

Mit der Binsuga ist wahrscheinlich die Taubnessel gemeint, weil ihr stark aromatischer Duft die Honigbienen anzieht und nicht die Melisse, wie einige Autoren meinen. Wenn die Abwehrkräfte der Milz zunehmen, wird das Herz gestärkt, und die Herztraurigkeit nimmt ab.

Anwendung: Bei Traurigkeit.
Verwendung: Feingehackte Taubnesselblätter kann man in Frühlings- und Gemüsesuppen, Kräutersaucen und Salaten essen.

Weinessig

»Weinessig taugt (als Zusatz) zu allen Speisen, und zwar dann, wenn er den Gerichten solcherart beigegeben wird, daß er ihnen nicht den (Eigen-)Geschmack nimmt, sondern man bei ihnen nur ganz wenig vom Essigzusatz merkt. Auf solche Weise mit etwas Nahrung eingenommen reinigt er das Stinkende (Blähungen, Gase) im Menschen und reduziert in ihm die (schlechten) Säfte und sorgt bei ihm dafür, daß sein Essen den rechten (Verdauungs-) Weg geht.

Wenn man aber so viel Essig den Speisen zusetzt, daß der Essiggeschmack den Geschmack der Speisen übertrifft, so daß jenes Essen mehr nach Essig schmeckt als eigentlich nach der Speise, dann schadet er diesem Esser. Denn seine (des Essigs) Hitze kocht das Essen im Menschen ein zweites Mal und macht es hart (verbrannt), so daß es kaum noch verdaut werden kann.

Der aus Bier hergestellte Essig ist nicht so gut wie ein aus Wein gemachter und ist sogar matt- und kraftlos und führt im Menschen leicht zur Anfälligkeit gegen Fieber und verhärtet den Magen/Darm und nützt darum dem Esser recht wenig.« (PL 1199 C/D)

Essig muß sein – am besten Weinessig. Er reinigt Magen und Darm, fördert die Verdauung und regt den Stoffwechsel an. Zitronensaft kann ihn zwar manchmal ersetzen, doch manche Speisen bekommen erst durch einen Schuß Essig das richtige Format. Frucht- und Kräuteressig kann man sich selbst mit vielen Kräutern (Basilikum, Estragon, Knoblauch) herstellen – der Phantasie sind keine Grenzen gesetzt: 150 bis 200 g Kräuter oder Früchte 3 bis 4 Wochen mit einem Liter Weinessig stehenlassen – fertig ist der kostbarste Essig für Salate, Sülzen, Ragout.

Bei Prostataleiden gibt man ein paar Spritzer Weinessig über jedes Essen.

Weinraute
Ruta graveolens

»Die Weinraute ist gut gegen die trockenen Bitterkeiten, die in jenem Menschen wachsen, in dem die richtigen Säfte fehlen. Sie ist aber besser und nützlicher roh (täglich ein Blatt nach dem Essen) als pulverisiert (täglich eine Tablette nach dem Essen) zu essen. Und wenn sie gegessen ist, unterdrückt sie die unrechte Hitze des Blutes im Menschen. Denn die Wärme der Raute vermindert die unrechte Wärme der Melancholie und mäßigt die unrechte Kälte der Melancholie. Und so wird es dem Menschen, der melancholisch ist, besser gehen, wenn er sie nach anderen Speisen ißt. Aber auch, wenn jemand eine andere Speise gegessen hat, die ihm Schmerzen bereitet, esse er hernach Raute, und es schmerzt ihn weniger.« (PL 1155 A)

Weinraute gehört, neben anderen mit Weinraute gemischten Heilmitteln, zu den Solitärdrogen, jenen Pflanzen nämlich, die auch für sich allein schon eine Heilwirkung haben. Dabei ist die Rohpflanze, also frische Weinrautenblättchen, gesünder als die getrocknete Pflanze, so daß man dieses Stöcklein in seinem Kräutergarten haben sollte. Es ist etwas frostempfindlich und liebt Sonne und Wärme.

Gegen Wallungen und Zwölffingerdarmgeschwüre ißt man die (frischen) Blätter nach dem Essen. Das ist wichtig. Beim Ulcus duodeni tritt der »Magen«-Schmerz typischerweise bald nach dem Essen auf (im Unterschied zum Magengeschwür), das bei leerem Magen und oft erst Stunden nach dem Essen schmerzt (Hitzenberger). Vielleicht hängen die Wallungen mit dem Übergehen der Galle zusammen. Jedenfalls wirkt Weinraute, in dieser Frischform gegessen, gegen gestörten Gallen- und Säftefluß, was man als »Stoffwechselstörung« bezeichnet.

Anwendung: Bei Depressionen, Wallungen, Zwischenblutungen, Diabetes, Hormonregulationsstörungen, Verdauungsstörungen, Gallenstau, Duodenalulkus, zu starker, schmerzhafter Menstruation (Melancholikerin).

Die Weinraute enthält Bioflavonoide, die der Droge eine wert-

volle Vitamin-P-Wirkung verleihen. Durch ihren bitteren Geschmack hat die Weinraute eine kräftige tonisierende Wirkung auf den ganzen Organismus. Frisch oder in Tablettenform nach dem Essen eingenommen, fördert sie nicht nur die Verdauung, sondern bewirkt auch eine »Aufhellung« der Stimmung. Aufgrund ihrer hohen Vitamin-P-Eigenschaften übt sie bei Krampfaderleiden nicht nur eine kapillarabdichtende, sondern auch eine protektive Wirkung auf die Gefäße aus.
Bei Melancholikern wirkt die Weinraute wie ein Konstitutionsmittel.

Verwendung: Kleingehackt eignen sich die stark aromatischen Blätter als Zugabe zu Spinat, Käse- und Quarkspeisen, auf Butterbrot, in Wildbretbeize, zu gekochtem Fisch und Hammelfleisch. Weinraute nur in geringen Maßen als Gewürz verwenden, nicht während der Schwangerschaft, weil sie die Östrogenbildung fördert.

Kultur: Als Setzlinge ab Frühjahr an einen sehr sonnigen Platz mit guter Gartenerde pflanzen.

Aufbewahrung: Frische Blätter an luftiger Stelle rasch trocknen oder in der Tiefkühltruhe aufbewahren.

Ysop
Hyssopus officinalis

»Oft gegessen reinigt Ysop krankes und stinkendes Aufschäumen der Säfte, wie im Topf die Hitze (Speisen) aufschäumen läßt. Er ist nützlich bei jeder Speise. Und zwar ist er gekocht und gepulvert nützlicher als roh. Gegessen macht er die Leber querk (lebendig) und reinigt auch etwas die Lunge. (Besonders) wer hustet und an der Leber leidet, und wer von der Lunge her an Kurzatmigkeit leidet, in beiden Fällen soll man Ysop mit Fleischgerichten oder Eingebranntem (Gemüse) essen, und der Leidende wird Erleichterung finden.
Wenn aber jemand (ein Gesunder) Ysop allein, also nur in Wein oder Wasser (das heißt als Tee) einnehmen würde, wird er davon mehr zu leiden haben, als es ihm hülfe.
Denn wenn die Leber oder die Lunge infolge einer Erkrankung angefacht werden, dann würden diese zerstört werden *(exulcerarentur)*, wenn die Säure und Schärfe *(acumen)* des Ysop von der Schärfe des Weines oder Wassers noch übertroffen würden. Daher soll man Ysop mit Fleisch zusammen oder mit fettem Essen temperieren, damit es dem Esser nicht schadet. Wein oder Wasser allein kann nämlich seine Wirkung nicht abschwächen, und

daher würde solche Art (Ysop) verletzen. Denn so ein Leiden der Leber oder der Lunge hebt an entweder von ungebührlicher Hitze brennender Fieber oder von ungebührlichem und frostigem Wind der Melanche. Wenn die Leber infolge Traurigkeit des Menschen krank ist, soll er, bevor die Krankheit in ihm überhand nimmt, junge Hühner mit Ysop kochen, und er esse oft davon. Aber auch den rohen, in Wein eingelegten Ysop esse er oft, und diesen Wein trinke er, weil der Ysop ihm nützlicher ist für diese Krankheit als jenem, der an der Lunge Schmerzen hat.« (PL 1156 B; Basel, Cap. 1–65)

Anwendung: Als Idealgewürz (Leber, Lunge, Husten), zur Blutreinigung, als Krankendiät gegen Depressionen und Traurigkeit (Ursache für Leber- und Magen-Darmleiden).

Auffallen muß, daß dieses Mittel im Lehrbuch an einer anderen Stelle steht, nämlich nicht bei Lebererkrankungen, sondern bei Magenleiden. Dort steht auch, daß man während der Magen-Darmkur
- fünf Tage lang Galgant-Bertram-Pfeffer-Wein trinken,
- weitere fünf Tage lang eine Weizenbrot-Dotter-Suppe essen
- und Magenwein bis zur Besserung trinken soll.
- »Aber auch häufig rohen, in Wein gelegten Ysop essen und den Wein trinken, weil für diese Krankheit *(infirmitas)* Ysop so jemandem nützlicher ist als jenem, der an der Lunge leidet.«

In diesem Zusammenahng heißt es auch, daß diese Suppe nicht mit Fett oder Öl (sondern mit Eifett, das heißt Cholesterin, Eigelb) zubereitet werden soll, weil Fettes (das heißt Neutralfett!) den Magen/Darm schlüpfrig (schleimig) macht und Olivenöl ihn exulzeriert! (CC 178, 27)

Daher also die Bemerkung, daß dieses Mittel Ulzerationen heilt. Wenn also Magenkranke falsch, das heißt mit Öligem ernährt worden sind (in Fett Ausgebackenes), wird sich ein Zustand einstellen, der genauso behandelt werden muß wie bei einem Leberkranken. Wir kennen heute die Zusammenhänge zwischen Gastritis und Duodenalerkrankungen und der Leber.

Es ist anzunehmen, daß ein (falsch behandeltes) Magen-Darmleiden traurig macht und daß dies wiederum die Leber belastet. Die Depression tritt offenbar in zwei Formen auf:
- Verminderung der Feuchte beginnt in der Leber (Leberzirrhose?) und gehört zu der schweren Form;
- Vermehrung der Feuchte beginnt in der Brust (in Pectore; Lungenstauung; Herz?) und gehört der leichteren Form an.

Verwendung: Gekocht oder gepulvert ist er als Gewürz nützlicher als roh für Geflügel, an Suppen und Saucen, Käsequark, Gemüseeintopf und Kalbsragout. Gibt würzige Strenge.

Kultur: Jungpflanzen auf lockeren, kalkhaltigen Boden an sonnigen, warmen Plätzen im Frühjahr auspflanzen. Im Winter mit Kiefernreisig abdecken.
Ernte: Ständig junge Triebe und Blätter.
Aufbewahrung: Schnell an luftigem Ort trocknen und im Schraubglas aufbewahren, frisch gefroren in der Tiefkühltruhe.

Zimt
Cinnamomum ceylanicum

»Der Baum, von dem die Zimtrinde stammt, ist hochkalorisch und hat starke Kräfte. Seine Kalorität ist so stark, daß (Zimt) das Feuchte (in ihm) nicht aufkommen läßt. Wer ihn oft ißt, dem mindert Zimt die Fehlsäfte und führt Heilsäfte herbei. Wenn daher ein Mensch von gichtiger Lähmung (echte Gicht!) erschöpft wird *(fatigari)*, und wer tägliche, dreitägliche und viertägliche Fieber (Malaria!) hat, der nehme ein Stahlgefäß und gieße guten Wein darein, und in diesen lege er die Blätter und das Holz des Zimtbaumes, solange sie noch den Saft in sich haben, und lasse das am Feuer wallen (kochen). Er soll es warm und oft trinken, und er wird geheilt werden.«
(PL 1139 ACD; Basel, Cap. 1–20)

Anwendung: Gegen Fehlsäfte, bei hormonellen Fehlsteuerungen, Stoffwechselstörungen (Harnsäuregicht), Diabetes, Malaria.
Verwendung: Im täglichen Habermus, zu Milch und Mehlspeisen, Kompott und Küchen (Lebkuchen). In kleinen Prisen zu Hammel- und Geflügelbraten. Ideal als Apfel-, Bratapfel, Apfelsaftgewürz beim Fasten. Im Winter zu Glühwein und Punsch mit zugehörigen Zimtsternen. – Alles bekommt durch Zimt das »gewisse (wohlschmeckende) Etwas«. »Streut darüber Zucker und Zimt, und es mundet euch bestimmt«, sagt ein Schweizer Spruch.
Kultur: Der beste Zimt kommt aus Ceylon. Er wird aus der zarten Innenrinde der jungen Zimtbäume herausgeschält und zur Zimtstange (Canella – Röhrchen = Caneel) aufgerollt. Je dünner und heller die Zimtrinde, desto teurer ist sie. Der Ceylon-Zimt ist feiner im Aroma als der leicht-herbe bittere Kassia oder China-Zimt.

Hildegards Kräutergarten

Kräuter kann man im Garten, auf dem Balkon oder im Topf auf der Fensterbank ziehen. Sie haben die beste Würzkraft, wenn sie taufrisch verwendet und vor Tau und Tag geschnitten werden. Während der heißen Mittagszeit ist ihr Gehalt an ätherischen Ölen am geringsten. Bei abnehmendem Mond sollte man keine Kräuter ernten, auch nicht zum Aufbewahren, weil dann ihre Heilkräfte fehlen.

Hildegard schreibt von der Ernte der Kräuter:

»Edle und heilsame Kräuter, die bei wachsendem Mond von der Erde abgeschnitten oder mit der Wurzel ausgezogen werden, eignen sich, weil sie dann vollsaftig sind, besser zur Bereitung von Latwergen, Salben und jeglicher Arznei, als wenn man sie bei abnehmendem Mond sammelt.« (Schulz, Seite 126/7)

Für Gartenbesitzer ist das Anlegen eines Kräutergartens ein Vergnügen. Auf drei bis vier Quadratmetern kann man bereits die zwölf wichtigsten Hildegard-Kräuter anbauen. Das Kräuterbeet teilt man in ein- bis zwei- und mehrjährige Kräuter. Die einjährigen Kräuter sollen den Standort jährlich wechseln.

Die meisten Kräuter gedeihen am besten in humusreichen, lokkeren Böden an sonnigen Standorten. Ein- und zweijährige Kräuter werden im März entweder ins Freie oder ins Frühbeet gesät. Im Blumentopf auf der Fensterbank kann man die Samen vorziehen.

Kälteempfindliche Kräuter (Basilikum, Rosmarin, Weinraute, Ysop) setzt man ab Mai als Jungpflanze, aber gesät und gepflanzt wird bei zunehmendem Mond:

»Überhaupt geht jede Art von Samen, der bei zunehmendem Mond in die Erde kommt, schneller auf, wächst rascher und bringt auch, weil er bei zunehmendem Mond sich entwickelt, mehr Grün, als wenn er bei abnehmendem Mond ausgesät würde.« (Schulz, Seite 127/128)

Die folgende Tabelle enthält genaue Angaben über Anbau und Ernte der Kräuter zusammengefaßt.

Trocknen: Auf keinen Fall in der Sonne.

Kräuter zu Sträußen binden und kopfunter aufhängen. Die getrockneten Kräuter von den Stielen abribbeln und in Teedosen oder Schraubgläsern aufbewahren.

Einfrieren: Frisch geerntete Kräuter kleinschneiden, mit wenig Wasser in Eiswürfelbehältern einfrieren und portionsweise verwenden oder unzerschnitten mit Stielen in Beuteln einfrieren. Gefrorene Kräuter mit der Hand zerdrücken und in Tiefkühldosen aufbewahren.

Zeichenerklärung:

🪴	Topfpflanze, Blumenkasten	**I**	einjährig
		II	zweijährig
✻	sonniger Standort	✽	als Zierpflanze geeignet
◐	Halbschatten	**A**	ausdauernd

Basilikum

🪴 ✻ **I**

◐

Frühbeetaussaat ab April
Pflanzzeit ab Mitte Mai (Basilikum ist frostempfindlich)
Höhe 30 cm
Blätter für den laufenden Bedarf können jederzeit entnommen werden. Ernte zum Trocknen bei Blühbeginn im Juli, Zweiternte im September. Kleinblättrige Pflanzen sind würzkräftiger.

Beifuß

✻ **A**

◐

Frühbeetaussaat März oder Direktaussaat
Pflanzzeit Ende April
Höhe 1 m
Beifuß anzupflanzen lohnt sich kaum, er wächst wild auf Ödland, an Hecken und Feldern.
Die Blätter sind ungenießbar. Man verwendet die entblätterten Blütenrispen frisch und getrocknet kurz vor dem Aufblühen.

Bohnenkraut

🪴 ✻ **I**

Frühbeetaussaat März/April
oder Direktaussaat Anfang Mai
Freilandaussaat ab Mitte Mai (Bohnenkraut ist frostempfindlich)
Pflanzzeit Mai (2 bis 4 zarte Jungpflanzen zusammennehmen)

Höhe 25 cm
Juni bis Oktober steht Bohnenkraut frisch zur Verfügung.
Kurz vor Knospenansatz und während der Vollblüte hat es die höchste Würzkraft und kann zum Trocknen verwendet werden.

Dill

Freilandaussaat März bis Anfang August
Folgeaussaaten alle vier Wochen
Höhe bis zu 1 m
Zur Frischkost werden nur die jungen Triebe verwendet, so daß man den Dill auf dem Balkon nicht so hoch schießen zu lassen braucht. Getrocknet büßen die Dillblättchen sehr viel von ihrem Aroma ein. Das alte Kraut mit Blüten wird zum Einlegen von Gurken verwendet.

Estragon

Pflanzzeit April (Stockteilung)
Höhe 75 cm (öfters Boden lockern)
Ernte der jungen Blätter und Triebe von April bis Oktober, im ersten Jahr nur wenig entnehmen. Beim Trocknen verliert Estragon viel an Aroma. Eine Pflanze genügt für eine vierköpfige Familie.

Fenchel

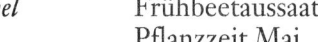

Frühbeetaussaat März
Pflanzzeit Mai
Höhe 1,50 m
Wer auf Fenchelkraut Wert legt, sollte einige wenige Fenchelsamen aussäen. Fenchelsamen (Fencheltee) ist jederzeit käuflich zu erwerben, so daß auf das umständliche Überwintern der Pflanzen in Frühbeetkästen oder im Keller verzichtet werden kann.

Kapuzinerkresse

Frühbeetaussaat im März oder ab Mitte Mai im Freien
Pflanzzeit Mitte Mai (wenig gießen)
Ernte Juni bis Oktober (Blätter, Blütenknospen, Blüten)
Zum Trocknen ungeeignet.

Kerbel

Freilandaussaat ab März bis Ende April. (Nicht zu dicht säen!) Folgeaussaaten alle 4 Wochen Ernte, sobald das Kraut 25 bis 30 cm hoch ist, dann schmeckt es am besten. Blühender Kerbel ist wertlos. Eine Handbreit über dem Boden abgeschnitten, treibt er ein zweites Mal. Kerbel kann wie Gartenkresse im Winter am Küchenfenster gezogen werden. Bis sich die Sämlinge zeigen, kann er dunkel stehen. Getrocknet hat Kerbel nur wenig Würzkraft.

Koriander

Freilandaussaat März/April
Höhe bis zu 60 cm
Koriander reift in unseren Breiten nur unter sehr günstigen Bedingungen. In den Mittelmeerländern wird das Kraut auch frisch zu Salaten verwendet. Wer Wert darauf legt, kann Koriander auch im Blumentopf ziehen. Vor der Samenreife die Pflanze herausziehen. Die Dolden trocknen und die abfallenden Früchte sammeln.

Mutterkümmel

Freilandaussaat April
Ernte im zweiten Jahr Ende Juni
Kümmel selbst anzubauen lohnt sich nicht, es sei denn, man legt Wert auf die jungen grünen Blätter, die zu grünen Salaten passen. Der als Gewürz verkaufte Kümmel eignet sich wegen zu geringer Keimfähigkeit nicht zum Säen.

Lavendel

Frühbeetaussaat März/April
Pflanzzeit Mitte bis Ende Mai
Leichter ist die Anzucht durch Stockteilung
Höhe 50 cm
Ernte der Blätter und Triebspitzen den ganzen Sommer. Eine Pflanze deckt den Bedarf einer vierköpfigen Familie.

Liebstöckel

Pflanzzeit März/April
Aussaat März ins Frühbeet
Höhe 1,50 m
Junge Pflanzen kann man auch in einem Blumentopf oder -kasten ziehen und den Sommer über

Blätter entnehmen. Die Pflanze wuchert allerdings stark und eignet sich besser für den Garten, wo sie auch im Halbschatten zufrieden ist. Getrocknet ist Liebstöckel noch würzkräftig. Auch die Wurzeln sind getrocknet für Suppen zu gebrauchen. – Eine Pflanze deckt den Bedarf einer vierköpfigen Familie.

Majoran

Frühbeetaussaat März/April
Pflanzzeit Mitte Mai (oft harken, braucht viel Sauerstoff)
Höhe 30 cm
Ende Juli – nach Entwicklung der Blütenknospen – erfolgt die Ernte, da die Pflanze zu dieser Zeit am würzkräftigsten ist. Bis auf 3 cm zurückschneiden, dann treibt sie nochmals aus. Bis zu drei Ernten im Jahr. – Zehn Pflanzen reichen für eine vierköpfige Familie.

Melisse

Frühbeetaussaat März/April
Pflanzzeit Mai (feucht halten)
Höhe 50 bis 60 cm
Ernte den ganzen Sommer über. Für den Wintervorrat und als Tee kurz vor der Blüte die Triebe abschneiden und nach dem Trocknen die Blätter abstreifen.

Petersilie

Freilandaussaat März bis April, falls Boden frostfrei, schon im Februar
Es gibt Blattpetersilie mit gekrausten und Wurzelpetersilie mit glatten Blättern. Letztere ist kräftiger im Geschmack. Im September kann die Petersilie in Töpfe gepflanzt und ans Küchenfenster gestellt werden.

Pfefferminze

Pflanzzeit April
Ernte einzelner Blätter jederzeit, zum Trocknen kurz vor der Entwicklung der Knospen. Pfefferminze kann zwei- bis dreimal im Jahr geerntet werden. – Fünf bis sechs Pflanzen genügen für eine vierköpfige Familie.

Pimpinelle

Freilandaussaat April
Höhe 40 cm
Ernte der jungen Blätter das ganze Jahr über (Blütenansätze entfernen).
Im September Pflanzen eintopfen und ans Küchenfenster stellen.
Zum Trocknen ungeeignet.

Portulak

Freilandaussaat Mitte Mai bis August
Höhe 15 cm
Ernte vor Blühbeginn, etwa drei Wochen nach dem Aufgehen der Saat.
Portulak braucht reichlich Feuchtigkeit und Sonne.
Zum Trocknen ungeeignet.

Weinraute

❀ A

Pflanzzeit April
Höhe 70 bis 80 cm
Einzelne Blätter können bereits ab Mai entnommen werden, die beblätterten Triebe werden vor Blühbeginn 15 cm über dem Erdboden abgeschnitten. Nur in kleinen Mengen als Gewürz zu verwenden.
Eine Pflanze genügt für eine vierköpfige Familie.

Rosmarin

Pflanzzeit Mitte Mai
Höhe 60 bis 70 cm
Die jungen Blättchen und Triebspitzen stehen das ganze Jahr über zur Verfügung. Ernte zum Trocknen vor der Blüte.
Der immergrüne Rosmarin ist frostempfindlich. Es ist besser, ihn im Herbst einzutopfen und den Winter über auf ein sonniges Fensterbrett zu stellen.
Eine Pflanze genügt für eine vierköpfige Familie.

Salbei

Frühbeetaussaat März
Pflanzzeit April/Mai (auch Stockteilung)
Höhe 50 cm
Ab Mai bis September können die behaarten, leicht bitter schmeckenden Blätter frisch verwendet werden. Nach dem Trocknen – vor der Blüte – ist das Aroma intensiver. – Eine Pflanze ist ausreichend für eine vierköpfige Familie.

Schnittlauch

Frühbeetaussaat März oder ab April ins Freiland
Pflanzzeit Mai (am besten Stockteilung)
Kräftige Schnittlauchbüschel pflanzt man im September in Töpfe für den Wintervorrat. Er läßt sich aber auch im Winter im warmen Zimmer neu ziehen.
Man schneidet ihn dicht über der Erde ab und läßt vor einem neuen Schnitt die Röhren voll auswachsen.

Thymian

Frühbeetaussaat März/April
Pflanzzeit Mai
Höhe 25 cm
Von Mai bis August können jederzeit für den laufenden Bedarf Triebe entnommen werden. Mai/Juni und Ende August werden sie zum Trocknen abgeschnitten. Es genügen ein bis zwei Pflanzen, die man beim Gärtner erhält und sich somit die Anzucht sparen kann.

Ysop

Frühbeetaussaat März
Freilandaussaat April
Höhe 50 cm
Einzelne Blättchen können den ganzen Sommer über von der Pflanze entnommen werden; im ersten Jahr darf man jedoch noch keine Triebe abschneiden.
Da zwei Pflanzen für eine vierköpfige Familie bereits genügen, ist es einfacher, sich diese vom Gärtner zu besorgen.

Hildegard-Diäten

In diesem Kapitel werden über zwanzig Diäten für verschiedene Krankheiten, aber auch für alt und jung, Spiel und Sport beschrieben. Gerade in stürmischen Tagen, in kritischen Situationen, bei Krankheit, im Streß und bei hohen Anforderungen an den Organismus braucht der Mensch eine zuverlässige Diät, die dem Körper alles bietet, um Krisen zu überstehen oder Hochleistungen zu erbringen. Dinkel, Obst und Gemüse als Basisdiät mit dem gezielten Einsatz von speziellen Fleischarten, insbesondere von Leber als Kräftigungsmittel, sind die Voraussetzung zur Erhaltung oder Wiederherstellung der Gesundheit. Daneben werden in diesem Kapitel die von Hildegard empfohlenen Heilmittel angegeben, die wir in der *Großen Hildegard-Apotheke* beschrieben haben. Die dazugehörigen Behandlungskonzepte finden Sie im *Handbuch der Hildegard-Medizin*.

Die Hildegard-Küche bietet eine ausgewogene, abwechslungsreiche Vollwertkost mit Dinkel als Hauptquelle aller Nährstoffe, die der Mensch zum Leben braucht: hochwertiges Eiweiß, vollwertige Kohlehydrate, ungesättigte Fettsäuren, Mineralien, Vitamine und Spurenelemente. Nach Hildegard tragen aber auch alle anderen Nahrungsmittel dazu bei, den Organismus gesund zu erhalten, Wachstum und Regeneration der Körperzellen anzuregen und das körpereigene Immunsystem zu stimulieren. In der Hildegard-Küche werden die Lebensmittel nach ihrem Heilwert ausgesucht und gezielt zur Vorbeugung und Heilung von Krankheiten eingesetzt. Das ist ganz im Sinne des Hippokrates, der sagte: »Eure Lebensmittel seien eure Heilmittel.«

Dreimal am Tag sollte man Dinkel in irgendeiner Form zu sich nehmen. Bereits zum Frühstück sollte man ein *warmes* Habermus zu sich nehmen. Dadurch wird sowohl eine gute Durchblutung als auch die Anregung der Verdauungssäfte gewährleistet:

»Wenn der Mensch noch nüchtern ist, soll er als erstes eine Speise essen, die aus (Feld-)Früchten *(fruges)* und aus dem Mehl bereitet wird; denn das ist ein trockenes Essen und liefert dem Menschen eine gesunde Stärke. Außerdem soll er zuerst ein warmes Essen zu sich nehmen, damit es seinen Magen-Darm anheizt und (ja) nicht irgendeine kalte Speise. Denn wenn er zuerst ein kaltes Essen verspeist, unterkühlt er seinen Magen derart, daß dieser nachher von den folgenden warmen Speisen kaum mehr sich erwärmen kann. Darum soll man als erstes eine warme Speise essen, bis der Magen-Darm schön warm geworden ist. Wenn er hernach ein kaltes Essen verspeist, dann bewältigt die in seinen Magen-Darm eingedrungene Wärme das kalte ihm nachfolgende Essen.

Auch soll man Obst und anderes Saftige und Flüssigkeitshaltige wie Grünzeug *(herbulae)* bei der ersten Mahlzeit meiden, weil solches einen Faulstoff *(tabes)* und Verschleimung *(livor)* und Unruhe unter die Säfte hineinbringt; solche Sachen kann man aber nachher essen, wenn man schon ein wenig (richtige) Speise gegessen hat. Dann bringt es mehr Gesundheit als Schwächen.

Für einen körperlich gesunden Menschen ist es jedoch gut und gesund, wegen der besseren Verdauung, daß man auf ein Frühstück verzichtet bis vor die Mittagszeit oder bis gegen Mittag.

Für die Kranken, Gebrechlichen und körperlich Heruntergekommenen ist es gut und gesund, morgens zu frühstücken, um die Kräfte wenigstens aus der Nahrung zu gewinnen, die man sonst nicht hat.« (CC 115, 27 ff.)

Zur Anregung der Darmfunktion und als milder Abführtrank ohne unangenehme Nebenwirkungen hat sich der morgendliche Dinkelkaffee bewährt. Mittags ist Dinkel in irgendeiner Form als Beilage oder Hauptgericht beziehungsweise Dessert vorgesehen. Auf jeden Fall aber sollte hildegardisierter Dinkelkopf- beziehungsweise -blattsalat gegessen werden, der ebenfalls für gute Verdauung sorgt.

Abends kann der Mensch die gleichen Speisen essen und das gleiche trinken, schreibt Hildegard, was er tagsüber zu sich genommen hat. Nur esse er so zeitig zu Nacht, daß er noch seinen Spaziergang machen kann, ehe er sich schlafen legt. (CC 146, 13 ff.)

Obwohl Vegetarier erwiesenermaßen gesünder leben, sind in der Hildegard-Küche für festliche Anlässe oder zur Unterstützung gegen Schwäche und Erschöpfungszustände sowie zur Überbrückung von Belastungssituationen auch Fisch-, Fleisch-, Geflügel- sowie Milchprodukte, Eier und Butter vorgesehen. Dabei ist die Hildegard-Küche sehr differenziert und unterscheidet zwischen jung und alt, dick und dünn, gesund und krank. Nicht jedes Essen ist für jeden gleich gut.

»Der stark abgemagerte, körperlich dürre Mensch esse oft Butter. Der Dicke esse nur wenig Butter, damit sich sein krankes Gewebe nicht noch mehr vergrößert.« (PL 1198 C)

Magere Menschen sollen Hartkäse essen: »Einem Menschen, der gesundes und gehärtetes, trockenes (Muskel-) Fleisch hat, schadet es nicht viel, wenn er harten und trockenen Käse (Emmentaler, Gouda, Tilsiter) ißt.«

Dicke Menschen sollen eher Weichkäse essen: »Menschen, die weiches, fettes und saftiges Fleisch besitzen, schadet weicher und frischer Käse (Hüttenkäse, Quark) nicht.« (PL 1324)

Übergewichtige sollen sogar Roggenbrot essen, »weil es ihre Fleischpartien reduziert und trotzdem stark macht«. (PL 1130 A)

»Auch Hühnerfleisch ist für einen Gesunden gut zu essen, weil es nicht fett macht.« (PL 1295 A)

Straußenfleisch, ein spezielles Diätmittel für Dicke, »weil es ihren übermäßigen Fleischansatz mindert und sie stark macht. Mageren und Schwachen taugt es nicht«. (PL 1287 D)

Butter und Honig machen dick (der Cholesterinspiegel steigt), »weil sie in dicken und fetten Menschen zur Bildung von Fäulnisstoffen (hohe Cholesterinspiegel) führen«. (PL 1197 D)

Vor Feigen wird bei Hildegard gewarnt, weil »sie den körperlich Gesunden ›lüstern‹ und aufgeblasen machen, so daß ihn der Ehrgeiz und die Habgier packt, so daß er sittlich haltlos und unstetig wird. Alle Fleischpartien fließen auseinander und alle guten Säfte werden bös durcheinandergebracht«. (PL 1228 A)

Noch Schlimmeres steht über den Ingwer: (Ingwer) »schadet einem gesunden und fetten Menschen, weil es ihn unkonzentriert, dumm und faul sowie ausgelassen macht. Nur ein körperlich Magerer, der fast schon am Ende ist, nehme nüchtern ein wenig Ingwer (pulver) in Suppe. Wenn es ihm besser geht, esse er nichts mehr davon, um keinen Schaden zu nehmen«. (PL 1135 D)

Bachminze ist das ideale Gewürz für Dicke, »die durch zu reichliches Essen und Trinken schlecht Luft bekommen (kurzatmig), weil es roh oder gekocht mit Fleisch oder Suppe oder Gemüse die Kurzatmigkeit beseitigt, weil es die verfetteten und hitzigen Eingeweide kühlt«. (PL 1161 B)

Auch Rainfarnsuppe führt zu guter Verdauung bei Völlegefühl oder Magendrücken, »gekocht in Suppe oder Gemüse, weil er den Magen-Darm wieder geschmeidig und leicht macht«. (PL 1174 A)

Empfohlene Lebensmittel in der Gesundheitsküche nach Hildegard

1. Dinkel, Edelkastanien, Obst und Gemüse als Grundlage. Süße Mandeln.
2. Mageres Kalb- oder Rindfleisch, Geflügel, Reh oder Hirsch, Hammel oder Ziege, Pute oder Straußenfleisch.

3. Frischfisch, besonders Barsch (Kretzer), Dorsch, Kabeljau, Schellfisch, Hecht, Stör, Flußwels oder Waller, Äsche, Rotauge, Plötze, Rotfeder, Grünling, Hasel, Häsling, Rüssli, Blicke, Güster, Nase, Elze, Quermal und Bachforelle schaden nicht.
4. Frische Kräuter und Gewürze, wenig Salz.
5. Fettarme Saucen und Suppen.
6. Milch, Eier, Quark, Käse (fettarm für die Dicken, alte und fette Käse für die Mageren).
7. Naturbelassene, kaltgepreßte Öle.
8. Honig und Konfitüre aus Quitten, Himbeeren, Kornelkirschen, Mispeln, Brombeeren, Johannisbeeren.
9. Getränke: Fencheltee, Dinkelkaffee, Dinkelbier, Wein, Johannisbeersaft, durchgegorener Apfelmost.

Lebensmittel, von denen in der Gesundheitsküche abgeraten wird

1. Fettes Fleisch, Wurst, Speck, Schweinefleisch, geräuchertes, gepökeltes Fleisch, Fleischkonserven, Hausgänse und Enten.
2. Geräucherte Fische, Ölsardinen, Aal, Bücklinge, Fischkonserven, Krebse, Karpfen und Zuchtforellen.
3. Raffinadezucker, Schokolade, Eisspeisen, zucker- und fettreiche Süßspeisen, Konfitüre außer Quitten-, Mispel-, Kornelkirsch-, Himbeer-, Brombeermarmelade.
4. Vollraffinierte, gehärtete Fette, Margarine, Braten- und Backfette, Olivenöl.
5. Auszugsmehlprodukte, fette Backwaren (Torten).
6. Bohnenkaffee, Alkohol, Nikotin.
7. Gesüßte Obstsäfte, Cola-Getränke, Spirituosen, Mineralwasser.
8. Küchengifte (Erdbeeren, Pfirsiche, Pflaumen, Lauch) und Rohkost.
9. Konserven und Konservierungsmittel.

Vorbeugung und Behandlung ernährungsbedingter Alterskrankheiten

Die abwechslungsreiche Hildegard-Küche bietet den besten Schutz vor frühzeitigen, ernährungsbedingten Alterungsvorgängen im Organismus. Fehl- und Mangelernährung, besonders durch die fett- und kalorienreiche sogenannte gut bürgerliche Küche, können zu frühzeitiger Senilität (Alzheimer), Alterszucker, Übergewicht, Durchblutungsstörungen (Altersfrösteln), Erschöpfungen, Müdigkeit oder zu den schon mehrfach genannten Zivilisationserkrankungen führen, die nicht nur die Lebensqualität vermindern, sondern auch die Lebenserwartung verkürzen. Dabei ist es von allergrößter Bedeutung, daß der Tagesbedarf an allen lebensnotwendigen Stoffen vom Dinkel am besten gedeckt werden kann, wobei der Dinkel nicht nur eine gute Verdauung, sondern auch eine vollständige Versorgung an Eiweiß, Kohlehydraten und Fett gewährleistet. Die Ernährungsprophylaxe mit Dinkel sorgt für eine ständige Anregung der körpereigenen Abwehr, beseitigt Stoffwechselstörungen, Vitamin- und Mineralstoffmangel (Osteoporose) und sorgt für eine ausgeglichene Gemütslage. Darüber hinaus empfiehlt Hildegard bei nachlassender Verdauungsenzym- und Hormonproduktion Lebensmittel, die die altersbedingten Schwächen wieder ausgleichen. Küchenkräuter und Gewürze regen die Verdauungssäfte an, reinigen Magen und Darm und sorgen für eine Tonisierung der nachlassenden Leber-, Darm- und Nierenfunktion.

Durch die Alterungsvorgänge der Bauchspeicheldrüse wird die Verwertung von Zucker und Feinmehlprodukten eingeschränkt, so daß eine konsequente Abkehr von der sogenannten gut bürgerlichen Küche mit viel Zucker, Süßspeisen und Kuchen erfolgen muß. Das Gegenteil wird getan, denn gerade die Kaffeehäuser leben von »schlemmenden alten Kaffeetanten«.

Das Gesamtkonzept der Hildegard-Heilkunde, das auch geistig-seelische Faktoren mitberücksichtigt, unterstützt eine gesundheitserhaltende Diät im Alter:

1. Hildegard-Fasten, einmal jährlich eine Woche lang
2. Hildegard-Psychotherapie.
   Hildegard beschreibt fünf Tugend- und Lasterpaare als ganz besondere Altersprobleme:
   Neugier – Ehrfurcht
   Umherschweifen – Beständigkeit
   Magie/Okkultismus – Gottesverehrung
   Geiz/Besitzgier – Genügsamkeit
   Weltschmerz – Freude auf den Himmel.
3. Hildegardischer Aderlaß bei Frauen bis zum 100., bei Männern bis zum 80. Lebensjahr einmal jährlich.
4. Hildegard-Aufbau- und Regenerationskur mit Dinkel, Edelkastanien, Obst und Gemüse.
5. Ausgleich von Ruhe und Bewegung, Anregung der Kreativität, zum Beispiel durch Basteln, Malen, Musizieren, Lesen, Schreiben, Spielen.

Veränderung bestimmter biologischer Funktionen
zwischen dem 30. und dem 70. Lebensjahr

Biologische Funktion	Änderung
Herzleistung	Abnahme um 30 %
Herzfrequenz	Abnahme um 24 %
Blutdruck	
systolisch	Zunahme 10–40 mm/Hg
diastolisch	Zunahme 5–10 mm/Hg
Atmung	
Vitalkapazität	Abnahme 40–50 %
Volumen	Zunahme 30–50 %
Stoffwechselrate	Abnahme 8–12 %
Muskulatur	
Muskelmasse	Abnahme 25–30 %
Handgriffstärke	Abnahme 25–30 %
Nervenleitungsgeschwindigkeit	Abnahme 10–15 %
Flexibilität	Abnahme 20–30 %
Knochenmasse	
Frauen	Abnahme 25–30 %
Männer	Abnahme 15–20 %
Nierenfunktion	Abnahme 30–50 %

(Quelle: *Nutrition Reviews*, Vol. 46, Nr. 2, Februar 1988, Seite 51)

6. Hildegard-Heilmittel gegen das Altern:
- Große Frühjahrs-Wermutkur
 »Wer jung und gesund bleiben will, nehme den Wermut, wenn er frisch grünt, zerstampfe ihn und presse durch ein Tuch den Saft aus. Dann koche Wein mit Honig – aber nicht zu stark *(modice)* – und gieße von diesem Saft so viel in den Wein, daß der Saftgeschmack den Wein- und Honiggeschmack übertrifft. Das trinke vom Mai bis zum Oktober jeden dritten Tag nüchtern (vor dem Frühstück). Es beseitigt in dir die Nierenschwäche (Lanksucht) und die Melanche (Schwarzgalle) und klärt die Augen und stärkt dein Herz und läßt nicht zu, daß deine Lunge krank wird. Es wärmt den Magen (Darm) und reinigt die Eingeweide und bereitet eine gute Verdauung.« (PL 1173 B)
- *Habichtskraut-Diptam-Galgant-Zitwerpulver* gegen Arteriosklerose.

- Die *Mispelkur* baut den Körper auf und reinigt das **Blut**.
- *Bärwurzbirnhonig* zur Blutreinigung und gegen Fehlsäfte.
- *Byverwurz(Eberwurz)-Bertram-Zimtpulver*
»Du wirst keine große oder lange Krankheit haben bis zu deinem Tod. Und kein Mensch meide dieses so bereitete Pulver, weil er, wenn er gesund ist und dieses Pulver täglich ißt, nicht lange im Bett liegen wird. Und wer krank ist und es ißt, wird gesund werden.« (PL 1188 D)
Leider wissen wir immer noch nicht, welche Pflanze die Byverwurz oder Eberwurz ist.
- *Rettich-Fenchelmischung* auf Brot gegen Kraftlosigkeit.
- *Benediktenkrauttee* stärkt den Körper.
- *Schweineleber*, wenn jemand mit seinen Kräften schon fast am Ende ist.
- *Lattichmischpulverkekse* (Lattich, Aloe, Myrrhe, Kampfer).
»Wenn du gesund und kräftig bist, wirst du erstaunlicherweise noch gesünder und kräftiger, und deine Kräfte werden gefestigt. Und wenn du krank bist, richtet es dich wieder auf wunderbare Weise auf und macht dich stark, wie wenn die Sonne an einem trüben Tag durchbricht.« (PL 1145 A)
- *Bertram als Gewürz* vermehrt das gute Blut, mindert die Fäulnis im Blut (Entgiftung), schafft klaren Verstand, gibt die Kräfte zurück, läßt nichts unverdaut aus dem Menschen wieder hinaus und gibt eine gute Verdauung.
- *Zypressenbäder* gegen Erschöpfung.
- *Gundelrebenbäder, Gundelrebengemüse*.
»Sanft und nützliche Grünkraft für einen Menschen, der schon lange leidet und vom Fleisch gefallen ist.«
(PL 1206 D, 1171 A)
- *Schafffleisch* bei Kreislauf-, Venenschwäche.
- *Jungschweinefleisch* gegen Kraftlosigkeit.
»Wenn ein Mensch schwer krank ist, so daß sein Körper darniederliegt und mager wird, der soll, solange er krank ist, von jungen Schweinchen essen, aber nicht zuviel. – Wenn er wieder zu Kräften gekommen ist, soll er nicht mehr davon essen, weil es von da ab die Krankheiten vermehren würde.«
(PL 1326 A)
- *Straußenfleisch* setzt nicht an.
- *Meerrettichkur* nur für Gesunde und Starke.
- *Edelsteinmedizin:*
  - *Smaragd* gegen alle Schwächezustände.
  - *Chrysolith* gegen den Verlust von intellektuellen **Fähigkeiten**.
  - *Amethyst* als Kosmetikum gegen Altersflecken und Schwellungen auf der Haut.

»Mache auch noch Wasser am Feuer warm und halte den Amethyst über dieses Wasser, und eine aus diesem Stein ausschwitzende Kraft vermischt sich mit dem (auf den Stein sich niederschlagenden) Kondenswasserdampf. Leg diesen Stein schließlich selbst in das Wasser und wasche mit diesem Wasser das Gesicht. Oft gemacht, wird die Gesichtshaut zart und die Gesichtsfarbe schön.« (PL 1260 A)
»Wenn ein Mensch in seinem Gesicht Flecken hat, befeuchte er den Amethyst mit seinem Speichel und bestreiche sein Gesicht mit dem also befeuchteten (Amethyst)...« (PL 1260 A)
»Wenn ein Mensch irgendwo an seinem Körper von einer frischen Geschwulst anschwillt, benetze er diesen Amethyststein mit seinem Speichel und berühre mit dem also befeuchteten Stein alle Stellen der Geschwulst. Jene Geschwulst wird verkleinert werden und verschwinden.« (PL 1260 A)

Alzheimersche Krankheit
(frühzeitige Senilität)

Nach den Herz-Kreislauferkrankungen, Krebs, Diabetes und Leberzirrhose nimmt Morbus Alzheimer die vierte Stelle der Todesursachen in Deutschland ein. Ein Prozent der bundesdeutschen Bevölkerung (600 000 Menschen) leidet heute daran. Wie eine »stille Epidemie« ist die Krankheit weltweit auf dem Vormarsch und wird sich nach der Statistik der Todesursachen in der westlichen Welt zum »Topkiller« entwickeln und alle Hoffnungen auf einen schönen wohlverdienten Lebensabend zerstören. Die Krankheit verläuft in drei Phasen und beginnt fast unmerklich mit Gedächtnisstörungen und Störungen der Orientierung. In der zweiten Phase treten schwere Wortfindungsstörungen und Sprachstörungen auf. Der Patient weiß nicht mehr, was er gerade sagen wollte, wo er hingehen wollte und verliert die Orientierung über alltägliche Vorgänge wie Anziehen und Essen. Im dritten Stadium, nach etwa sechs Jahren, gibt das Gehirn des Patienten durch Zerfall der Gehirnnervenzellen seinen »Geist auf«, Familienangehörige und Freunde werden nicht mehr erkannt, Bewegungsabläufe sind zerstört, die Kontrolle über den Körper geht verloren. Im Endstadium werden die Greise zu hilflosen Babys, wobei sie in grauenhafte seelische Verstimmungen fallen können: Depressionen, Verfolgungswahn, Ängste und ständiges Weinen.

Als auslösende Ursachen dieser Krankheit werden von der Schulmedizin vielerlei Faktoren angesehen:

- Vergiftung durch Aluminium (Aluminiumtöpfe, aluminiumhaltige Tabletten gegen zuviel Magensäure, Trinkwasseraufbereitung mit Aluminiumsulfat),
- langsame Vireninfektion *(slow virus infection)*, Gehirnverletzungen durch Schlag oder Unfall,
- familienbedingte Erbschäden und
- Hirnstoffwechselstörungen.

Während es in der Schulmedizin für diese Krankheit weder eine Prophylaxe noch eine Therapie gibt, empfiehlt Hildegard eine ganze Reihe von wirksamen, diätetischen Maßnahmen und Methoden.

1. Große Kur gegen die ersten Anzeichen von Vergeßlichkeit: Brennesselöl.

»Wenn ein Mensch gegen seinen Willen vergeßlich ist, der nehme Brennessel und zerstoße sie bis zum Saftigwerden und setze dem eine mäßige Menge Olivenöl zu, und wenn er schlafen geht, soll er damit Brust und (beide) Schläfen einsalben. Er soll das oft machen, und die Vergeßlichkeit in ihm nimmt ab. Denn die heftige Kalorigkeit der Brennessel und die Kalorigkeit des Olivenöls reizen die Gefäße der Brust und der Schläfen, welche in ihrer Wachsamkeit etwas eingeschläfert sind.«
(CC 195, 13; 219,27; PL 1169 A)

2. Mittel, die das leere Gehirn wieder auffüllen, für den Hirnstoffwechsel:
   - Süße Mandeln;
   - Edelkastanien (Maroni);
   - Quendelkekse.

3. Gegen Durchblutungsstörungen des Gehirns:
   - Bertram »schafft klaren Verstand«;
   - Kopfsalat stärkt das Gehirn, macht eine gute Verdauung;
   - Poleiminze-Wein-Umschläge und

4. Universal-Nervenmittel:
   - Muskat-Zimtkeks.

»Bringt alle Bitterkeit des Herzens und deiner Gesinnung zur Ruhe, öffnet dein Herz und deine fünf Sinne, macht die Stimme heiter, reinigt deine Sinnesorgane und mindert in dir alle Schadsäfte (*noxii humores*, Umweltgifte), liefert deinem Blut eine gute Säftemischung und macht dich leistungsfähig.«
(PL 1139 B)
   - Dinkelkur.

»Gibt ein aufgelockertes Gemüt und die Gabe des Frohsinns.« (PL 1131 C/D)

Tagesmenü bei Gedächtnisschwäche

Morgens:	Habermus oder Co.
	Dinkelkaffee
Mittags:	Dinkelgrießsuppe mit Quendel
	Reh-(Wild-)Ragout mit Edelkastaniengemüse
	Dinkelkopfsalat
Abends:	Apfelauflauf mit Dinkelzwieback

Osteoporose
Knochenschwund

Vom Knochenschwund (Osteoporose) sind im Alter 25 bis 30 Prozent aller Frauen betroffen. Die Krankheit äußert sich in Knochenschmerzen, bewegungseinschränkenden Rückenschmerzen, Schrumpfen der Figur (»Witwenbuckel«) und in einer Neigung zu Knochenbrüchen. Männer sind nur wenig davon betroffen und stellen nur ein Fünftel der Patienten dar.

Die Ursachen der Osteoporose sind immer noch unbekannt. Der genaue Nachweis ist sehr kompliziert und nur durch Knochenschichtaufnahmen zu erbringen. Mehrere Faktoren können die Osteoporose beeinflussen. Ihre Anlage wird bereits in der Kindheit ausgelöst. Wer in der Kindheit nicht kalziumreich genug ernährt wurde, leidet im Alter häufiger an Knochenschwund. Das Knochenkalzium vergrößert die Knochenmasse. Das Skelett wird während des ganzen Lebens ständig auf- und abgebaut. In der Jugend überwiegt der Aufbau, im Alter der Abbau. Wer also in der Jugend bereits schwache Knochen hatte, kann im Alter leichter an Osteoporose erkranken.

Da die weiblichen Sexualhormone (Östrogene) den natürlichen, altersbedingten Knochenabbau bremsen, kommt es im Klimakterium oder nachdem die Gebärmutter oder Eierstöcke bei der sogenannten Totaloperation entfernt wurden, verstärkt zu Knochenabbau. Mollige Frauen mit starkem Unterhautfettgewebe haben einen zusätzlichen Sexualhormonspeicher und leiden weniger an Osteoporose. Magere Frauen, besonders Hochleistungssportlerinnen, untergewichtige Marathonläuferinnen, Balletteusen oder Turnerinnen leiden häufiger an Osteoporose.

Eine Hormontherapie mit Sexualhormonen (Östrogen) oder Nebenschilddrüsenhormon (Calcitonin) ist wegen der dadurch auftretenden unerwünschten Nebenwirkungen umstritten.

Diät und Bewegung verhindern den Knochenschwund

Regelmäßige Bewegung wirkt der Osteoporose entgegen, da die Muskeltätigkeit einen knochenaufbauenden Reiz ausüben kann. Auch eine kalziumreiche Ernährung wirkt sich günstig auf die Verhütung der Osteoporose aus. Fettarme Milchprodukte, Dinkel, grüner Salat und Gemüse liefern genügend Kalzium gegen den Knochenschwund. Mindestens 800 bis 1500 mg Kalzium täglich sollte man über die Nahrung zu sich nehmen, um einen optimalen Schutz vor Osteoporose zu gewährleisten.

Kalzium in Lebensmitteln

Lebensmittel	Menge	Kalziumgehalt in mg
Gemüsefenchel	100 g	105
Broccoli	100 g	105
Petersilie	100 g	260
Schnittlauch	100 g	165
Bohnen, weiß, getrocknet	100 g	115
Grüne Bohnen	100 g	40
Feigen	100 g	200
Haselnüsse	100 g	225
Süße Mandeln	100 g	245
Camembert, 30 % Fett	100 g	430
Hartkäse (Emmentaler, 45 % Fett	100 g	860
Schnittkäse (Gouda, Tilsiter	100 g	770
Schnittkäse, 30 % Fett	100 g	860
Speisequark, mager	100 g	92
Hühnerei	1	56
Buttermilch	1 Liter	1100
Vollmilch, 3,5 % Fett	1 Liter	1200
Magermilch, 1,5 % Fett	1 Liter	1200
Magermilch-Joghurt	100 g	145
Fisch (Ölsardinen, abgetropft)	100 g	550

Eine abwechslungsreiche Hildegard-Diät mit Dinkel als Mineralstoffquelle, Gemüse, Milch und Milchprodukten, Fischen und Mandeln ist der beste Schutz vor Osteoporose. Ganz speziell die

Kalbsfußsuppe oder -sülze hat einen stimulierenden Einfluß auf die Knorpel- und Knochenbildung. Zusätzlich hilft Benediktenkrauttee (vier Wochen lang genommen) bei der Regeneration von Knochenmasse. Er bewirkt fast eine hormonähnliche Stimulation:

»Das Benediktenkraut ist warm, und wenn jemand es trinkt, entbrennt er in begehrlicher Liebe. Wenn aber ein Mensch am ganzen Körper an seinen Körperkräften fehlt, koche er Benediktenkraut (1 TL) in Wasser (1 Tasse 3 Minuten lang) und trinke den Tee oft warm (täglich), dann wird er die Körperkräfte wieder erlangen, und nachdem es mit den Körperkräften besser geworden ist, meide er es.« (PL 1192 A)

Zur Vorbeugung und Behandlungen von ernährungsbedingten Alterskrankheiten werden folgende Lebensmittel empfohlen:

1. Dinkel, Edelkastanien, Obst und Gemüse.
2. Gelegentlich Jungschweinefleisch, Schaffleisch, Straußenfleisch sowie Leber, mageres Kalbsfleisch, Geflügel, Wild, Hammel, Ziege.
3. Barsch, Hecht, Zander, Felchen.
4. Geringe Mengen Butter, kaltgepreßtes Sonnenblumenöl.
5. Dinkelkopfsalat nach Hildegard.
6. Süße Mandeln.
7. Kräutertees, Benediktenkrauttee, ungesüßte Fruchtsäfte (Zitronen-, Orangensaft), Traubensaft, Obstsalat, Dinkelbier, leichter Riesling.
8. Geringe Mengen Milch, Magerquark, fettarme Käsesorten.
9. Kräuter und Gewürze, besonders Quendel, Bertram und Poleiminze, wenig Salz.

Bei Alterungserscheinungen in der zweiten Lebenshälfte sind folgende Lebensmittel zu meiden:

1. Fettes Fleisch, Wurst, Speck, Schweinefleisch, geräuchertes, gepökeltes Fleisch, Fleischkonserven.
2. Geräucherte Fische, Ölsardinen, Aal, Bückling, Fischkonserven.
3. Raffinadezucker, Schokolade, Eisspeisen, zucker- und fettreiche Süßspeisen, Konfitüre außer Quitten-, Mispel-, Kornelkirsch-, Himbeer-, Brombeermarmelade.
4. Vollraffinierte, gehärtete Fette, Margarine, Braten- und Backfette.
5. Auszugsmehlprodukte, fette Backwaren (Torten).

6. Bohnenkaffee, Alkohol, Nikotin.
7. Gesüßte Obstsäfte, Cola-Getränke, Spirituosen, Mineralwasser.
8. Küchengifte (Erdbeeren, Pfirsiche, Pflaumen, Lauch) und Rohkost.

Tagesmenü bei Osteoporose

Morgens:	Habermus oder Co.
	Dinkelkaffee
Mittags:	Kalbsfußsuppe mit Dinkelgrießklößen
	Kretzerfilets mit Mandeln
	Dinkelkopfsalat
Abends:	Dinkelbrot mit Kräuterquark
	Benediktenkrauttee

Erhöhte Blutfettwerte
Hypercholesterinämie, Hypertriglyceridämie

Erhöhte Blutfettwerte (Lipidwerte) bedeuten eine erhöhte Gefährdung durch arteriosklerotische Herz-Kreislauferkrankungen. Das persönliche Krankheitsrisiko kann an folgender Tabelle abgelesen werden:

Risiko	Cholesterinwert	Triglycerid (Neutralfett-)Wert
Sehr hoch	über 300 mg/100 ml	über 300 mg/ml
Erhöht	zwischen 200 mg/100 ml und 300 mg/100 ml	zwischen 200 mg/100 ml und 300 mg/100 ml
Normal	unter 200 mg/100 ml	unter 200 mg/100 ml

Bisher nahm man an, daß ausschließlich zu hohe Cholesterin- und Neutralfettspiegel im Blut für krankhafte Veränderungen der Arterien durch Ablagerung an den Gefäßwänden und Gefäßverengung verantwortlich sind. Inzwischen jedoch gibt es wissenschaftliche Studien, die beweisen, daß diese Vorgänge nicht nur durch erhöhte Blutfettwerte, sondern auch durch eine Überernährung mit tierischem Eiweiß und vor allem durch Milcheiweiß hervorgerufen werden.

Hypercholesterinämie (Typ II)

Cholesterin ist eine lebensnotwendige körpereigene Grundsubstanz, die für den Aufbau von Zellmembranen, Sexual- und Nebennierenhormonen und Gallensäure vom Körper selbst aufgebaut wird (endogenes Cholesterin). Besonders als Schutz gegen Belastungen durch Streß, Sorge und Kummer bildet der Körper endogenes Cholesterin in höherem Ausmaß. Bei Aderlaß-Analysen beobachtet man immer wieder erhöhte Cholesterinspiegel bei Patienten mit großer seelischer Belastung und cholesterinarmer Ernährung. Ein normaler Cholesterinspiegel ist für das seelische Gleichgewicht lebensnotwendig. Zu niedrige Cholesterinspiegel können zu Blutarmut führen. Erst wenn der Cholesterinspiegel das normale Maß übersteigt, kann es für den Organismus gefährlich werden.

Die Höhe des Cholesterinspiegels ist aber auch von der Zusammensetzung der Nahrung abhängig. Besonders Eier, Rindfleisch, Butter und Honig sowie Innereien enthalten hohe Cholesterinmengen. Eine erfolgreiche Therapie von Fettstoffwechselstörungen ist daher nur möglich, wenn die krankmachenden Lebens- und Ernährungsgewohnheiten mit berücksichtigt werden.

Therapieplan

1. Hildegard-Fasten.
2. Hildegard-Psychotherapie.
3. Hildegardischer Aderlaß, bei familiär bedingten erhöhten Cholesterinspiegeln zweimal jährlich.
4. Hildegard-Aufbaukur mit Dinkel, Obst und Gemüse unter Vermeidung stark cholesterinhaltiger Lebensmittel.
5. Anregung des Gesamtstoffwechsels durch Bewegung, Tanzen, Wandern, Schwimmen.
6. Einsatz von fettstoffwechselverbessernden Hildegard-Heilmitteln:
   - Dinkel-Kleiebrötchen;
   - Wermut-Frühjahrskur;
   - Diptamkraut, täglich einen Teelöffel über den Tag verteilt, über das Essen gestreut.

Bei Hypercholesterinämie sind empfehlenswert

1. Dinkel, Edelkastanien, Obst und Gemüse.
2. Hildegardisierte Salate.
3. Frischfische, Geflügel ohne Haut.

4. Naturbelassenes, kaltgepreßtes Sonnenblumenöl, wenig Butter.
5. Buttermilch, Sauermilch, Magerquark, Magerkäse, körnige Frischkäse, Hüttenkäse.
6. Ungezuckerte Obstsäfte (Apfel, Johannisbeeren).
7. Täglich ein bis zwei Dinkel-Kleiebrötchen.

Bei Hypercholesterinämie sind zu meiden

1. Fettes Fleisch, Wurst, Speck, Schweinefleisch, geräuchertes, gepökeltes Fleisch, Fleischkonserven, rotes Rindfleisch, Hamburger; Innereien: Nieren, Gehirn, Zunge, Geflügelhaut (enthält das ganze Cholesterin).
2. Geräucherte Fische, Ölsardinen, Aal, Bückling, Schellfisch, Karpfen, Krabben, Hummer, Kaviar, Fischkonserven.
3. Raffinadezucker, Schokolade, Eisspeisen, zucker- und fettreiche Süßspeisen, Kuchen, Torten, Konfitüre außer Quitten-, Mispel-, Kornelkirschmarmelade.
4. Vollraffinierte, gehärtete Fette, Margarine, Braten- und Backfette, Bratkartoffeln, Pommes frites, fette Suppen und Saucen.
5. Auszugsmehlprodukte, fette Backwaren (Torten).
6. Eigelb (ein Eigelb enthält 220 mg Cholesterin).
7. Bohnenkaffee, Alkohol, Nikotin.
8. Gesüßte Obstsäfte, Cola-Getränke, Spirituosen, Mineralwasser, hochprozentige Liköre.
9. Küchengifte (Erdbeeren, Pfirsiche, Pflaumen, Lauch) und Rohkost.

Hypertriglyceridämie (Typ IV)

Triglyceride sind Nahrungsmittelfette, Kochfette, Streichfette, versteckte Fette in Fleischwaren, Backwaren und Milchprodukten, die bei Ernährungsfehlern (zu viel, zu fett, zu süß) das Risiko von Herz-Kreislauferkrankungen verstärken können. Eine fettarme Ernährung zusammen mit Hildegard-Fasten und Aderlaß ist daher die wirksamste und einfachste Methode zur Behandlung dieser Fettstoffwechselstörung. Ganz allgemein kann der Verlust von Übergewicht durch eine Dinkel-, Obst- und Gemüse-Diät die Serumtriglyceride senken.

Therapieplan

1. Hildegard-Fasten.
2. Hildegard-Psychotherapie.

3. Hildegardischer Aderlaß.
4. Hildegard-Aufbaukuren.
5. Hildegard-Heilmittel.
Universalmittel: Dinkelküche.

Bei Hypertriglyceridämie sind empfehlenswert

1. Dinkel, Edelkastanien, Obst und Gemüse.
2. Hildegardisierte Salate.
3. Frischfische, Geflügel ohne Haut.
4. Naturbelassenes, kaltgepreßtes Sonnenblumenöl, etwas Butter.
5. Buttermilch, Sauermilch, Magerquark, Magerkäse, körnige Frischkäse, Hüttenkäse.
6. Ungezuckerte Obstsäfte (Apfel, Johannisbeeren).
7. Täglich ein bis zwei Dinkel-Kleiebrötchen.

Bei Hypertriglyceridämie sind zu meiden

1. Fettes Fleisch, Wurst, Speck, Schweinefleisch, geräuchertes, gepökeltes Fleisch, Fleischkonserven, rotes Rindfleisch, Hamburger; Innereien: Nieren, Gehirn, Zunge, Geflügelhaut (enthält das ganze Cholesterin).
2. Geräucherte Fische, Ölsardinen, Aal, Bückling, Schellfisch, Karpfen, Krabben, Hummer, Kaviar, Fischkonserven.
3. Raffinadezucker, Schokolade, Eisspeisen, zucker- und fettreiche Süßspeisen, Kuchen, Torten, Konfitüre außer Quitten-, Mispel-, Kornelkirschmarmelade.
4. Vollraffinierte, gehärtete Fette, Margarine, Braten- und Backfette, Bratkartoffeln, Pommes frites, fette Suppen und Saucen.
5. Auszugsmehlprodukte, fette Backwaren (Torten).
6. Eigelb (ein Eigelb enthält 300 mg Cholesterin = Tagesbedarf).
7. Bohnenkaffee, Alkohol, Nikotin.
8. Gesüßte Obstsäfte, Cola-Getränke, Spirituosen, Mineralwasser, hochprozentige Liköre.
9. Küchengifte (Erdbeeren, Pfirsiche, Pflaumen, Lauch) und Rohkost.

Tagesmenü

Morgens: Dinkel-Kleiebrötchen
Dinkelkaffee
Mittags: Gemüsebrühe
Hähnchen mit Mandeln
Dinkelkopfsalat
Abends: Warmer Fenchel-Sellerie-Salat

Verhütung und Behandlung von Darmleiden:
Durchfall, Colon Irritabile
(krampfartige Darmzustände), Colitis ulcerosa,
Morbus Crohn, Zöliakie

Auch für Durchfallerkrankungen ist Dinkel das Universalgetreide. Während man mit der faserstoffreichen Dinkelganzkorn-Diät Verstopfungen beseitigen kann, ist die stark mehlhaltige Dinkelkost bei Durchfall wirksam. Bereits mit einem einfachen Dinkelmehlsüppchen (mit Bertram) läßt sich in vielen Fällen die Sommerdiarrhoe oder ein Reisedurchfall infolge Lebensmittelvergiftung durch Salmonellen erfolgreich beseitigen. Bei den hartnäckigen, chronischen Durchfallerkrankungen wie Colitis ulcerosa, Morbus Crohn usw. muß man schon viel mehr Geduld und Disziplin aufbringen. Aber auch hier heilt konsequente Dinkelkost den kranken Darm in etwa sechs Monaten wieder aus. Die Dinkelkost wirkt entzündungshemmend. Vermutlich ist diese Wirkung auf die Anwesenheit von Thiocyanat im Dinkel zurückzuführen. Wissenschaftliche Studien sind bereits angelaufen.

Dinkelkost hat sich in einigen Fällen, auch bei sonst unheilbarer Zöliakie, einer durch Weizengluten erzeugten schweren Stoffwechselkrankheit, bewährt. Die Patienten reagieren auf das im Weizen, Hafer, Roggen und in der Gerste vorkommende Klebereiweiß, durch das sich ihre Darmzotten zurückbilden, mit chronischem Durchfall, Fettstühlen, Vitamin- und Eisenmangel und Wachstumsstörungen. Sie verhungern buchstäblich beim Essen. Durch eine weizenglutenfreie Diät normalisiert sich ihre Darmwand, und die Krankheit heilt aus. In dieser Phase kann eine vorsichtige und langsame Ernährungsumstellung auf Dinkelkost mit Dinkelbrot und Dinkelkörnern (zunächst 1 EL kalte, gekochte Dinkelkörner wöchentlich, dann 2 EL und bei guter Verträglichkeit 3 EL in Kopfsalat) versucht werden. Bei drei von mir bisher beobachteten Fällen gab es keine Rückfälle, dafür ein prächtiges Gedeihen: Der beste Beweis, daß Dinkel kein Weizen ist!

Therapieplan bei Durchfallerkrankungen

1. Durchfall-Fasten nach Dr. Hertzka:
   - Ein bis zwei Fasttage bei Fenchel- oder Schwarztee.
   - Dünne Dinkelmehlsuppe, etwas gesalzen, weil die mehligen Anteile stopfen.
   - Das Durchfall-Ei (als Fertigpräparat)
     Zuerst ein kleines Stück altes Weißbrot (Dinkelbrot) essen, danach 1 EL mürbe gebackenes Durchfall-Ei ohne Salz. In schweren Fällen auch zwei- bis dreimal pro Tag.

Bei gewöhnlichem Durchfall genügt es ein einziges Mal, bei Sommerdiarrhoe drei bis vier Tage lang. Am längsten braucht man das Durchfall-Ei bei der oft jahrelang bestehenden Colitis ulcerosa, wo es täglich je nach seelischer Belastung zu sechs bis zehn und mehr »Stuhlgängen« kommen kann. Dann muß man wochen- und monatelang geduldig täglich Durchfall-Ei ein- bis zweimal dem Kranken reichen, natürlich immer auch eine Dinkelmehlsuppe.
Besonders bewährt hat sich das Durchfall-Ei bei der Reisediarrhoe in tropischen Ländern, und es sollte daher in keiner Reiseapotheke fehlen. Das Durchfall-Ei gibt es heute als Fertigpräparat, und es braucht nicht mehr so kompliziert, wie im Lehrbuch beschrieben, hergestellt zu werden (CC 200, 18). Es handelt sich um ein Mutterkümmel-Pfeffer-Eigelb-Granulat.
- Nachkur. Absolut verboten sind während der ganzen Behandlungsdauer:
  - Milch und sämtliche Milchprodukte wie Käse, Quark, Sahne; Butter ist in beschränkter Menge später erlaubt;
  - Schwarzbrot, Gersten- und Mehrfruchtbrot, Grob-(Schrot-)brote, frisches Hefegebäck;
  - Wasser, Mineralwasser;
  - alles Kalte;
  - alles Geröstete und Gebratene, Pikantes (Senf, Paprika);
  - Rohkost, Salate, rohes Obst;
  - grobes Gemüse, namentlich Lauch (Porree) und Gurken;
  - Kartoffelbrei;
  - Rind(Ochsen-)fleisch, Konserven, Wurstwaren (!);
  - Zucker, Zuckerwaren, Marmeladen (Konfitüren).

Ab dem dritten Tag der Erkrankung oder überhaupt bei Neigung zu dünnen Stuhlgängen sind erlaubt:
- Weißbrot, altes Hefegebäck, Zwieback;
- Dinkelgrieß, Dinkelmehl und das daraus Zubereitete (zum Beispiel Spätzle, Klöße, Nudeln);
- Wein (gewärmt), (Rotwein manchmal noch besser);
- Huhn und Hühnerbrühe;
- später gekochtes Apfelkompott (nicht Apfelmus);
- nicht ganz frischer Apfelkuchen (schwach süß);
- gedünstetes Kalbfleisch und Leber;
- gekochte Himbeeren, Kirschen und Brombeeren.

2. Hildegard-Psychotherapie:
Allen chronischen Durchfallerkrankungen liegen seelische Konflikte zugrunde, die Hildegard in der zweiten Gruppe der

Laster und Tugenden beschreibt:
Schlemmerei – Enthaltsamkeit;
Engherzigkeit – Freigebigkeit;
Gottlosigkeit – Frömmigkeit;
Lüge – Wahrheit;
Streitsucht – Friede;
Schwermut – Seligkeit;
Maßlosigkeit – Rechtes Maß;
Atheismus – Seelenheil.
3. Hildegardischer Aderlaß.
4. Dinkelkuren.
5. Hildegard-Heilmittel.
Universalmittel für kranke Eingeweide *(infirma viscera)*:
* Sanikel-Elixier;
* Ziegenfleisch;
* Odermennig-Pillen (Purgierkur);
* Bohnensuppe ohne Bohnen;
* Kerbel-Dill-Weinessig-Gewürz (Intestinalschmerzen).

Tagesmenü bei Durchfallerkrankungen

Morgens:	Dinkelmehl-Durchfallsuppe
Mittags:	Dinkelmehlsuppe mit Quendel
	Kastanien-Dinkelgrießknödel
	mit Fenchelgemüse
	Dinkelkopfsalat
	Apfelkompott
Abends:	Geröstete Dinkelgrießsuppe mit Kräutern
	ohne Zwiebeln oder
	Dinkelbrot mit Kräuterbutter

Verhütung und Behandlung
von Diabetes mellitus
bei Erwachsenen über 25 Jahre
(Diabetes Typ II, Altersdiabetes)

Die Zuckerkrankheit hat es zu Hildegards Zeiten noch nicht gegeben, und wahrscheinlich würde es sie auch heute noch nicht geben, wenn Hildegards Ernährungslehre bekannt und beherzigt worden wäre. Statt dessen gibt es allein in der Bundesrepublik drei Millionen Zuckerkranke und weitere sechs Millionen »versteckte, unentdeckte« Diabetiker. Jeder zweite Diabetiker im Alter von über 60 Jahren leidet an arteriosklerotischen Herz-Kreislaufkomplikationen; nach zehnjähriger Krankheitsdauer haben 90 Prozent aller Diabetiker arteriosklerotische Gefäßerkrankungen, die bei 58 Prozent aller Kranken mit Herzinfarkt und bei 54 Prozent mit Gefäßverschlüssen enden (J. Jahnecke: *Risikofaktor Hypertonie*).

Da die Zuckerkrankheit durch Überernährung (Adipositas), Fehlernährung (zu süß, zu fett, zu viel) und Bewegungsmangel verursacht wird, ist schon allein die Reduktion des Körpergewichts durch das Hildegard-Fasten und die Dinkelkörner-Edelkastanien-Diät eine echte Therapie. Es war für mich aber überraschend und sensationell, daß sich selbst eine 30 Jahre alte, klinisch manifestierte diabetische Stoffwechsellage mit der Dinkelkörnerkost erheblich verbessern ließ. Der 80 Jahre alte Patient, vom behandelnden Arzt auf zweimal 28 Einheiten Insulin, 16 Broteinheiten Kohlehydrate und 6 bis 7 Mahlzeiten pro Tag »exakt« eingestellt, konnte bereits nach zehn Tagen mit Dinkelkörner-Frühstück feststellen, daß sein Blutzuckerspiegel konstant blieb. Die Insulinmenge konnte auf die Hälfte (28 Einheiten – zweimal täglich 14 Einheiten wirkt sich noch besser aus) reduziert werden, und das bei nur 3 bis 4 Mahlzeiten am Tag. Der Patient hatte nur noch ein minimales Hungergefühl und bei guter Verdauung ein neues Lebensgefühl.

Blutzuckerschwankungen
nach Dinkelkörner-Frühstück und Insulin-Reduktion
von zweimal 28 Einheiten auf einmal 28 Einheiten pro Tag

Nüchternwert	Nach dem Dinkelfrühstück	Vor dem Mittagessen	Insulinmenge (E), einmal nach dem Frühstück gespritzt
1. Tag: 132	137	170	22 (E)
2. Tag: 170	120	107	26
3. Tag: 155	155	–	28
4. Tag: 146	142	111	28
5. Tag: 137	137	147	28
6. Tag: 153	153	111	28
7. Tag: 165	147	112	28
8. Tag: 165	164	101	28
9. Tag: 165	165	137	28
10. Tag: 206	160	140	28
11. Tag: 163	169	–	30
12. Tag: 184	186	158	30+14

Besonders eindrucksvoll ist die Behandlung von Diabetikern, die bisher mit blutzuckersenkenden Tabletten behandelt wurden. Allein durch das Hildegard-Fasten reduziert sich bei diesen Patienten der Blutzuckerspiegel auf 200 mg/100 ml und sinkt schließlich auf normal. Anschließend kann durch die Dinkelkörner-Edelkastanien-Diät meistens ganz auf orale Antidiabetika (Sulfonylharnstoffe) verzichtet werden.

Therapieplan

1. Hildegard-Fasten.
2. Hildegard-Psychotherapie: Problem- und Streßbewältigung durch kreative, seelische Maßnahmen, Einübung christlicher Tugenden.
3. Hildegardischer Aderlaß, zweimal jährlich.
4. Hildegard-Dinkelkörner-Edelkastanien-Aufbaudiät, Dinkel-Kleiebrötchen.
5. Bewegung, Tanz, Wandern, Schwitzen, Hautbürsten, Kneipp-Anwendungen, Gartenarbeit.
6. Heilmittel:
   Hirschzungen-Elixier; Wermut-Frühjahrskur (nur 75 g Honig/ Liter Wein); Gewürze: Zimt (1–2 TL täglich), Muskatnuß (1–3 Msp. übers Essen), Brunnenkresse, gedünstet
   Edelstein-Therapie:
   Diamant-Appetitzügler.

Bei Diabetes sind empfehlenswert

1. Dinkelkörner, Dinkelvollkornbrote, Obst und Gemüse, Dinkel-Kleiebrötchen. Edelkastanien (30 g = 1 BE) enthalten keine Hexosen vom Typ Glucose oder Fructose und können daher für Diabetiker empfohlen werden.
2. Frische Fische (Barsche), Hühnerleber.
3. Hildegardisierter Dinkelkopfsalat.
4. Naturbelassenes, kaltgepreßtes Sonnenblumenöl, etwas Butter, fettarme Suppen.
5. Frische Kräuter und Gewürze (Zimt, Muskat, Galgant, Bertram, Quendel, Knoblauch), wenig Salz.
6. Buttermilch.
7. Fenchel- und Bohnenschalentee, Dinkelkaffee, Diabetikerbier, trockene Süßweine, Riesling-Weine, trockener Sekt.
8. Fruchtzucker (12 g = 1 BE), Rosinen, Früchte zum Süßen.

Bei Diabetes sind zu meiden

1. Fettes Fleisch, Wurst, Speck, Schweinefleisch, geräuchertes, gepökeltes Fleisch, Fleischkonserven.
2. Geräucherte Fische, Ölsardinen, Aal, Bückling, Fischkonserven.
3. Rohr- oder Rübenzucker, Traubenzucker, Malzzucker, Milchzucker, Raffinadezucker, Schokolade, Eisspeisen, zucker- und fettreiche Süßspeisen, Konfitüre außer Quitten-, Mispel-, Kornelkirsch-, Himbeer-, Brombeermarmelade mit Fruchtzucker.
4. Vollraffinierte, gehärtete Fette, Margarine, Braten- und Backfette.
5. Auszugsmehlprodukte, fette Backwaren (Torten).
6. Bohnenkaffee, Alkohol, Nikotin.
7. Gesüßte Obstsäfte, Cola-Getränke, Mineralwasser, normales Bier, zuckerreiche Südweine, Beerenweine, Spirituosen.
8. Küchengifte (Erdbeeren, Pfirsiche, Pflaumen, Lauch) und Rohkost, Eiskaltes, Zuckersüßes, Gallebitteres.

Tagesmenü für die Verhütung und Behandlung von Diabetes
Ideale Schlankheitskur

Morgens: Dinkelkörner-Frühstück mit Apfelkompott
und Zimt
Dinkelkaffee
oder Dinkel-Kleiebrötchen
Mittags: Edelkastaniencremesuppe
Dinkelauflauf mit Gemüse
Apfelklöße
Abends: Edelkastaniengemüse mit Geflügel

Krankenkost
bei Fieber, Infektionskrankheiten, Vergiftungen,
Erbrechen, Durchfall, Krämpfen, nach Operationen,
chronisch Kranken, Rehabilitation,
Kräftigungsaufbaumittel, Erschöpfung, Rekonvaleszenz

Wenn jemand plötzlich krank wird, macht sein Körper instinktiv das Richtige, indem er auf Fasten umschaltet und Fieber erzeugt. Dadurch verbrennen die Viren und Bakterien, Gift- und Schlakkenstoffe werden ausgeschieden und neue gesunde Zellen regenerieren sich. Dr. Hertzka schlägt folgende Drei-Stufen-Diät vor, ganz gleich, um welche Krankheit es sich handelt:

Erste Stufe

1. Tag: Absolutes Fasten. Nichts essen, nur trinken: ungezuckerten Fencheltee, soviel der Kranke will, eventuell mit Dinkelzwieback. Für Schwerkranke mit hohem Fieber (über 38 Grad) empfiehlt Hildegard Dinkelkernotto oder Dinkelreis:

> »Wer so krank ist, daß er vor lauter Schwäche nicht mehr essen kann, nehme die ganzen Dinkelkörner und koche sie in Wasser unter Beigabe von Butter und Eigelb (und etwas Salz), so daß man sie gerne ißt, ... und es heilt den Kranken innerlich wie eine gesunde Salbe.« (PL 1131 D)

Bei Virusinfektionen im Sommer oder im Herbst, wenn Fieber mit Durchfall besteht, nimmt der Kranke ein Glas Wasser und löst darin zwei Galganttabletten auf. Bei Durchfall kann man auch leichten schwarzen Tee trinken.

2. Tag: Am zweiten Krankheitstag darf man eine dünne Dinkelgrießsuppe mit etwas Salz und Petersilie essen. Bei Durchfall hat sich eine dünne Dinkelmehlsuppe am Morgen bewährt. Auf keinen Fall darf eine Haferflocken-, Gersten- oder Reissuppe gegessen werden, da sie zur Verstopfung führen kann. Am Mittag kann man auch Dinkelspätzle oder Dinkelnudeln essen. Am zweiten Tag darf der Kranke soviel Dinkelzwieback essen wie er will, am besten in Tee getaucht. Dazu gekochte Apfelstücke (kein Apfelmus), am besten mit viel Wasser gekocht und das Kochwasser getrunken.

3. Tag: Am dritten Tag (wenn kein Durchfall besteht) kann man Hühnerbouillon und Hühnerfleisch ohne Haut essen. Auch gelöschter Wein ist ein gutes Getränk. Außer Äpfeln gibt es keine Früchte, am besten wieder Apfelstücke, in Wasser gekocht. Diese Drei-Tage-Diät wird für alle Krankheitsfälle beibehalten. Auch wenn im Verlauf einer Krankheit Komplikationen auftreten, kann man immer wieder auf die erste Drei-Tages-Diät zurückkommen.

Zweite Stufe (zur Rekonvaleszenz)

4. Tag: Am vierten Tag der Krankheit wird folgende Diät empfohlen:
Weizenvollkornbrot (Grahambrot), Dinkelbrot, altes Hefegebäck, Früchte, gutes Fleisch und Gemüse der Hildegard-Diät ist erlaubt. Zusätzlich zu Dinkelgerichten kann man ab dem dritten Tag auch noch Haferflocken essen. Jetzt kann man auch wieder Salat essen.

Achtung: keine reine Rohkost, sondern »angemacht«. Bisquit, Zwieback, Apfelkuchen (nicht zu süß), Dinkelkaffee und Fencheltee. Keine Schokolade und keine Eiscreme.

Dritte Stufe (für chronisch Kranke)

Für Patienten, die langfristig erkrankt sind, und für chronisch Kranke wird die Hildegard-Diät wie oben beschrieben empfohlen. Nicht ratsam sind Wurstwaren (besonders aus Schweinefleisch), Mayonnaise, gebratene Eier, Käse (und wenn, dann nur mit Mutterkümmelgewürz), Konserven, Sardinen, Aal, Krebse und Krabben, Schweinefleisch, Margarine, Ente oder Gans. Auf jeden Fall zu vermeiden sind die Küchengifte Erdbeeren, Pfirsiche, Pflaumen und Zwetschgen sowie Lauch. Gurken, Blaubeeren (erzeugen Gicht), Birnen (besonders roh gegessen erzeugen Migräne), Rhabarber, Walnüsse und Kartoffeln werden nicht empfohlen. Außerdem kein hochprozentiger Alkohol, Bohnenkaffee und Tabak, keine Schlagsahne und keine Pommes frites. Wer sich an diese Diät hält, wird gesund, und wer gesund ist, bleibt gesund. Darüber hinaus muß man lediglich wissen, daß es spezielle Diäten für Leber- und Lungenkranke gibt.

Für Todkranke gilt:

»Wer so krank ist, daß er kein Brot mehr essen kann, nehme zu gleichen Teilen Gerste und Hafer (je 1 EL) und füge etwas Fenchel (1 TL) bei und koche gleichzeitig in Wasser (2 Tassen), und nach dem Kochen sehe man den Saft ab und trinke ihn wie eine Brühe, statt Brot zu essen, und er tue dies, bis er gesunde.«
(PL 1131 B/C)

Therapieplan

1. Bei hohem Fieber fasten.
2. Krankendiät.
3. Hildegard-Heilmittel.
   - Fiebermittel
   Akeleisaft (Urtinktur) (Virus-, Allergiefieber/siehe *Große Hildegard-Apotheke*); Aloemischpulver in Fencheltee mit Honig-Rosenlakritz; Bärenwurzpulver; Basilikumkraut-Honigwein; Myrrhewein; Onyxessig.
   Grippefieber: Bockshornkleewein; Zitronenwein.
   Universalfiebermittel: Eibisch-Weinessig; Galganttabletten in Himbeersaft; Meisterwurzwein.
   Allergiefieber: Akeleisaft; Lorbeerfrucht.

Rheumafieber: Lorbeer-Bockshornklee; Zwiebel.
- Entgiftungsmittel
  Ringelblumenwein; Maulbeerelixier; Salbeiwein.
- Aufbaukräftigungsmittel bei Altersschwäche und Erschöpfung
  Butter; Dinkel; Leber (Hühner-, Schweine-, Kalbs-, Rindsleber); Mispelmus; Jungschweinefleisch, Wildschweinferkel; Gundelreben in Dinkel, Gemüse; Fenchel-Galgant-Diptam-Habichtskraut (Sivesan); gemischtes Lattichpulver (Aloe, Myrrhe, Kampfer); Benediktenkrauttee; Nervenkekse (Muskat-Zimt-Nelken); Byverwurz-Bertram-Zimt-Wein mit Brot; Bärwurz-Birnenhonig; Rettich-Fenchelmischung; Meerrettich-Galgantkur; Aloe-Myrrhe-Lattichbrösel; Galgant-Diptam-Pilosellawein; Habichtskraut-Diptam-Galgant-Zitwer; Zimt-Süßholz-Springwurzelpillen; Wermut-Frühjahrskur.
- Bäder
  Gundelrebe-, Gerste-, Zypressenbäder.
- Appetitanregende Mittel
  Himbeerblättertee; Karpfen, mariniert; Kupfer-Frankenwein; Pfeffer, Ingwer.
- Edelsteintherapie
  Chrysolithwein; Smaragdkette.

Tagesmenü nach Infektionskrankheiten mit Erbrechen und Durchfall

Morgens:	Dinkelmehlsuppe mit Quendel
Mittags:	Hühner-Leberklößchen mit Dinkelnudeln
	Dinkelkopfsalat
Abends:	Zwiebelsuppe

Vorbeugung und Behandlung von Gallenerkrankungen
Gallensteinen und Entzündungen der Gallenblase, Melancholie

Die Galle und ihre Funktion sind auf das allerengste mit unseren Leidenschaften, Ernährungsgewohnheiten und unserem Lebensstil verbunden. Für Hildegard wird das froh- und traurigmachende Prinzip im Menschen durch das Gleichgewicht von Galle und Schwarzgalle *(melancholia)* bestimmt. Ein gutes Hildegard-Essen fördert die Galle und eine gute Verdauung. Bei Diätfehlern, Rohkost oder lieblos zubereiteten Speisen läuft die Schwarzgalle über, was zur Verstimmung führt:

»Der Mensch aber, bei dem die Galle größere Kräfte als die Schwarzgalle hat, kann den Zorn in sich leicht bändigen. Jener, bei dem die Schwarzgalle stärker ist als die Galle, wird leicht zum Zorn gereizt. Wie aus gutem Wein starker und scharfer Weinessig wird, so wird die Galle von guten und wohlschmeckenden Mahlzeiten angeregt, während sie durch schlechte Speisen abnimmt. Die Schwarzgalle aber nimmt von guten und wohlschmeckenden Speisen ab, dagegen von schlechten, bitteren, unsauberen und schlecht zubereiteten Speisen zu. Ebenfalls durch verschiedene Säfte bei verschiedenen Krankheiten nimmt die Schwarzgalle zu.« (CC 146, 29 ff.)

Wird die Schwarzgalle nicht neutralisiert, bricht der Mensch in Zorn aus. Der harmlose rote Zorn wird durch die Galle angeregt:

»Wer aber im Zorn rot im Gesicht wird, dessen Blut kocht von der Galle und wird so zum Gesicht geleitet. Ein solcher Mensch wird plötzlich und heftig zum Zorn erregt, aber sein Zorn legt sich bald wieder, wie eine heftige Glut, die rasch erlischt. Daher erfährt er von diesem Zornanfall keinen großen Nachteil.« (CC 147, 1 ff.)

Schlimmer und heimtückischer ist schon der weiße Zorn:

»Wer aber zum Zorn erregt wird, daß er blaß im Gesicht wird, dessen Zorn entsteht aus der Schwarzgalle, die zwar das Blut nicht weiter erregt, wohl aber seine Säfte verdreht. Dadurch wird der Mensch abgekühlt, und seine Kräfte nehmen ab und werden schlapp. Inzwischen aber erhebt sich in ihm der böse Vorsatz, sich gründlich zu rächen, und dieser hält lange an.« (CC 147, 6 ff.)

Seit der Vertreibung aus dem Paradies hat der Mensch seine ungetrübte Freude am Schönen und Guten verloren, weil sich im Moment des Sündenfalls der ursprünglich glasklare Gallenstein Adams in Schwarzgalle verflüssigte. Seitdem fließt dem Menschen bei Verstimmungen die Galle über, vergiftet das Blut und führt zu Trauer und Zorn oder verursacht sogar schwere innere Krankheiten:

»Die Schwarzgalle ist jedem Menschen eigentümlich, und zwar

seit der ersten Versuchung durch den Teufel, weil der Mensch mit dem Essen des Apfels Gottes Gebot übertreten hat. Von jenem Essen an hat sich die Schwarzgalle in Adam und seinem ganzen Geschlecht entwickelt und ist die Ursache jeder schweren Krankheit.« (CC 38, 33 ff.)

Durch Diätfehler, Fehlernährung, falsche Lebensweise, Entzündungen der Gallenwege und erbliche und hormonelle Einflüsse können sich Gallensteine bilden (fast jeder zweite Mensch hat Gallensteine), die zu unangenehmen Gallenkoliken, Schmerzen, Gallenstau und Leberschäden führen können. Daher ist es das höchste Ziel, alle Schwarzgalle neutralisierenden Heilmittel der Hildegard-Medizin einzusetzen. An erster Stelle ist da der Dinkel zu nennen mit seinem hohen Gehalt an Neurotransmittern (Tryptophan, Phenylalanin), die von großer Bedeutung für den Nervenstoffwechsel sind. Darüber hinaus enthält der Dinkel wertvolle Faser- und Quellstoffe (Lignin, Zellulose, Pektine), die in der Lage sind, überschüssige Schwarzgalle (Gallensäure), Cholesterin und Salze zu binden, so daß sich die Cholesterin-Gallensteine entweder gar nicht erst bilden oder wenigstens nicht vergrößern.

Ganz besonders wirksam ist auch die Wermut-Frühjahrskur, um Störungen der unruhigen Gallenblase zu bereinigen. Zur Therapie mit Wermut-Bitterstoffen schreibt der Nestor der Deutschen Phytotherapie, Professor Dr. R. F. Weiß:

»Es ist eine alte Erfahrungstatsache, daß hartnäckige Magenbeschwerden, die sonst auf kein Mittel mehr recht ansprechen wollen, durch eine kurmäßige Behandlung mit Wermut noch zu beheben sind.«

Da die Wermut-Frühjahrskur die Durchblutung verbessert (den Magen wärmt), werden starke Blähungen als Folge einer schlechten Verdauung beseitigt. Beim Zustandekommen von übermäßigen Blähungen im Oberbauch spielen die Blutversorgung der Abdominalorgane eine wesentliche Rolle, da sie die Folge einer Sklerose der Mesenterialgefäße sind. Die Hauptursache ist eine ungenügende Resorption von Darmgasen, wie es im Roemheld-Syndrom mit aufgetriebenem Magen, Völlegefühl, Druck, Aufstoßen und Druck auf Herz oder Gallenblase beobachtet wird. Durch die Beseitigung des Druckes mit dem Wermut-Elixier werden die Herzkranzgefäße entlastet.

Wermut ist eines der besten Mittel, um die Funktionsstörungen im oberen Dünndarm (Dyskinesien) mit Störungen der Gallenwege (unruhige Gallenblase) und der Bauchspeicheldrüse (Pankreatitis) zu beseitigen, ohne eine zu starke Cholerese (Gallenfluß) anzuregen. Gerade der Wermut, schreibt R. F. Weiß, ist eines der besten Beispiele dafür, daß die anerkannt gute Wirkung eines Gallenmittels durchaus nicht unbedingt mit der Stärke der choleretischen (vermehrter Abfluß bereits gebildeter Galle, gallenfördernd) und cholekinetische Wirkung (verstärkte Produktion von Galle, gallentreibend) einhergehen muß, denn in dieser Wirkung wird der Wermut von Pfefferminze und anderen Stoffen übertroffen.

Hinter dieser Funktionseinheit (Dyskinesie, v. Bergmann) verbergen sich auch oft schwer zu behandelnde Magenbeschwerden, ganz gleichgültig, ob es sich lediglich um chronische Entzündungen der Gallenblase (Cholezystitiden), Gallensteine oder Pankreatitis (Bauchspeicheldrüsenentzündung) handelt. Hauptziel der Therapie muß immer eine Beruhigung der gesamten Funktionseinheit sein, denn nur die »unruhige Gallenblase« oder akute Pankreatitis macht Beschwerden.

Man wird den Wermut nicht als Monotherapie zur Beseitigung einer schweren, akuten Gallenkolik verabreichen, obwohl es unzählig viele Gallenkranke gibt, die mit Recht die Regulierung der Galle mit Wermut-Elixier loben. Das Hauptziel ist dabei immer die Beruhigung des gesamten Gallenwegsystems, denn nur die »unruhige Gallenblase« macht Beschwerden, ob mit oder ohne Stein ist nicht von Belang.

Zur Vorbeugung und Behandlung von Gallenleiden und Gallensteinen hat sich das Gesamtkonzept aus der Hildegard-Heilkunde bewährt, wobei erst alle Schritte zusammen in die richtige Richtung führen:

1. Hildegard-Fasten.
2. Hildegard-Psychotherapie, besonders die Beseitigung und Regulation von Kummer, Sorge, Frust und Streß durch eine harmonische Lebensführung unter Berücksichtigung des rechten Maßes an Arbeit und Entspannung, Geselligkeit und Alleinsein, Gebet und Meditation, Ruhe und Bewegung.
3. Hildegardischer Aderlaß zur Beseitigung von Schwarzgalle und gallensteinbildenden Substanzen wie Cholesterin und Gallensäuren.
4. Hildegard-Aufbaukur mit Dinkel, Obst und Gemüse.
5. Bewegungstherapie mit Tanzen, Gymnastik, Wandern, Radfahren, Schwimmen zur Anregung des Gesamtstoffwechsels.
6. Hildegard-Heilmittel:
   Große Therapie
   Beseitigung und Neutralisierung von Schwarzgalle durch gelöschten Wein (1 Glas Wein bis zur Blasenbildung [1 Minute]

aufkochen, mit 1 Likörglas kaltem Wasser löschen und warm schluckweise trinken).
»Wenn ein Mensch zum Zorn oder zur Traurigkeit gereizt wird, soll er sogleich über dem Feuer einen Wein heiß machen und mit etwas kaltem Wasser mischen und trinken. So wird der Melancholiestoff beseitigt, welcher in ihm als Zornreizstoff entstanden war.« (CC 198, 5)
Chalcedon-Armband, -kette; ein schönes Hildegard-Essen; Antimelancholika (frohmachende Heilmittel).

Antimelancholika sind:

Dinkel	(täglich morgens Habermus oder Dinkelflocken mit heißer Milch übergossen).
Flohsamen	(dreimal täglich 1 EL übers Essen streuen).
Bertram	(2 bis 3 Messerspitzen als Gewürz mitkochen).
Nervenkekse	(täglich 3 bis 5 mit gehackten süßen Mandeln).
Süße Mandeln	(täglich 5 bis 10 kauen).
Haferflocken	(Porridge, Haferbrei).
Fenchel	(dreimal täglich 3 Fencheltabletten vor dem Essen, Fencheltee).
Pfefferkraut	(2 bis 3 Messerspitzen als Gewürz mitkochen).
Süßholzwurzelpulver	(2 bis 3 Messerspitzen als Gewürz mitkochen).
Ysop	(frische Blätter oder 2 bis 3 Messerspitzen Ysoppulver als Gewürz mit Hühnchen kochen).
Kubeben	3 bis 5 Stück täglich kauen oder als Gewürz über das Essen streuen.
Gelöschter Wein	(ein bis mehrmals täglich 1 Glas Wein zum Sieden erhitzen und mit 1 Likörglas kalten Wassers ablöschen).
Fenchelsaft	(ein- bis dreimal täglich Stirn, Schläfen, Brust und Magengrube [Sonnengeflecht] einreiben).
Aronstab-Elixier	(täglich 1 bis 3 Likörgläser).
Schlüsselblumenkur	(einen großen Strauß Schlüsselblumen aufs Herz aufbinden).
Chalcedon-Armband	(am Handgelenk tragen).
Weinraute	(1 Blatt nach dem Essen kauen).

Veilchen-Elixier (täglich ½ Tasse trinken, 4 bis 6 Wochen lang).
Onyx (aufmerksam anschauen und in den Mund legen).

Bücher, die das positive Denken anregen, etwa: Carnegie: *Sorge dich nicht, lebe!*

Bei Gallenkoliken
- Jaspisscheibe auf den Schmerzpunkt auflegen;
- Galganttabletten gleich am Anfang einnehmen, damit sich gar keine Kolik einstellt;
- Leinsamen-Leinen-Umschläge;
- Leinsamen, Pfirsichharz-Birnen-Salbe.

Bei Gallenleiden und Gallensteinen sind empfehlenswert:

1. Dinkel, Edelkastanien, Obst und Gemüse, alle klaren oder gebundenen Suppen, Cremesuppen, weißen Saucen mit jeder Art von zartem, jungem Gemüse (Fenchel, Sellerie, Karotten, Spargeln, Teltower Rübchen) und Küchenkräutern.
2. Geringe Mengen Butter und kaltgepreßtes Sonnenblumenöl.
3. Hildegardisierter zarter Kopfsalat mit wenig Öl und Zitrone angemacht.
4. Zartes, junges Fleisch, leicht gegrillt oder gekocht, mageres Geflügel (ohne Haut).
5. Fettarme Frischfische, Barsch, Hecht, Zander, Felchen, Kretzer, gegrillt, gekocht.
6. Fettarme Käse, Frischkäse, Hüttenkäse, Gervais.
7. Kompott, Joghurt mit Früchten, Obstsalat, Obstcremespeisen.
8. Fencheltee, Dinkelkaffee, durchgegorener Most, Apfelsaft, Traubensaft, Orangensaft, Dinkelbier, hildegardisierter Rotwein (mit Wasser verdünnt oder mit etwas eingetunktem Brot).

Bei Gallenleiden und Gallensteinen sind zu meiden:

1. Kohl, Hülsenfrüchte (Erbsen, Linsen, Bohnen, außer grüne), Bratkartoffeln, Pommes frites, Kartoffelsalat, -puffer, -klöße, Gurkensalat, Selleriesalat, Heringssalat, italienischer Salat, gebratene Zwiebeln.
2. Gebratenes, fettes Fleisch, Rostbraten, Gänsebraten, Gulasch, Buletten, Pökelfleisch, Königsberger Klopse, Wurst, Schinken, Speck, Gänseleberpastete, Räucherwaren, Bratensaucen.

3. Fette Fische, Aal, Salm, Lachs, Ölsardinen, Hummer, Krebse, Räucherfische (Heringe, Bücklinge).
4. Raffinadezucker, Schokolade, Konfitüren, Buttercremespeisen.
5. Schlagsahne, Tierfette, Mayonnaise, würzige, pikante oder alte Käse, Schweine- oder Gänseschmalz, harte Eier, pikante Eierspeisen.
6. Frisches Brot, Schwarzbrot, frische Brötchen, frisches Hefegebäck, Blätterteig, Torten.
7. Weizenfeinmehl-, Auszugsmehlgebäck.
8. Bohnenkaffee, Alkohol, Nikotin, kohlensäurehaltige Getränke, heiße oder kalte Schokolade.
9. Konserven, Konservierungsmittel.
10. Obstkerne und -schalen, Beerenobst, Pflaumen, Pfirsiche, Erdbeeren, Lauch, Weintrauben.
11. Extreme wie zu heiße, zu kalte, zu süße, zu saure, zu stark gewürzte, geräucherte, gepökelte und geröstete Speisen.

Tagesmenü bei Gallenerkrankungen

Morgens: Habermus oder Co.
Dinkelkaffee
Mittags: Fenchelcremesuppe
Huhn in Riesling mit Ysop
Dinkelkopfsalat
Abends: Apfelauflauf mit Dinkelzwieback

Vorbeugung und Behandlung von Hauterkrankungen
Ekzeme, Neurodermitis, Allergien, Schuppenflechte

Nirgendwo werden Diätfehler (Küchengifte, Rohkost), seelische, körperliche und geistige Überbeanspruchung, Aggressionen, Frustrationen und Überempfindlichkeiten dermaßen sichtbar wie auf der Haut. (»Er ist aus der Haut gefahren.«) Mit der Zunahme von durch Chemikalien verseuchten Lebensmitteln wird die Situation immer schwieriger (Nahrungsmittelallergien). Die einzigen unverseuchten und reinen Lebensmittel, die uns noch geblieben sind, sind Dinkel und Edelkastanien, die ohne künstliche Dünger und Chemie prächtig gedeihen. Daher ist die Hauttherapie durch die Dinkel-Obst-Gemüse-Diät auch so wirksam.

Vieles von dem, was im Inneren des Menschen vor sich geht, spiegelt sich auf der Haut wider: gestörte Magen-Darmfunktion, geschädigte Darmflora, mangelhafte Entgiftung durch Leber und Niere. Eine Hauttherapie kann daher nur erfolgreich sein, wenn das gesamte Wechselspiel von seelisch-geistigen und körperlichen Zusammenhängen berücksichtigt wird. Hildegard beschreibt 35 seelische Konflikte (analog zu 35 Wirbelkörpern mit zugehörigen 35 Nervenpaaren), die sich auf der Haut widerspiegeln können, und teilt die Haut in fünf große Segmente, denen fünf Problemkreise zugeordnet sind:

Kopf bis Schulter (1–7)	Die fünf Sinnesorgane einschließlich Haut und Nerven
Schulter bis Hüfte (8–15)	Magen-Darmfunktion
Hüfte bis Oberschenkel (16–22)	Unterleibsorgane
Knie bis Waden (23–30)	Sexualorgane
Füße (31–35)	Übergeordnete Probleme der Lebensführung

Therapieplan

1. Hildegard-Fasten.
2. Hildegard-Psychotherapie, ganz speziell das Laster- und Tugendpaar Ignavia (Feigheit, Resignation) / Divina victoria (göttlicher Sieg). Der Patient muß davon überzeugt sein, daß er durch Gottes Hilfe wieder gesund wird.
3. Hildegard-Aufbaukur, Dinkelküche.
4. Hildegardischer Aderlaß zur Hormonregulation.
5. Aktivierung des Gesamtstoffwechsels durch Bewegung, Tanz, Sport, Wandern, reichlich Vormitternachtsschlaf, gute Bücher, Musik und kreative Hobbys.
6. Hildegard-Heilmittel.
   - Große Hautkur mit Buchsbaumsaft;
   - Universalheilmittel:
     Fenchelmischpulver (Hautkosmetikum, Durchblutungsstörung), Hirschzungen-Elixier, Wermut-Frühjahrskur, Ersatz aller Weizenprodukte durch Dinkel.
   - Bei Eiweißallergie, besonders bei Käseunverträglichkeit Mutterkümmel über das Essen streuen.

- Bei Juckreiz täglich 1 bis 2 TL Speisemohn mit Apfelschnitzen.
- zur Hautdurchblutung: Quendel-Rote-Betegemüse.
- Bei Läusen, Hautwürmern und Milben: Balsamkrautfett, Brombeerpulver, wilde Minze.
- Bei Überbein: tote Bienen in Olivenöl.
- Bei Schwellungen: sonnenwarme Goldplättchen.
- Bei Geschwulst: Veilchenöl, Veilchensalbe.
- Bei Geschwüren, Abszeß, Furunkel, Lymphdrüsenschwellung: Eisenkraut; Nikolai-Salbe; Erlenblätter, frisch aufgelegt; Quittenpackung.
- Bei Schuppenflechte (Psoriasis): Hasengalle, frisch; Heringslake.
- Bei Hautausschlag: Kuckuck-Bärenfettsalbe, Lärchensalbe, Schöllkrautsalbe, Schwanenfettsalbe, Wickenpackung, Maulbeerblätter.
- Bei Windeldermatitis: Pappelbäder.
- Bei Muttermal, Vitiligo: Pfirsichbaumsaft.
- Absetzen von Kortison, Antibiotika und überflüssigen Arzneimitteln.
- Edelsteintherapie: Amethyst gegen Schwellungen; bei Urtikaria Bergkristall sonnenwarm auflegen; sonnenwarme Goldplättchen; Prasem-Roggenbrotteig-Packung gegen Allergiefieber.

Bei Hauterkrankungen und Allergien sind empfehlenswert:

1. Dinkel, Obst und Gemüse.
2. Frischfisch, Barsch, Hecht, Kretzer.
3. Geringe Mengen Butter, Sahne, kaltgepreßtes Sonnenblumenöl.
4. Täglich Dinkelkopfsalat.
5. Salzarme Ernährung mit frischen Kräutern und Gewürzen, vor allem Mutterkümmel und Quendel.
6. Buttermilch, Sauermilchprodukte, Frischquark, körniger Hüttenkäse.
7. Fenchel- und Salbeitee, Dinkelkaffee, Dinkelbier.

Bei Hauterkrankungen und Allergien sind zu meiden:

1. Fettes Fleisch, Wurst, Speck, Schinken, Schweinefleisch, gepökeltes Fleisch und Fleischkonserven.
2. Geräucherte Fische, Ölsardinen, Aal, Bückling, Fischkonserven.

3. Raffinadezucker, Schokolade, Zuckeraustauschstoffe (Cylanat, Sorbit).
4. Vollraffinierte Fette und Öle, Margarine, Backfette.
5. Weizenmehlprodukte.
6. Bohnenkaffee, Alkohol, Nikotin.
7. Gezuckerte Limonaden, Cola, Mineralwasser.
8. Küchengifte, Nachtschattengewächse (Kartoffeln, Paprika, Tomaten).
9. Zu viele und zu scharfe Gewürze, Pfeffer, Tomatenketchup.
10. Konserven und Konservierungsmittel (sie zerstören die Darmflora).

Tagesmenü bei Hautkrankheiten und Allergien

Morgens: Habermus oder Porridge.
Mittags: Dinkelgrießsuppe mit Quendel,
Rote-Betegemüse mit Quendelsauce,
Apfel im Schlafrock.
Abends: Dinkelbratlinge mit Mutterkümmel.

Vorbeugung und Behandlung von Herz-Kreislauferkrankungen
Koronare Herzkrankheiten, Angina-pectoris-Anfälle, Herzschmerzen, Arteriosklerose, Cerebralsklerose, Nephrosklerose, Herzinsuffizienz, Herz-Kreislaufschwäche

Angina pectoris ist keine eigentliche Krankheit, sondern ein Symptom, das durch verschiedene Risikofaktoren ausgelöst wird. Dazu gehören: Arteriosklerose, Bluthochdruck, hoher Blutfettspiegel, Übergewicht, Diabetes mellitus, psychische und körperliche Überbelastung, atmosphärische Einflüsse wie Föhn und Kaltwetterfronten, Reizüberflutung und Genußmittel wie Alkohol, Bohnenkaffee und Nikotin.

Aus der Sicht der Hildegard-Medizin gibt es für Herz-Kreislauferkrankungen drei fundamentale Ursachen:

1. Die Krankheit ist durch Vererbung bedingt. Die Patienten stammen aus sogenannten »Herzfamilien«.
2. Die Krankheit hat seelische Ursachen (aus der zweiten und dritten Psychotherapiegruppe).
3. Die Krankheit ist durch falsche Ernährung verursacht worden (zu viel und zu fettes Essen, Küchengifte, Rohkost und Diätfehler).

Obwohl die Arteriosklerose als häufigste Todesursache in Deutschland und der westlichen Welt seit über vierzig Jahren nach einem bestimmten Therapieplan behandelt wird, hat sich die Zahl der Todesfälle an Herzinfarkt in dieser Zeit um das Zwanzig- bis Dreißigfache erhöht. Das liegt daran, daß die wahren, tieferen, seelischen und ernährungsbedingten Ursachen der Herzkrankheiten nicht berücksichtigt werden. Die Risikofaktoren, die Arteriosklerose auslösen, müssen möglichst vermieden und durch eine neue Lebensführung und eine richtige Ernährung ersetzt werden.

Hildegard beschreibt in ihrer Psychotherapie *Der Mensch in der Verantwortung* 35 seelische Konflikte, die das Herz belasten können, und empfiehlt neben 35 positiven, heilenden Kräften interessanterweise auch 35 Heilmittel für das Herz. In der Zwischenzeit liegen auch wissenschaftliche Forschungsergebnisse vor, die die engeren Zusammenhänge von Ernährungsweise und Herzinfarktrate offenlegen. Danach ist Arteriosklerose nicht nur, wie bisher angenommen, die Folge einer Fettstoffwechselstörung (zu hohe Cholesterin- und Triglycerid-Serumspiegel), sondern wird vor allem durch eine permanente Überernährung an tierischem Eiweiß und an Milcheiweiß hervorgerufen.

Therapieplan

1. Hildegard-Fasten und Hildegard-Psychotherapie unter Berücksichtigung aller körperlichen und seelischen Risikofaktoren.
2. Hildegard-Aderlaß nach dem Fasten entzieht dem Körper Eiweiß und senkt so den Hämatokritwert des Blutes. Die arteriosklerotischen Eiweißspeicher in Bindegewebe und in den Gefäßen entleeren sich. Dadurch kann das Blut wieder besser fließen, und Herz und Gehirn werden besser durchblutet.
3. Hildegard-Aufbaukur mit Dinkel, Obst und Gemüse; nur pflanzliche Lebensmittel verwenden, kein tierisches Eiweiß, kein Milcheiweiß.
4. Anregung des Gesamtstoffwechsels durch Bewegung, Tanz, Wandern, Schwimmen.
5. Einsatz aller 35 Hildegard-Herzmittel.
   - Große Herzkur (bei organischen, primären Herzleiden, zur Rehabilitation nach Herzinfarkt): Petersilien-Honigwein, Griechenkleepillen, Fenchelsaft (Herzsaft), Griechenkleepulvermischung.
   - Bei Herzschmerz, -schwindel, -schwäche, Angina-pectoris-Anfällen: Galgant.

- bei Herzrhythmusstörungen: Jaspisscheibe; Bohnenkraut, roh; Bergkristallwein.
- Bei Herzschmerzen (Intercostalneuralgie): Lorbeeröl, Chrysolith/Olivenöl, Onyx, Diptampulver, Tannensalbe.
- Bei Intensivschmerz: Enzianpulver, Mandragora.
- Bei Altersherz: Galgantlatwerge.
- Bei Herzschwäche: Petersilien-Honigwein; Habichtskrautmischung; Königskerze; Bohnenkraut, roh; Smaragd.
- Bei Herztraurigkeit: Lilie, Schlüsselblumenpackung, Edelkastanien.
- Bei Herzstichen: Mariendistel-Salbeisaft.
- Bei Herzinsuffizienz: Meerrettich-Galgant-Mischung.
- Bei Endokarditis: Edelkastanien, roh.
- Bei Herzschwäche und Herzschwäche mit Lungenstau: Lavendelwein.
- Bei Herz-Kreislaufschwäche: Chalcedonkette, Wermut-Frühjahrskur.

Bei Herz-Kreislauferkrankungen, koronaren Herzkrankheiten und Arteriosklerose sind empfehlenswert:

1. Vegetarische Küche mit Dinkel, Edelkastanien, Obst und Gemüse.
2. Kaltgepreßtes Sonnenblumenöl, wenig Butter und Sahne.
3. Salzarme Küche mit frischen Kräutern und Gewürzen (Galgant, Enzian, Bertram, Knoblauch).
4. Fencheltee, Dinkelkaffee, Dinkelbier, Wein, Johannisbeersaft, durchgegorener Apfelmost.

Bei Herz-Kreislauferkrankungen, koronaren Herzkrankheiten, Arteriosklerose sind zu meiden:

1. Fettes Fleisch, Wurst, Speck, Schweinefleisch, geräuchertes, gepökeltes Fleisch, Fleischkonserven.
2. Geräucherte Fische, Ölsardinen, Aal, Bückling, Fischkonserven.
3. Raffinadezucker, Schokolade, Eisspeisen, zucker- und fettreiche Süßspeisen, Konfitüre außer Quitten-, Mispel-, Kornelkirsch-, Himbeer-, Brombeermarmelade.
4. Vollraffinierte, gehärtete Fette, Margarine, Braten- und Backfette.
5. Auszugsmehlprodukte, fette Backwaren (Torten).
6. Bohnenkaffee, Alkohol, Nikotin.
7. Gesüßte Obstsäfte, Cola-Getränke, Spirituosen, Mineralwasser.

8. Küchengifte (Erdbeeren, Pfirsiche, Pflaumen, Lauch) und Rohkost.
9. Konserven und Konservierungsmittel.

Tagesmenü bei Herz-Kreislauferkrankungen

Morgens:	Habermus oder Co.
	Dinkelkaffee
Mittags:	Dinkelgrießsuppe mit Enzian
	Lammgulasch mit
	Edelkastanienglemüse
	Dinkelkopfsalat
Abends:	Rote Bete mit Meerrettich

Vorbeugung und Behandlung von Lebererkrankungen

Zu den Lebererkrankungen gehören:
- Ikterus simplex (nichtinfektiöse Gelbsucht oder durch Diätfehler hervorgerufene Gelbsucht).
- Leberzellschädigung (Vergiftung, Hepatitis, Leberzirrhose).
- Verschluß-Ikterus intrahepatisch (Virushepatitis, Alkoholfettleber).
- Verschluß-Ikterus extrahepatisch (Gallensteine, Tumor).
- Virushepatitis A: Lebensmittelinfektion.
  Virushepatitis B: Spritzenhepatitis, Geschlechtsverkehrinfektion.
  Virushepatitis NonA-NonB: Posttransfusionshepatitis.
- Fettleber (Alkohol, Arzneimittel, Überernährung).
- Leberzirrhose (Alkohol, Hepatitis).

Leberleiden haben ihre Ursache oft in einer maßlosen Lebensweise: zuviel Essen, zuviel Trinken, zuviele Drogen, zuviel Trauer, Ärger, Zorn, Frustration und zuviele Emotionen.

»Nimmt man ohne Maß und Verzicht alle Speisen zu sich, dann kann durch einige dieser (giftigen) Säfte die Leber geschädigt und verbreitert werden. Dadurch wird ihr heilsamer Saft (Leberstoffwechselprodukte), den sie wie eine Salbe in alle Organe senden muß, zerstört, und es entstehen dadurch irgendwo im Körper Geschwülste (Tumore).« (CC 97, 25 ff.)

Wenn die Leber von zu vielen Giften und Schlackenstoffen, Viren-

und Bakterientoxinen, Alkohol und Drogen überschwemmt wird, kann das den Leberfilter verstopfen (Stauungsleber) und die Leber anschwellen lassen (Fettleber) oder sogar zerstören. Eine erfolgreiche Lebertherapie nach Hildegard muß daher eine vernünftige Lebensweise, die von Hildegard beschriebene Leberdiät, die Einnahme von Maulbeerwein und die Ausschaltung aller krankheitsauslösenden Ursachen berücksichtigen:

»Der (an der Leber) Leidende soll als Getränk oft Maulbeerwein (moretum) trinken, weil das Leberleiden oftmals von einem Überfluß an Blut entsteht, den die Wärme und der Saft des Maulbeerweins beruhigt, weil er gewissermaßen dem Blute artverwandt ist.

(Jede) Speise, die er genießt, soll er mit etwas (Wein-)Essig temperiert verzehren, weil Wärme und Schärfe des Essigs die Leber zusammenziehen.

Er soll aber auch Weizenbrot (Grahambrot) gut kauen, das die Leute zwischen aufgeschnittenem und getrocknetem (geräuchertem) Schweineschulterfleisch (Schinken) einlegen und mit Wein übergießen (ein Likörglas Wein über den Schinken zur Entgiftung gießen). Der trockene Saft des Schinkens wird beim Übergießen durch die Wärme des Weines und des Brotes herausgetrieben, und so zieht dieses derart temperierte Brot die Leber wieder zusammen, so daß sie nicht anschwillt. Doch soll er den Wein, mit welchem dieser Schinken durchtränkt worden ist, nicht trinken, weil in den Wein alles übergegangen ist, was in diesem Fleisch Schädliches gewesen war.« (CC 176, 33 ff.)

Therapieplan

1. Hildegard-Fasten.
2. Hildegard-Psychotherapie, insbesondere die Einübung des rechten Maßes.
   »Vor allem«, schreibt Hildegard, »liebe der Mensch das rechte Maß beim Essen und Trinken.« Das heißt: nicht zu heiß, nicht zu kalt, nicht zu süß, nicht zu sauer, keine Bratenfette, nichts Fettgebackenes, keine Genußmittel, kein Nikotin, keine Schokolade.
3. Hildegard-Aderlaß ein- bis zweimal jährlich zur Normalisierung der erhöhten Leberenzymwerte:
   GGT erhöht bei Akoholmißbrauch, Fett und Metastasenleber, toxische Leberschäden, Gallenerkrankungen.
   GOT erhöht bei akuter und chronischer Hepatitis, Leberzirrhose, Herzinfarkt.

GPT erhöht bei allen akuten und chronischen Lebererkrankungen, besonders akute Hepatitis, Virusinfektion.
4. Hildegard-Aufbaukur mit Dinkel.
5. Hildegard-Heilmittel
- Große Leberkur: Ysopelixier, Maulbeerwein.
- Bei Verhärtung der Leber: Huflattich-Birnbaummistelelixier.
- Bei Leberleiden durch Traurigkeit, Depression: Ysop-Hähnchen.
- Bei Leberleiden mit erhöhten Leberenzymen: Edelkastanienhonig.
- Bei Leberzirrhose: Habichtssalbe.
- Bei Leber-Lungen-Syndrom: Hirschzungenelixier, Ysopelixier, Mandelkernekur.
- Bei Leberleiden, -schmerz: Lavendelwein.
- Bei Fettleber: Wegerichwein.
- Bei Migräne durch Leber-Milzleiden: Apfelknospenöl.
- Bei Lebertumoren, Warzen: Ugera-Olivenöl-Umschlag (Leberbalsam, Ageratum?).
- Zur Entgiftung der Leber: Ringelblumenwein, Salbeipulver, Salbeitee, Rettich.
- Edelsteinmedizin: Amethyst, Diamant, Topas.
- Große Gelbsuchttherapie: Pfennigkrautmischungwein.
- Bei Gallensteinverschluß-Ikterus: Steinbrechsamenwein.
- Einfache Gelbsuchttherapie: Aloewasser, Bärwurz-Weinessig-Suppe, Diamantwasser oder -wein, Gänsefingerkrautkeks, Holunderblüten-Sauna.
- Bei Gelbsucht mit Fieber, Hepatitis A und B: Brunnenkresse, gedünstet.

Bei Leberleiden sind empfehlenswert:

1. Dinkel, Obst und Gemüse, Edelkastanien, Bohnen.
  Die Speisen sollen gedämpft oder gegrillt und erst vor dem Genuß mit frischer Butter oder kaltgepreßtem Sonnenblumenöl angerichtet werden.
  Jede Speise soll mit etwas Weinessig temperiert sein.
2. Schinken auf Vollweizenbrot (Grahambrot) oder Dinkelknauzer; Schinken vorher mit einem Schuß (ein Likörglas) Rotwein entgiften, Wein ablaufen lassen.
3. Geringe Mengen Butter und kaltgepreßtes Sonnenblumenöl.
4. Täglich Dinkelkopfsalat.
5. Salzarme Küche mit frischen Kräutern und Gewürzen.
6. Buttermilch, Sauermilch, Frischquark, Hüttenkäse.

7. Maulbeerwein, Lavendeltee, Fencheltee, Benediktenkrauttee, Dinkelkaffee, Dinkelbier, Apfelmost, schwarzer Johannisbeersaft, Traubensaft.

Bei Leberleiden sind zu meiden:

1. Fettes Fleisch, Wurst, Speck, Schweinefleisch, geräuchertes, gepökeltes Fleisch, Fleischkonserven.
2. Geräucherte Fische, Ölsardinen, Aal, Bückling, Fischkonserven.
3. Raffinadezucker, Schokolade, Eisspeisen, zucker- und fettreiche Süßspeisen, Konfitüre außer Quitten-, Mispel-, Kornelkirschmarmelade.
4. Vollraffinierte, gehärtete Fette, Margarine, Braten- und Backfette, Schlagsahne.
5. Auszugsmehlprodukte, fette Backwaren (Torten).
6. Bohnenkaffee, Alkohol, Nikotin.
7. Gesüßte Obstsäfte, Cola-Getränke, Spirituosen, Mineralwasser.
8. Küchengifte (Erdbeeren, Pfirsiche, Pflaumen, Lauch) und Rohkost.
9. Zu viele und zu scharfe Gewürze.
10. Konserven, Konservierungsmittel.

Tagesmenü bei Leberleiden

Morgens: Habermus
Mittags: Edelkastaniencremesuppe
Hühncheneintopf mit Ysop
Quittenkompott
Abends: Dinkelbrot mit Gervais-Kräuterkäse.

Vorbeugung und Behandlung von Lungenkrankheiten
Bronchitis, Husten, Verschleimung, Atemnot, Pneumonie, Bronchialasthma, Herzasthma, corpulmonales Lungenemphysem, Lungenödem

Das luftige Lungengewebe leidet am meisten unter einem Überfluß an schlechten und stinkenden Säften *(mali et foetidi humores)*. Aus der Sicht der Hildegard-Medizin haben Lungenkrankheiten drei fundamentale Ursachen:

1. Vererbung: Patienten stammen aus sogenannten »Tuberkulose-Familien«.
2. Seelische Risikofaktoren, besonders aus der zweiten und dritten von Hildegard beschriebenen Gruppe.
3. Falsche Ernährung, Diätfehler durch Küchengifte und Rohkost.

Auf diese Weise entsteht schlimmstenfalls das auch mit der Hildegard-Medizin schwer zu heilende Bronchialasthma.

»Wenn diese Fehlsäfte nicht durch die Nase (Gehirn) ausgeschieden werden können, bleiben sie in den Bronchien der Menschen liegen, so daß diese Menschen nur mit großen Schwierigkeiten ausatmen können.« (CC 96,13 ff.)

Die Lunge kann darüber hinaus durch kalte Säfte (schlechte Durchblutung) in Mitleidenschaft gezogen werden. Diese Säfte entstehen bei einer Erkrankung der Leber und können zu einem Lungenstau (Brustenge, Dämpfigkeit) führen, wodurch die Lungendurchblutung erschwert ist und das rechte Herz mehr arbeiten muß. Dabei vergrößert es sich (Rechtsherz-Insuffizienz, corpulmonarer Rückstau im Lungenkreislauf). Daraus kann das sogenannte Herzasthma mit seiner lebensgefährlichen nächtlichen Atemnot und der Kurzatmigkeit entstehen. Gefürchtet ist eine Superinfektion bei Bronchitis:

»Wenn Eiter im Lungenbereich liegenbleibt, dann wirft sie viel und eitrigen Schleim aus, sonst würde es schnell mit ihm zu Ende gehen, denn dieses Leiden ist nicht ungefährlich.« (CC 96, 37 ff.)

Lungenleiden lassen sich daher nach der Hildegard-Medizin nur auskurieren, wenn man alle auslösenden Faktoren, aber auch und ganz besonders die Entziehung von Fehlsäften (Stoffwechselstörungen), die durch falsche Ernährung entstanden sind, berücksichtigt.

Therapieplan

1. Hildegard-Fasten.
2. Hildegard-Psychotherapie.
3. Hildegard-Aderlaß.
   »Wer Schmerzen an einer Seite oder in der Lunge hat, soll an der Mittelader *(Vena mediana cubiti)* zur Ader gelassen werden.«
4. Hildegard-Aufbaukur unter Berücksichtigung der Lungendiät:

»Wer auf irgendeine Weise unter einer Lungenkrankheit leidet, soll vor allem fettes Fleisch meiden und jede Speise, die stark bluthaltig ist (Blutwurst). Ferner gekochten Käse (Pizza, Raclette, Fondue), weil alles dies im Lungenbereich einen besonders schlechten Schleim hervorruft. Auch Erbsen und Linsen soll er meiden, rohes Obst und rohes Gemüse soll er nicht essen. Auch keine Walnüsse. Olivenöl ist zu vermeiden. Will er Fleisch essen, soll es ein mageres Fleisch sein; und wenn er schon Käse essen will, soll dieser weder gekocht noch roh sein, sondern trockener Käse (Hüttenkäse); und wenn es schon Öl sein muß, soll er es auf ein Mindestmaß beschränken. Wasser soll er nicht trinken (kein Mineralwasser), weil es im Bereich der Lungen zu Schlier (Schleim) führt. Neuen und halbgaren (frischen) Most soll er auch nicht trinken, solange dieser nicht total durchgegoren ist. Dagegen schadet Bier nicht viel, weil es gekocht wird. Wein hingegen trinke er nicht.« (CC 168,14 ff.) (PL 1134 A)

5. Anregung des Gesamtstoffwechsels durch Atemtherapie (Zilgrei = Zillo/Greissing: *Neue Hoffnung: Zilgrei. Schmerzfrei durch eine kombinierte Haltungs- und Atemtherapie*, Mosaik-Verlag, München, 1983), zum Beispiel Tanz, Bewegung, Wandern, Schwimmen, Radfahren.

6. Hildegard-Heilmittel
- Große Lungenkur mit Lungenkrauttee (Lungenemphysem): »Wenn Fehl- und Stinksäfte Gas (Blut) zum Gehirn schicken, das seinerseits diese Dämpfe zur Lunge weiterleitet, dann soll er Lungenkraut in Wasser kochen ... und darin liegenlassen (›mazerieren‹) ... und jeden Tag davon nüchtern und nach dem Mittagessen trinken, bis er geheilt ist.« (CC 175,13)
- Bei Bronchial-Asthma: Wacholder-Königskerzenelixier, Schafslungensuppe.
- Bei Bronchial-Asthma mit superinfiziertem Auswurf und bei eitriger Bronchitis: Dill-Liebstöckelelixier, Wacholder-Honigwürze.
- Universal-Lungenmittel: Wermut-Frühjahrskur, Hirschzungenelixier, Ziegenmilch, Mandelkur.
- Bei Stauungslunge, Rechtsherz-Insuffizienz, Kurzatmigkeit: Meerrettich-Galgant-Mischung, Elfenbeinwein, Lavendelwein.
- Bei Husten und chronischem Katarrh: Rainfarnsuppe, Lungenkrautwein, Salbei-Liebstöckel-Fenchelwein, Pflaumenkerne, Wermutöl, Königskerze-Fenchel-Andorn-Dillwein, Odermennigwein, Salbeiwein, Akeleihonig, Aloe-Brustwikkel, Herzpulver.
- Bei Mundgeruch (Foetor exore): Salbeiwein, Fencheltabletten, Pfirsich-Süßholz-Pfeffer-Honigwein.

- Bei Schluckauf: heißes Zuckerwasser, Gewürznelken-Zitwerwurzel.
- Bei Lungenleiden, Bronchialkrebs: Gundelrebenelixier, Gundelrebenbäder, Tannenholzasche-Bibernell-Fenchelwein, Lorbeerenpulver auf Brot, Sadebaum-Süßholzwein.
- Bei Verschleimung, Mucolyse, Mucoviszidose: Brombeerelixier, Odermennigpillen, Zitwerwasser, Akeleihonig, Bachminze, Bertrampulver.
- Bei Lungenschmerzen, Lungenleiden: Alantwein, Hagebuttenelixier, Gundelrebenelexier, Pfingstrosenelixier, Tannenasche-Bibernell-Latwerge, Gundelrebebäder, Wermutöl, Leinsamenumschläge, Brombeerelixier, Rispenhirse-Hirschzungenpulver auf Brot, Alant-Feigenabkochung, Salbe des Hilarius (Pfirsichblätter-Sysemera-Basilienkraut), Feigen-Bärenfettsalbe, Wacholderbaumhonig, Lavendel-Honigwein, Lavendel-Wirbeldost-Klettenwein.
- Bei Lungenleiden mit Depression: Veilchenelixier.

Bei Lungenleiden sind empfehlenswert:

1. Dinkel, Obst und Gemüse.
2. Mageres Geflügel, Kalb, Hammel, Ziegenfleisch, Reh, Hirsch, Schafslungensuppe.
3. Frischer Barsch.
4. Kaltgepreßtes Sonnenblumenöl, Butter.
5. Salzarme Küche mit frischen Kräutern (Rainfarn, Bachminze) und Gewürzen (Bertram).
6. Fenchel-, Salbei-, Lungenkrauttee, Dinkelbier.

Bei Lungenleiden sind zu meiden:

1. Fettes Fleisch, Wurst, Speck, Schweinefleisch, geräuchertes, gepökeltes Fleisch, Fleischkonserven, Blutwurst.
2. Geräucherte Fische, Ölsardinen, Aal, Bückling, Fischkonserven.
3. Raffinadezucker, Schokolade, Eisspeisen, zucker- und fettreiche Süßspeisen, Konfitüre außer Quitten-, Mispel-, Kornelkirsch-, Himbeer-, Brombeermarmelade.
4. Vollraffinierte, gehärtete Fette, Margarine, Braten- und Backfette, Oliven-, Walnußöl.
5. Gekochter Käse, Käseauflauf, Pizza, Raclette, Fondue.
6. Auszugsmehlprodukte, fette Backwaren (Torten).
7. Bohnenkaffee, Alkohol, Nikotin.
8. Gesüßte Obstsäfte, Cola-Getränke, Spirituosen, Mineralwasser, frischer Most, Wein.

9. Küchengifte (Erdbeeren, Pfirsiche, Pflaumen, Lauch) und Rohkost.

Tagesmenü bei Lungenleiden

Morgens: Habermus oder Co.
 Dinkelkaffee
Mittags: Schafslungenhaschee
 Gedünsteter Rotbarsch mit Äpfel und Fenchel
 Dinkelkopfsalat
Abends: Mailänder Bohnensuppe

Vorbeugung und Behandlung von Magen-Darmleiden

Chronische Verstopfung, Hämorrhoiden, Divertikulose, Verdauungsstörungen (Dyspepsie), Gastritis, Magen-Darmgeschwüre, Gallensteine, Zwerchfellbruch (Hiatushernie), Magen-Darmkrebs

Hildegard sieht die Ursachen für Magen- und Darmleiden in übermäßigem Essen und in der Rohkost, weil dadurch die Verdauungssäfte »austrocknen« und der Magen »verschleimt«.

»Die Menschen nehmen zuweilen im Übermaß Speise zu sich, die von den Wärme-(Kalorien-)Lieferanten Herz-Leber-Lunge und der Körperwärme im Magen... nicht gar gemacht werden können, weil sie roh oder ungekocht oder nur halb gekocht genossen wurden, außerordentlich und übermäßig fett oder schwer verdaulich beziehungsweise dürr und ausgetrocknet waren.« (CC 99, 5 ff.)

»Dadurch wird den Verdauungsvorgängen der (notwendige) Saft entzogen, und so ist der Magen kalt und verschleimt, und die Nahrung verhärtet sich im Magen-Darm, und der Mensch wird krank... Wer am Magen-Darm leidet, weil er keine rechte Verdauung hat, dem werden die Augen schwach *(caligare)*.« (Aphorismen III/43)

Während des Essens soll immer ausreichend getrunken werden, damit die Verdauung und Durchblutung funktionieren kann:

»Wenn der Mensch zu den Speisen, also zwischendurch beim Essen, nichts tränke, würde er schwerfällig an Geist und Körper, und dadurch würde sich kein guter Blutstoff ergeben und auch keine gute Verdauung.« (CC 113, 28 ff.)

Mit Dinkelkost gibt es keine Verdauungsprobleme, da sich der Dinkel aufgrund seiner guten Wasserlöslichkeit und Bioverfügbarkeit ohne große Verdauungsarbeit im Darm auflöst und den ganzen Organismus vollständig mit allen lebensnotwendigen Vollwertstoffen und Vitaminen überschwemmt. Die ballaststoffreiche Dinkel-, Obst- und Gemüsekost quillt infolge der darin enthaltenen Faserstoffe (Liguin, Zellulose, Pektine) im Darm auf, bringt den müden, abgeschlafften Darm in Bewegung und fegt die darin liegengebliebenen, zum Teil krebserregenden Gift-, Fäulnis- und Schlackenstoffe hinaus.

Die Dinkelfaserstoffe binden überschüssige Gallensäuren, Cholesterin und Salze, so daß sich Cholesterin-Gallensteine gar nicht erst bilden oder wenigstens nicht vergrößern und vermehren. Die ballaststoffreiche Dinkel-, Obst- und Gemüse-Diät verhütet den Dickdarmkrebs, weil sie krebserregende Fäulnisstoffe aus dem Darm ausscheiden hilft. Gleichzeitig können lebensnotwendige Stoffe (cyanogene Glykoside, »antineoplastisches Vitamin B17« und Thiocyanat) die natürliche Immunabwehr derartig stimulieren, daß die Anfälligkeit für bösartige Tumore zurückgeht.

Zur Sanierung eines durch chronische Verstopfung gereizten Darmes wird Hildegard-Fasten und eine anschließende Aufbaudiät nach Hildegard empfohlen.

Therapieplan

1. Hildegard-Fasten.
2. Hildegard-Psychotherapie:
   Besonders die Konflikte und Risikofaktoren, die aus der zweiten Gruppe der von Hildegard genannten Laster resultieren, schlagen auf den Magen oder verkrampfen den Darm. Daher ist die Praktizierung der christlichen Tugenden eine Grundvoraussetzung für den Heilungsablauf.
   Laster und Tugenden der zweiten Gruppe:
   Schlemmerei – Abstinenz
   Engherzigkeit – Freigebigkeit, Hochherzigkeit
   Gottlosigkeit – Frömmigkeit
   Lüge – Wahrheit
   Streitsucht – Friede
   Schwermut – Seligkeit, Heilszuversicht
   Maßlosigkeit – Maßhalten
   Atheismus – Seelenheil
3. Hildegard-Aderlaß.
4. Hildegard-Aufbaukur mit Dinkel.
5. Hildegard-Heilmittel.

- Große Magenkur:
  Pfingstrosenelixier, Ingwer-Süßholz-Zitwer-Kekse (Ausleitungskekse), Hechtleber, Bärwurz-Birnen-Honig-Latwerge.
- Universalheilmittel:
  Dinkelkörner, Dinkelkaffee, Fenchel (macht fröhlich, gute Hautfarbe, guten Körpergeruch, gute Verdauung; PL 1156 D), Flohsamen, hildegardisierter Dinkelkopfsalat, Edelkastanien-Morgensuppe mit Süßholz und Engelsüß.
- Bei Verdauungsschwäche und Gastritis:
  Ackerminze, Aronstabelixier, Bachminze (zu Fleisch, Suppe, Gemüse), Beifuß (Magenschmerzen, Magengeschwüre), Bertram (mindert Fäulnis, macht gutes Blut, klaren Verstand, bringt wieder Kräfte, läßt nichts unverdaut abgehen), Brennessel (gekocht), Brunnenkresse, Fenchel-Liebstöckel-Brennesselblätter, Hirschfleisch, Kornelkirsche, Krauseminze, Melde, Muskateller-Salbeielixier (Gastritis), Odermennigwein, Onyxsuppe, Petersilie-Fenchel-Königskerzengemüse, Poleiminze mit Salz in Fleischgerichten (enthält die Kraft von 15 anderen wichtigen Hildegard-Gewürzen), Rehfleisch, Rettichkur, Schafleberragout, Schlehenfrüchte, Stachelbeerkompott (Burzeldorn), Wildganssuppe, Ziegenleberragout, Christrosenwein (Helleborus), Enzianwein, Balsam-Olivenöl-Hirschmarksalbe.
- Nach Diätfehlern, bei Magengeschwüren:
  Beifuß, Mutterkümmel, Pfeffer, Bibernellkekse (Erbrechen), Hagebuttenmark, Rainfarnsuppe, Odermennigpillen, Salbei in gelöschtem Wein, Zitwerkekse, Quittenkur, Haferbier-Erlenblätter.
- Bei Magenfieber/Allergiefieber/Gastritis, Magengeschwür:
  Enzianwein, Balsam-Olivenöl-Hirschmarksalbe, Hyazinthwein.
- Bei Hämorrhoiden:
  Bachbungensaft, Tormentillsaft-Brombeersaftwein (Blut aus dem After), Gamander.
- Bei Magenschmerzen:
  Fencheltabletten, Ingwer-Galgant-Zitwerpulver, Lorbeerfruchtwein, Rehtalg-Hanfkompresse, Tannensalbe, Weinraute-Salbei-Salz, Zypressenwein, Weinrautesalbe (Nierenschmerzen durch Magenschwäche), Salbei-Zaunrüben-Weinrautepackung.
- Bei Magentumor:
  Nußbaum-Pfirsichblätterpulver (steingetrocknet in Sauce), Pfaffenhütchenwein, Schlehenfrüchte, Myrrhe-Fünffingerkraut-Wachskompresse, Bernsteinwein.

Bei Magen-Darmleiden sind empfehlenswert:

1. Dinkel, Obst und Gemüse, besonders mehlfreie Dinkelganzkornprodukte: Dinkelflocken, Dinkelgrütze, Dinkelkernotto, Dinkelgraupen, Dinkelkleie, Flohsamen.
2. Dinkel-Blattsalat nach Hildegard.
3. Naturbelassenes, kaltgepreßtes Sonnenblumenöl, frische Sahne und Butter.
4. Salzarme Küche mit frischen Kräutern und Gewürzen (Bertram).
5. Buttermilch, Sauermilch, körniger Frischkäse, Quark.
6. Kräutertees, Dinkelkaffee zum Frühstück, Dinkelbier, Rotwein, Apfelmost.

Bei Magen-Darmleiden sind zu meiden:

1. Fettes Fleisch, Wurst, Speck, Schweinefleisch, geräuchertes, gepökeltes Fleisch, Fleischkonserven, Eier, Käse.
2. Geräucherte Fische, Ölsardinen, Aal, Bückling, Fischkonserven.
3. Raffinadezucker, Schokolade, Eisspeisen, zucker- und fettreiche Süßspeisen, Konfitüre außer Quitten-, Mispel-, Kornelkirsch-, Himbeer-, Brombeermarmelade.
4. Vollraffinierte, gehärtete Fette, Margarine, Braten- und Backfette.
5. Auszugsmehlprodukte, fette Backwaren (Torten).
6. Bohnenkaffee, Alkohol, Nikotin.
7. Gesüßte Obstsäfte, Cola-Getränke, Spirituosen, Mineralwasser.
8. Küchengifte (Erdbeeren, Pfirsiche, Pflaumen, Lauch) und Rohkost.
9. Konserven, Konservierungsmittel.

Tagesmenü bei Magen-Darmleiden

Morgens: Habermus,
bei Magen-Darmgeschwüren morgens
eine Dinkel-Edelkastaniensuppe aus
2 EL Dinkelgrieß;
2 EL Kastanienmehl in
½ Liter Wasser zu Brei gekocht, mit
1 gehäuften TL Süßholzpulver,
1 gestrichenen TL Engelsüßpulver.

Mittags: Minestrone mit Dinkelkörnern;
Dinkelauflauf mit Gemüse;
Vanille-Apfel.
Abends: Dinkelfrikadellen.

Vorbeugung und Behandlung von Nervenleiden

Zu den hier angesprochenen Nervenleiden gehören: Gehirnleiden, Amentia, Paranoia, Neurose, Schizophrenie, Psychose, Depression (manisch depressive Psychosen), Melancholie (endogene Depressionen), Gedächtnisschwäche, Alzheimer, Demenz, Cerebralsklerose, Schlaganfall, Durchblutungsstörungen, Krämpfe, pseudo-epileptische Anfälle (petit mal), Epilepsie (grand mal), Multiple Sklerose (MS), Wahn, Hirnwut, Zorn, Parkinsonsche Krankheit.

Hildegard kennt viele nervenzerstörende Ursachen, aber eigentlich nur ein echtes Nervenleiden, die Amentia oder Sinnlosigkeit.

»Beschäftigt sich ein Mensch ohne den leitenden Einfluß seiner Oberen (Eltern) und ohne jede Not lediglich nach seinem Willen häufig mit vielen verschiedenen Gedanken, dann nimmt er seinen Säften den rechten Weg, so daß er einmal in seinem Tun überstürzt, dann wieder träge und ohne rechte Ordnung ist. Dadurch wird das Haupt eines solchen Menschen zum Schwindel verdreht, so daß sein Wissen und sein Gefühl verschwinden.« (CC 91, 14 ff.)

Nach Hildegard sind alle Gemütserkrankungen Folgen des Sündenfalls:

»Da befiel Traurigkeit seine Seele, und diese suchte bald nach einer Entschuldigung dafür im Zorn. Denn aus der Traurigkeit wird der Zorn geboren, woher auch die Menschen von ihrem Stammvater her die Traurigkeit, den Zorn und was ihnen sonst noch Schaden bringt, überkommen haben.« (CC 145, 35 ff.)

Streß, Ärger, Frustration, Angst, Sorge, Kummer belasten das Herz, die Leber und die Gefäße. Schließlich läuft die Galle über und vergiftet mit ihrer Melanche (Schwarzgalle) das Blut. Die Folge sind entweder Zornesausbrüche oder stiller Kummer – beides macht krank. Die Lebenskunst besteht darin (durch das rechte Maß), den Streß auszugleichen, Probleme zu bewältigen und die

Schwarzgalle zu neutralisieren. Dafür empfielt Hildegard drei wichtige Heilmittel: den blauen Chalcedon, gelöschten Wein und gutes, wohlschmeckendes Essen.

»Wie aus gutem Wein starker und saurer Essig wird, so nimmt auch die Galle von guten und wohlschmeckenden Speisen zu und von schlechten ab. Die Schwarzgalle aber nimmt von guten und wohlschmeckenden Speisen ab, dagegen zu von schlechten, bitter schmeckenden, unsauber und schlecht zubereiteten Speisen wie auch durch die mannigfaltigen Säfte der verschiedenen Krankheiten.« (CC 146, 32 ff.)

Gedächtnisstörungen sind die Folge einer schlechten Durchblutung, die durch Rohkost, Diätfehler und Küchengifte entsteht:

»Ein Mensch, der gegen seinen Willen vergeßlich ist, nehme die brennende Nessel und zerstoße sie zu Brei, setze diesem darauf etwas Baumöl zu, reibe, wenn er zum Schlafen geht, seine Brust und seine Schläfen kräftig damit ein, tue dies wiederholt, und die Vergeßlichkeit bei ihm wird abnehmen. Denn die scharfe Wärme der brennenden Nessel und die Wärme des Baumöls regen die zusammengezogenen Gefäße der Brust und der Schläfen an, die bei wachem Bewußtsein etwas schlafen.« (CC 195, 13 ff.)

Charakterschwächen und Unzulänglichkeiten können den Menschen derartig unter Druck setzen, daß sich seine Gefäße verhärten, verkalken oder sogar platzen können, was schlimmstenfalls zum Schlaganfall führt:

»Wenn Menschen inwendig viel Zorn und Eigensinn mit sich tragen, dies aber aus irgendwelchem Grunde, wegen Mangels an Mut, aus Furcht oder weil sie sich schämen, wegen ihrer schwermütigen Art oder weil es ihnen sonst nicht möglich ist, nicht zeigen und nicht kenntlich werden lassen, dann bersten und zerbrechen zuweilen infolge dieses zweckwidrigen Verhaltens die Gefäße des Gehirns, des Halses und der Brust und ergießen sich durch den Zugang und den Weg, auf dem die Gerüche zur Nase geleitet werden. Es gibt aber auch Leute, die mit eitlen, stets wechselnden Gedanken zu tun haben, mit denen sie gleichwohl nicht zu Rande kommen können, oder mit irrem und schwankendem Sinn von einem Ort zum andern umherschweifen oder aus ungewöhnlicher Veranlagung ihres Charakters oder in zügelloser Laune in ihrem Gemüt hin und her geworfen werden und so gleichsam in Sinnlosigkeit verfallen, so daß sie weder ihre

Apfelstrudel – Kirschstrudel

Kopfsalat mit Orangen und Ananas – Fenchelsalat mit Käse
Rote Grütze mit Orangenscheiben – Rote-Bete-Salat mit Äpfeln
Trauben-Maronensalat – Birnensalat mit Frischkäse

Quendelnudeln, Dinkelnudeln mit Gemüse, Dinkelbier, Dinkelkopfsalat

Fenchelsalat mit Käse – Hühnchenleber auf Feldsalat
Trauben-Maronensalat – Birnensalat mit Frischkäse

Hirschbraten mit Zuckererbsenschoten, süßen Mandeln, Dinkelgrießklößen und Dinkelreis

Dinkelhefezopf – Dinkelbrötchen

Dinkelbrot

Augen noch auch ihr Gesicht im richtigen Verhalten und in rechter Gebärde zu halten wissen. Dann bersten bei ihnen unter dem Einflusse der törichten Gedanken die Gefäße des Gehirns, des Halses und der Brust, so daß das Blut aus ihrer Nase fließt, wie oben gesagt ist.« (CC 133, 18 ff.)

Selbst die guten oder bösen Gedanken, die im Herzen der Menschen entstehen, haben ihren Einfluß auf das Gehirn.

»Die Gedanken sind die Urheber der Güte, der Weisheit, der Torheit und ähnlicher Dinge, wie ja auch schlechte Gedanken aus dem Herzen hervorgehen, und das ist die Tür. Weiterhin führt vom Herzen aus ein Weg zu den Elementen, mit denen der Mensch verrichtet, was er denkt. Die Kräfte der Gedanken steigen zum Gehirn auf, und das Gehirn hält sie fest, weil das Gehirn die Feuchtigkeit für den ganzen Körper ist, ebenso wie der Tau alles befeuchtet. Erheben sich aber in einem Menschen schlechte und übelriechende Säfte, dann senden diese eine Art von schädlichem Rauch zum Gehirn.« (CC 95, 31 ff.)

Ganz besonders leidet der Mensch an einem Mangel am rechten Maß *(discretio)*. Daher schreibt Hildegard an Elisabeth von Schonau (Briefwechsel, Seite 199):

»Wenn der pechschwarze Vogel (der Teufel) spürt, daß der Mensch durch Fasten, Beten und Enthaltsamkeit von seinen unerlaubten Begierden und Sünden ablassen will, rollt er sich wie eine Natter in ihrer Höhe zusammen und flüstert ihm zu: ›Deine Sünden können nur getilgt werden, wenn dein Leib durch Trauer, Tränen und Anstrengung ohne Maß derart niedertritt, daß er ganz verdorrt.‹ Ein solcher Mensch lebt dann ohne Hoffnung und ohne Freude; nicht selten schwindet ihm das Lebensgefühl *(viriditas)*, und er wird von einer schweren Krankheit ergriffen. Durch diese teuflische Hinterlist der Heiligkeit beraubt, läßt er unvollendet liegen, was er ohne Maßhaltung begonnen hat. Und so werden die letzten Dinge ärger sein als die ersten.«

Ein natürlicher Schlaf ist das beste Mittel für gute Nerven, weil in der Nacht die am Tage verbrauchte Nervenbatterie wieder aufgeladen wird:

»Denn wenn der Mensch schläft, erholt sich sein Mark und nimmt zu, und wenn er wacht, wird sein Mark etwas verdünnt und geschwächt, wie der Mond bei seinem Zunehmen wächst und beim Abnehmen kleiner wird, und wie die Wurzeln der Pflanzen im Winter ihre Lebenskraft in sich behalten, die sie im Sommer als Blüten aussenden. Daher wird, wenn das Mark des Menschen entweder durch Arbeit müde geworden oder durch Nachtwachen erschöpft ist, der Mensch vom Schlaf überwältigt und schläft leicht ein, gleichgültig ob er steht oder sitzt oder liegt, weil seine Seele bei ihm das Bedürfnis ihres Leibes fühlt.« (CC 81, 11 ff.)

Die Erholung der Nerven wird durch Schlaflosigkeit infolge schlechter Träume gestört. Dazu gehören durch Sorge und Kummer hervorgerufene Tagesrestträume, durch Umweltgeräusche und schweres Abendessen erzeugte Wachträume, krankheitsanzeigende Träume und diabolische Träume (Alpträume).

Therapieplan

1. Kein Fasten.
»Wenn ein Mensch unter großer Traurigkeit leidet, soll er tüchtig die ihm bekömmlichen Speisen essen, damit er durch die Nahrung wieder neu belebt wird, weil ihn die Traurigkeit zu sehr bekümmert.«
2. Hildegard-Psychotherapie.
Genau in der goldenen Mitte zwischen Übertreibung und Untertreibung, Überforderung und Unterforderung, Überernährung und Mangelernährung liegt der richtige Lebensweg für Nervenleidende. Daher heißt das Heilmittel *Discretio* – das rechte Maß. Hildegard nennt dieses Gotteskraft, die Mutter aller Tugenden:
»Denn die Seele liebt in allen Dingen das rechte Maß. Sooft der Körper des Menschen maßlos ißt und trinkt oder sich andere Maßlosigkeiten erlaubt, zerreißt er die seelischen Kräfte, weil alles nur mit Maß ausgeführt werden soll, da der Mensch nun einmal nicht ständig im Himmel lebt.«
(*Scivias* III, 6, Seite 261 – CC 458, 938 ff.)

3. Hildegard-Aderlaß, besonders wirksam bei Schlaflosigkeit.
4. Diät bei Nervenleiden:
»So ein nervenkranker Mensch soll trockene Speisen meiden, weil solche seine sowieso zersetzten Säfte in noch größere sinnverwirrende Dürre stürzen würden. Dagegen soll er gute, wohlschmeckende Speisen essen, die dem Blut mit ihren feinen Säften zu Hilfe kommen und die die Säfte des Kranken wieder ins richtige Geleise bringen und die Sinnesempfindung dieses Men-

schen von der Verwirrtheit abwenden. Auch soll er Breigerichte aus Feinmehl essen (Dinkelhabermus), die mit Butter oder Fett, nicht aber mit Olivenöl zubereitet wurden, weil diese das leer gewordene und erkaltete Hirn auffüllen und wieder erwärmen. Olivenöl würde Schleim auslösen, und dies sollte er meiden. Auch Wein dürfen diese Kranken nicht trinken, wodurch ihre gespaltenen Säfte nur noch mehr zersprengt würden. Ebensowenig Bier und Honig (Met), weil die Stärke des Honigs die zersetzenden Säfte noch mehr zerstreuen würde. Dieser Kranke trinke aber auch kein einfaches Wasser (Mineralwasser), weil es seine Sinne zu noch höherer Hohlheit verleiten würde. Nur den oben erwähnten Nerventee und auch Bier darf er trinken. Diese Getränke leiten seine gestörten Säfte und Sinne wieder in die rechten Bahnen, und das Toben der Sinnesverwirrung wird dadurch abgewendet.« (CC 168, 22 ff.)
5. Hildegard-Heilmittel.
- Große Nervenkur
  - Iriswurzelmischung (Nerven-Morgensuppe):
    Man kocht eine dünne Dinkelmehlsuppe unter Beigabe von etwas Salz und einem Teelöffel Nervenpulver (Mischung aus Muskat und Galgant im Verhältnis 1 zu 2 unter Beigabe von 1 bis 2 großen Messerspitzen aus gestoßenen Schwertlilien und Wegerichwurzeln zu gleichen Teilen).
  - Das wichtigste Heilmittel ist der Nerventee (Balsamkrauttee), eine Mischung aus Balsamraute *(Tanacetum Balsamita)* und der dreifachen Menge Fenchel. Davon muß täglich mindestens ein Liter getrunken werden.
- Universalmittel: Antimelancholika (siehe Seite 348).
- Bei Gedächtnisstörungen, Durchblutungsstörungen:
  Dinkelkopfsalat,
  Brennesselöl,
  Edelkastanien (3 bis 5 täglich auch bei Alzheimer),
  Quendelkekse (3 bis 5 täglich),
  süße Mandeln (5 täglich, gerieben über das Habermus),
  Poleiminz-Weinpackung,
  Weizenpackung.
- Schlafmittel, Mittel zur Traumregulation:
  Aderlaß,
  Betonikakraut,
  gelöschter Wein,
  Speisemohnkörner (1 bis 2 EL mit Apfelschnitzen),
  Jaspisscheibe (zur Traumregulation),
  Dachsfell,
  Edelkastanien- und Hafersauna.

- Bei Schizophrenie:
  Große Nervenkur: Nervensuppe und -tee,
  Pflaumenbaum-Heilerde-Raute-Flohsamen-Umschläge,
  Poleiminze-Rautensaft,
  Pfingstrosensamen-Honig.
- Bei Nervenschwäche:
  Kubebenkörner (bei Hysterie, Verbohrtheit, Sportlernerven, Sinnlichkeit),
  Straußenfleisch,
  Achatscheibe (bei Vollmondanfälligkeit),
  Feigenfrucht (schwindende Geistes- und Körperkräfte),
  Muskatnuß (Genialitätsmittel als Gewürz),
  Ulmenholzfeuer-Badewasser,
  Kopfwäsche mit Gundelrebenasche,
  Bergkristall mit Sonnenwärme, Bergkristallkette.
- Bei Epilepsie (siehe auch Seite 373 ff.):
  Große Epilepsiekur mit Smaragdkette, Achatscheibe, Chrysoprasscheibe, Entenschnabelmischpulver, 5- bis 30prozentigem Galganthonig.
- Für die Kopfgesundheit:
  Kopfwäsche mit Gundelrebenasche,
  mit Heckenrosenasche oder mit Tannenholzasche,
  Pappelholzsaftsalbe (bei Gehirnerkrankungen),
  Dattelblätterumschläge.
- Bei Zorn:
  Gelöschter Wein,
  Chalcedon,
  Edelkastanien-Sauna,
  Ulmenholzfeuer-Badewasser,
  Tannensalbe,
  Diamant,
  Honig (Hirnwut),
  Kopfpackung mit Schwertlilienwurzel und -blätterextrakt,
  Schwertlilienwurzel-Hafer-Sauna.
- Bei Parkinson:
  Selleriesamenpulver (Rheumapulver), Zitwer-Elixier.
  Tausendgüldenkrautkekse, Wein,
  Quittenkur, Dinkelkur.

Bei Nervenleiden sind empfehlenswert:

1. Gute, wohlschmeckende Speisen wie Dinkel, Edelkastanien, Obst und Gemüse, Mandeln, Feigen, Fenchel.
2. Geflügel, besonders Strauß, Hammel, Ziege, Reh, Hirsch.

3. Barsch, Hecht, Dorsch.
4. Geringe Mengen Butter, kaltgepreßtes Sonnenblumenöl.
5. Hildegardisierter Dinkelkopfsalat.
6. Salzarme Ernährung mit frischen Kräutern und Gewürzen (Quendel, Galgant, Bertram).
7. Nerventee, Fencheltee, Dinkelkaffee, Dinkelbier.
8. Frischkäse, Quark.

Bei Nervenleiden sind zu meiden:

1. Fettes Fleisch, Wurst, Speck, Schweinefleisch, geräuchertes, gepökeltes Fleisch, Fleischkonserven.
2. Geräucherte Fische, Ölsardinen, Aal, Bückling, Fischkonserven.
3. Raffinadezucker, Schokolade, Eisspeisen, zucker- und fettreiche Süßspeisen, Konfitüre außer Quitten-, Mispel-, Kornelkirsch-, Himbeer-, Brombeermarmelade.
4. Vollraffinierte, gehärtete Fette, Margarine, Braten- und Backfette, Olivenöl (!).
5. Auszugsmehlprodukte, fette Backwaren (Torten).
6. Bohnenkaffee, Alkohol, Nikotin.
7. Gesüßte Obstsäfte, Cola-Getränke, Spirituosen, Mineralwasser, Wein.
8. Küchengifte (Erdbeeren, Pfirsiche, Pflaumen, Lauch) und Rohkost.

Bei Epilepsie gibt Hildegard ganz genaue Diätanweisungen:

»Während der Kurdauer kann der Kranke Brot essen und Hühnerfleisch, und zwar mit Sellerie und Petersilie zusammen gekocht, weil dieses Fleisch etwas trocken ist und keinen bösen Schleim in sich hat, und außerdem die zarte Kälte von Petersilie und Sellerie den Magen von Verschmutzung und Fäulnisstoffen reinigt. Will er Rindfleisch essen, soll es frisch sein, und falls es Sommer ist, muß dieses einen Tag, falls es Winter ist, eine Nacht in Wasser gelegt werden, weil das Wasser allen Schleim, der in diesem Fleisch steckt, entfernt. Hernach mag der Kranke es gekocht essen. Schaffleisch kann er essen, das nicht wie das Rindfleisch in Wasser gelegt zu werden braucht. Schweinefleisch darf er während der Kur nicht essen, weil seine Art dahinzielt, die Sinnlichkeit des Menschen anzuregen und Hautausschläge (Lepra) und Fallsucht und den Wurm im Fleisch (Krebs) zu nähren. Auch Aal und alle Fische, die keine Schuppen haben (Muscheln), sind zu meiden, da sie in ihrer Art etwas giftigen Schleim enthalten, weshalb sie auch keine Schuppen haben. Während dieser Zeit meide er außerdem Käse, Eier, rohes Gemüse und rohes Obst, außerdem alles Gebratene und Geröstete. Denn Käse (auch Quark) ist bei diesen Leiden Gift, und die Eier und Rohgemüse und Rohkost reizen nur seine Schadsäfte noch mehr. Das Geröstete und Gebratene aber liefert dieser Krankheit einen Rheumastoff. Ein nicht starker, sondern milder und mit Wasser gemischter Wein darf getrunken werden, ebenso Bier.« (CC 207, 22 ff.)

Bei Epilepsie sind empfehlenswert:

1. Wohlschmeckende Speisen wie Dinkel, Obst und Gemüse, Hühnerfleischgerichte, Sellerie und Petersilie, Rindfleisch, Schaffleisch und besonders Straußenfleisch (krampfverhütend).
2. Dinkelbier, gelöschter Wein, Nerventee.

Bei Epilepsie sind zu meiden:

1. Schweinefleisch.
2. Aal, Muscheln, Krabben, Tintenfische.
3. Käse, Quark, Eier.
4. Rohgemüse, Rohobst.
5. Alles Gebratene, Geröstete.
6. Konserven, Konservierungsmittel.

Zur Abkürzung der Krampfphasen hat sich der Smaragd bewährt. Außerdem nehme man prophylaktisch dreimal täglich 1 bis 3 Messerspitzen zehn- bis dreißigprozentigen Galganthonig vor den Mahlzeiten (sehr bewährt!).

Vorbeugung und Behandlung von leichten, chronischen Nierenerkrankungen
Nierensteine (Kalziumoxalat, Phosphat-Uratsteine, Cystinsteine),
Harnwegsinfektionen mit Pilzen oder Bakterien,
Bluthochdruck, Wasseransammlungen (Ödeme)
und Eiweißausscheidung im Urin

Täglich muß die Niere etwa 1700 Liter Blut filtrieren und 1,5 Liter Harn ausscheiden, um Schlacken und Endprodukte des Eiweiß- und Urinstoffwechsels (Harnsäure, Harnstoff, Kreatinin) zu entfernen und den Säftehaushalt und Elektrolytgehalt (Natrium, Kalium, Kalzium) zu regulieren. Bei Nierenfunktionsstörungen kann es zu Wasseransammlungen (Ödemen), erhöhtem Blutdruck, Eiweißausscheidung im Harn sowie zu Nierensteinbildung kommen. Als Ursache für die Entstehung von Nierensteinen wird die Übersättigung des Urins mit steinbildenden Substanzen angesehen. Der Hauptanteil aller Nierensteine (60 Prozent) besteht aus Kalziumoxalat und entsteht aufgrund einer zu hohen Aufnahme von Oxalsäure und/oder eines gesteigerten Kalziumabbaus aus den Knochen (Hypercalcämie) durch zu hohen Zuckerverbrauch. Für die Steinbildung wird auch ein Mangel an kristallisationshemmenden Substanzen (Magnesium, Pyrophosphat-Citrat) durch Streß verantwortlich gemacht. Bei der Behandlung von Kalziumoxalatsteinen ist daher außer auf die Streßverminderung auf eine Einschränkung von kalziumhaltigen Lebensmitteln (Milch und Milchprodukte) und oxalsäurehaltigen Speisen (Mangold, Spinat, Rhabarber, Kakao, Schokolade, schwarzer Tee) und auf eine Erhöhung der Trinkmenge auf ein bis zwei Liter pro Tag zu achten. Besonders Dinkelgrießsuppen führen zu einer gründlichen Nierenspülung.

Phosphatsteine
Diese Steine entstehen besonders bei Harnweginfektionen. Hier empfiehlt sich eine Ansäuerung des Urins zur Vermeidung von Rezidivsteinen. Dinkelgrießsuppen, Dinkelbier und Salbeitee sowie ein paar Tropfen Weinessig über alles Essen werden empfohlen.

Organische Harnsäuresteine
Eine Übersättigung des Urins mit Harnsäure durch tierisches Eiweiß, Innereien, Salz und Matjeshering sowie Bohnenkaffee kann zu Gicht und Harnsäuresteinen führen. Eine basenreiche vegetarische Kost auf der Basis von Dinkelprodukten, besonders Dinkelgrießsuppen, Kichererbsen, Gemüse und Salaten mit reichlich Flüssigkeit, Kräutertee und Dinkelbier wird empfohlen.

Cystinsteine
Bei chronischen Störungen der Nierenfunktion und ungenügender Cystinresorption durch die Niere entstehen gelbe Cystinsteine. Die Cystinausscheidung kann ebenfalls durch eine basische Kost auf der Grundlage von Dinkel, Obst und Gemüse gesenkt werden.

Therapieplan

1. Hildegard-Fasten zur Anregung der Stoffwechselschlackenausscheidung durch die Niere.

2. Hildegard-Aderlaß zur Blutdruckregulation und Entlastung des Stoffwechsels von nierensteinbildenden Substanzen (Phosphat, Oxalat, Harnsäure).
3. Hildegard-Aufbaukur mit Dinkel, Obst und Gemüse, Kochsalz- und Eiweißbeschränkung.
4. Hildegard-Heilmittel.
   - Universalmittel: Wermut-Frühjahrskur, Nierenmassage mit Weinrautensalbe vor dem Ulmenholzfeuer, Nierendrainage mit Dinkelbier, Salbeitee und Dinkelgrießsuppe, Bohnensuppe aus Bohnenmehl.
   - Mittel zur Anregung der Diurese: Petersilien-Honigwein, Obst, Dinkelbier, Dinkelkaffee, Fencheltee, Salbeitee.

Bei Nierenleiden sind empfehlenswert:

1. Dinkel, Bohnen, Obst und Gemüse.
2. Salzarme, eiweißarme Küche mit frischen Kräutern und Gewürzen, Zitrone, Weinessig, Zwiebel, Knoblauch, Meerrettich.
3. Kaltgepreßtes Sonnenblumenöl, wenig Butter.
4. Getränke, Fenchel-Salbeitee, Dinkelkaffee, Dinkelbier, durchgegorener Apfelmost, Nierentee, Salbei-, Fenchel-, Zinnkraut-, Goldrute-, Birken-, Brennesseltee.

Bei Nierenleiden sind zu meiden:

1. Fettes Fleisch, Wurst, Speck, Schweinefleisch, geräuchertes, gepökeltes Fleisch, Fleischkonserven, Innereien.
2. Geräucherte Fische, Ölsardinen, Aal, Bückling, Fischkonserven, Salz- und Matjeshering.
3. Pilze und Bakterien lieben Süßes, daher keinen Honig, Zucker, Raffinadezucker, Schokolade, Eisspeisen, zucker- und fettreiche Süßspeisen, Konfitüre außer Quitten-, Mispel-, Kornelkirsch-, Himbeer-, Brombeermarmelade.
4. Vollraffinierte, gehärtete Fette, Margarine, Braten- und Backfette.
5. Auszugsmehlprodukte, fette Backwaren (Torten).
6. Bohnenkaffee, Alkohol, Nikotin.
7. Gesüßte Obstsäfte, Cola-Getränke, Spirituosen, Mineralwasser.
8. Küchengifte (Erdbeeren, Pfirsiche, Pflaumen, Lauch), Rohkost und scharfe Gewürze.
9. Konserven, Konservierungsmittel.

Tagesmenü bei Nierenleiden

Morgens: Habermus oder Co.
 Dinkelkaffee
Mittags: Dinkelgrießsuppe mit Quendel
 Gegrillter Hecht mit Dill
 und Thymian
 Quittenkompott
Abends: Rote Bohnensuppe

Vorbeugung und Behandlung von Präkanzerose, Krebskrankheiten, Immunschwäche (AIDS)

Krebs ist kein lokal beschränktes Leiden, sondern eine Erkrankung, von der der ganze Organismus betroffen ist. Der gesamte Stoffwechsel und alle Abwehrfunktionen des Körpers sind in Mitleidenschaft gezogen. Hildegard beschreibt eine der Krebserkrankung vorausgehende Erkrankung – Vicht. Dies ist die Phase der Präkanzerose, die sich in einer Schwächung des Immunsystems und meist mit drei charakteristischen Frühwarnsymptomen bemerkbar macht:

1. Ständige Erkältung, rheumatische Schmerzen, Hexenschuß, Ischias, Rheuma.
2. Magen-Darmstörungen, Blähungen, Aufstoßen, Sodbrennen
3. Herzschmerzen, Herzschwindel, Herzschwäche.

Es gilt, die Präkanzerose zu erkennen und für die Hildegard-Therapie zu nutzen oder zu verhüten, daß man krebskrank wird. Da bei der Krebserkrankung auch immer eine Stoffwechselerkrankung vorliegt, ist sie durch eine Umstellung der Ernährung auf Dinkel, Obst und Gemüse günstig zu beeinflussen.

Therapieplan

1. Hildegard-Fasten.
2. Hildegard-Psychotherapie.
 Positive Lebenseinstellung durch das Praktizieren christlicher Tugenden, Vermeiden von Streß, Kummer, Frustration, Angst und Sorge (auch mit Chalcedon und gelöschtem Wein).
3. Hildegard-Aufbaukur mit Dinkel, Kastanien, Obst und Gemüse.

4. Hildegard-Aderlaß, ein- bis zweimal jährlich, danach Wasserlinsen-Elixier.
5. Anregung des Gesamtstoffwechsels durch Bewegung, Tanz, Wandern, gesunden Ausgleich zwischen geistiger und körperlicher Arbeit *(ora et labora)*.
6. Anregung der Hautfunktion durch Lavendelbäder (mit Lavendel-Bademilch, Firma Weleda, bei 38 Grad 20 Minuten ein- bis zweimal wöchentlich baden), Amethyst-Sauna-Aufgüsse und Trockenbürsten.
7. Anregung des Gesamtstoffwechsels durch die Wermut-Frühjahrskur.

Bei Präkanzerose, Krebs und Immunschwäche
sind empfehlenswert:

1. Köstliche Speisen aus Dinkel, Edelkastanien, Obst und Gemüse, auch Reh- und Hirschleber, insbesondere Edelkastanien.
2. Hildegardisierter Dinkelkopfsalat.
3. Naturbelassenes, kaltgepreßtes Sonnenblumenöl, Butter, wenig frische Sahne.
4. Salzarme Küche mit frischen Kräutern und Gewürzen (Galgant, Bertram, Quendel).
5. Buttermilch, Sauermilch, körniger Frischkäse.
6. Fencheltee, Dinkelkaffee, Dinkelbier, Wein, schwarzer Johannisbeersaft, durchgegorener Apfelmost.

Bei Präkanzerose, Krebs und Immunschwäche
sind zu meiden:

1. Fettes Fleisch, Wurst, Speck, Schweinefleisch, geräuchertes, gepökeltes Fleisch, Fleischkonserven.
2. Geräucherte Fische, Ölsardinen, Aal, Bückling, Fischkonserven.
3. Raffinadezucker, Schokolade, Eisspeisen, zucker- und fettreiche Süßspeisen, Konfitüre außer Quitten-, Mispel-, Kornelkirschmarmelade.
4. Vollraffinierte, gehärtete Fette, Margarine, Braten- und Backfette.
5. Auszugsmehlprodukte, fette Backwaren (Torten).
6. Bohnenkaffee, Alkohol, Nikotin.
7. Gesüßte Obstsäfte, Cola-Getränke, Spirituosen, Mineralwasser.
8. Küchengifte (Erdbeeren, Pfirsiche, Pflaumen, Lauch) und Rohkost, Nachtschattengewächse (Kartoffeln, Tomaten, Paprika, Auberginen).
9. Konserven, Konservierungsmittel.

Tagesmenü bei Präkanzerose, Krebs, Immunschwäche

Morgens: Habermus
Dinkelkaffee
Mittags: Rehlebercremesuppe
Fenchelgemüse
Kastanien-Dinkelgrießknödel
Quitten in Zimtwein
Abends: Apfelauflauf mit Dinkelkörnern

Vorbeugung und Behandlung von Rheuma und Gicht chronischem Gelenkrheumatismus (PCP), Arthritis, Gelenkschmerzen

Rheumatismus ist keine lokal beschränkte, sondern eine den ganzen Organismus ergreifende Allgemeinerkrankung, bei der der Stoffwechsel des ganzen Körpers und insbesondere des Bindegewebes gestört ist. Gicht ist eine jahrelang unbemerkte Anhäufung von Harnsäure, die sich dann im ersten Schmerzschub in der großen Zehe bemerkbar macht. Da Alkohol die Ausscheidung von Harnsäure über die Nieren beeinträchtigt, ist Gicht besonders häufig eine Krankheit reicher Leute, bei denen Steakessen und Rotweintrinken zu Statussymbolen geworden ist.

Obwohl eine Umstellung der Ernährung allein bei Rheuma und Gicht nicht ausreicht (Hildegard beschreibt über hundert andere Rheumamittel), muß bei einer Rheumatherapie immer auch auf die richtige Ernährung mit Dinkel, Obst und Gemüse geachtet werden. Wichtigstes Ziel der Therapie ist die Beseitigung von Stoffwechselschlacken und Giften (Toxine von Bakterien und Viren, Amalganplomben) aus dem Bindegewebe, den Blutgefäßen, der Muskulatur und den Gelenkkapseln durch das Hildegard-Fasten, den Hildegard-Aderlaß sowie durch Schröpfen und eine Umstellung der Ernährung auf Dinkel, Obst und Gemüse.

Therapieplan

1. Hildegard-Fasten.
2. Hildegard-Psychotherapie.
Da Hildegard den Zorn als rheumaauslösenden Risikofaktor beschrieben hat, ist die Geduld die Tugend, die man praktizieren muß. Der Chalcedon mit seiner zornbeseitigenden, Melanche neutralisierenden Wirkung und der gelöschte Wein

gehören zu den wichtigsten psychotherapeutischen Maßnahmen gegen Rheuma.
3. Hildegard-Aderlaß (ein- bis zweimal jährlich), Schröpfen, Packungen, Edelkastanien-Sauna.
4. Hildegard-Aufbaukur.
5. Ausgleich zwischen Ruhe und Bewegung ohne Belastung (Gymnastik, Tanz, Zilgrei-Atemtherapie, Radfahren, Schwimmen).
6. Hildegard-Heilmittel.
- Bäder: Ameisenhaufen, Kornelkirschbad, Frühlings-Farnbad, Pappelbäder.
- Sauna: Edelkastanien, Lindenwurzelerde, Nußbaumwurzelerde.
- Packungen/Salben: Rosen-/Oliven-Massageöl, Dachslebersalbe, Eichelhähersalbe, Apfelholzsaft/Hirschleder, Petersilien-Rosenöl, Petersilie-Weinraute, Eschenblätterpackung, Stabwurz-Schweinefett, Olivenöl, Thymiansalbe, Lorbeeröl, Tausendgüldenkrautsalbe.
- Elixiere: Wermutelixier, Tausendgüldenkraut, Schlüsselblumenwein, Zedernwasser, Wegerichwein, Wermutkopfpakkung, Balsamlatwerge, Wermutsalbe (Arthritissalbe), Galgantwurzel-Wein/Weizenpackung, Krauseminzenelixier, Schlehenaschenelixier, Gichtkrautwein (wahrscheinlich schwarze Johannisbeere).
- Goldkuren: Goldkeks, Goldwein, Kupferwein.
- Diät: Hirschleber, Kranichfleisch, Schlehen in Honig, Walfleisch, Quittenkuren, Zwiebel und Dill (gekocht).
- Gewürze: Gewürznelken kauen, Bärwurzpulver auf Brot.
- Warme Strahlen: Ulmenholzfeuer.
- Selleriepulver, gemischt (Rheumapulver), Bohnenkraut/Salbei, Mutterkümmel (Parkinson, Tremor).
- Edelsteintherapie: Chrysopras, Saphir, Jaspis, Diamantwein.

Bei Gicht und Rheuma sind empfehlenswert:

1. Dinkel, Obst und Gemüse (Walfischfleisch, steht unter Artenschutz).
2. Geringe Mengen Butter und kaltgepreßtes Sonnenblumenöl.
3. Täglich Dinkelkopfsalat.
4. Salzarme Ernährung mit frischen Kräutern und Gewürzen.
5. Quittenkuren zur Ausscheidung von Harnsäure.
6. Kräutertee, Dinkelbier, Dinkelkaffee (viel trinken).
7. Frischkäse, Quark.

Bei Gicht und Rheuma sind zu meiden:
1. Fleisch, Wurst, Schinken, Speck, Fisch, Konserven.
2. Milch und Milchprodukte, Käse.
3. Süßwaren, Raffinadezucker, Schokolade.
4. Konfitüren (außer Quittenmarmelade).
5. Limonaden, Cola-Getränke.
6. Weizenfeinmehl, Auszugsmehl, -gebäck.
7. Raffinierte Speiseöle, Backfette, Margarine.
8. Bohnenkaffee, Alkohol, Nikotin.
9. Rohkost und Küchengifte.

Tagesmenü bei Rheuma und Gicht

Morgens: Dinkel-Habermus
1 TL Rheumapulver
eventuell auf Dinkelbrot mit Quittenmarmelade
Mittags: Zwiebelsuppe
Fenchelgemüse mit
Dinkelkräuternudeln und Dill
zu Hirschleberragout
Quittenkompott/Quittenkuchen
Abends: Dinkelpfannkuchen mit Kräutern.

Vorbeugung und Behandlung von Übergewicht
Adipositas

Dicke Menschen leben gefährlich. Sie setzen sich nicht nur der Gefahr von Herz-Kreislauf- und Zuckerkrankheiten aus, sondern leiden vor allem unter einer Überbelastung ihrer Sehnen, Bänder und Knorpel (Arthrose). Hildegard nennt darüber hinaus noch andere Risiken wie Hauterkrankungen (Skrophulose), Krebs, Jähzorn und Gicht, Kurzatmigkeit, Lungen- und Nervenleiden. Die Hauptursachen sind zuviel Essen und Trinken, besonders tierisches Eiweiß und Fett:

»Wenn ein Mensch Fleisch und andere Speisen mit viel Fett oder auch übermäßig blutreiche Mahlzeiten zu sich nimmt, wird er davon eher krank als gesund, weil übermäßig fette Speisen wegen der ihnen eigentümlichen, reichlichen und schlüpfrigen Feuchtigkeit nicht bis zur vollständigen Verdauung im Magen verweilen können. Darum soll der Mensch nur mäßig fette und blutreiche Speisen zu sich nehmen, damit sie gut und richtig verdaut werden können.« (CC 149, 30 ff.)

Dicke Menschen sind oft kurzatmig und neigen zu Krankheiten:

»Menschen mit fettem Körperfleisch leiden an Überschuß verschiedener Säfte und husten leicht, werfen aber nur mäßig aus, weil die Luft und die übrigen Elemente nur mit Mühe zu ihnen gelangen und wegen der Feuchte und Dichte des Fleisches nur schwierig wieder hinausgelangen. So haben sie Schwierigkeit, die Säfte durch die (natürliche) Reinigung (in Leber und Niere) in Bewegung zu setzen (dickes Blut, zu hoher Hämatokrittwert). Diejenigen mit einem Phlegmaüberschuß, der nicht entfernt werden kann, belasten sich mit krankem und schwachem Gewebe und sind daher nicht gesund, und können es auch gar nicht sein.«

Dicke Menschen neigen zu Hauterkrankungen vom Typ der Skrophulose, zu Furunkulose und zu Abszessen:

»Bei solchen Leuten, die gesund und robust gebaut und deren Sehnen kräftig sind, die aber zum Trunk neigen und eifrig auf den Genuß von Fleisch und anderen wohlschmeckenden Speisen und Getränken bedacht sind, nimmt das Blut eine wachsähnliche Färbung an (Aderlaß-Analyse) und dickt weiterhin ein (hoher Hämatokritt-wert). Weil das Blut wegen seiner dicken Beschaffenheit seinen rechten Weg nicht haben kann, auch nicht durch Fieberanfälle oder Körperschwäche solcher Leute, eben weil sie gesund sind, verdünnt wird, durchdringt es ihr Fleisch und ihre Haut, tränkt diese mit einem schädlichen Saft, verschmutzt sie sozusagen und erfüllt sie mit Geschwüren.«
(CC 160, 29 ff.)

Schließlich neigen korpulente Genießer und Freunde von gutem Essen und Trinken zu (Harnsäure-)Gicht:

»Menschen, die weiches, mit viel Poren durchsetztes Fleisch haben und übermäßigem Genuß von schwerem Wein sehr ergeben sind, werden häufig von der Seuche heimgesucht, welche ›der Tropfen‹ genannt wird. Bei Leuten mit weichem Fleisch fallen nämlich infolge des unmäßigen Trinkens schlechte Säfte, die in ihnen sind, plötzlich in irgendeines ihrer Glieder und zerstören es wie Brandpfeile oder große, unvorhergesehene Überschwemmungen, die zuweilen die Mühlen und andere Baulichkeiten in ihrer nächsten Nähe zerstören. Ebenso würden diese Säfte die Glieder, auf die sie herabtröpfeln, zerstören, wenn es nicht die göttliche Gnade und der Lebensgeist, der im Menschen ist, verhinderten. Indessen zerstören sie doch manches Glied und machen auch einige ganz unbrauchbar, wie wenn sie tot wären.« (CC 161, 28)

Hildegard beschreibt so die Entstehung der Claudicatio intermittens, der Schaufensterkrankheit, einer Form der Arteriosklerose:

»Es kommt vor, daß die Unwetter und Stürme der schlechten Säfte auf irgendein Glied des Menschen fallen und dort in ihrem Unverstand den Weg des Blutes in seinen Gefäßen verschließen, so daß es dort in den Gefäßen nicht fließen kann. Dadurch trocknen diese Gefäße ein, weil ihnen der Weg für das Blut fehlt. Dann fängt der Mensch an zu hinken. Und weil der Mensch aus den Elementen geschaffen ist, wird er auch durch die Elemente erhalten und wird in ihnen und mit ihnen umgewandelt.« (CC 162, 3 ff.)

Selbst die Steinbildung ist eine Folge der Überernährung:

»Ein Mensch aber, der im besten Lebensalter steht, weiches, saftreiches Fleisch an seinem Körper hat und dabei dauernd allerlei wohlschmeckende Speisen genießt und schweren, edlen Wein, zieht sich leicht einen Blasenstein zu. Aus den eben genannten Speisen und Getränken rinnt nämlich, zumal wenn sein Fleisch weich und saftreich ist, an dem Ort, wo der Harn ausfließen soll, eine Art von Bodensatz zusammen und verhärtet zu einem Stein.« (CC 159, 35 ff.)

Schließlich ist auch der Krebs eine Folge des übermäßigen Essens und Trinkens:

»Andere Menschen aber haben einen groben Knochenbau, plumpe Gliedmaßen und große Gefäße mit schlecht entwickeltem Knochenmark und wenig (Körper-)Wärme und wegen des schwachen Knochenmarks einen behinderten (debilen) Verstand. Sie neigen zur ständigen Freßsucht, können aber für kurze Zeit tüchtig arbeiten, allerdings ohne Durchhaltevermögen, weil ihre Körperzellen ziemlich durchlässig sind und ihre Gefäße sehr eng. Da sie ein schlecht entwickeltes Knochenmark haben, ist auch ihr Fettgewebe um so dünner und schwächer. Wenn sie einmal schwitzen, dringt ihr Schweiß rasch durch die Körperzellen, weil es (das Gewebe) ziemlich durchlässig ist, und erzeugt so im Zellgewebe viele Viren (*pediculi*), die im Übermaß aus dem Menschen herausquellen (Myome, Oesteome, Lipome). Solche

Leute sind aber nicht sehr schwach und können mitunter lange leben.« (CC 158,33-159,10)

Wenigstens lachen die Dicken gern:

»Die aber fetter Art geboren sind, fette Gefäße und ein weiches Herz haben, weinen leicht und freuen sich leicht.« (CC 148, 18 ff.)

Meine zehnjährige Fastenerfahrung hat gezeigt, daß Übergewichtige ihr Normalgewicht nicht allein durch Fasten langfristig halten können, wenn sich ihre innere Einstellung nicht ändert und sich ihr Bekenntnis und ihre Liebe zum richtigen Maß nicht in allen Dingen äußert:

»Denn alle diese Leiden entstehen nicht, wenn sie nicht durch die menschliche Sünde provoziert werden... So wird der Mensch, der in der Sünde nicht maßhalten konnte, von maßloser (übertriebener) Reue zerknirscht: Was sich maßlos zu seinem Leibe verhielt, wird krank, und was in bezug auf das Seelenheil des rechten Maßes entbehrt, muß sterben. Die Discretio nämlich gibt für alles, gleich ob es für Leib und Seele nützlich ist, das rechte Maß.« (LDO 809 D)

Zur Vorbeugung und Behandlung von Übergewicht haben sich drei Fastenmethoden mit unterschiedlichem Schweregrad bewährt:

1. Acht- bis zehntägiges Hildegard-Fasten.
   - Meist nur in der Gruppe möglich, aber kurz und wirkungsvoll.
2. Langfristige Reduktionskost mit Dinkelbrot und Fencheltee.
   - Jeden Tag normales Essen mit Dinkel, Obst und Gemüse.
   - Jeden zweiten Tag nur trockenes Dinkelbrot, Fencheltee, Dinkelkopfsalat und Äpfel.
   Diese Methode hat sich als risikolos bewährt.
3. Langfristige Dinkelkur.
   - Ein bis drei Monate lang jeden Tag Dinkel, Edelkastanien, Obst und Gemüse, keine tierischen Eiweiße und Fette.
   Bei dieser Kur ist der Gewichtsverlust zwar nicht so deutlich wie bei den beiden anderen Methoden, dafür fühlen sich die Patienten aber sehr wohl, und manche möchten die vegetarische Kost gar nicht mehr aufgeben.

Therapieplan

1. Hildegard-Fasten nach einer der genannten Methoden.
2. Hildegard-Psychotherapie.
   Tägliches Praktizieren des rechten Maßes in allen Dingen.
   »Das Bestreben der Seele geht dahin, den Leib nicht im Luxus der Speisen zu ersticken, so daß er kaum noch atmen kann ... Geht es ihm hierbei zu gut, ... werden die Kräfte der Seele geschwächt. Werden ihm aber die Speisen, die ihm zustehen, durch allzu große Enthaltsamkeit entzogen, dann bläht der stolze Teufel den Menschen so auf, als sei er schon in den Himmel gestiegen, damit er ihn so durch den Hochmut zu Fall bringe: Aus diesem Grund ... will Gott keine unvernünftige Enthaltsamkeit.« (LDO II, 5 und 42, 943 ABC)
3. Hildegard-Aderlaß, ein- bis zweimal jährlich.
   Dadurch verbessert sich der Hämatokritwert. Schon bei zirka 200 ml Blutabnahme und einem Hämatokritwert von 50 werden dem Körper zirka 100 g Eiweiß entzogen, die er sich aus den arteriosklerotischen Eiweißspeichern seiner Gefäße und Organe wieder holen muß.
4. Bewegungs- und Atemtherapie, Tanzen, Wandern, Radfahren, Laufen.
5. Hildegard-Heilmittel.
   - Große Ausleitungskur mit Ingwerausleitungskeksen und Zitwerkeksbröseln.
   - Meerrettichkur.
   - Edelkastanien-Sauna.
   - Diamant als Appetitzügler.

Bei Übergewicht sind empfehlenswert:

1. Dinkel, Obst, Gemüse, Salat, Roggenbrot.
2. Fleisch, das nicht ansetzt: Strauß, Huhn, Reh, Hirsch.
3. Fisch.
4. Salzarme Küche mit Gewürzen und Kräutern (Bachminze, Beifuß, Melde, Rainfarn, Bertram).
5. Fencheltee, Brennesseltee, Salbeitee, Dinkelkaffee.

Bei Übergewicht sind zu meiden:

1. Fettes Fleisch, Wurst, Speck, Schweinefleisch, geräuchertes, gepökeltes Fleisch, Fleischkonserven.
2. Geräucherte Fische, Ölsardinen, Aal, Bückling, Fischkonserven.

3. Raffinadezucker, Schokolade, Eisspeisen, zucker- und fettreiche Süßspeisen, Konfitüre außer Quitten-, Mispel-, Kornelkirsch-, Himbeer-, Brombeermarmelade.
4. Vollraffinierte, gehärtete Fette, Margarine, Braten- und Backfette.
5. Auszugsmehlprodukte, fette Backwaren (Torten).
6. Bohnenkaffee, Alkohol, Nikotin.
7. Gesüßte Obstsäfte, Cola-Getränke, Spirituosen, Mineralwasser.
8. Küchengifte (Erdbeeren, Pfirsiche, Pflaumen, Lauch) und Rohkost.
9. Konserven, Konservierungsmittel.

Tagesmenü bei Übergewicht

Morgens: Habermus
Dinkelkaffee
Mittags: Straußengulasch
mit Dinkelnudeln
Dinkelkopfsalat
Abends: Fenchel-Ananas-Orangen-Salat

Unfruchtbarkeit der Frau

Bei Hildegard steht geschrieben:

»Einer Frau, deren Gebärmutter innerlich kalt und zu zart gebaut ist, als daß sie ein Kind empfangen kann, wird folgendermaßen geholfen; wenn es Gottes Wille ist, daß sie schwanger werden soll: Nimm die Gebärmutter eines Schafes oder einer Kuh, die soweit ausgewachsen sind, daß sie gebären könnten, aber doch noch nicht trächtig sind und auch noch nie trächtig waren, und koche sie mit Speck und anderem fettem Fleisch und (Butter-)Schmalz und gib es der Frau zu essen, wenn sie mit ihrem Mann zusammenkommt oder bald nachher zusammenkommen wird. Derartige Fleischgerichte nütze sie oft, und der Saft der Gebärmutter solcher Tierart kommt zum Saft der Gebärmutter dieser Frau hinzu, so daß diese davon etwas fettreicher und stärker wird. Und wenn Gott will, wird sie nun leichter aufnehmen, weil es öfters nach Gottes Urteil geschieht, daß die Fähigkeit zur Nachkommenschaft den Menschen entzogen wird.«
(CC 182,25; PL 1324 D)

Brotaufstrich

1 Gebärmutter vom Schaf oder der Kuh (in der Reife, aber noch nicht trächtig)
200 g gerauchten Schweinebauch (Speck)
200 g frischen Schweinebauch
200 g Schweineschmalz

Gebärmutter, frischen und gerauchten Schweinebauch mit Wasser auf dem Herd kalt zusetzen, abschäumen, leicht köcheln lassen, die garen Stücke nach und nach herausnehmen, abkühlen, würfeln und in eine Form geben. Den Fond einkochen, das Schmalz zugeben und damit das Fleisch begießen. Abkühlen und als Brotaufstrich zu Dinkelbrot essen. Mit etwas Bertram bestreuen.

Rinderroulade mit Gebärmutterfüllung
(sechs Portionen)

Füllung:
300 g Speck, kleingewürfelt
3–5 feingehackte Zwiebeln
3 feingehackte Knoblauchzehen
250 g Rinderhack
250 g Gebärmutter, durch den Fleischwolf gedreht
Salz, Pfeffer, Bertram, Galgant
3 Eier, leicht geschlagen
Majoran, Rosmarin

Speck auslassen und Fett abgießen. Den knusperigen Speck in eine große Schüsssel geben. Zwiebeln und Knoblauch in derselben Pfanne mit 2 EL Auslaßfett dünsten, zum Speck schütten und mit den übrigen Zutaten durchkneten.

Fleisch:
1½ kg Rinderkeule in 12 dünne Scheiben geschnitten, im Auslaßfett auf jeder Seite zirka 2 Minuten leicht anbräunen.

Sauce:
5 Zwiebeln, kleingehackt
2 Knoblauchzehen, zerdrückt
1 EL Galgantpulver
1 Tasse Brühe
2 Lorbeerblätter
Salz, Pfeffer, Bertram

Zwiebeln und Knoblauch im Auslaßfett andünsten, mit Galgant

würzen, mit Brühe löschen, mit den übrigen Zutaten zum Kochen bringen und bei schwacher Hitze dünsten.
Jede Roulade mit 2 EL Füllung aufrollen und mit Zwirn umwickeln. Restliche Füllung in die Sauce rühren. Rouladen in der Sauce bei schwacher Hitze 40 bis 50 Minuten schmoren lassen. Wenn das Fleisch gar ist, Roulade auf eine heiße Servierplatte legen, Sauce in eine Sauciere servieren, Lorbeerblätter entfernen.

Unfruchtbarkeit des Mannes

Bei Hildegard steht geschrieben:

»Wenn die Samenflüssigkeit eines Mannes eine verdünnte (diffluens) Beschaffenheit hat, so daß er keine Nachkommen zeugt, der nehme die Haselstrauchzäpfchen, wo zuerst die Blüten hervorbrechen müssen, und den dritten Teil davon Erdpfeffer und ein Viertel vom Erdpfeffer vom Windenkraut und ein wenig vom gewöhnlichen Pfeffer. Das koche er mit der Leber eines jungen Ziegenböckleins, das aber schon geschlechtsreif ist (in Wasser), unter Zugabe von frischem und fettem Schweinefleisch. Diese Kräuter gebe er dann weg und esse diese Fleischstücke. Auch tauche er Brot in die Brühe, in welcher dieses Fleisch gekocht wurde und kaue es. Und auch die solcherart gekochten Fleischstücke esse er oft, damit er durch deren guten Saft für seinen Samen (wieder) die Fähigkeit zum Zeugen erhält. Er wird eine blühende Nachkommenschaft haben, wenn der gerechte Ratschluß Gottes es zuläßt, daß dies geschieht.«
(PL 1226 A; CC 182,12-24)

Leberterrine mit Haselnußsprossen
(zehn Portionen für zehn Tage)

300 g Ziegenbockleber
600 g Schweinefleisch vom Wildschwein
600 g Kalbfleisch
60 g Speck
2 Zwiebeln
4 Knoblauchzehen
150 g Dinkelbrot oder Dinkelknauzer
1 EL Haselstrauchkätzchen
4 EL Erdpfeffer (Wasserpfeffer)
1 EL Windenkraut
Salz, Bertram, Pfeffer, Muskat
20 g Butter
⅛ l herber Wein
1 Eigelb
Thymian, Majoran
100 g Speck
Lorbeerblätter
2 Blatt Gelatine
200 g Ziegenleber

Füllung: Dinkelbrot in Milch einweichen und ausdrücken. Fleisch, Speck, Leber würfeln, durch den Fleischwolf pürieren. Zwiebeln und Knoblauch in Butter andünsten. Fleischmasse, Gewürze, Zwiebeln, Eigelb verkneten.
Kastenkuchenform mit dünnen Speckscheiben auslegen. Bis zur Hälfte mit Fleischmasse füllen. Restliche 200 g Ziegenleber 5 Minuten in Butter anbraten, in die Form legen, mit der restlichen Füllung auffüllen. Fettpfanne des Backofens mit Wasser füllen und in den Ofen stellen. Ofen vorheizen. Pastete im Wasserbad zugedeckt 1¼ Stunde garen. Fleischsaft abgießen, mit aufgelöster Gelatine mischen und wieder in die Form gießen. Abkühlen lassen und erst am nächsten Tag servieren.
Den Rest im Tiefkühlschrank aufbewahren.

Sülze mit Haselnußsprossen

1 Leber vom jungen Ziegenbock
250 g frischen Schweinebauch
60 g Haselnußsprossen
20 g Mauerpfeffer
5 g Windenkraut
Prise weißer Pfeffer
8–10 Blatt Gelatine
Dinkelbrot

Leber, Schweinefleisch, Gewürze mit kaltem Wasser zusetzen, zum Kochen bringen, abschäumen und leicht köcheln lassen. Die gare Leber herausnehmen und abkühlen, später das Schweinefleisch. Beides in Würfel schneiden und in eine Form geben. Die heiße Brühe passieren und die in kaltem Wasser eingeweichte Gelatine dazugeben und auflösen. Die Brühe zum Fleisch in die Form gießen, kühlen und als Sülze mit Dinkelbrot essen.

Wassersucht

Bei Hildegard steht geschrieben:

»Wer die Wassersucht hat, soll einen Pfau, und zwar einen männlichen, nehmen und mit Ysop in Brunnenwasser kochen, nicht aber in Wasser aus fließender Quelle, und so jenes Fleisch essen.« (CC 208,9 ff.)

Die Pfauensuppe bereitet man wie die Wildganssuppe (siehe Seite 258) und verwendet hauptsächlich Ysop zum Mitkochen in Brunnenwasser.

Säuglingsernährung

Lebensstil und richtige Ernährung der Mutter während der Schwangerschaft bilden bereits wichtige Voraussetzungen für das seelische und körperliche Wohlergehen des Kindes. In unserem *Handbuch der Hildegard-Medizin* haben wir auf die Zusammenhänge zwischen Biographie und den seelischen Risikofaktoren während der Schwangerschaft hingewiesen, die Hildegard vor allem in der zweiten Gruppe der Laster und der Tugenden nennt. Streit und Zank sind die schlechtesten Voraussetzungen für eine gesunde Entwicklung des Kindes. Im extremsten Fall beeinflußt etwa die ständige seelische Belastung einer Mutter, ob sie abtreiben soll oder nicht, das ungeborene Kind bereits derartig, daß es später Depressionen oder sogar Selbstmordabsichten haben kann.

Kenneth McAll hat in seinem Buch *Familienschuld und Heilung* (Otto Müller-Verlag) auf diese Zusammenhänge aufmerksam gemacht, ebenso Henry G. Tietze in seinem Buch *Botschaften aus dem Mutterleib* (Knaur).

Im Gegensatz dazu führt die Freude der Mutter auf ihr Kind, ihre Liebe, Wärme, ihr Singen und Beten mit dem noch ungeborenen Kind zu einer harmonischen Entwicklung und beeinflussen sein ganzes Leben entscheidend.

Innerhalb weiter Grenzen entwickeln sich die geistigen und körperlichen Fähigkeiten des Kindes gemäß seiner Erbanlagen um so gesünder, je richtiger sich eine Mutter während der Schwangerschaft ernährt. Eine abwechslungsreiche, gemischte, vollwertige Ernährung mit pflanzlichem, tierischem und Milcheiweiß ist die Grundlage für die gesunde Entwicklung des Organismus. Dazu gehört auch, daß die Mutter täglich ½ bis ¾ Liter Milch, viel Obst, Gemüse und frischen Blattsalat, frische Butter, Dinkel in jeder Form, Fleisch (Geflügel, Ziege, Hammel, Wild) und wöchentlich eine Leber, gebraten, als Ragout oder gedämpft zu sich nimmt.

Ein gesunder Säugling entwickelt sich etwa so:

Geburtsgewicht 3200 bis 3400 Gramm
- mit 5 bis 6 Monaten (ungefähr) hat sich das Geburtsgewicht verdoppelt,
- mit 12 Monaten (ungefähr) hat sich das Geburtsgewicht verdreifacht,
- mit 4 bis 8 Wochen erstes Lächeln,
- mit 3 bis 4 Monaten greift das Kind nach Gegenständen,
- mit 6 bis 9 Monaten beginnt das Kind zu sitzen,
- mit 9 bis 14 Monaten erste Stehversuche,
- mit 12 bis 18 Monaten erste Gehversuche und dann selbständiges Gehen,

mit	6 bis 9	Monaten erste Zähne (untere, mittlere Schneidezähne), in Ausnahmefällen können die oberen Eckzähne zuerst kommen; oft kommen die ersten Zähne auch früher, manchmal schon bei der Geburt, oder später,
mit	1	Jahr 8 Schneidezähne,
mit	2	Jahren sämtliche Zähne des Milchgebisses,
mit	14 bis 18	Monaten schließt sich die große Fontanelle, oft auch schon früher,
mit	¾ bis 1	Jahr Beginn der Sprachentwicklung, die allerdings vielfach erst mit 2 oder sogar erst mit 3 Jahren einsetzt.

Die Entwicklung des Körpers und der geistigen Fähigkeiten schwankt innerhalb weiter Grenzen. Aus dem Vergleich zwischen ungefähr gleichaltrigen Kindern sieht man, wie verschieden sich jedes Kind seiner ererbten Anlage gemäß entwickelt. (Nach Dr. T. Baumen, Kinderklinik Aarau, Schweiz.)

Die Ernährung mit Muttermilch bietet die beste Garantie für eine optimale Entwicklung des Säuglings, für das Wachstum seines Organismus, die Entwicklung seines Kreislaufs und die Stärkung seines Immunsystems. Säuglinge, die bis zum vierten oder fünften Monat gestillt werden, können viele Krankheiten aufgrund der Abwehrstoffe der Mutter vermeiden. Nach einer amerikanischen Studie des Instituts für Gesundheit treten bei Kindern, die gestillt wurden, bis zum 15. Lebensjahr nur halb soviele Krebskrankheiten auf wie bei »Flaschenkindern«, wobei der Schutz um so länger anhält, je länger die Kinder gestillt wurden.

Das Gedeihen des Kindes sollte stets durch einen Kinderarzt kontrolliert werden, der vor allem auch bei Krankheiten so früh wie möglich aufgesucht werden soll.

Ist keine Muttermilch vorhanden oder nicht in genügender Menge, dann kann der Säugling mit Dinkel-Halbmilch ernährt oder zugefüttert werden. Als Regel gilt, daß die fehlende Muttermilch bei einem Säugling unter 4 Kilogramm Körpergewicht auf 150 g/kg Körpergewicht und Tag, bei einem Säugling über 4 Kilogramm Körpergewicht auf 180 g/kg Körpergewicht und Tag ergänzt werden muß. (Beispiel: Ein Kind mit 3600 g Gewicht erhält nur 400 g statt 540 g Muttermilch. Hier müssen 140 g Dinkel-Halbmilch pro Tag ergänzt werden.)

Bei vollständiger Ernährung mit Dinkel-Halbmilch (Milch + 3 % Dinkelschleim) gilt:

1. Lebenstag keine Nahrung
2. Lebenstag 5 × 10 g Halbmilch
3. Lebenstag 5 × 20 g Halbmilch
4. Lebenstag 5 × 30 g Halbmilch
5. Lebenstag 5 × 40 g Halbmilch
6. Lebenstag 5 × 50 g Halbmilch
7. Lebenstag 5 × 60–70 g Halbmilch
8. Lebenstag 5 × 60–70–80 g Halbmilch
9. Lebenstag 5 × 60–70–80 g Halbmilch
10. Lebenstag 5 × 70–80–90–100 g Halbmilch

Dann immer $1/5$ bis $1/6$ des Körpergewichts an Halbmilch pro Tag.

4. Lebensmonat Gemüsebrei
5. Lebensmonat Milchbrei
6. Lebensmonat Vollkornbrei
7. Lebensmonat Vollmilch

Die Flasche wird fünfmal täglich, um 6.00, 10.00, 14.00, 18.00 und 22.00 Uhr, gereicht (bis zum 4. Lebensmonat).

Nach der zweiten Lebenswoche erhält der Säugling $1/10$ seines Körpergewichts an Milch und den gleichen Teil an Dinkelschleim. (Beispiel: 4 kg Körpergewicht = tägliche Trinkmenge 400 g Milch und 400 g fünfprozentiger Dinkelschleim).

Dinkelschleim (3 %)-Halbmilch

100 ml Fencheltee
1 TL (3 g) Dinkelmehl (feinstgemahlen, beispielsweise in der Zentrophan-Mühle) oder Dinkelschmelzflocken (erhältlich bei Stadtmühle Geisingen, 7716 Geisingen, Telefon 07704/247)
1 Msp. Bertram
½ Fencheltablette, gepulvert
100 ml Vollmilch

Alle Zutaten kurz aufkochen, mit Vollmilch verrühren und durch ein ganz feines Sieb geben. Da bei Säuglingen in den ersten Tagen der Schluck- und Saugreflex nicht so stark ausgeprägt ist, wird die Nahrung um so besser aufgenommen, je glatter sie hergestellt ist.

Dinkelschleim (5 %)

wie Dinkelschleim 3 %, aber statt 3 g Dinkelmehl oder Dinkelschmelzflocken 5 g Dinkelmehl, Dinkelgrieß oder Dinkelschmelzflocken verwenden.

Die Menge für einen Tag kann auf einmal zubereitet, auf fünf Flaschen verteilt und im Kühlschrank für einen Tag aufbewahrt werden. Auf Körpertemperatur erwärmen.

Fencheltee
(für jeden Tag frisch zubereiten)

1 l Wasser
3 EL Fenchelkörner
Drei Minuten aufkochen, nicht zu lange ziehen lassen, abkühlen lassen, damit das Dinkelmehl beim Einrühren nicht klumpt.

Hat das Kind ein Körpergewicht von über 4500 g erreicht, so erhält es auf fünf Mahlzeiten verteilt insgesamt
500 g Milch
400 g Dinkelschleim (5 %)
Im ersten Halbjahr soll der Säugling mindestens einen halben Liter Milch pro Tag bekommen.

Zur Deckung des Vitamin-C-Bedarfs gibt man von der 8. Woche an 1 bis 5 Tropfen Zitronensaft täglich. (Vorsicht bei Allergie gegen Zitrusfrüchte.) Langsam steigert man auf zweimal täglich 15 bis 20 Tropfen Zitronensaft. Die Dosis wird reduziert, wenn Brechdurchfall entstehen sollte.

Ab dem 5. Lebensmonat können die ursprünglich fünf Mahlzeiten pro Tag auf vier reduziert werden. (Die Mahlzeit um 22.00 Uhr entfällt.)

Tagestrinkmenge für vier Flaschen

250 ml kalter Fencheltee
250 ml Milch
30 g Dinkelmehl
25 g Rohrzucker
1 TL Bertrampulver
2 Fencheltabletten, gepulvert
2 Dinkelzwieback, gemahlen

Etwa 20 Minuten unter ständigem Rühren aufkochen und auf vier Fläschchen verteilen, pro Flasche 20 Tropfen Zitronensaft zusetzen.

Oder:
Trinkmenge für ein Fläschchen Dinkelgrießschoppen

150 ml Fencheltee und
150 ml Vollmilch zum Kochen bringen,

3 TL Dinkelgrieß mit dem Schneebesen einrühren, unter gelegentlichem Rühren 5 bis 10 Minuten zu Brei kochen. Brei-Schnuller mit kleiner Saugöffnung verwenden.

Tagestrinkmenge für vier Fläschchen Dinkelvollkornbrei
300 g Vollmilch
200 g Fencheltee
100 g Dinkelflocken
5 bis 10 Minuten aufkochen und auf vier Flaschen verteilen, eventuell mit 1 Msp. Honig und 1 bis 2 Msp. Bertrampulver mischen.

Von diesem Dinkelbrei erhält das Kind täglich vier Mahlzeiten. Es gibt Säuglinge, die sogar mit drei Mahlzeiten auskommen und dabei gut gedeihen. Das Kind trinkt nur soviel wie es mag und nicht soviel wie die Mutter oder die Tabelle angibt. Ein Säugling trinkt nicht immer die gleiche Menge und hat mal weniger, mal mehr Appetit. Bei Milchunverträglichkeit kann die Kuhmilch durch Mandelmilch ersetzt werden.

Ab dem 6. Lebensmonat wird die Nahrung als Brei mit dem Löffel gereicht.

7.00 Uhr: Dinkelbrei
250 g Vollmilch/Fencheltee
3-4 TL Dinkelmehl, frisch geschrotet
2 TL Rohrzucker oder Honig
(5 bis 7 Minuten aufkochen)
15-20 Tropfen Zitronensaft
2 Fencheltabletten, gepulvert
2 Msp. Bertrampulver
11.00 Uhr: Dinkelbrei wie um 7.00 Uhr
15.00 Uhr: Obst-Dinkelzwiebackbrei
1 geriebener (vom Kerngehäuse befreiter) Apfel
250 g Vollmilch/Fencheltee
2-4 TL Dinkelzwieback, gemahlen
1 TL Rohrzucker oder Honig
(5 bis 7 Minuten aufkochen)
15-20 Tropfen Zitronensaft
2 Fencheltabletten, gepulvert
2 Msp. Bertram
19.00 Uhr: Dinkelbrei wie morgens

Ab dem 6. bis 8. Lebensmonat

7.00 Uhr: Dinkelbrei (Zubereitung siehe oben)
11.00 Uhr: Gemüse-Dinkelbrei
  Karotten, gewaschen, geputzt und gerieben
  3–4 TL Dinkelgrieß
  250 ml Wasser
  (5 bis 10 Minuten aufkochen)
  1 haselnußgroßes Stück Butter
  2 Msp. Bertrampulver
15.00 Uhr: Obst-Dinkelzwiebackbrei
19.00 Uhr: Dinkelbrei oder Habermus wie morgens

Ab dem 7. bis 8. Lebensmonat

Einmal wöchentlich 50 g frische Kalbsleber, geschabt, gedämpft, mit Gemüse-Dinkelbrei vermischt.
Das Kind gedeiht bei dieser Ernährung bis zum 5. bis 8. Monat ausgezeichnet. Ab dem 7. bis 8. Monat mit (Dinkel-)Schnittchen, das heißt mit fester Nahrung, beginnen.

Variation für den Gemüsebrei

Fenchel, Bohnen, Sellerie, jeweils gekocht und püriert zu Dinkelbrei.

Variation für den Obstbrei (nach dem 9. Monat)

Himbeeren, Quitten, Mispeln, Brombeeren, jeweils gekocht und püriert zu Dinkelbrei.
  Kleinkinder erhalten eine abwechslungsreiche, vollwertige und gemischte Kost, wobei der Dinkel das Hauptnahrungsmittel zur Sicherung eines gesunden Wachstums darstellt.

Die richtige Ernährung für Sportler

Wenn es stimmt, daß es keine besondere Diät für Sportler gibt, sondern daß Olympioniken, Sonntagssportler und normale, gesunde Erwachsene das gleiche Eßverhalten haben (Foods for the fittest, *Health*, Februar 1988), dann ist Dinkel die beste Sportlerdiät, weil er alles enthält, was den Körper zu Höchstleistungen befähigt. Das wissen bereits die Amerikaner, die ihre Rennpferde mit Dinkel füttern, und einige Hildegard-Freunde.

Experten sind sich darüber einig, daß ein enger Zusammenhang zwischen gesunder Ernährung und körperlichem und seelischem Wohlbefinden besteht und daß die Richtlinien für die richtige Ernährung recht einfach sind. In nahezu idealer Weise werden sie in der Dinkelküche nach Hildegard erfüllt: kohlehydratreiche, fettarme Kost mit einem angemessenen Eiweißanteil, wenig Salz und Zucker und so gut wie keinen Alkohol und Bohnenkaffee.

Regelmäßige sportliche Betätigung wie Laufen, Wandern, Bergsteigen, Radfahren und Schwimmen im Zusammenspiel mit einer guten, abwechslungsreichen Mischkost hat seit uralten Zeiten Gesundheit und Wohlbefinden der Menschen ermöglicht. Bereits im alten Ägypten wurden enge Beziehungen zwischen Ernährung und Leistungsverhalten beschrieben. Bei den Athleten der Antike galt der Verzehr des Fleisches kräftiger Tiere als Voraussetzung für Kraft und Schnelligkeit. Römische Legionäre nahmen auf ihren langen Märschen kohlehydratreiche Kost zu sich, beispielsweise Gerste, ein Getreide, das sie später gegen den Dinkel austauschten, den sie bei den Germanen kennengelernt hatten. Im 19. Jahrhundert noch nahmen die Athleten nach einer gründlichen Darmreinigung Rindfleisch und Bier zu sich; bis vor kurzem galt eine eiweißreiche Ernährung mit Steaks, Eiern und Käse als Voraussetzung für Muskelwachstum und Durchhaltevermögen. Heute kann es sich ein Sportler nicht erlauben, aus Energiemangel im Wettkampf kraftlos und schwach zu werden, wobei den Kohlehydraten im Vergleich zu den Fetten und Eiweißen eine überragende Stelle als Energielieferant eingeräumt wird. Kohlehydrate werden in den Muskelzellen als Glykogen gespeichert, das während der sportlichen Leistung in Glukose (Blutzucker) umgewandelt wird und die eigentliche Energie für die Muskelzellen liefert. Fette und Eiweiße können ebenfalls Energie liefern, brauchen aber dazu mehr Sauerstoff, was mit einem höheren Energiebedarf verbunden ist und zu frühzeitiger Ermüdung führen kann. Besonders die komplexen Kohlehydrate von Dinkel, Edelkastanien und Gemüse können im Wettkampf die nötige Energie liefern, da sie langsam zu einfachen Kohlehydraten abgebaut werden, ohne große Blutzuckerschwankungen auszulösen. Der Einfluß der Ernährung auf die körperliche Leistungsfähigkeit wird sehr gut erkennbar, wenn man Gruppen von Menschen miteinander vergleicht, die auf verschiedene Weise ernährt wurden.

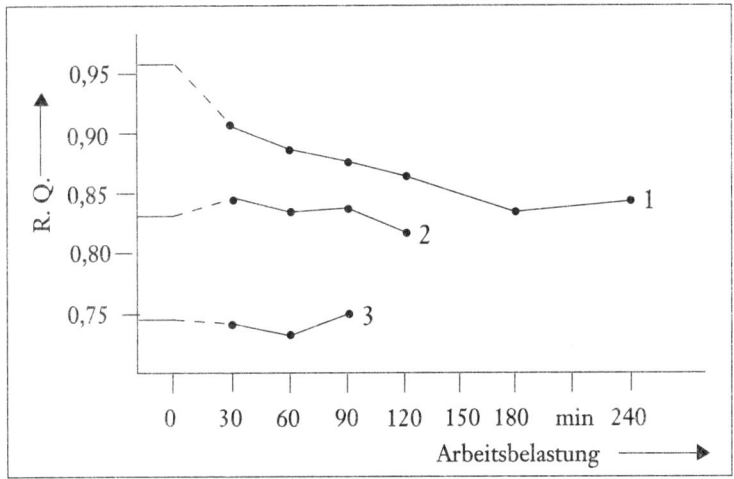

Gruppe 1 wurde kohlehydratreich ernährt und vermag eine festgelegte Arbeit über 240 Minuten zu leisten.
Gruppe 2 erhielt eine eiweißreiche Kost, kann die geforderte Arbeit aber nur noch halb so lange (120 Minuten) durchhalten.
Gruppe 3 mit einer fettreichen, kohlehydratarmen Kost muß die Arbeit bereits nach 90 Minuten beenden.
Nur der kohlehydratreich ernährten Gruppe ging weder bei kurzzeitiger noch bei langandauernder Belastung die Energie aus.
Sportler, die sich eiweißreich ernähren, haben häufig erhöhte Cholesterinspiegel und erhöhte Harnstoffwerte, die zu Ablagerungen von Harnsäure in Gelenken, Bindegewebe und Sehnen, besonders in der Achillessehne, führen können. Fettreiche Ernährung kann zur vorzeitigen Bildung von Arteriosklerose mit ihren Folgen Herzinfarkt und Schlaganfall führen.
Aus sportmedizinischer Sicht sollte die optimale Ernährung daher aus 55 bis 60 Prozent Kohlehydraten, 15 bis 20 Prozent Eiweiß und nicht mehr als 30 Prozent der Gesamtkalorienzahl Fetten bestehen, wobei es zwischen den einzelnen Sportdisziplinen geringfügige Abweichungen gibt.

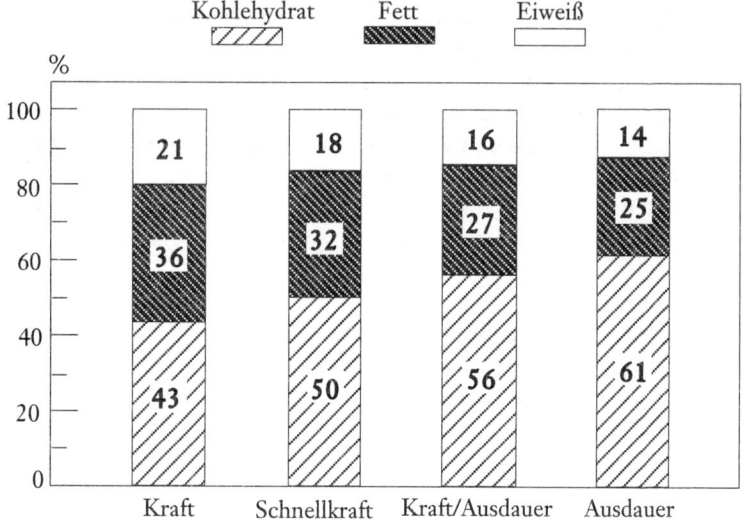

Kraftsportler haben in ihrer Nahrung den höchsten Anteil an Eiweiß und Fett, während die Kohlenhydrate am geringsten beteiligt sind. Mit Zunahme der Ausdauerkomponente kommt es zu einer Umschichtung, so daß der Anteil von Fett und Eiweiß vermindert und der von Kohlenhydraten angehoben wird. Die Zusammensetzung der Kalorien von Ausdauersportlern entspricht weitgehend den Vorstellungen für eine gesunde, ausgewogene Ernährung. Bei Kraftathleten müssen aus gesundheitlichen Erwägungen die Fette eingeschränkt und die Kohlenhydrate vermehrt werden.

Am besten deckt der Sportler seinen Kohlenhydratbedarf aus Dinkelnudeln, Dinkelbrot, Dinkelflocken, Dinkelspätzle, Dinkelgrieß sowie Edelkastanienprodukten, Obst und Gemüse, wobei einfache Kohlenhydrate (Fabrikzucker, Süßigkeiten, Schokolade, Traubenzucker) gemieden werden sollten, da sie zu einer unnötigen Spitzenbelastung mit Traubenzucker führen und durch die unnötige Insulin-Stimulation zu Unterzuckerung und damit zu Müdigkeit und Schwächeanfällen.

Der Eiweißanteil sollte bei allen Sportdiäten zwischen 15 und 20 Prozent liegen, da die übermäßige Eiweißkost zur Schlackenbildung von hohen Harnstoff- und Cholesterinwerten führen kann. Besonders vorteilhaft ist eine gemischte Kost aus tierischem und pflanzlichem Eiweiß. Der Fettanteil sollte 30 Prozent der Gesamtkalorienzahl nicht übersteigen, da mehr Fett zu hohen gesundheitlichen Risiken (Arteriosklerose) führen kann, die sich dann leistungsmindernd auswirken.

Bei der Verbesserung der Ausdauer kommt es neben der Muskelenergieleistung auch auf das richtige Gleichgewicht zwischen Sauerstoff und sauerstofftransportierenden Organen (Herzgefäße, Lunge, Blut) an. Eine Ausdauerleistung sollte aerobisch sein, das heißt, sie sollte so ausgeführt werden, daß man nicht in Atemnot gerät. Der Verbrauch und die Aufnahme von Sauerstoff sollten sich die Waage halten. In diesem Zusammenhang ist auf einen genügenden Eisenvorrat zu achten, da Eisenmangel zu ungenügendem Sauerstofftransport des Blutes führen könnte. Eine eisenreiche Diät mit grünem Kopfsalat, Hühnerlebergerichten und Fisch, wie sie in der Hildegard-Küche angeboten wird, hilft, den Eisenmangel auszugleichen.

Um dem Kalziumverlust aus den Knochen (Osteoporose, Knochenbrüchigkeit) vorzubeugen, ist dafür zu sorgen, daß der Kalziumbedarf gedeckt ist. Das geschieht durch die tägliche Zufuhr von 800 g Kalzium in Joghurt oder Quark.

Die durchschnittliche Wasserausscheidung durch die Nieren von 1 bis 1½ Liter pro Tag und der Flüssigkeitsverlust über die Atmung von ½ Liter pro Tag müssen durch die richtige Trinkmenge ausgeglichen werden. Darüber hinaus muß man berücksichtigen, daß der Wasserverlust durch körperliche Belastung und Schwitzen, besonders bei heißem Wetter, bis zu fünf Liter pro Tag betragen kann. Dieser Flüssigkeitsverlust muß ausgeglichen werden, wenn es nicht zu einer Verdickung des Blutes und damit zur Unterversorgung mit Sauerstoff kommen soll. Auch die dabei ausgeschwitzten Mineralien (Magnesium, Kalium, Natrium und teilweise Eisen) müssen durch eine richtige Ernährung ergänzt werden. Der beste Ausgleich erfolgt durch Fenchel- oder andere Kräutertees. Eine Flüssigkeitszufuhr durch Mineralwasser ist meistens nicht nötig, auch müssen keine besonderen Sportdrinks eingesetzt werden. Seit kurzem hat sich Dinkelbier oder anderes alkoholfreies Bier zum Flüssigkeitsausgleich nach dem Wettkampf bewährt.

Regelmäßige Bewegung und eine gesunde, vollwertige Ernährung sollten als Einheit angesehen werden, besonders wenn alle Lebensmittel in ausreichender Menge zur Verfügung stehen und wenn Freude und Genuß beim Essen und Trinken nicht zu kurz kommen.

Regelmäßige Bewegung verändert den Menschen an Körper und Seele.

- Die Herz-Kreislaufleistung verbessert sich.
- Der Stoffwechsel wird normalisiert und angeregt.
- Die Cholesterinwerte sinken auf das Normale.
- Die guten Cholesterinspiegel (HDL) erhöhen sich und schützen vor Herzinfarkt und Schlaganfall.

- Die Knochendichte verbessert sich, was das Risiko der Osteoporose vermindert.
- Die Verdauung wird angeregt, das Gefühl der Verstopfung wird vermindert.
- Hämorrhoiden verschwinden (Popo-Massage).
- Übergewicht wird abgebaut.
- Knochenmuskeln, Sehnen und Bindegewebe werden gestärkt, die Knochendichte wird verbessert.
- Die Durchblutung wird angeregt.
- Die Empfindungen aller Sinnesorgane (Sehen, Hören, Riechen, Schmecken) werden verbessert.
- Verspannungen lösen sich.
- Mit tiefer gleichmäßiger Atmung wird die Lungenleistung verbessert.
- Die Liebesfähigkeit wird verbessert.
- Die Widerstandskraft gegen Erkältungen und Infektionskrankheiten steigt.
- Der ganze Körper empfindet ein Gefühl der Vitalitäts- und Leistungssteigerung mit dem Gefühl von Lebensfreude.

Spiel und Sport auch im Alter

Viele meinen, Sport sei für Alte nicht mehr geeignet. Ein Trainingsprogramm mit 60- bis 72jährigen an der Tufts-Universität (USA) hat jedoch gezeigt, daß durch regelmäßige Bewegung in Verbindung mit der richtigen Ernährung auch noch in den »goldenen Jahren« eine Kraft- und Energiesteigerung möglich ist. Durch das Trainingsprogramm konnten innerhalb von zwölf Wochen sowohl die Stärke als auch die Größe aller Muskeln gesteigert werden. In einer Gruppe von Neunzigjährigen war sogar ein Muskelzuwachs von 90 Prozent zu beobachten. Die Alten waren in der Lage, beispielsweise ihre Leistung im Gewichtheben von 10 auf 20 Kilogramm zu steigern. Diese Ergebnisse zeigen deutlich, daß auch im Alter ein Kraftzuwachs möglich ist. Das Training ermöglichte es den alten Leuten, ihre Aufgaben besser zu erfüllen und gab ihnen ein Gefühl größerer Belastbarkeit. Mit zunehmender Dauer der körperlichen Übungen erlebten sie, wie ihr Körper gelenkiger und geschmeidiger wurde und wie sich ihre oft ängstliche Grundstimmung in Lebensfreude verwandelte.

Mit allen Ausdauer-Sportarten wie Laufen, Jogging oder Radfahren sollten Ungeübte langsam anfangen. Beginnen Sie Ihr Lauftraining mit nur einer Minute langsamem Trab und wiederholen Sie die Intervalle so lange, bis Sie insgesamt 15 Minuten gelaufen sind. Steigern Sie die Laufzeiten kontinuierlich. Richten Sie sich dabei nach Ihrem Körper. Je besser er mitmacht, um so schneller kommen Sie ans Ziel. Zwei Stunden Laufen pro Woche, möglichst auf ¼ Stunde pro Tag verteilt, reichen aus, um das körperliche und seelische Wohlbefinden spürbar zu verbessern. Am besten ist es, morgens zu laufen. Laufschuhe müssen zu Ihnen und zu dem Gelände passen, in dem Sie laufen. Sie sollten die Stöße sanft abfangen, die den Körper beim Aufsetzen der Füße erschüttern.

Die Regel lautet: Je gewichtiger ein Läufer und/oder je härter seine Laufstrecke (Asphalt oder Beton) ist, desto stabiler müssen seine Laufschuhe gefedert sein. Gute Laufschuhe haben hochgezogene, gepolsterte Fersenkappen, um die empfindlichen Achillessehnen zu schützen und den Füßen sicheren Halt zu geben.

Wenn Ihnen irgend etwas weh tut, laufen Sie lieber weniger oder steigen sie vorübergehend auf ein anderes Fitneßtraining um. Radfahren nimmt den Streß aus den Gelenken. Auch schnelles Gehen, Schwimmen, Aerobic sind gut. Hilfreich ist alles, was Sie zum Hüpfen bringt.

Verlängern Sie Ihr Hochgefühl nach dem Laufen und machen Sie es nach außen sichtbar. Ein erfrischendes Duschbad entspannt überanstrengte Muskeln, steigert Ihr Wohlbefinden und hinterläßt ein gepflegtes Frischegefühl. Personen, die zu Krampfadern neigen, beenden die Dusche mit Wechselbädern zwischen warm und kalt, wobei das letzte Abduschen kalt erfolgen soll. Rubbeln Sie Ihren Körper mit einem nicht zu weichen Handtuch trocken. Dann bleibt die Blutzirkulation in Schwung. Trocknen Sie die Haut zwischen den Zehen besonders sorgfältig, denn feuchtwarmes Klima begünstigt das Wachstum von Fußpilz.

Erst nach dieser Prozedur beginnt der Tag mit einem Hildegard-Frühstück: Habermus und Dinkelkaffee. Zum Mittagessen gibt es Dinkelnudeln, Dinkelreis oder Dinkelspätzle mit Fisch oder Fleisch und immer Kopfsalat mit kalten, gekochten Dinkelkörnern; zum Abendessen Dinkelbrot mit Aufstrich oder ebenfalls eine warme Dinkelmahlzeit.

Vitalisierung bei Leistungssportlern

Eine Vollkorn, Obst- und Gemüsediät steigert die Leistungsfähigkeit bei Hochleistungssportlern, wobei bei dieser Kost eine besonders hohe Zufuhr von Thiocyanat (siehe Tabelle auf den Seiten 412–413) stattfindet. Eine Auswertung von Ernährungsbilanzen bei Hochleistungssportlern der DDR ergab eine Zufuhr von 12 bis 18 mg Thiocyanat pro Tag bei normalen Thiocyanatmengen von 3–5 mg täglich. (Professor W. Weuffen, Dr. B. Türkow, Universität Greifswald.)

Folgende Lebensmittel sind für Sportler empfehlenswert:
1. Dinkel, Obst und Gemüse als Grundlage.
2. Mageres Kalb- oder Rindfleisch, Geflügel, Reh oder Hirsch, Hammel oder Ziege, Pute oder Straußenfleisch.
3. Frischfisch, besonders Barsch (Kretzer), Dorsch, Kabeljau, Schellfisch, Hecht, Stör, Flußwels oder Waller, Äsche, Rotauge, Plötze, Rotfeder, Grünling, Hasel, Häsling, Rüssli, Blicke, Güster, Karpfen, Nase, Elze, Quermal und Bachforelle schaden nicht.
4. Frische Kräuter und Gewürze, wenig Salz.
5. Fettarme Saucen und Suppen.
6. Milch, Eier, Quark, Käse (fettarm für die Dicken, alte und fette Käse für die Mageren).
7. Naturbelassene, kaltgepreßte Öle.
8. Honig und Konfitüre aus Quitten, Himbeeren, Kornelkirschen, Mispeln, Brombeeren, Johannisbeeren.
9. Getränke: Fencheltee, Dinkelkaffee, Dinkelbier, Wein, Johannisbeersaft, durchgegorener Apfelmost.

Sportler sollen folgende Lebensmittel meiden:

1. Fettes Fleisch, Wurst, Speck, Schweinefleisch, geräuchertes, gepökeltes Fleisch, Fleischkonserven.
2. Geräucherte Fische, Ölsardinen, Aal, Bückling, Fischkonserven.
3. Raffinadezucker, Schokolade, Eisspeisen, zucker- und fettreiche Süßspeisen, Konfitüre außer Quitten-, Mispel-, Kornelkirsch-, Himbeermarmelade.
4. Vollraffinierte, gehärtete Fette, Margarine, Braten- und Backfette.
5. Auszugsmehlprodukte, fette Backwaren (Torten).
6. Bohnenkaffee, Alkohol, Nikotin.
7. Gesüßte Obstsäfte, Cola-Getränke, Spirituosen, Mineralwasser.
8. Küchengifte (Erdbeeren, Pfirsiche, Pflaumen, Lauch) und Rohkost.
9. Konserven, Konservierungsmittel.

Tagesmenü für Sport und Spiel

Morgens: Habermus oder Co.
Dinkelkaffee
Dinkel liefert alles, was der Sportler braucht, besonders wertvolle komplexe Kohlehydrate, die nach dem Morgentraining Glykogen für die Muskeln liefern; Dinkeleiweiß, was die Muskeln wachsen läßt, und Dinkelmineralien für ein kräftiges Knochengerüst.

Mittags: Hühnerbouillon mit Dinkelgrießklößen und Gemüsestreifen
Überbackener Fenchel mit Dinkelnudeln
Dinkelkopfsalat
Apfelkompott
Dieses leicht bekömmliche Mittagessen ist ein gutes Kräftigungsmittel nach dem Sport. Fenchel und Dinkelkopfsalat enthalten so viele Vitamine A, C und E, wie der Organismus am Tag benötigt und unterstützen wirkungsvoll die Vitalität, Leistungsfähigkeit und die Abwehrkraft des Sportlers.

Abends: Hechtklöße mit Dinkelnudeln
Obstsalat
Fencheltee
Fisch ist leicht verdaulich und liefert biologisch hochwertiges Eiweiß und lebensnotwendige Mineralien und Vitamine. Dinkelnudeln sorgen für einen stetigen konstanten Glucosezustrom in den Blutkreislauf und werden von den Sportlern gerne als Kohlehydratenergiestoß am Abend vor Wettkampftagen gegessen.

Ausblick

Machtlos stehen die Ärzte vor den schweren Zivilisationskrankheiten von heute und schauen zu, bis es zu spät ist, daß nur noch aggressive Maßnahmen eingesetzt werden können (Operation, Bestrahlung, Chemotherapie), die für Arzt und Patient riskant, unangenehm und gefährlich sind. Über achtzig Prozent der Bevölkerung sterben heute immer noch an Krankheiten wie Herzinfarkt, Krebs, Schlaganfall, Diabetes, Leberzirrhose usw., für die es kein einziges Heilmittel gibt und auch in Zukunft nicht geben wird, weil die auslösenden Ursachen dieser Krankheiten nicht im Bereich dessen liegen, was die naturwissenschaftlich orientierte Medizin erfassen kann.

Solange die tatsächlichen Gründe für die Entstehung der Zivilisationserkrankungen unberücksichtigt bleiben, wird die Zahl der Kranken trotz ständig steigender Forschungsausgaben weiterhin zunehmen.

Zu den klassischen Risikofaktoren Übergewicht, Rauchen, Bluthochdruck, Diabetes, erhöhter Cholesterinspiegel kommen noch Streß, Tageshetze, überstrapazierte Nerven und falsche Ernährung als Auslöser. »Die Tatsache, daß die meisten chronischen Krankheiten von der modernen Medizin als solche unheilbar sind«, schreibt der Tübinger Professor Dr. Hans Schaefer, »erzeugt in fast allen Patienten Angst. Der Mensch hat Angst vor dem Schmerz und Angst vor dem Tod. Hoffnung wäre die beste Methode, hier zu helfen. Die Schulmedizin ist im allgemeinen nicht fähig, die Angst der Patienten zu beseitigen.«

Aus der Fülle der wissenschaftlichen Forschungsergebnisse großer epidemiologischer Studien (Studien über die Entstehungsursache von Krankheiten) aus den USA (Multiple Risk Factor Intervention Trial, Framingham, Jenkins) zum Herzinfarkt geht eindeutig hervor, daß es einen engen Zusammenhang von Herzinfarkt und Lebensführung, im weitesten Sinne Lebensordnung gibt. Herzinfarktpatienten – A-Menschen mit ausgeprägt aggressivem, ungeduldigem, ehrgeizigem Verhalten – bekommen 2,3mal häufiger Herzinfarkt als B-Menschen – gelassenere, spielerisch-sportliche Menschen, deren Wert mehr im Sein als im Haben ruht, die in allen Lebensbereichen mehr in der Gegenwart als in der Vergangenheit und Zukunft leben.

Mehr Selbstvertrauen, mehr Vertrauen und Geborgenheit und die Verantwortlichkeit für das eigene Leben in Zusammenhang mit Geborgenheit in der Familie und Religion sind der beste Schutz vor Herzinfarkt.

Hans Schäfer schreibt in seinem *Plädoyer für eine Neue Medizin*: »Es ist endlich leicht nachzuweisen, daß alle Risiken durch das Verhalten des Individuums zu ihnen in ihrer Wirkung verändert, insbesondere auch abgeschwächt werden können. Hierbei leistet die Praktizierung christlicher Tugenden eine bedeutende Hilfe. Fast alle Tugenden lassen sich als auch medizinisch erklärbare Hilfen zur Gesundheit deuten. Zu den wichtigsten gesundheitlichen Faktoren zählt die Nächstenliebe, die Streßfaktoren mindert, die von der sozialen Umwelt auf den Menschen ausgehen, und die Hoffnung, die den Menschen allein in den Stand setzt, die Kräfte seines vegetativen Nervensystems zu mobilisieren.«

Wenn es wahr ist, daß die chronischen Krankheiten eine Antwort des Körpers auf eine falsche Ernährungs- und Lebensweise sind, kann nur die Änderung Abhilfe leisten.

Die Medizin geht mit ihrer einseitigen Betonung technischer Diagnostik und Therapie sicherlich einen falschen Weg. Technik ist in einer lebensrettenden Medizin unerläßlich. Es gibt jedoch immer mehr Menschen, die eine High-Tech-Medizin im Grunde nicht brauchen.

Gesucht wird nach einer neuen Medizin, die die Bedürfnisse der heutigen Menschen nach einer natürlichen Ernährungs- und Lebensweise berücksichtigt. Hildegard von Bingen vereinigte in ihrer Heilkunde diätische, medizinische und psychotherapeutische Ratschläge im Sinne einer vorbeugenden Medizin. Ihre visionäre Gesamtschau ist daher heute wieder ganz aktuell. Im Mittelpunkt der Hildegard-Heilkunde steht die Dinkelkost als Basisdiät. Wir führen (soweit uns bekannt ist, als erste und bisher einzige) systematisch regelmäßige Dinkelkuren durch. Unsere Erfolge sind zu neunzig Prozent eindeutig auf die konsequente Umstellung von Weizen auf Dinkel zurückzuführen. Mehrere Versuche, Kliniken für die Dinkelkost zu interessieren, blieben jedoch leider erfolglos. Es kann uns daher nicht zum Vorwurf gemacht werden, daß wir nur »Praxiserfahrung« haben. Die allerdings hat uns umfangreiches Beobachtungsmaterial geliefert. Dr. med. Gottfried Hertzka konnte in seiner dreißigjährigen Berufspraxis als Kassenarzt Beobachtungen an Tausenden von Patienten machen, die von meinen Erfahrungen in der eigenen Naturheilpraxis gestützt werden. Solche Erfahrungen haben für den Patienten mindestens so große Bedeutung wie klinische Studien. Die Heilwirkung des Dinkels kann exemplarisch an folgenden Beispielen deutlich gemacht werden:

Magen-Darmgeschwüre
Ein sechzigjähriger männlicher Patient litt seit Jahren an mehreren rezidivierenden, röntgenologisch nachgewiesenen Darmgeschwüren, mit starkem Brechreiz schon am Morgen, Sodbrennen, Aufstoßen, Schwindel und Magenschmerzen im nüchternen Zustand und eineinhalb Stunden nach dem Essen. Nach einjähriger, regelmäßiger Dinkelkost heilten die Magen-Darmgeschwüre vollkommen aus. Gleichzeitig konnte der Cholesterinspiegel des Patienten innerhalb von vier Wochen mit Dinkeldiät von 258 mg/dl auf 167/mg dl gesenkt werden. Der Patient ist seit einem Jahr beschwerdefrei.

Dinkel ist die Universaldiät bei allen Magen-Darmleiden, die mit regelmäßiger Dinkelkost fast ausnahmslos ausheilen.

Zöliakie/Spru
Die Verdauungsschwäche des Dünndarms aufgrund einer Weizen-, Hafer-, Gerste- und Roggenallergie gilt als unheilbar. Ein jetzt achtzehnjähriger Patient leidet seit seinem sechsten Lebensmonat an einer gliaden (Kleber = Gluten) induzierten Zöliakie. Von der Universitätsklinik Innsbruck wurde ihm nach mehreren vergeblichen Ernährungsumstellungen mit Normalkost eine lebenslängliche gliadenfreie Kost empfohlen. Nach behutsamer Umstellung auf Dinkelkost mit zunächst nur einem Eßlöffel Dinkelkörner unter Kopfsalat, traten weder Durchfälle und Erbrechen noch Appetitlosigkeit und andere für die Zöliakie charakteristischen Symptome auf. Nach vier Wochen konnte zusätzlich morgens Habermus gereicht werden. Da der Patient alles gut vertrug, konnte anschließend die ganze Kost auf Dinkelbasis umgestellt werden. Der Patient wuchs seitdem innerhalb von neun Monaten um drei Zentimeter; sein Allgemeinzustand ist gut.

Dieser Fall und einige andere Zöliakie-Heilungen durch Dinkelkost zeigen, daß Dinkel kein Weizen ist und auch keine Allergien verursacht.

Neurodermitis und andere (Lebensmittel-)Allergien
Unter den von Klinikärzten als praktisch unheilbar bezeichneten Patienten (ein Kortison-Effekt ist keine Heilung) finden sich auffallend viele Hautkranke, vor allem mit Ekzemen, Allergien und Neurodermitis. Bei Neurodermitis werden mit Diätversuchen gewisse Erfolge erzielt. Dabei ist »härteste Konsequenz« (Dr. Geißler) und »Verzicht als Erziehungsfaktor« Voraussetzung. Die Tragik dieser Diätverfahren liegt darin, daß man für jeden einzelnen Patienten eine individuelle Diät erarbeiten muß. Die Dinkeldiät geht von anderen Voraussetzungen aus und hat bei konsequenter Durchführung zur vollen Remission geführt.

Eine schwangere Frau litt seit ihrer Kindheit an Neurodermitis, früher so schlimm, daß sie sich blutig gekratzt hat. Nach der Umstellung auf Dinkeldiät und Ausschaltung aller Küchengifte, Schweinefleisch, Wurst und Bohnenkaffee, war das Ekzem nur noch an den Händen sichtbar. Zeitweise ist die Haut der Patientin so schön, daß man von ihrer Krankheit gar nichts mehr merkt. Sie brachte ein gesundes Kind mit wunderschöner Haut zur Welt.
Aufgrund eigener guter Erfahrungen mit der Dinkelkost setzt der Arzt Dr. med. Jürgen Bahls die Dinkeldiät zur Behandlung einer Neurodermitis-Selbsthilfegruppe innerhalb des sogenannten Schwelmer Modells ein. Die Erfolge waren so gut, daß die Kosten für diese Diätbehandlung von der örtlichen Krankenkasse übernommen wurden.

Hyperaktives Syndrom (Phospat-Überempfindlichkeit)
Ein achtjähriger Junge leidet seit drei bis vier Jahren an Phospat-Überempfindlichkeit. Erste Besserung wurde durch phospatreduzierte Kost erzielt. Eine entscheidende Besserung zeigte sich jedoch erst nach dreimonatiger Dinkeldiät und dem Tragen eines Chalcedon-Armbandes: sprunghafte Zunahme der Konzentrationsfähigkeit, Verbesserung der schulischen Leistungen, innere Ausgeglichenheit und Verträglichkeit sonst schlecht vertragener Speisen. Die Mutter des Jungen – selbst Ärztin – war überglücklich und meinte: »Ich würde mich freuen, wenn vielen kleinen Zappelphilippen auf diese Weise geholfen werden könnte.«

Hoher Cholesterinspiegel
(Hyperlipoproteinämie / Typ IIa Frederickson)
Ein einundzwanzigjähriger Patient ist familiär infarktbelastet. Sein Vater erlitt bereits dreimal einen Herzinfarkt, der Großvater starb mit 51 Jahren am dritten Herzinfarkt. Bei dem Patienten wurden im Alter von achtzehn Jahren bereits zum ersten Mal erhöhte Blutfettwerte festgestellt (Cholesterinspiegel 337 mg%). Trotz Behandlung mit Lipidsenkern und strenger fettfreier Diät konnte der Cholesterinspiegel nur von 337 auf 310 mg% (im März 1986) gesenkt werden.
Im Mai 1986 kam der Patient in meine Behandlung. Sein Cholesterinspiegel war zu dieser Zeit auf 357 mg% angestiegen. Durch konsequente Umstellung auf Dinkelkost und (halbjährige) Aderlässe sank der Cholesterinspiegel bereits im Juni 1986 auf 278 mg%, im Dezember auf 304 mg%, im Januar auf 216 mg%, im Mai 1987 auf 273 mg%, im Juni auf 248 mg%. Der Patient wurde auf eine radikale Reduktionsdiät auf der Basis von Dinkelgetreide unter Vermeidung sämtlicher tierischer Fette eingestellt. Er konnte

sein Gewicht in der Zwischenzeit um einige Kilos reduzieren und fühlt sich wohl und leistungsfähig, so daß auch unter Belastung und Streß die früheren stenokardischen Herzschmerzen ausbleiben.

Übergewicht, Fettsucht (Adipositas)
Nach einer Hildegard-Fastenkur entschloß sich ein stark übergewichtiger junger Mann (36 Jahre, Körpergewicht 143 Kilo bei einer Körpergröße von 182 Zentimetern) zu einer Dinkel-Fastenkur (siehe Seite 31). Nach sechseinhalb Monaten hatte er insgesamt 46 Kilo abgenommen und sah strahlend aus. Zusätzlich brachte ihm diese Kur eine eiserne Disziplin. Ohne Eile und Streß konnte er jetzt seine Arbeit verrichten, mit der er früher nie fertig geworden war.

Venenentzündung
Eine jetzt dreiundvierzigjährige Patientin wurde wegen einer tiefen Unterschenkel-Thrombose auf der Intensivstation mit Makumar behandelt, das aber wegen seiner bedrohlichen Nebenwirkungen bald wieder abgesetzt werden mußte. Nach einer Behandlung mit Streptokinase und Heparin stellten sich allergische Hautausschläge ein, so daß die Patientin so wieder aus dem Krankenhaus entlassen werden mußte, wie sie eingeliefert worden war. Nach drei Monaten mit regelmäßiger Dinkelkost heilte die Venenentzündung ab. Im Angiogramm ließen sich keine Thrombosen mehr nachweisen. Es zeigte sich eine weitgehende Rekanalisation der tiefen Unterschenkelvene. Ohne irgendwelche anderen Medikamente wurden die Beinvenen wieder frei durchgängig. Als die Dinkelkost abgesetzt wurde, trat die Entzündung wieder auf und verschwand erneut, als die Dinkelernährung fortgesetzt wurde.

Leukämie
Im Blutbild einer sechsunddreißigjährigen Patientin mit akuter myeloischer Leukämie zeigte sich eine ständig zwischen 76 000/ul und 146 000/ul schwankende Leukozytenzahl (Normalbereich 4000 bis 10 000/ul) – je nach Diät. Bei konsequenter Dinkelkost stellte sich die bei dieser Patientin niedrigst erzielbare Leukozytenzahl von 76 000/ul ein, während die Anzahl der Leukozyten beispielsweise nach dem Genuß von Nachtschattengewächsen (Kartoffeln, Tomaten, Paprika) bis auf 146 000/ul anstieg. Auch nach dem Genuß von Rohkost konnte ein Ansteigen der Leukozytenzahl beobachtet werden.

Rheuma, Präkanzerose
Eine zweiundsechzigjährige Patientin litt nach einer Brustkrebs-

operation an schweren Rheumaschmerzen in Hüften und Knien, verbunden mit Schwächezuständen, Müdigkeit und Herzschmerzen sowie Blähungen. Nach einer viermonatigen Hildegard-Therapie mit Aderlaß, Wasserlinsenelixier und konsequenter Dinkeldiät besserte sich das Rheuma dermaßen, daß keine Schmerzschübe mehr auftraten. In der Hüfte wurden keine, in den Gelenken nur noch gelegentliche Schmerzen festgestellt.

Tumore, Wucherungen
Einem jetzt neunzehnjährigen Jungen wurde im Alter von fünfzehn Jahren zum ersten Mal ein Tumor im Kopfbereich entfernt. Ein Jahr später stellte man in seinem rechten Knie erneut einen Tumor fest. Nach dreimonatiger Hildegard-Therapie mit Aderlaß, Wasserlinsenelixier und strenger Dinkelkost verschwand der Tumor im rechten Knie, und es mußte keine Operation mehr durchgeführt werden.

Endometriose
Bei einer jetzt fünfundvierzigjährigen Patientin wurden nach der zweiten Schwangerschaft (als sie 32 Jahre alt war) Myome festgestellt. Seit ihrem 36. Lebensjahr litt die Patientin unter Ausfluß und ziehenden Schmerzen im Unterbauch, wonach eine Endometriose am Eierstock diagnostiziert wurde. Eine Hormontherapie hatte schwere depressive Verstimmungszustände mit Selbstmordgedanken zur Folge gehabt, und schließlich mußten Eierstock und Uterus entfernt werden. Unmittelbar darauf traten wieder vaginale Blutungen und ziehende Schmerzen auf. Eine erneute Operation, bei der der zweite Eierstock und eine Scheidenstumpf-Endometriose entfernt wurden, folgte. Unmittelbar nach diesem Eingriff litt die Patientin fast ein Jahr lang unter chronischen Durchfällen von wäßriger Konsistenz, täglich bis zu zehnmal (auch nachts). In einer Stuhlprobe wurden Lamblien nachgewiesen, die erfolglos mit Antibiotika behandelt wurden. Zusätzlich trat eine Superinfektion mit Pseudomonas auf. Eine erneute Antibiotika-Therapie brachte keine Ausheilung, sondern zerstörte die Darmflora völlig. Eine Darmreinigungskur und anschließende Umstellung auf Vollwertkost nach Dr. Mayr blieb ohne Einfluß auf das Krankheitsbild. Erst nach einer konsequenten Dinkeldiät und einer Therapie mit Durchfallei festigte sich der Stuhlgang, und die Durchfälle blieben aus. Der Allgemeinzustand der Patientin ist nun wieder gut. Nachtschattengewächse, Küchengifte und Milch muß sie selbstverständlich meiden.

Überempfindlichkeit gegen Erdstrahlen
Ein sechzigjähriger Architekt und Wünschelrutengänger litt unter einer Übersensibilität gegen terrestrische Strahlen und kam nur zur Ruhe, wenn er seinen Schlafplatz wöchentlich wechselte. Nachdem er sich etwa ein Jahr lang mit Dinkelkost ernährt hatte, machte er die Feststellung, daß die Erdstrahlen nicht mehr ihren bisherigen Einfluß auf seinen Organismus hatten und daß sich seine Widerstandskraft allgemein gebessert hatte. Er konnte wieder beschwerdefrei schlafen und hatte auch beim Aufwachen keine Probleme mehr.

Diese wenigen Fälle zeigen deutlich, daß der Dinkel nicht nur eine beliebte und schmackhafte Familienkost ist, sondern daß er sich auch als Heilmittel bewährt hat. Aus ernährungs-physiologischer Sicht enthält dieses Getreide alle lebensnotwendigen Stoffe, die der Organismus zu seiner Gesunderhaltung braucht. Darüber hinaus befinden sich im Dinkel Wirkstoffe, die ihm eine immunstimulierende, entzündungshemmende, antiallergische und vitalisierende Wirkung verleihen. Damit erfüllt der Dinkel alle Kriterien eines diätischen Lebensmittels, das in der Lage ist, chronische Zivilisationskrankheiten zu verhüten und, gezielt eingesetzt, auszuheilen.

Zu den Inhaltsstoffen des Dinkels gehören auch cyanogene Glykoside und Thiocyanat. Es ist längst wissenschaftlich erwiesen, daß alle Zerealien Blausäure in gebundener Form (sogenannter cyanogene Glykoside) und Thiocyanat enthalten. Diese Blausäuremengen werden von führenden Wissenschaftlern (etwa G. Lehmann et al.: Z. *Ernährungswiss.* 18, 16–22, 1979) nicht als giftig, sondern ganz im Gegenteil in therapeutischen Mengen als Trainer unseres Immunsystems angesehen. Im Körper werden diese cyanogenen Glykoside fermentativ zu Cyanat gespalten und mit Schwefel zu dem Entgiftungsprodukt Thiocyanat umgeformt. Das Thiocyanat ist eine körpereigene, lebensnotwendige Substanz, die in der Infektabwehr und Immunstimulation eine außerordentlich große und lebensnotwendige Rolle spielt.

Der Direktor des Hygiene-Instituts der Universität Greifswald, Professor Dr. sc. med. Dr. rer. nat. W. Weuffen, hat in jahrzehntelanger Forschungsarbeit die Wirkung des Thiocyanat bei Menschen, Tieren, Pflanzen und in der Zelle erforscht und dabei seine vitalisierende, immunstimulierende und entzündungshemmende Wirkung (siehe Tabelle auf den Seiten 412–413) nachgewiesen. Wir haben ein gemeinsames Forschungsprogramm vereinbart, dessen Ziel es sein wird, die von Hildegard prophezeite heilende Wirkung des Dinkels nachzuweisen.

Starke kosmische Kräfte und Schutzmächte wirken auf den Menschen ein und helfen ihm, den Lebenskampf glücklich zu überstehen. Hildegard sieht diese Energien in den neun Chören der Engel, wobei die Engel und Erzengel Leib und Seele symbolisieren, Kräfte, Mächte, Fürsten, Heerscharen und Throne die fünf Sinnesorgane beeinflussen und Seraphine und Cherubime die Nähe Gottes charakterisieren.

Vitalisierung durch Dinkel, Obst und Gemüse
Biologische, medizinische und ernährungstherapeutische
Wirkung von Thiocyanat,
einem neuentdeckten Inhaltsstoff des Dinkels*

Wirkung	Prinzip
Proliferations-förderung	Zelltätigkeit wird gefördert, was sich besonders an »arbeitenden Zellen« auswirkt, also an stark proliferierenden Geweben wie - blutbildende Zellen - immunkompetente Zellen - Keimzellen - im Wachstum befindliche Zellen
antiinfektiös	Mitwirkung am Wasserstoffsuperoxid-Peroxidase-Halogenid-System zugleich Förderung der Immunantwort durch den proliferationsfördernden Effekt
protektive Wirkung	unspezifisch antiinfektiös
	unspezifisch antimutagen unspezifisch antiteratogen unspezifisch antitoxisch
	antiallergisch

* Freundlicherweise von Herrn Professor Dr. med. habil. Dr. rer. nat. Wolfgang Weuffen, Direktor des Hygiene-Instituts der Ernst-Moritz-Arndt-Universität Greifswald, zusammengestellt.

Anwendungsbeispiele

verschiedene Zellkulturen
(FL, BKEz-7, menschliche Hautfibroblasten)
pflanzliche Gewebekultur (Nodienexplantate)
Bakterien (E. coli)
Entwicklung der Jungpflanze (Startereffekt)
Wundheilung (Pflanze, Tier)
Spermiogenese-Förderung
Förderung des Haarwachstums
Aufzucht von Tieren

Mundhöhle und sonstige episomatische Biotope

(Kooperation im Phagocyten)
Steigerung der humoralen Immunantwort

industriemäßige Kälberaufzucht
Kälber- und Schafmast
pflanzliche und tierische Ernährung auf Thiocyanat-Basis
Förderung der Resistenz (Pflanze, Tier)

Maus
Maus
FL-Zellen (Formaldehyd und Tetrachlorkohlenstoff)
Leberschutz vor Alkohol
Patienten mit Kontaktekzem beziehungsweise Allergie

Literaturhinweise

Werke der heiligen Hildegard

Causae et Curae (lat.). Neudruck der Basler Hildegard-Gesellschaft.
Ursachen und Behandlung der Krankheiten. Neudruck der Basler Hildegard-Gesellschaft.
Physica (lat.). Patrologia Latina, Bd. CXCVII. Basler Hildegard-Gesellschaft.
Heilmittel. Deutsche Ausgabe der *Physica*. Basler Hildegard-Gesellschaft.

Zur Medizin der heiligen Hildegard

Hertzka, Dr. Gottfried: *Kleine Hildegard-Apotheke*, Bund der Freunde Hildegards.
Hertzka, Dr. Gottfried: *Wunder der Hildegard-Medizin*, Christiana Verlag, Stein am Rhein.
Hertzka, Dr. Gottfried/Strehlow, Dr. Wighard: *Die Küchengeheimnisse der heiligen Hildegard*, Verlag Hermann Bauer, Freiburg 1989 (5. Auflage).
Hertzka, Dr. Gottfried/Strehlow, Dr. Wighard: *Die Edelsteinmedizin der heiligen Hildegard*, Verlag Hermann Bauer, Freiburg 1989 (5. Auflage).
Hertzka, Dr. Gottfried/Strehlow, Dr. Wighard: *Handbuch der Hildegard-Medizin*, Verlag Hermann Bauer, Freiburg 1989 (4. Auflage).
Hertzka, Dr. Gottfried/Strehlow, Dr. Wighard: *Große Hildegard-Apotheke*, Verlag Hermann Bauer, Freiburg 1989.
Was ist Hildegard-Medizin? Helmut Posch, Weinbergweg, A-4880 St. Georgen im Attergau; Telefon 0043/7667/361.

Von Dr. Wighard Strehlow erscheint im Kanisius Verlag, Freiburg (Schweiz), eine Schriftenreihe mit dem Titel *Lebensweisheiten der heiligen Hildegard*. Die ersten beiden Broschüren *Die Kunst des Alterns* und *Das rechte Maß als Lebensprinzip* sind ab März 1990 lieferbar.

Wir danken dem Verlag VWEW, Frankfurt, für die freundliche Erlaubnis, einige Rezepte aus folgendem Buch zu übernehmen:
Meyer-Haagen, Elisabeth: *Das elektrische Kochen*, VWEW, Frankfurt 1986 (45. Auflage).

Bezugsquellen

Deutschland

Abtei St. Hildegard, Postfach 1320, 6220 Rüdesheim;
Telefon 06722/3088; Bücher, Wein und Dinkelprodukte
Bäckerei Holstein, August-Borsig-Straße 3, 7750 Konstanz
Bäckerei Holstein, Höllstraße 9, 7760 Radolfzell
Gärtnerei Bornträger und Schlemmer, 6521 Offstein;
Telefon 06243/7079; Kräuter und Gewürze
Klosterbäckerei Riesener, Kaiserpfalzstraße 78, 7762 Bodmann;
Telefon 07773/5792
Jura-Naturheilmittel, Wolfgang Gollwitzer, Nestgasse 2, 7750 Konstanz;
Telefon 07531/31487
Stadtmühle Egon Binz, 7716 Geisingen; Telefon 07704/247
Prana-Haus, Kronenstraße 2, Postfach 167, 7800 Freiburg;
Telefon 0761/7082-0
Ölmühle Walz, 7602 Oberkirch; Telefon 07802/2294;
kaltgepreßte Pflanzenöle
s'Geisarieder Lädele, Rosenweg 2, 8952 Marktoberdorf-Geisenried;
Telefon 08342/2115 oder 5398.

Dachsfellgürtel und -schuhe
Schuhmacherei Pollak, Theodor-Heuss-Straße 36, 7750 Konstanz

Dinkelspelzunterbetten, -steppdecken und -kopfkissen
Waltraud Daum, Rechenauerstraße 95, 8200 Rosenheim;
Telefon 08031/87432

Dinkelmatratzen
Sattlerei Siegfried Vogler, Bodenseestraße 17a, 7760 Böhringen;
Telefon 07732/6672

Edelsteine
Schleiferstüble G. Mehl, Wessenbergstraße 31, 7750 Konstanz;
Telefon 07531/22813
Dietlinde von der Zalm, Hochstraße 4, D-6251 Isselbach-Ruppenrod;
Telefon 06439/1069

Edelkastanienhölzer, Spazierstöcke, Greiflinge
Rebholz KG, Pommernweg 5, 7141 Oberstenfeld; Telefon 07062/5535

Ätherische Öle
Firma Primavera, 8961 Sulzberg; Telefon 08376/704

Dinkelbier
Apostel-Bräu, Eben 11, 8395 Hauzenberg; Telefon 08 58 66/22 00

Biologischer Weinanbau
Weinbau und Weinkellerei Georg Pfisterer, Landstraße 78,
6905 Schriesheim; Telefon 0 62 03 / 6 12 88
Hotel Sponheimer Hof, Familie Heinz Schütz, Sponheimer Straße 19,
5585 Enkirch/Mosel; Telefon 0 65 41 / 66 28 - 42 04;
Hildegardküche, Hildegardferien, biologischer Weinanbau

Schweiz

Gärtnerei Bollinger, Wilstraße 44, CH-4511 Horriwil;
Telefon 00 41/65 / 44 20 66; Kräuter und Heilpflanzen
Hildegard-Vertriebs AG, Aeschenvorstadt 24, CH-4010 Basel;
Telefon 00 41/61/23 24 79
Handels- und Kundenmühle Koch & Co., CH-8272 Ermatingen/Thurgau; Telefon 00 41/72/6 16 66

Österreich

Hönegger Handelsgesellschaft m.b.H., Wolf-Dietrich-Weg 141,
A-5163 Mattsee; Telefon 00 43 / 62 17 / 73 00; Hildegard-Naturprodukte
Helmut Posch, Weinbergweg, A-4880 St. Georgen im Attergau;
Telefon 00 43 / 76 67 / 3 61

Italien

Dinkelmühle Fuchs H.&C. S.A.S., Via Molino 1-5, I-39021 Laces
(Alto Adige); Telefon 00 39/ 473 / 62 31 15.

Literatur

Deutschland

Prana-Haus, Kronenstraße 2, Postfach 167, 7800 Freiburg im Breisgau;
Telefon 07 61 / 70 82 - 0
Jura-Naturheilmittel, Wolfgang Gollwitzer, Nestgasse 2, 7750 Konstanz;
Telefon 0 75 31 / 3 14 87

Österreich

Bund der Freunde Hildegards, Weinbergweg, A-4880 St. Georgen
im Attergau
Verlagsbuchhandlung Lins, Feldkirch/Vorarlberg

Schweiz

Hildegard-Vertriebs AG, Aeschenvorstadt 24, CH-4010 Basel;
Telefon 00 41/61/23 24 79

Praxen, Vereine, Zeitschriften

Dr. Wighard Strehlow, Hildegard-Praxis, St.-Gebhard-Platz 2,
7750 Konstanz; Telefon 07531/64477
Förderkreis Hildegard von Bingen e. V., St.-Gebhard-Platz 2,
7750 Konstanz; Telefon 07531/64477
Erholungsheim St. Hildegard, Baden bei Wien; Anwendung aller Hildegard-Mittel; Anfragen: Christel Irnberger, Hauptstraße 121, A-1170 Wien; Telefon 0043/222/4639054
Sanatorium St. Georgenhof, A-4880 St. Georgen im Attergau
Bund der Freunde Hildegards, Weinbergweg, A-4880 St. Georgen im Attergau
Internationale Gesellschaft Hildegard von Bingen, CH-6390 Engelberg
Region Ostschweiz: Jean Egli, Einfangstraße 16, CH-8580 Amriswil; Telefon 0041/71/673035
Mitteilungsblatt: Bitte bei der Region Ostschweiz anfordern
Hildegard-Kurier: Bund der Freunde Hildegards, Weinbergweg, A-4880 St. Georgen im Attergau
International Society of Hildegard von Bingen Studies; Pres.: Bruce W. Hozeski, Departement of English, Ball State University, Munice, Indiana 47306, USA

Register

Abend 321
Abführmittel 171
Abführtrank 321
Abmagerung 294
absolutes Fasten 342
Abszeß 261, 352, 382
Abwehrschwäche 120, 138, 299
Ackerminze 286
Adenoide 304
Aderlaß 49
Aderlaß bei der Frau 55
Aderlaß beim Mann 54
Adipositas 381, 408
Adzuki-Bohnen 147
Aids 138
Aids-Patienten 180
Akeleisaft 343
Akne 155, 303
Alantwein 362
Alkohol 353
Alkoholfettleber 356
alkoholische Getränke 69
Allergie 297, 306, 350, 352
Allergiefieber 365
Aloewasser 358
Altersdiabetes 338
Altersherz 355
Alterskrankheiten 323, 331
Altersprobleme 324
Altersschwäche 212, 263, 344
Alterszucker 323
Alterungserscheinungen 331
Alterungsvorgänge 324
Alzheimersche Krankheit 136, 323, 327, 367
Amentia 367
Amethyst 326, 352, 358
Aminosäuren 75
Anacidität 303
Anämie 120, 263
Angina pectoris 292
Angina-pectoris-Anfälle 292, 353
Angst 212
Antimelancholika 371
Apfel 90
Apfel im Schlafrock 170
Äpfel in Karamelsauce 168
Apfel-Diätspeise 169
Apfelauflauf mit Dinkelflocken 170

Apfelauflauf mit Dinkelkörnern 169
Apfelauflauf mit Dinkelzwieback 170
Apfelklöße 126
Apfelknospenöl 358
Apfelkompott 168
Apfelkrapfen 170
Apfelkrapfen in Bierteig 211
Apfelkuchen 168
Apfelsauce 231
Apfelstrudel 198
appetitanregende Mittel 344
Appetitanreger 187
Appetitlosigkeit 294, 302
Appetitmangel 212
Aronstab-Elixier 348
Arteriosklerose 68, 165, 293, 296, 355, 383
Arthritis 379
Arthrose 283
Äsche 236
Asthma 266
Atemgeruch 305
Atemnot 266, 359
Aterioklerose 291, 353
Atmung 325
Aufbaukräftigungsmittel 344
Aufbaukuren 39, 43
Aufstoßen 303
ausbleibende Mens 298
Ausdauer-Sportarten 400
Ausleitungskekse 365
Autoimmunkrankheiten 232

Bach-Ehrenpreis 286
Bachforelle 237
Bachforelle, blau 242
Bachminze 287, 322
Backwaren aus Dinkelflocken 204
Ballaststoffe 81
Banane 90
Bandscheibenleiden 283
Barsch 236, 240, 242
Bärwurzbirnhonig 326
Basilikum 287, 314
Basilikumsauce 233
Bauchspeicheldrüsenerkrankungen 135
Behandlung 323
Beifuß 288, 314, 365

Bekömmlichkeit 106
Belastungssituationen 321
Benediktenkraut 331
Benediktenkrauttee 326
Bergkristall 352
Berliner Hühnerfrikassee 255
Bertram 288, 326, 328
Bewegung 65, 330, 399
Bienenhonig 84
Bindegewebsschwäche 136, 267, 273, 283, 288
Biologie 107
biologische Funktion 325
Bioverfügbarkeit 103
Birne Markgräfin-Art 174
Birnen 171
Birnen nach Berner Art 173
Birnen-Eierkuchen 174
Birnenfladen 173
Birnenkompott 172
Birnenkompott mit Preiselbeeren 172
Birnensalat mit Frischkäse 224
Bitterkeiten 309
Bitterling 237
Blähungen 183, 276, 277, 278, 280, 287, 302, 308, 346
Blaufelchen 237, 243
Blicke 237
Blitzsauce 230
Blutarmut 121, 124, 232, 263
Blutbildung 104
Blutbrechen 305
Blutdruck 296, 325
Blutfett 291
Blutfettspiegel 353
Bluthochdruck 30, 112, 182, 353, 374
Blutreinigung 300, 303, 311
Blutreinigungskur 290
Blutreinigungsmittel 299
Blutungen 50
Blutzuckerschwankungen 339
Blutzuckerserumspiegel 114
Bodenseekretzer in Dinkelmehl paniert 244
Bohnen 78, 146
Bohneneintopf mit Hammelfleisch 150
Bohnenkaffee 95, 353

Bohnenkraut 289, 314
Bohnensalat 150, 219
Bohnensuppe 90
Brathähnchen 250
Braune Biersuppe 211
Braune Grundsauce 230
Brechreiz 183
Brennessel 290
Brennesselöl 328, 371
Brioches 194
Brombeerelixier 362
Brombeeren 189
Bronchialasthma 359, 361
Bronchialhusten 266
Bronchialkrebs 362
Bronchitis 266, 359
Brot 86, 191
Brotaufstrich 387
Brotfüllung 250
Brüche 273
Bruchleiden 151, 273
Brunnenkresse 290
Brunnenkressecremesuppe 117
Brunnenkressesuppe 117
Brusthusten 266
Buchsbaumsaft 351
Butter 321, 322
Butterfett 73
Buttermilch 78
Byverwurz(Eberwurz)-Bertram-Zimtpulver 326

Canola 73
Chrysolith 326
Cerebralsklerose 136, 353, 367
Chalcedon 348, 372
Cholesterin 68, 70, 71, 333
Cholesterin-Gallensteine 364
Cholesterinspiegel 72, 88, 114, 333
Cholesterinspiegel, hoher 407
Cholezystitiden 347
Cholerese 347
chronische Entzündungen 50
chronische Katarrhe 304, 361
chronisch Kranke 343
chronische Veneninsuffizienz 182
chronischer Gelenkrheumatismus 379
Chrysolith 344
Chrysopras 380
Claudicatio intermittens 383
Cola 95
Colitis 264, 290, 303
Colon Irritabile 336
corpulmonales Lungenemphysem 359
Cracker 86
Cumberland-Sauce 227

cyanogene Glykoside 97, 364, 410
Cystinsteine 375

Darmbakterien 87
Darmentzündungen 261
Darmkrankheiten 262
Darmkrebs 87
Darmleiden 336
Darmpassagezeit 87
Darmschmerzen 283
Demenz 367
Depression 212, 251, 309, 311, 362, 367
Diabetes 68, 113, 264, 289, 290, 309, 338, 340, 341, 353
Diabetiker 126, 184, 185
Diamant 340, 358, 372
Diamantwein 380
Diät 330
Diät bei Nervenleiden 370
Diät im Alter 324
Diätfehler 49, 288, 305, 306, 350, 365
Diätfleisch 276
Diätkur 291
Dickdarmkrebs 364
dicke Menschen 322, 382, 384
Dill 290, 315
Dill-Liebstöckelelixier 361
Dinkel 78, 96, 101, 107
Dinkel-Bohnensuppe, italienische Art 151
Dinkel-Dattel-Kipfel 207
Dinkel-Dattel-Makronen 207
Dinkel-Edelkastaniensuppe 366
Dinkel-Fastenbrühe 115
Dinkel-Halbmilch 391
Dinkel-Kopfsalat 217
Dinkel-Reduktionskost 30
Dinkelauflauf mit Äpfeln 128
Dinkelauflauf mit Gemüse 128
Dinkelbier 210
Dinkelbrei 394
Dinkelbrot 86, 90
Dinkelbrot in der Pfanne 195
Dinkelbrot mit Sauerteig 193
Dinkelbrot oder -brötchen aus Hefeteig 191
Dinkelbuttermilchbrot 193
Dinkelfasten 31
Dinkelflocken-Frühstück 112
Dinkelflockenbrot 204
Dinkelflockenbrötchen 204
Dinkelflockenplätzchen 205
Dinkelfrikadellen 127
Dinkelgrieß-Klöße 123
Dinkelhefezopf 194
Dinkelkaffee 113, 321
Dinkelkleie 89
Dinkelkleie-Brötchen 114
Dinkelknauzen 193

Dinkelknödel 125
Dinkelkörner gedünstet 127
Dinkelkörner gekocht 127
Dinkelkörner-Frühstück 339
Dinkelkörnerkost 339
Dinkelkur 328
Dinkelmehl (feinstgemahlen) 392
Dinkelmehl-Durchfallsuppe 121
Dinkelmehlsuppe mit Fenchel 119
Dinkelmehlsuppe mit Quendel 118
Dinkelpfannkuchen mit Grippepulver 130
Dinkelpfannkuchen mit Kräutern 128
Dinkelpfannkuchen mit Quarkfüllung 130
Dinkelreisfüllung 250
Dinkelschleim (3%)-Halbmilch 392
Dinkelschleim (5%) 392
Dinkelschmelzflocken 392
Dinkelschrotbrot oder -brötchen 193
Dinkelspätzle 123
Dinkelvollkorn 90
Dinkelvollkornbrei 394
Dinkelvollkornsalat 224
Dinkelzwieback 195
Diptam 291
Disaccharide 81
Distel 73
Distelöl 75
Divertikel 273
Divertikulose 278, 363
Dorsch 78, 236, 241, 242
Drei-Tage-Diät 342
Düfte, heilende 64
Duftstoff 285
Dünne Pfannkuchen mit Pfiff 131
Duodenalulkus 309
dupuytrensche Kontraktur 136
Durchblutung 56, 96, 118, 146, 285, 292, 320
Durchblutungsstörungen 212, 217, 292, 324, 367, 371
Durchblutungsstörungen des Gehirns 328
Durchfall 336, 341, 342, 344
Durchfall-Ei 336
Durchfall-Fasten 336
Durchfallerkrankungen 336, 338
Durchfallsuppe 338
Dyskinesien 346
Dyspepsie 262, 286, 289, 302, 363

Edelkastanien 132, 136, 137, 138, 328
Edelkastanien mit Rosenkohl 139
Edelkastanien-Sauna 372
Edelkastanien-Saunaaufguß 135
Edelkastaniencremesuppe 139
Edelkastaniengemüse 138
Edelkastanienholz 136
Edelkastanienhonig 134, 358
Edelkastaniensaft 136
Edelkastaniensauce 139
Edelsteinmedizin 326
Edelkastaniensuppe 135
Eigelb 78, 90
einfache Kohlehydrate 81
Eingeweideleiden 273
Eingeweideschwäche 151
Eisen 70, 156
Eisenmangel 156, 263
Eitermagen 303
Eiweiß 69, 75, 78
Eiweißausscheidung im Urin 374
Eiweißquellen 78, 146
Ekzeme 350
Endiviensalat 219
Endokarditis 355
Endometriose 409
Energiesteigerung 152
Engelsüßmischpulver 135
Ente 248, 258
Entgiftung 300
Entgiftung der Leber 358
Entzündungen 182, 186, 306
Entzündungen, chronische 50
Entzündungen der Gallenblase 347
Enzian 291
Epilepsie 260, 367, 373, 374
Epilepsiekur 372
Erbrechen 341, 344
Erbsen 90, 151
Erdbeeren 95
Erdnüsse 86
Erdnußöl 73
Erdstrahlen 410
erhöhte Blutfettwerte 332
Erkältung 186, 304
Erkenntnisfähigkeit 297
Erlösungstheologie 61
Ermüdbarkeit 300
Ermüdungszustände 136
Ernährung für Sportler 396
Ernährungsplan 41
Erschöpfungszustände 60, 182, 292, 321, 324, 341, 344
Estragon 292, 315

Familienschnupfen 304
Fasersoffe 364
Fasten 368
Fastenmethoden 384
Fastentherapie 27
Fäulnis 288
Fehlernährung 289
Fehlsäfte 306
Feigen 322
Felchen 240
Feldsalat mit Geflügelleber 222
Feldsalat mit Roten Beten 218
Fenchel 142, 315
Fenchel, überbacken 144
Fenchel mit Felchen 145
Fenchel mit Gemüse 145
Fenchelgemüse 144
Fenchelmischpulver 351
Fenchelsaft 348
Fenchelsalat 219
Fenchelsalat mit Käse 146
Fenchelsauce 234
Fencheltabletten 361, 365
Fencheltee 393
Fett 68, 70, 71, 72
Fettleber 356, 358
Fettstoffwechselstörungen 333
Fettsucht 30, 408
Fieber 163, 187, 287, 301, 341, 343
fieberhafte Erkältung 116
fiebersenkende Wirkung 152
fiebrige Grippe 163
Fisch 78
Fisch in Grüner Sauce 239
Fisch, auf der Kochstelle gebraten 242
Fisch, im Backofen gebacken 245
Fisch, im Backofen gedünstet 242
Fischbratlinge 245
Fischfrikadellen 243
Fleisch 265
Flexibilität 325
Fluor 304
Fluoride 69
Föhn 353
Förderung des Stoffwechsels 117
Forelle 240
Frankfurter Grüne Sauce 227, 230
French Toast 112
Frischfisch 78
Frohsinn 105
Fruchtbarkeit 184
Früchtebrot 209
Frühstück 320
Füllungen für Geflügel 249
Furunkel 352
Furunkulose 382

Galgant 292, 354
Galgantgebäck 203
Galgantplätzchen 208
Galgantsauce 231
Galganttabletten 342
Galle 344, 345
Gallenerkrankungen 135, 350
Gallenkoliken 349
Gallenleiden 347, 349
Gallenstau 309
Gallensteine 87, 346, 347, 349, 363
Gans 248, 257
Gastritis 146, 182, 276, 278, 280, 286, 288, 290, 296, 299, 303, 363, 365
Gebäck 191
Gebratener Kürbis 161
Gebrechliche 321
Geburtsgewicht 390
Gedächtnisschwäche 367, 329
Gedächtnisstörungen 368, 371
Gedanken 68
Gedünsteter Rotbarsch 238
Gedünsteter Sellerie 212
Gefäßkrämpfe 50
Geflügel 248
Gefüllte Lammbrust 269
Gefüllte Poularde im Römertopf mit Ysop 252
Gefülltes Masthuhn mit Rosmarin 253
Gegrillter Fisch 247
Gegrillter Hecht mit Dill und Thymian 247
Gehemmtheit 300
Gehirnleiden 367
Gekochte, glasierte Kastanien 141
Gekochtes Huhn mit Dinkel und Ysop 251
Gelbsucht 356, 358
Gelbsucht, infektiöse 183
Gelbsuchttherapie 358
Gelenke 283
Gelenkrheumatismus, chronischer 379
Gelenkschmerzen 283, 379
gelöschter Wein 347, 348, 372
Gemüse 127
Gemüse-Dinkelbrei 395
Gemüsebrühe 115
Gemüsefenchel 143
Gemüseerkrankungen 367
Geröstete Dinkelgrießsuppe 117
Geröstete Maroni 134
Gerste 110
Gesamtstoffwechsel 49
gesättigte Fette 68
Geschmackstoff 285

Geschmorte Edelkastanien 139
Geschwulst 327, 352
Geschwüre 352
geschwürige Haut 155
Gesichtsfarbe, schlechte 184
Gesottenes Zicklein
  in Rosmarinsauce 275
Gesundheitsküche 322
Getränke 210
Gewürznelken 293
Gewürztaler 208
GGT 357
Gicht 135, 174, 261, 289, 293, 379, 380, 381
Glieder 283
Glasur 196
Goldbarsch 236
Goldkuren 380
Gorgonzolasauce 232
GOT 357
GPT 358
Gratinierter Fisch 247
Große Frühjahrs-Wermutkur 325
Große Herzkur 354
Große Kur 328
Große Lungenkur 361
Große Magenkur 365
Große Nervenkur 371, 372
Grundling 236
Grüne Bohnen in Butter 148
Grüne Bohnen
  mit Putenschinken 149
Grüne Quendel-Nudeln 122
Grüne Spinat-Nudeln 122
Gundelrebe 294
Gundelrebenbäder 326
Gundelrebenelixier 362
Gymnastik 66

Habermus 90, 112
Habichtskraut-Diptam-
  Galgant-
  Zitwerpulver 325
Haferkleie 86
Hagebutten 186
Hagebuttenmarmelade 187
Hähnchen gekocht mit
  Kräuterweißweinsauce 254
Hähnchen mit Mandeln 253
Hähnchen-Kastanien-Salat 142
Halsdrüsenschwellung 295
Hämatokrittwert 56
Hammel 266
Hammel- und Rinderhack
  am Spieß 272
Hämodilution 56
Hämorrhoiden 146, 151, 286, 288, 363, 365
Harmonie 64
Harnsäure 379

Harnsäure-Gicht 382
Harnsäurespiegel 174
Harnsäuresteine 375
Harnsäurewerterhöhung 293
Harnwegsinfektionen 184, 374
Hartkäse 322
Hasel 236
Hautausschlag 118, 155, 156, 303, 352
Hautdurchblutung 352
Hauterkrankungen 350, 352, 382
Hauttherapie 351
Hautwürmer 352
Hecht 236, 240
Hecht nach Müllerinart 244
Hecht, badische Art 246
Hecht, grün, gekocht 239
Hechtklöße, badische Art 240
Hefegugelhupf 209
Hefeklöße 126
Heilbutt 241
heilende Düfte 64
Heilmittel gegen das Altern 325
Heilwert 320
Heiserkeit 130
heiße Schokolade 95
Helle Grundsauce 229
Hemi-Zellulose 86
Hepatitis 356
Hepatitis A u. B 138
Hernien 273
Herz-Kreislauferkrankungen 332, 353, 355, 356
Herz-Kreislaufschwäche 353, 355
Herzasthma 359, 360
Herzdauerschmerzen 291
Herzdruck 300
Herzerkrankungen 50
Herzfrequenz 325
Herzinfarktrate 354
Herzinsuffizienz 353, 355
Herzkrankheiten 68, 353
Herzleistung 325
Herzschäden 137
Herzschmerzen 137, 292, 353, 355
Herzschwäche 291, 292, 355
Herzschwindel 292
Herzstiche 355
Herztraurigkeit 355
Herzwein 301
Hiatushernie 363
high density lipoproteins 71
Hildegard-Diäten 320
Himbeer-Diätspeise 188
Himbeeren 187
Himbeeressig 228

Hirnwut 367
Hirsch 276
Hirschbraten 280
Hirschleber 261
Hirschsteak mit Mandeln und
  Johannisbeersauce 281
Hirschzungenelixier 340, 351, 358, 361
Histaminausschüttung 306
Hochleitungssportler 401
Holländische Sauce 230
Honig 322
Hormonentgleisungen 306
Hormonregulationsstörungen 49, 309
Hormontherapie 329
Huhn, gekocht, mit Dinkel
  und Ysop 251
Huhn in Riesling 254
Huhn nach Jägerart 252
Hühnchen 78, 248
Hühnchenfleisch 75
Hühnerleber 78
Hühnercremesuppe 121
Hühnerfrikadellen
  in Orangen und Ysop 255
Hühnerleberklößchen 264
Hühnerlebersauce 232
Humor 63
Husten 130, 304, 359, 361
Hyperaktives Syndrom 407
Hypercholesterinämie 332, 333, 334
Hyperlipoproteinämie 407
Hypertriglyceridämie 332, 334, 335

Ideale Schlankheitskur 341
Immunschwäche 378, 379
Immunschwäche (AIDS) 377
Immunschwächekrankheiten 261, 262
Immunstimulation 410
Immunsystem 54, 320, 410
Impetigo 155
Industriezucker 84
Infarkt 292
Infektabwehr 410
Infektionen 182
Infektionskrankheiten 305, 306, 341, 344
infektiöse Gelbsucht 183
infizierte Ekzeme 155
Ingwer 322
Ingwer-Ausleitungskekse 28
Innere Krankheiten 264
Intensivschmerz 291, 355
Iriswurzelmischung 371

Jägersauce 231
Jaspis 380
Joghurtsauce 225

Johannisbeeren 188
Johannisbeeren mit
  gerösteten Mandeln 189
Johannisbeersauce 227
Juckreiz 300, 352
Jungschweinefleisch 326

Kabeljau 236, 241, 242
Kaffee 95
Kakao 86
Kalb 283
Kalbsfußknochenbrüche 283
Kalbsleber 262
Kalorie 85
Kalzium 70
Kalzium in Lebensmitteln 330
Kalziumoxalatsteine 375
Kandierte Quitten 177
Kapuzinerkresse 315
Karpfen 237
Kartoffelchips 86
Käseunverträglichkeit 297
Kastanien, gekocht, glasiert 141
Kastanien-Brot-Füllung 142
Kastanien-Dinkelgrieß-
  Knödel 123
Kastanienfüllung 250
Kastanienhörnchen 140
Kastanienkompott 141
Kastanienküchel 141
Kastaniensuppe 140
Katarrhe, chronische 304, 361
Katzenminze 295
Kerbel 316
Kerbel-Käsesauce 233
Kichererbsen 90, 151
Kichererbsen-
  Dinkel-Bällchen 153
Kichererbsen-Kastaniencreme
  153
Kichererbsencreme mit
  Sesamsauce 154
Kichererbseneintopf 152
Kichererbsensalat 154
Kidney-Bohnen 147
Kirschen 180
Kirschenkompott 181
Kirschenpudding mit
  Vanillesauce 181
Kirschsauce 258
Kirschstrudel 199
Kirschtorte 202
Klare Hühnerbrühe 115
Klebereiweiß 336
Kleie 90
Kleietherapie 89
Klöße 121
Knoblauch 165, 296
Knoblauchöl 229
Knochenmasse 325
Knochenschwund 329, 330
Knödel 121
koffeinhaltige Getränke 95
Koffeinismus 95
Kohlehydrate, einfache 81

Kohlehydrate, komplexe 69,
  81, 146
Kokosfett 73
Kombinationsgabe 297
Konzentrationsschwäche 136,
  300
Kopfbrummen 293
Kopfsalat 217, 328
Kopfsalat mit Orangen und
  Ananas 218
Koppe 237
Koriander 316
Kornelkirschen 181
Kornelkirschessig 229
Kornelkirschmarmelade 182
Körpergewicht 69
Kräfteverfall 276
Kräftigungsaufbaumittel 341
Kräftigungsmittel 254, 260,
  262, 263
Kraftlosigkeit 263, 276, 282,
  294
Krampfadern 151, 267, 288
Krämpfe 183, 298, 341, 367
Kranke 321, 343
Krankendiät gegen
  Depressionen 311
Krauseminze 296
Kräuter-Nudeln 122
Kräutergarten 313
Krebs 138, 276, 378, 379, 383
Krebs-Patienten 180
Krebskrankheiten 68, 377
Kreislaufschwäche 136, 212
Kretzer 236, 240
Kretzer in Weißweinsauce
  246
Kretzerfilets mit Mandeln 244
Küchengifte 95
Kuhmilch 78
Kürbis 158
Kürbis gratiniert 160
Kürbis mit Sellerieherzen 160
Kürbis süß-sauer 159
Kürbisgemüse 160
Kürbiskuchen 161
Kürbispudding 161
Kürbisstrudel 201
Kürbissuppe 119
Kurzatmigkeit 361

Lachen 63
Lachs 241
Lähmungserscheinungen 261
Lamm 266
Lammfleisch 75
Lammgeschnetzeltes auf
  Avignonart 271
Lammgulasch 267
Lammgulasch mit Bohnen 268
Lammgulasch mit Möhren 268
Lammkeule 78, 269
Lammkoteletts oder
  Lammsteaks 270
Lammragout 271

Lammrücken 268
Lammrücken mit Rosmarin 272
Lattichmischpulverkekse 326
Lauftraining 400
Läuse 352
Lavendel 64, 297, 316
Lavendelwein 358, 361
Lebensmittelalergie 297, 406
Leber 78, 261, 306
Leber mit Apfelscheiben 263
Leber- und Magen-
  Darmleiden 311
Leber-Lungen-Syndrom 358
Leber-Lungenleiden 297
Leberenzymwerte 357
Lebererkrankungen 135, 356
Leberknödel 124
Leberkrankheiten 68
Leberleiden 134, 184, 251,
  298, 356, 358, 359
Leberschaden 184
Leberschmerzen 134
Leberspätzle 124, 263
Leberterrine mit
  Haselnußsprossen 388
Lebertherapie 357
Leberzellschädigung 356
Leberzirrhose 68, 311, 356
Leeres Gehirn 328
Leukämie 408
Liebstöckel 298, 316
Lilienduft 65
Lima-Bohnen 147
Linzertorte 202
Lipoproteine 71
Lorbeer 299
Lorbeerwein 299
lösliche Pflanzenfasern 86,
  88, 89
low density protein 72
Lunge 306
Lungendiät 360
Lungenkrankheiten 359
Lungenemphysem 266
Lungenentzündungen 68
Lungenkranke 151
Lungenkrankheiten 68
Lungenkrauttee 361
Lungenleiden 184, 360, 362, 363
Lungenödem 359
Lungenschmerzen 362
Lungenstauung 311
Lymphatismus 304
Lymphdrüsenschwellung
  295, 352
Lymphknotenschwellungen
  299

Magen-Darmleiden 135
Magen-Darmgeschwüre 182,
  299, 363, 366, 406
Magen-Darmkrämpfe 292
Magen-Darmkrebs 363
Magen-Darmleiden 142, 144,
  146, 175, 264, 276, 363, 366

Magen-Darmschwäche 276
Magendrücken 322
Magenempfindlichkeit 288
Magenfieber 365
Magengeschwüre 135, 186, 288, 305, 365
Magenkrämpfe 287
Magenkrankheiten 262
Magenleiden 280, 311
Magenschmerzen 135, 299, 309, 365
Magenschwäche 212
Magentumor 365
Magenverschleimung 290
magere Menschen 322
Magerkeit 294
Maifisch 236
Mailänder Bohnensuppe 149
Maiskeimöl 73
Majoran 317
Majoranöl 229
Mandel und Haselnußmasse 184
Mandel- oder Haselnußauflauf 185
Mandelkuchen 205
Mandelmayonaise 226
Mandeln 78
Mandelöl 74
Mandelplätzchen 208
Mandelsauce 153, 235
Marmelade aus Zitrusfrüchten 183
Maronen in Weinsauce 141
Maß, rechtes 26, 94, 268
Maßhaltung 368
Maulbeerwein 358
Mayonaise 226
Meditatives Tanzen 65
Meeresfische, in Fischsud gegart 241
Meerrettich- Galgant- Mischung 361
Meerrettichkur 326
Meerrettichsauce 228
Mel depuratum 84
Melancholie 302, 309, 367
Melbabirnen 172
Melde 299
Melisse 317
Menstruation 309
Menstruationsbeschwerden 292, 298
Merrettichsauce mit Orangesaft 230
Mexikanische Apfeltorte 206
Migräne 172, 358
Milben 352
Milch 78
Milcheiweiß 76
Milchschokolade 95
Milzschmerzen 134
Milzsüchtigkeit 302
Minestrone mit Dinkelkörnern 118

Minzensauce 228
Mispel 180
Mispelkur 326
Mittag 321
Mohn 300
Mohn-oder Mandelstrudel 199
Mohnkuchen 196
Monosaccharide 81
Morbus Crohn 336
Mucolyse 362
Mucoviszidose 362
Müdigkeit 324
Multiple Sklerose 367
Mundgeruch 361
Muskat-Zimtkeks 328
Muskatnuß 300
Muskulatur 325
Mutterkümmel 297, 316
Mutterkümmel- Pfeffer- Eigelb-Granulat 337
Muttermal 352

Nachbehandlung 292
Nahrungsmittelallergien 350
Narbenschmerzen 299
Nase 236
Nephrosklerose 353
Nerven 370
Nervenerkrankungen 50
Nervenkekse oder Energieplätzchen 203
Nervenleiden 184, 367, 372, 373
Nervenleitungs- geschwindigkeit 325
Nervenschwäche 212, 372
Nervenstoffwechsel 103
Nervensuppe 372
Nerventee 371, 372
Neurodermitis 155, 180, 300, 303, 350, 406
Neurose 367
Nierenerkrankungen 374
Nierenfunktion 325
Niereninfektion 184
Nierenleiden 146, 376, 377
Nierenmassage 376
Nierensklerose 293
Nierensteine 374
Nierenwassersucht 293
Nikotin 353
Nitriloside 97
Nudeln 121
Nudeln, bißfest 122

Obst-Dinkelzwiebackbrei 394
Obstbrei 395
Obstfüllung 250
Obstsalat 223
Ochsenschwanzsuppe mit Dinkel 119
Ödeme 374
Ohnmacht 292
Öle 70, 72

Olivenöl 73, 74
Ölmarinade Cavaillou 247
Onyx 349
Operationen 341
Orangen und Zitronen 182
Orangen-Preiselbeersalat 223
Orangensauce 259
Osteoporose 283, 324, 329, 331
Ostpreußische Biersuppe 211

Palmkernfett 73
Palmöl 73
Pankreatitis 346, 347
Paranoia 367
Parkinson 289, 372
Parkinsonsche Krankheit 367
Pastinaken 165
Pastinakengemüse nature oder mit Rahmsauce 166
Pastinakenpüree 166
perniciöse Anämie 289
Persönlichkeitsprofil 33
Petersielienessig 229
Petersilie 301, 317
Pfeffer 302
Pfefferkraut 302
Pfefferminze 317
Pfennigkrautmischung-Wein 358
Pfingstroselixier 365
Pfirsiche 95
Pflanzenfasern 69, 86
Pflanzenöle 73
Phosphatsteine 375
Pikante Dinkelgrütze 129
Pimpinelle 318
Pneumonie 359
Podagra 293
Poleiminze 303
Poleiminze-Wein-Umschläge 328
Polypen 304
Polysaccharide 81
Polyzythämie 56
Porridge 113
Portulak 318
Potage Clermont 140
Präkanzerose 50, 262, 276, 377, 378, 379, 408
prämenstruelle Beschwerden 298
Prasem-Roggenbrotteig 352
Prostataleiden 159, 309
Provenzalische Knoblauchsauce 228
pseudoepileptische Anfälle 292, 367
Psychose 367
Psychotherapie 31
psychovegetatives Syndrom 136
Pute 248, 256
Putenbraten mit oder ohne Füllung 256

Putenbrust 78
Putenfleisch 75
Putengulasch in Kräuterweinsauce 256
Putenschnitzel in leichter Dillsauce 256
Quarktorte 206
Quendel 303
Quendelkekse 203, 328
Quitten 174
Quittenbällchen in Mandelsplitter 179
Quittenbrot 176
Quittengelee 178
Quittenhälften in Sirup 177
Quittenkompott 177
Quittenkonfitüre 175
Quittenkuchen, gedeckt 176
Quittenmarmelade 178
Quittensauce 231

Rainfarn 304
Rainfarnsuppe 322, 361
Rapsöl 73
rechtes Maß 368
Rechtsherz-Insuffizienz 361
Regeneration 104
Reh 276
Reh-(Wild-) Ragout 277
Rehabilitation 341
Rehbraten 278
Rehkeule 78
Rehkoteletts à l'orange mit Kastanienpüree 280
Rehleber 262
Rehlebercremesuppe 120
Rehpfeffer 279
Rehrücken 278
Rehsteak 280
Rekonvaleszenz 341, 342
Renken 236
Resorptionsmittel 289
Rettich-Fenchelmischung 326
Reue 34
Rheuma 174, 289, 291, 379, 380, 381, 408
Rheumaleiden 188
rheumatische Schmerzen 135
richtiges Maß 94
Rind 283
Rinder- oder Kalbsfuß in Gelee (Sülze) 284
Rinderleber 262
Rinderroulade mit Gebärmutterfüllung 387
Rindfleisch 95
Ringelblumenwein 344, 358
Roemheld-Syndrom 292, 346
Roggen 110
Roggenbrot 322
Rohkost 96, 363
Rohrzucker 84
Rote Bete-Nudeln 122
Roquefortsauce 226

Rosen-Salbei-Blätter 64
Rosmarin 318
Rosmarinöl 229
Rotauge 236
Rotbarsch 78, 236
Rotbarschfilets in Bier 212
Rote Bete 155
Rote Bete mit Meerrettich 157
Rote Bete mit Quendelsauce 156
Rote-Bete-Suppe 158
Rote Bohnensuppe 149
Rote Grütze aus Früchten 190
Rote Grütze aus Saft 189
Rote Rüben 156, 218
Rote-Bete-Salat 157
roter Zorn 345
Ruhepuls 66

Safloröl 73
Salate 217
Salatsauce mit Mandelpüree 225
Salbei 305, 319
Salbeiessig 229
Salbeiwein 361
Salz 69, 306
Saphir 380
Sardonyx 61
Sauce béarnaise 231
Sauce bolognese 233
Sauce Cardinal 228
Saucen 225
Säuglingsernährung 390
Schaffleisch 326
Schafsleber 262
Schafslunge 266
Schafslungenhaschee 266
Schafslungensuppe 361
Schafsragout 270
Schalotten 164
Schaufensterkrankheit 383
Schellfisch 241
Schinken 357
Schizophrenie 367, 372
Schlaf 368
Schlaflosigkeit 50, 212, 300
Schlafmittel 371
Schlaganfall 68, 287, 367
Schlankheitskur, ideale 341
schlechte Gesichtsfarbe 184
Schlüsselblumenkur 348
Schluckauf 362
Schnittlauch 319
Schnupfen 130
Schokolade 95
Schokoladenriegel 86
Schöpfungstheologie 61
Schüchternheit 300
Schuppenflechte 350, 352
Schüttelfrost 163
Schwäche 182, 267, 321
Schwäche im Alter 282
schwaches Bindegewebe 273

425

Schwächezustände 254, 263, 292, 260
Schwarze Bohnen 147
schwarzer Tee 95
Schwarzgalle 344, 345
Schwarztee 95
Schwarzwurzelsuppe 120
Schwein 78
Schweineleber 263, 326
Schwester Rosmaries Galgantguetzli 195
Sehnenscheidenkontraktion 136
Sehschwäche 302
Selbstmord 68
Sellerie 161
Sellerie mit Möhren und Zitronensaft 162
Sellerie nach französischer Art 162
Selleriecremesuppe 116
Selleriepüree 166
Selleriesalat 219
Selleriesamenpulver 372
Sellerieschnitzel, paniert oder in Backteig 162
Senilität 323, 327
Senkmagen 151
Senkniere 151
Senkungen 273
Septische Zustände 264
Sesamöl 73
Sinnlosigkeit 367
Skrofeln 295
Skrophulose 382
Smaragd 326, 344, 374
Sodbrennen 288, 303
Soja 155
Sommerdiarrhoe 337
Sonnenblumenöl 73, 75
Spargelcremsuppe 120
Spätzle 121
Sport auch im Alter 400
Sportherz 137
Spritzenhepatitis 356
Sprue 406
Stabwurzbrei 136
Stauungsleber 357
Stauungslunge 361
Stauungszustände 50
stechende Schmerzen 283
Stimmung 104
stimmungsaufhellendes Prinzip 105
Stimmungsschwankungen 302
Stoffwechsel 191
Stoffwechselrate 325
Stoffwechselschlacken 306
Stoffwechselstörungen 309, 360
Stomachikum 298
Stör 237, 241
Strauß 248
Strauß in Kräuterbutter 260
Straußenfleisch 259, 322, 326

Straußengulasch 260
Straußenragout 261
Straußenrollbraten 260
Streß 52, 95, 367
Streßbewältigung 60
Streßfaktoren 49
Streßhormone 51
Streßzustände 182
Strudelteig 197
Stuhlgang 113
Sülze mit Haselnußsprossen 389
Suppen 115
Süße Dinkelgrütze 129
Süße Mandeln 183, 328
Süße Saucen 234
Süßholzpulver 135
Süßwasserfische, in Fischsud gegart 240

Tannensalbe 372
Tarte Tatin (Apfeltorte) 196
Taubennessel 308
Teltower Rübchen 156
Thiocyanat 97, 336, 364, 401, 410
Thrombozytenaggregation 56
Thymian 319
tierisches Fett 73
Todkranke 343
Topas 358
Topfenstrudelfüllung 199
Trägheit 300
Training 66
Trauben-Maronensalat 221
Traubenkernöl 73
Träume 32
Traumregulation 371
Traurigkeit 137, 251, 302, 308, 367
Triglyceride 334
Trübsinn 300
Tumore 409
Tymianöl 229

Übelkeit 183
Überbackener Fenchel 144
Überbein 352
Übergewicht 30, 88, 260, 287, 323, 353, 381, 384, 385, 386, 408
Übergewichtige 322, 384
Übernährung 354
Umweltgifte 49
Unbegabtheit 300
Unfälle 68
Unfruchtbarkeit der Frau 386
Unfruchtbarkeit des Mannes 388
Universalherzmittel 301
Universalkräftigungsmittel 132
Universalnervenmittel 300, 328
unlösliche Pflanzenfasern 86
Umweltgifte 305

Vanilleäpfel 169
Vanilleeis 86
Vanillekipfel 201
Vanillesauce 234
Vegetarier 321
Vegetarische Leberwurst 132
Veilchenelixier 349, 362
Venenentzündung 408
Veneninsuffizienz, chronische 182
Venenmittel 136
Verbrennungen 182
Verdauung 104, 113, 119, 187, 191
Verdauungsschwäche 144, 217, 262, 276, 286, 287, 290, 296, 299, 365
Verdauungsstörungen 117, 277, 278, 289, 309
Verfettung 287
Vergeßlichkeit 328
Vergiftungen 261, 341
Verkehrsunfälle 68
Verletzungen 182
Verschleimung 262, 276, 277, 288, 289, 305, 359, 362
Verstopfung 217, 262, 364, 299, 363
Vichtkrankheit 276
Vielseitigkeit 106
Viriditas 368
Virusgrippe-Infektion 187
Virushepatitis 356
Virusinfektion 299, 342
Vitalisierung 292, 296
Vitalisierung bei Leistungssportlern 401
Vitalitätssteigerung 152
Vitamin B15 152
Vitamin B17 97
Vitamin C 182
Vitamine 70
Völlegefühl 280, 287, 322
Vollmilch 78
Vorbeugung 323
Vorbeugungsmittel 50

Wacholder-Königskerenelixier 361
Wahn 367
Wal 78
Waldorfsalat 219
Wallungen 309
Walnüsse 185
Walnußöl 73, 74
Warme Saucen 229
Warmer-Fenchel-Selleriesalat 219
Wassersucht 293, 389
Wegerichwein 358
Weichkäse 322
Wein 212
Weinessig 308
Weinraute 309, 318
Weinschaumsauce 235

Weiße Bohnen 147, 148
Weiße Bohnen mit Fenchel 148
weißer Zorn 345
Weizen 96, 109
Weizengluten 336
Weizenkleie 86
Wels 236
Wels mit Dill und Basilikum 241
Wermut-Frühjahrskur 340, 346, 351, 361, 376, 380
Wermutelixier 380
Wiener Backhendl 251
Wiener Quarkknödel 125
Wildente 258
Wildentenbraten 258
Wildgans 257
Wildgans, gefüllt mit Kastanien 257
Wildganssuppe 258
Wildpasteten mit Apfelmus 281
Wildschwein 276
Wildschweinmedallion mit Estragon 282
Wildschweinragout mit Weinbeeren 282
Windeldermatitis 352
Wucherungen 409
Wundheilung 182

Ysop 310, 311, 319
Ysop-Hähnchen 358
Ysopelixier 358

Zander 236, 240
Zellulose 86
Zentrophan-Mühle 392
Zickleinragout 274
Ziege 273
Ziegenbraten mit Rosmarin 274
Ziegenfleischsuppe mit Quitten 179
Ziegenkeule 273
Ziegenleber 262
Ziegenleberragout 264
Zimt 312
Zitronen- und Essigmarinade 225
Zitronenmarmelade 183
Zivilisationserkrankungen 324
Zöliakie 336, 406
Zorn 367, 368, 372, 379
Zorn, roter 345
Zorn, weißer 345
Zucker 70, 84
Zuckerrohr 84
Zungelähmung 287
Zürcher Pfarrhaustorte 197
Zwerchfellbruch 363
Zwiebelbouillon 163
Zwiebeln 163
Zwiebelsuppe 116, 164
Zwischenblutungen 309
Zwölffingerdarmgeschwür 288, 309
Zypressenbäder 326

Wir liefern alle Zutaten zur Hildegardküche wie Dinkelprodukte, Gewürze und Edelkastanien sowie die von der heiligen Hildegard genannten Mineralien und Edelsteine.
Fordern Sie unsere Preisliste an.

JURA Naturheilmittel, Nestgasse 2,
D-7750 Konstanz, Telefon 07531-31487

Geschäftszeiten:
Mo. bis Do. 8.00 bis 16.00 Uhr
Fr. 8.00 bis 12.00 Uhr

Für die Herstellung der Arzneien der Hildegard-Heilkunde ist die Apotheke zuständig.

Auszug aus unserer Produktliste

Akeleipulver
Bertrampulver
Betonica-Kraut
Betonica-Kräuterkissen
Dinkelflocken
Dinkelkaffee
Dinkelkörner
Dinkelgrieß
Dinkelkleie
Dinkelmehl
Dinkelschrot
getrocknete und geschälte Edelkastanien
Edelkastanienmehl

Edelkastanienhonig
Engelsüßpulver
Flohsamen
Galgantpulver
Hanffaser aus reinem Hanf
Hildegard-Honigwein
Ingwerkekse
Leintuch aus Reinflachs
Meisterwurz
Mutterkümmel
Olivenöl mit Rosenöl
Rebaschenzahnpflege
Wermutwein

HILDEGARD VON BINGEN — GESAMTAUSGABE

Wisse die Wege — Scivias

Nach dem Originaltext des illuminierten Rupertsberger Kodex der Wiesbadener Landesbibliothek ins Deutsche übertragen und bearbeitet von Maura Böckeler
5. Auflage, 430 Seiten, 35 Kodextafeln in achtfarbigem Offsetdruck
öS 590,— DM 84,—

Heilkunde — Causae et Curae

Das Buch von dem Grund und Wesen der Heilung von Krankheiten. Nach den Quellen übersetzt und erläutert von Heinrich Schipperges
2. Auflage, 336 Seiten, 1 Bildtafel öS 440,— DM 62,—

Naturkunde — Physica

Das Buch von dem inneren Wesen der verschiedenen Naturen in der Schöpfung. Nach Quellen übersetzt und erläutert von Peter Riethe
176 Seiten öS 298,— DM 42,—

Welt und Mensch — De operatione Dei

Aus dem Genter Kodex übersetzt und erläutert von Heinrich Schipperges
360 Seiten, 16 Vierfarbtafeln öS 450,— DM 64,80

Briefwechsel

Nach den ältesten Handschriften übersetzt und nach den Quellen erläutert von Adelgundis Führkötter
280 Seiten, 1 Karte, 1 Handschriftfaksimile öS 298,— DM 42,—

Lieder

Nach den Handschriften herausgegeben von Pudentiana Barth, Immaculata Ritscher und Joseph Schmidt-Görg
332 Seiten öS 298,— DM 42,—

Der Mensch in der Verantwortung — Liber vitae meritorum

Nach den Quellen übersetzt und erläutert von Heinrich Schipperges
312 Seiten öS 480,— DM 69,—

Das Buch von den Steinen

Nach den Quellen übersetzt und erläutert von Peter Riethe
104 Seiten und 24 Farbbilder öS 460,— DM 65,—

OTTO MÜLLER VERLAG SALZBURG

Förderkreis Hildegard von Bingen e.V.

Liebe Hildegard-Freunde und solche, die es werden wollen.

Der »Förderkreis Hildegard von Bingen e.V.« wurde 1987 gegründet mit dem Ziel, das Gesamtwerk der heiligen Hildegard von Bingen, insbesondere ihre noch unbekannte Naturheilweise, weiter zu erforschen, anzuwenden und zu verbreiten. Wir sehen hier großartige, bisher noch ungenutzte Möglichkeiten. Was könnte zum Beispiel uns Christen und der ganzen Welt erwünschter sein als eine neuartige Heilkunde, die die komplizierte klinische Medizin mit der naturheilkundlichen Einfachheit und Ungiftigkeit glücklich verbindet? Diese Chance bietet die Hildegard-Medizin. Darüber hinaus und über das, was damit zusammenhängt, will Sie der »Förderkreis Hildegard von Bingen e.V.« unterrichten. Es ist auch unser Anliegen, Deutschland mit den aus den Büchern Hildegards geschöpften Erkenntnissen vertraut zu machen. Unsere Aufgabe – und die Ihre, falls Sie mittun wollen – soll es sein, die vielen Millionen Menschen in Deutschland, die noch keine Ahnung haben, welch großartigen Schätze und Möglichkeiten für die Heilkunde und eine konsequente Lebensweise in Corpus Hildegardicum bisher ungehoben schlummerten, auf geeignete Weise zu informieren. Als Nahziel haben wir an die Errichtung eines ersten, reinen Hildegard-Kur- und -Ferienhauses am Bodensee gedacht. In Basel hat die »Internationale Gesellschaft Hildegard von Bingen« mit einem Hildegard-Hospiz einen erfolgversprechenden Anfang gemacht. Warum sollte ähnliches nicht auch in Deutschland möglich sein? Neben der Chance einer »neuen« (und wirksamen) Medizin ruhen in den Hildegardbüchern noch viele bisher unbekannte Geistesschätze. Diese zu heben sollte Ihnen den Mitgliedsbeitrag von DM 40,– jährlich wert sein.

Förderkreis Hildegard von Bingen e.V.
St.-Gebhard-Platz 2, 7750 Konstanz; Telefon 07531/64477

Verlag Hermann Bauer · Freiburg im Breisgau

Gottfried Hertzka / Wighard Strehlow
Küchengeheimnisse der Hildegard-Medizin
4. Aufl., 310 Seiten, geb., ISBN 3-7626-0288-3

Es ist das Anliegen der beiden Verfasser, das ungeheure, in den Werken der Äbtissin enthaltene Wissen über alles, was der menschlichen Ernährung in gesunden und kranken Tagen dienen kann, in verständliches Deutsch zu übersetzen und zugleich den Lesern klarzumachen, daß eine »Ernährungswissenschaft« auch ohne Kalorien, Vitamin- und Spurenelemente-Tabellen möglich und in der Alltagsküche praktizierbar ist. Wesentlich und zugleich neu ist bei Hildegard das, was die Verfasser die »Subtilitätenlehre« nennen. Es handelt sich um den »von Gott in die Dinge« hineingelegten »Menschenzweck«: um das Beziehungsverhältnis des Menschen zu den Dingen, die ihm als Nahrung dienen können und sollen – oder auch nicht.

Gottfried Hertzka / Wighard Strehlow
Die Edelsteinmedizin der heiligen Hildegard
5. Aufl., 192 Seiten mit 24 fbg. Abb., kart., ISBN 3-7626-0294-8

In ihrer Edelsteinmedizin hat uns Hildegard von Bingen etwas Einzigartiges hinterlassen. Wir lernen nicht nur die kosmisch-mystische Entstehung der Edelsteine kennen, sondern erfahren auch, mit welchen Naturkräften sie ausgerüstet sind, um noch tiefer in seelische Bereiche einzugreifen, als es mit anderen medizinischen Methoden möglich ist. Der Umgang mit den Edelsteinen führt den Therapeuten mehr als gewöhnlich an unbekannte kosmische Gesetze heran.

Verlag Hermann Bauer · Freiburg im Breisgau

Verlag Herman Bauer · Freiburg im Breisgau

Gottfried Hertzka / Wighard Strehlow
Große Hildegard-Apotheke
507 Seiten mit 32 farb. Abb., geb., ISBN 3-7626-0369-3

Die *Große Hildegard-Apotheke* beantwortet aus der Sicht des kosmisch-medizinischen Gesamtwerkes der heiligen Hildegard die uralte und immer aktuelle Frage, welches Heilmittel einem Kranken helfen kann. Aufgrund jahrzehntelanger ärztlicher Erfahrungen haben die Autoren aus Hildegards medizinischem und naturkundlichem Gesamtwerk die wichtigsten Rezepte so ausgewählt, daß sie unserer Zeit und auch noch den kommenden Generationen leicht zugänglich sind. Die von Hildegard beschriebenen Pflanzen werden auch nach neuen pharmakologischen und klinischen Erkenntnissen kommentiert, unter Berücksichtigung der Wirksamkeits- und Unbedenklichkeitskriterien des deutschen Bundesgesundheitsamtes. Damit ist der pflanzliche Arzneimittelschatz der Hildegard-Medizin auch gegenüber dem neuen Arzneimittelgesetz für die Zukunft weitgehend abgesichert.
Aus ihrer souveränen prophetischen Schau hat Hildegard von Bingen Theologie, Medizin, Kunst und Musik in einem harmonisch-mystisch-kosmischen Weltbild zusammengefaßt. Mit diesem Weg zum Heil des Menschen ist ihre Medizin untrennbar verknüpft. Hildegard-Medizin ist aber auch immer Seelenheilkunde, weil ihre Heilmittel in direkter Beziehung zum ganzen Heil des Menschen stehen und ihn so erfassen, daß er in seiner ganzen Natur ein anderer wird.

Verlag Hermann Bauer · Freiburg im Breisgau

Gottfried Hertzka / Wighard Strehlow
Handbuch der Hildegard-Medizin
5. Aufl., 339 Seiten mit 26 farb. Abb. und 27 Zeichn., geb.,
ISBN 3-7626-0314-6

Dieses Buch ist das Ergebnis jahrzehntelanger ärztlicher Erfahrung sowie wissenschaftlicher Forschung und Entwicklung auf dem Gebiet der Hildegard-Medizin. Die sich daraus ergebenden Heilmittel und Behandlungsmethoden wurden in den letzten vierzig Jahren in der Praxis erprobt und haben sich an Tausenden von Patienten erfolgreich bewährt. Es handelt sich bei der Heilkunde der heiligen Hildegard (»Causae et Curae«) um eine der wichtigsten Entdeckungen der Naturheilkunde in unserer Zeit – eine glänzende Ergänzung zur modernen Medizin.
Hildegard von Bingen erfuhr ihr Wissen aus der geistigen Schau durch Audiovisionen. Jeder Teil der Schöpfung war ihr ein willkommener Gegenstand ernster Betrachtung, eine unversiegelte Bereicherung des Wissens; sie ordnete die Einzelwesen organisch in den Makrokosmos der ganzen Natur ein. So sah sie im Menschen wie im Naturgeschehen die Verwirklichung göttlicher Gedanken und erkannte daher die engen inneren Beziehungen zwischen den Menschen und den vernunftlosen Geschöpfen, insbesondere der Pflanzenwelt.
Hildegard hat nicht nur ein eigenes Buch über Psychotherapie verfaßt, sondern auch ganz gewöhnliche alltägliche Aspekte in ihren körperlichen Auswirkungen beschrieben. Sie zählt eine Liste von vermeidbaren Risikofaktoren auf: vom nervenzerrüttenden Zorn, der Wollust auslösenden Verzweiflung bis zur Weltschmerz erzeugender Besitzgier. Der Unglaube ist die Ursache allen Übels, und jeder Glaube vermehrt den Heilungserfolg.

Verlag Herman Bauer · Freiburg im Breisgau